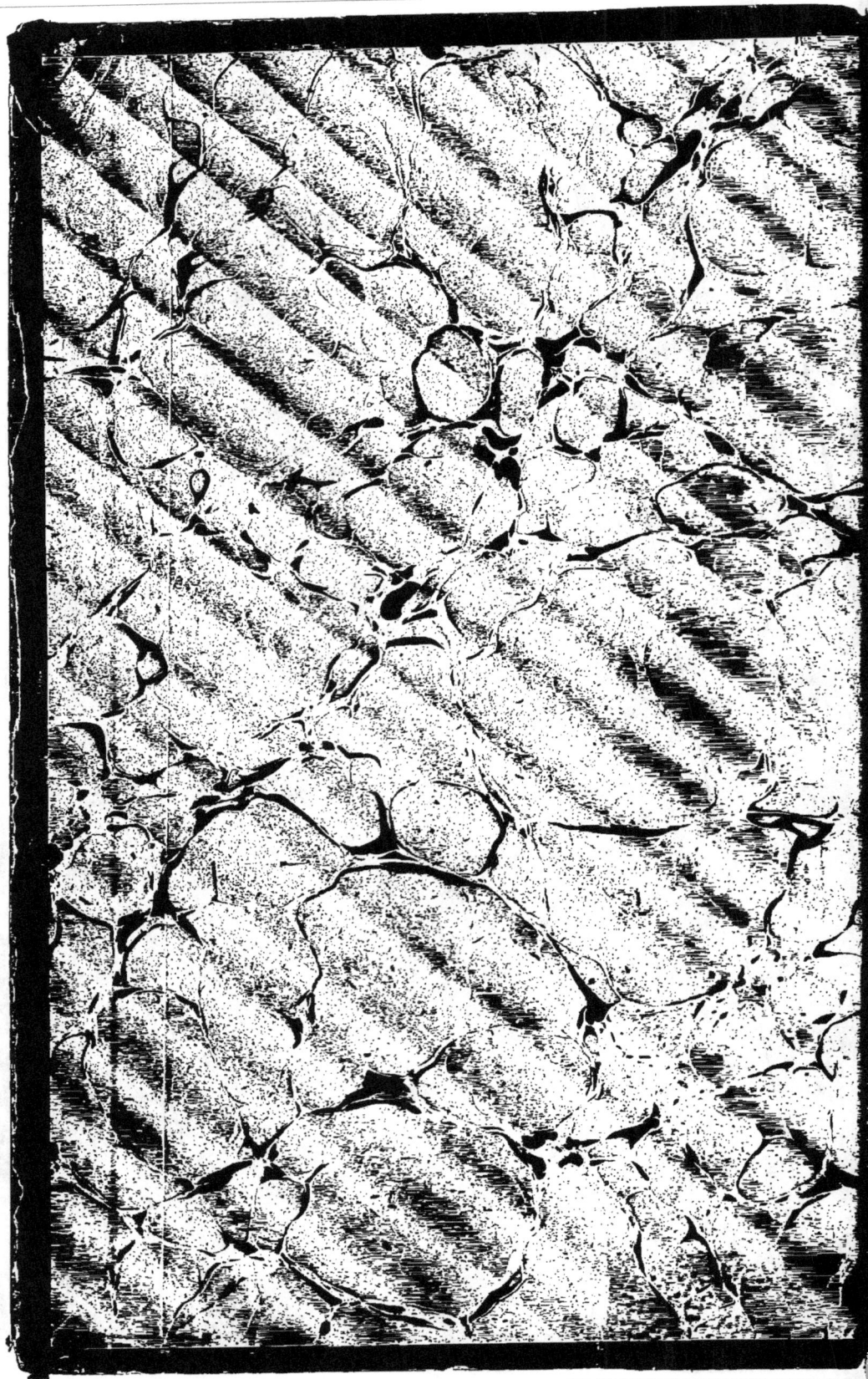

BATAILLES NAVALES

DE

LA FRANCE

Paris. — Imprimé par E. THUNOT et C⁣ᵉ, rue Racine, 26.

BATAILLES NAVALES

DE

LA FRANCE

PAR

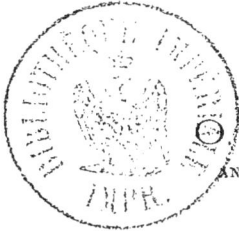

O. TROUDE

ANCIEN OFFICIER DE MARINE

publié

PAR P. LEVOT

CONSERVATEUR DE LA BIBLIOTHÈQUE DU PORT DE BREST
Correspondant du ministère de l'instruction publique pour les travaux historiques, etc.

TOME SECOND

PARIS

CHALLAMEL AÎNÉ, ÉDITEUR

LIBRAIRE COMMISSIONNAIRE POUR LA MARINE, LES COLONIES ET L'ORIENT

27, rue de Bellechasse et 30, rue des Boulangers

1867

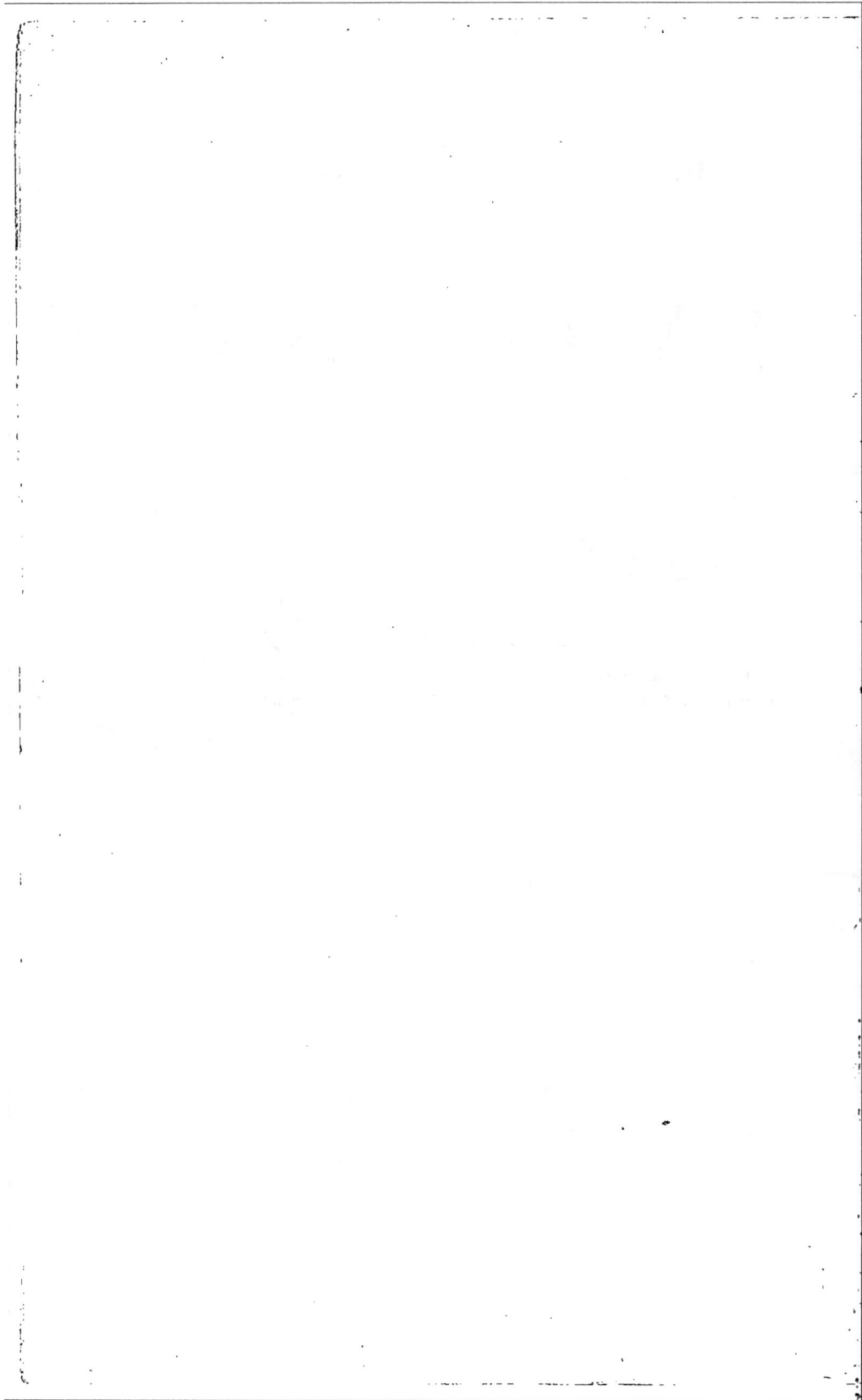

BATAILLES NAVALES

DE

LA FRANCE.

————o⚬◦⚬◦————

ANNÉE 1778.

—

Les colonies anglaises d'Amérique, assemblées en congrès général, s'étaient proclamées indépendantes en 1776, et des agents diplomatiques avaient de suite été envoyés dans les cours de l'Europe pour obtenir que cette indépendance fût reconnue. Avides de gloire et brûlant du désir de réparer les affronts de la dernière guerre, plusieurs Français des familles les plus distinguées avaient suivi l'exemple de Lafayette et avaient mis leur épée à la disposition des Américains. Le gouvernement anglais s'en était plaint et, pour se venger, il avait commis quelques actes d'agression contre la France. Vers le milieu de l'année 1777, des bâtiments anglais furent établis en croisière à l'entrée de la Manche et dans le golfe de Gascogne et, sous prétexte d'empêcher les envois d'armes et de munitions en Amérique, ils arrêtaient et visitaient les navires français qu'ils rencontraient. Au mois de mars 1778, le gouvernement anglais fit saisir tous ceux qui se trouvaient dans les ports de la Grande-Bretagne. En représailles de cette mesure, l'embargo fut mis sur les navires anglais qui se trouvaient dans les ports de France et des croisières furent établies pour la protection du commerce. Déjà des coups de canon avaient été échangés, car les Anglais avaient essayé d'étendre leur système inquisitorial jusqu'aux bâtiments de guerre. Au mois d'avril 1777, une frégate anglaise avait tiré quatre coups de canon à la frégate la *Tourterelle*, capitaine Beaussier de Châteauvert, dans les parages de Saint-Domingue. Après une canonnade fort vive, le commandant anglais avait renoncé aux prétentions qu'il pouvait avoir. Au mois de septembre, c'était la frégate l'*Hébé* qui avait été canonnée par deux vaisseaux anglais, en sortant de Dunkerque, et elle n'avait échappé à leur visite que par la supériorité de sa marche. Ces agressions répétées décidèrent le roi de France à mettre un terme à ses hésitations : il conclut un traité d'alliance avec les Américains. L'Angleterre rappela son ambassadeur. La guerre n'était pas déclarée, mais le mécontentement allait croissant de part et d'autre. Louis XVI accepta le roi d'Espagne comme médiateur, à la condition que les États-Unis d'Amérique seraient compris dans la réconciliation. Le ministère anglais répondit aux ouvertures de l'Espagne qu'il ne pouvait être question de réconciliation et de paix que quand la France aurait retiré la déclaration du 13 mars, par laquelle elle avait conclu un traité défensif avec les États-Unis d'Amérique.

L'Angleterre passa bientôt des paroles aux actes. Les escadres des amiraux Keppel et Byron sortirent de ses ports, et ses vaisseaux attaquèrent 3 frégates françaises.

Ce fut dans ces circonstances que M. de Sartine, alors ministre de la marine, annonçant au lieutenant général comte d'Orvilliers sa nomination au commandement en chef de l'armée navale de l'Océan, lui écrivit la lettre suivante :

« Versailles, 2 avril 1778.

« Le roi vous a chargé, Monsieur, d'une commission des
« plus importantes ; vous en connaissez toute l'étendue.
« S. M., en vous confiant une partie de ses forces navales,
« est assurée que votre capacité et votre valeur sauront les
« multiplier et en tirer parti pour la gloire de son pavillon
« et l'honneur de ses armes. Elle n'attend pas moins des
« sentiments des officiers généraux et des commandants
« sous vos ordres ; ils doivent sentir que toute l'Europe, et
« la marine de S. M. en particulier, ont les yeux ouverts
« sur la première escadre qui soit sortie de nos ports de-
« puis la guerre dernière, et qu'ils seront responsables au
« roi et à la nation de tout ce qu'ils auraient pu faire et
« qu'ils n'auront pas fait. Il s'agit de rendre au pavillon
« français tout l'éclat dont il brillait ; il s'agit de faire ou-
« blier des malheurs et des fautes passées : ce n'est que
« par les actions les plus signalées que la marine peut
« espérer d'y parvenir. S. M. a le droit d'attendre les plus
« grands efforts de ses officiers ; la reconnaissance dont ils
« doivent être pénétrés pour les distinctions et les grâces
« dont S. M. les a comblés depuis son avénement au trône,
« leur en font un devoir ; l'honneur seul suffira pour le leur
« prescrire. Ils doivent s'attendre qu'ils auront à lutter
« contre de grands obstacles, à vaincre une résistance opi-
« niâtre, à combattre des ennemis puissants par leur nombre
« et hardis par un grand exercice de la mer et fiers de leurs
« succès passés. Les forces dont vous disposez suffisent pour
« vous assurer la supériorité ; votre courage et celui des
« officiers que vous commandez doivent faire le reste.

« Mais, quelles que soient les circonstances dans les-
« quelles l'armée navale du roi puisse se trouver, l'instruc-
« tion de S. M., qu'elle me charge expressément de vous
« faire connaître ainsi qu'à tous les officiers commandants,
« est que ses vaisseaux attaquent avec la plus grande vi-

« gueur et se défendent, en toute occasion, jusqu'à la der-
« nière extrémité. Les capitaines doivent être certains que,
« si quelque vaisseau du roi était forcé de se rendre à l'en-
« nemi, S. M. n'admettrait pour justification que l'impos-
« sibilité physique et prouvée où se serait trouvé le capi-
« taine de prolonger sa défense : toute autre raison ne
« serait pas reçue, et S. M. ne pourrait se dispenser de
« marquer toute son indignation à un capitaine qui aurait
« rendu son vaisseau sans avoir fait toute la résistance que
« sa force pouvait comporter.

« Cet événement n'aura pas lieu ; mais j'ai dû vous faire
« connaître les intentions du roi, que les dispositions des
« capitaines ont sûrement prévenues, et je n'ai point laissé
« ignorer à S. M. tout ce qu'elle peut attendre du zèle et
« des sentiments dont la marine ambitionne de lui donner
« les preuves les plus éclatantes.

« Il me reste un article dont S. M. m'a souvent fait
« l'honneur de m'entretenir ; c'est celui de la subordination.
« Je ne puis que m'en rapporter à vous, Monsieur, sur les
« moyens que vous croirez devoir employer pour l'intro-
« duire et la maintenir dans l'armée dont vous avez le
« commandement. S. M. vous autorise et vous ordonne
« même de démonter les commandants et d'en nommer
« d'autres à votre choix. Si S. M. exige de la subordination
« de la part des commandants, les officiers des grades in-
« férieurs et les gardes de la marine doivent sentir quelle
« doit être la leur, les premiers à l'égard de officiers su-
« périeurs et de leur capitaine, et les gardes à l'égard de
« tous les officiers. C'est aux capitaines, qui ont l'autorité
« en main, que S. M. s'en prendrait si le service ne se fai-
« sait pas sur les vaisseaux avec la régularité qu'elle exige ;
« en leur remettant une portion de son pouvoir, elle leur
« impose le devoir d'en user avec fermeté pour s'opposer
« à tout relâchement.

« Cette subordination de grade en grade ne peut nuire
« à la bonne harmonie qui doit régner entre les officiers

« d'un même état-major, et entre celui-ci et le capitaine ;
« au contraire, en mettant chacun à sa place, elle doit con-
« tribuer au maintien de cette harmonie que S. M. vous
« commande d'établir et d'entretenir sur vos vaisseaux.
« Chaque capitaine, chaque officier doit y concourir en
« particulier en oubliant toute la vivacité et toute la di-
« versité d'opinion qui pourrait la troubler. Rappelez-leur
« quelquefois qu'il ne suffit pas de remplir strictement ce
« que l'on doit au service ; que la société impose des obli-
« gations, et que ces obligations deviennent un devoir pour
« la marine, où, étant forcés de vivre, par état, continuel-
« lement ensemble, il faut être indulgents les uns pour les
« autres, se supporter mutuellement dans des choses qui
« peuvent tenir à des causes qui ne se trouvent pas parfai-
« tement analogues, afin d'éviter toute discussion d'où peut
« naître la dispute, et vivre dans la bonne intelligence et
« l'union qui doivent particulièrement distinguer des mili-
« taires qui courent les mêmes dangers et aspirent aux
« mêmes honneurs (1).

« *Signé* : DE SARTINE. »

Combien ce langage était différent de celui qu'on tenait
aux amiraux français dans le cours de la guerre précédente,
car ce serait une erreur de croire qu'ils aient suivi par
goût et par caractère le système craintif et défensif qui
prédominait dans la tactique navale. Le gouvernement,
trouvant toujours excessifs les sacrifices qu'exige l'emploi
d'une marine militaire, prescrivit trop souvent à ses amiraux de tenir la mer le plus longtemps possible, sans en
venir à des batailles, même à des engagements le plus souvent fort coûteux, et d'où pouvait s'ensuivre la perte de
vaisseaux difficiles à remplacer. Souvent on leur enjoignit,
s'ils étaient forcés d'accepter le combat, d'éviter avec grand

(1) *Dépôt des cartes et plans du ministère de la marine.*

soin de compromettre le sort de leurs escadres par une action trop décisive. Ils se croyaient, par conséquent, obligés de battre en retraite dès que l'engagement prenait une tournure trop sérieuse. Ils acquéraient ainsi la funeste habitude de céder volontairement le champ de bataille dès qu'un ennemi, même inférieur, le leur disputait avec courage. Ainsi donc, entretenir à grands frais une armée navale pour lui prescrire de ne pas faire un usage entier de sa puissance effective ; l'envoyer à la recherche de l'ennemi pour se retirer honteusement de sa présence ; recevoir le combat au lieu de le donner ; commencer des batailles pour les terminer par des simulacres de défaite ; perdre la force morale pour épargner la force physique, voilà l'esprit qui, ainsi que l'a dit fort judicieusement M. Charles Dupin, guida le ministère français à cette époque ; on en connaît les résultats.

L'agression de l'amiral Keppel ne permettait plus à la France de continuer sa politique temporisatrice. Le 8 juillet, une armée navale de 32 vaisseaux et 16 frégates sortit de Brest sous les ordres du lieutenant général comte d'Orvilliers. Le 23, à 1ʰ de l'après-midi, on aperçut l'armée de l'amiral Keppel qui comptait 30 vaisseaux, 6 frégates, 2 cutters et 2 brûlots, L'île d'Ouessant restait alors à 90 milles dans l'E.-S.-E. Le lieutenant général d'Orvilliers, qui ne croyait rencontrer que 24 vaisseaux, ne voulut pas engager le combat et vira de bord à l'entrée de la nuit. Le signal qui ordonnait cette manœuvre ne fut probablement pas aperçu par les derniers vaisseaux, car le *Duc-de-Bourgogne* et l'*Alexandre* se séparèrent de l'armée.

Instruit de la force de l'armée anglaise, le gouvernement français adressa au lieutenant général d'Orvilliers des instructions nouvelles dans lesquelles on lui faisait savoir que le roi s'en rapportait à sa prudence pour la conduite à tenir dans un moment où il avait sous ses ordres toutes les forces maritimes dont la France pouvait disposer. Le commandant en chef communiqua cette dépêche aux lieutenants généraux comte Duchaffault et duc de Chartres qui furent d'avis *qu'il ne pouvait arriver rien de plus fâcheux aux armes de la France, que de voir son pavillon se retirer de la présence d'un ennemi d'égale force, sans l'avoir combattu.* L'attaque fut résolue.

Le temps fut orageux et à grains et le vent très-variable pendant les trois jours suivants ; les deux commandants en chef ne songèrent qu'à tenir leurs vaisseaux ralliés et à profiter des changements de brise pour s'élever au vent. Enfin, le 27 au matin, le temps s'embellit et le vent se fixa à l'Ouest ; l'armée anglaise restait alors à l'E.-N.-E. à 8 milles de distance. A 9ʰ, le lieutenant général d'Orvilliers établit la sienne en ordre de bataille renversé, les amures à bâbord, ainsi qu'il suit :

Canons,			
50	*Amphion.*	capitaine	Denis Trobriand.
74	*Diadème.*	—	de La Cardonnie.
74	*Conquérant.*	—	chevalier de Monteil.
64	*Solitaire.*	—	de Briqueville.
74	*Intrépide.*	—	Beaussier de Chateauvert (Louis-André).
80	*Saint-Esprit.*	—	Lamotte-Picquet, chef d'escadre.
			duc de Chartres, lieutenant général.
74	*Zodiaque.*	capitaine	Laporte Vézins.
64	*Rolland.*	—	de Larchantel.
74	*Robuste.*	—	comte de Grasse, chef d'escadre.
64	*Sphinx.*	—	comte de Soulanges.
64	*Artésien.*	—	Destouches.
74	*Orient.*	—	Hector.
64	*Actionnaire.*	—	de Proissy.
74	*Fendant.*	—	marquis de Vaudreuil.
100	*Bretagne.*	—	Duplessis-Parscau.
			comte d'Orvilliers, lieutenant général.
74	*Magnifique.*	capitaine	de Brach.
74	*Actif.*	—	d'Orves.
90	*Ville-de-Paris.*	—	de Peynier.
			comte de Guichen, chef d'escadre.
64	*Réfléchi*	capitaine	Cillart de Suville.
64	*Vengeur.*	—	comte d'Amblimont.
74	*Glorieux.*	—	chevalier de Beausset.
64	*Indien.*	—	de Lagrandière.
74	*Palmier.*	—	de Réals.
80	*Couronne.*	—	Huon de Kermadec.
			comte Duchaffault de Besné, lieutenant gén.
74	*Bien-Aimé.*	capitaine	d'Aubenton.
64	*Éveillé.*	—	de Botdéru.
70	*Dauphin-Royal.*	—	marquis de Nieuil.

64   *Triton* . . . .   —   de Ligondes.
60   *Saint-Michel* . . . .   —   Mithon de Genouilly.
50   *Fier* (1) . . . .   —   Turpin de Breuil.
Frégates : *Junon, Belle-Poule* (2)*, Andromaque, Fortunée, Sibylle, Nymphe,*
       Concorde, Iphigénie, Résolue, Sensible, Surveillante, Aigrette,
       Danaé, Oiseau, Boudeuse, Coureuse.

L'amiral Keppel qui désirait aussi engager le combat,
fit le signal de chasser ; et une petite variation dans la direction du vent lui permettant de porter sur l'armée française, il fit virer son armée vent arrière. Ce fut alors seulement que la ligne anglaise se forma dans l'ordre ci-après :

Canons.
90   QUEEN. . . . . capitaine . . . .
       Harland, vice-amiral.
90   SANDWICH. . . . . capitaine   Edwards.
74   SHREWSBURY. . . . .   —   Ross.
74   TERRIBLE. . . . .   —   Bickerton.
74   THUNDERER. . . . .   —   Walsingham.
74   VENGEANCE. . . . .   —   Clements.
74   VALIANT. . . . .   —   Gower.
64   VIGILANT. . . . .   —   Kingsmill.
64   WORCESTER. . . . .   —   Robinson.
74   STIRLING CASTLE. . . . .   —   Douglas.
100   VICTORY. . . . .   —   Faulknor.
       sir Augustus Keppel, amiral.
90   DUKE. . . . . capitaine   Brereton.
74   BERWICK. . . . .   —   Stewart.
74   CUMBERLAND. . . . .   —   Peyton.
74   COURAGEUX. . . . .   —   Mulgrave.
74   CENTAUR. . . . .   —   Crosby.
74   EGMONT. . . . .   —   Allen.
74   ELIZABETH. . . . .   —   Maitland.
64   AMERICA. . . . .   —   Longford.
64   BIENFAISANT. . . . .   —   Bride.
64   DEFIANCE. . . . .   —   Goodall.
74   EXETER. . . . .   —   Moore.
90   FORMIDABLE. . . . .   —   . . . .
       Palliser, vice-amiral.
90   OCEAN. . . . . capitaine   Laforest.
74   PRINCE GEORGE. . . . . .   —   Lindsay.
84   FOUDROYANT. . . . .   —   Jarvis.
74   HECTOR. . . . .   —   Hamilton.
70   MONARCH. . . . .   —   Rowley.
74   RAMILIES. . . . .   —   Digbby.
74   ROBUST. . . . .   —   Hood.

---

(1) Les trois derniers vaisseaux, très-faibles d'échantillon, étaient en dehors
de la ligne avec les frégates.

(2) On verra plus loin qu'un combat avec une frégate anglaise força la *Belle-
Poule* à rentrer à Brest.

A 11ʰ, l'avant-garde anglaise attaqua l'arrière-garde des Français ; celle-ci était très-bien formée, et tellement compacte, que les vaisseaux ennemis, qui avaient probablement l'intention de la traverser, furent obligés de laisser arriver et de l'élonger sous le vent. Le feu continua ainsi, chaque vaisseau échangeant, sans s'arrêter, sa bordée avec celui qui passait par son travers. Cette canonnade donna un avantage marqué aux Français dont les vaisseaux, très-serrés pouvaient réunir leur feu sur ceux de l'armée anglaise qui leur présentaient l'avant jusqu'au moment où ils laissaient arriver. La brise était fraîche et l'état de la mer obligeait les premiers à tenir leur batterie basse fermée. A 2ʰ, le lieutenant général d'Orvilliers, entrevoyant la possibilité d'envelopper l'arrière-garde anglaise, fit signal aux vaisseaux de tête d'arriver par un mouvement successif, puis ensuite, à toute l'armée, de se former en bataille à l'autre bord. Ce mouvement, pour réussir, demandait une exécution immédiate ; il ne fut pas compris par le commandant de l'avant-garde qui, avant de le faire, passa à poupe du commandant en chef pour lui demander ses intentions. Ce retard dans l'exécution de ses ordres détermina le lieutenant général d'Orvilliers à prendre lui-même la tête de son escadre afin de diriger l'évolution ; mais, exécutée trop tard, cette manœuvre n'eut pas l'effet que le commandant en chef en attendait. Le duc de Chartres devait passer sous le vent de l'arrière-garde ennemie et la combattre aux mêmes amures, tandis que le reste de l'armée achèverait de défiler à contre-bord et au vent de cette arrière-garde et prendrait ensuite les mêmes amures qu'elle. L'amiral Keppel avait profité de l'hésitation du commandant de l'avant-garde française ; il avait viré vent devant par la contre-marche pour se porter sur la queue de la ligne française. Mais, s'apercevant bientôt que plusieurs de ses vaisseaux avaient trop d'avaries pour faire cette évolution et le suivre, il reprit les amures à tribord, afin de ne pas les laisser exposés au feu des vaisseaux français qui pouvaient se porter

sur eux; il les rallia alors et, laissant arriver, il fit cesser
le feu à 2ʰ 30ᵐ de l'après-midi. L'armée française chassa
l'armée anglaise toute la nuit; le lendemain celle-ci n'était
plus en vue. L'île d'Ouessant ayant été aperçue le soir, le
lieutenant général d'Orvilliers fit route pour Brest, où il
mouilla le 29. Cette affaire prit le nom de *Bataille d'Ouessant.*

Tous les vaisseaux, particulièrement la *Ville-de-Paris*,
le *Saint-Esprit*, la *Couronne*, l'*Actif*, le *Bien-Aimé* et le
Réfléchi avaient des avaries, mais de peu d'importance.
L'*Amphion*, cependant, avait été si maltraité, qu'il avait
fait route pour Brest pendant le combat.

Quant à l'armée anglaise, on a vu qu'une partie de ses
vaisseaux ne put virer de bord lorsque son amiral voulut
attaquer l'arrière-garde française. Le VICTORY avait son
grément haché et un grand nombre de boulets à la flottaison. Le TERRIBLE était tellement désemparé, qu'il allait
amener lorsque le FORMIDABLE arriva pour le soutenir; ce
dernier était lui-même très-maltraité. Le ROBUST faisait
tant d'eau, qu'il avait été obligé de sortir de la ligne.
L'EGMONT était rasé comme un ponton; après lui, c'était
le SHREWSBURY qui avait le plus souffert. En rendant compte
de cette bataille aux lords de l'Amirauté, l'amiral Keppel
disait que l'état dans lequel se trouvaient ses vaisseaux ne
lui avait pas laissé le choix de ce qu'il était convenable de
faire. Cet aveu lui fut en quelque sorte arraché par la nécessité dans laquelle il se trouva de se disculper d'avoir
présenté la poupe aux vaisseaux français, manœuvre qui,
disait-il dans sa défense, pouvait avoir l'apparence d'une
fuite.

Le fait est que chacun s'attribua l'honneur de la victoire et prétendit que l'armée ennemie avait reculé devant
un nouveau combat. Le jugement que passa le commandant
en chef de l'armée anglaise jeta une grande clarté sur cette
affaire et fit disparaître tous les doutes sur les résultats. Le
vice-amiral Palliser fut censuré pour n'avoir pas fait con-

naître l'état de son vaisseau lorsque le commandant en
chef de l'armée anglaise avait fait le signal de prendre les
amures à bâbord. Le vaisseau DUKE n'avait pas pris part
au combat malgré les signaux qui lui avaient été faits ; le
capitaine Brereton fut déclaré incapable de commander et
indigne de servir.

Quoi qu'il en soit de ces accusations et de ces arrêts, ils
semblent établir que le gouvernement anglais fut peu satisfait de la victoire que le commandant en chef de son
armée navale avait la prétention d'avoir remportée.

La rentrée du lieutenant général d'Orvilliers donna
quelque consistance aux bruits de défaite de l'armée française. Mais les esprits furent bientôt rassurés ; l'état des
vaisseaux constata que, si cette armée n'avait pas remporté
la victoire, elle n'avait pas non plus éprouvé de désavan-
tages, et c'était un point qui donnait à la nation la con-
science de sa force maritime. Toutefois, on attaqua la
conduite du duc de Chartres ; on prétendit que la défaite
de l'armée anglaise eût été certaine si, obéissant au signal
qui lui avait été fait, le commandant de l'avant-garde avait
laissé arriver.

Le chef d'escadre de Rochechouart, qui montait le vaisseau le *Duc-de-Bourgogne*, commandé par le capitaine de
Charitte, et le capitaine de vaisseau Trémigon, furent appelés à se justifier devant un conseil de guerre de la séparation de ce vaisseau et de l'*Alexandre*. Le premier fut
déclaré non coupable ; l'autre reçut une admonestation.

Le capitaine Trobriand fut remplacé dans le commandement de l'*Amphion*.

Pendant que le port de Brest faisait ses préparatifs de
guerre, on travaillait à mettre les vaisseaux de Toulon en
état de prendre la mer. Les forces navales stationnées dans
les colonies n'étaient plus en rapport avec l'état des choses.
La France n'avait que quelques frégates aux Antilles ; plu-

sieurs autres y furent expédiées, tant pour le service particulier des colonies, que pour escorter les convois qui devaient effectuer leur retour en Europe. Le traité défensif conclu avec les États-Unis nécessitait aussi l'envoi d'une escadre sur les côtes de l'Amérique septentrionale.

Le 18 avril, une escadre partit de Toulon, sous le commandement du vice-amiral comte d'Estaing ; le 16 mai, elle passa le détroit de Gibraltar et, le 8 juillet, elle mouilla à l'entrée de la rivière la Delaware, dans l'état de New-Jersey des États-Unis d'Amérique, pour mettre à terre le chargé d'affaires de la France qui était passager sur le *Languedoc*. L'escadre remit sous voiles le lendemain. Deux jours après elle mouilla devant New-York, dans l'État de ce nom : une escadre anglaise, sous les ordres du vice-amiral Howe, se trouvait sur cette rade. Le vice-amiral d'Estaing voulut aller l'attaquer ; mais, prétextant que les vaisseaux français calaient trop d'eau, les pilotes ne voulurent pas les entrer dans cette rade. Voici la composition des deux escadres qui se trouvaient en présence.

ESCADRE FRANÇAISE.

Canons.

90	*Languedoc*.	capitaine de Boulainvilliers.
		comte d'Estaing, vice-amiral.
80	*Tonnant*.	capitaine comte de Bruyères.
		comte de Breugnon, chef d'escadre.
	César.	capitaine de Raymondis (1).
		de Broves, chef d'escadre.
	Zélé.	capitaine comte de Barras Saint-Laurent.
74	*Hector*.	— chevalier Moriès-Castellet.
	Guerrier.	— de Bougainville.
	Marseillais.	— Lapoype-Vertrieux.
	Protecteur.	— chevalier d'Apchon.
	Vaillant.	— marquis de Chabert.
64	*Provence*.	— de Champorcin.
	Fantasque.	— commandeur de Suffren.
50	*Sagittaire*.	— d'Albert de Rions.

Frégates : *Chimère, Engageante, Aimable, Alcmène.*

---

(1) M. Brun, *Hist. de la marine ; Port de Toulon*, dit que le *César* était commandé par le capitaine de Broves. Il fait erreur, car le capitaine de Raymondis perdit un bras dans l'engagement que ce vaisseau eut devant New-Port.

ESCADRE ANGLAISE.

Canons.		
64	EAGLE.	capitaine Adam Duncan.
		lord Howe, vice-amiral.
	TRIDENT.	capitaine P. Molloy.
		Elliot, commodore.
	NONSUCH.	capitaine Walter Griffiths.
	SAINT ALBANS.	— Fitzherbert.
	SOMMERSET.	— Ourry.
	ARDENT.	— Keppel.
50	EXPERIMENT.	— sir James Wallace.
	ISIS.	— William Cornwallis.
	PRESTON.	— Hotham, commodore.

Frégates : PHOENIX, ROEBUCK.

Après être resté pendant quinze jours au mouillage devant New-York, temps qui fut employé à faire de l'eau et à s'entendre avec le gouvernement des États-Unis, le vice-amiral d'Estaing mit à la voile et fit route pour New-Port, dans l'État de la Providence, afin de soutenir les opérations des Américains contre Rhodes island. Il arriva le 28 en vue de ce port ; et, sur la demande du général américain qui désirait combiner son attaque avec l'entrée de l'escadre française, il mouilla en dehors.

L'île de Rhodes est située à l'entrée de la baie de la Providence et New-Port se trouve dans sa partie occidentale, à petite distance de la pointe Sud. Un demi-mille sépare Rhodes island de l'île Connecticut qui, placée à l'Ouest, a comme elle sa principale étendue du Nord au Sud. Trois passages conduisent conséquemment à New-Port. Le premier est la passe naturelle entre Rhodes island et Connecticut ; le second est le passage dit de Sea Konnet entre Rhodes island et la partie orientale de la baie de la Providence. Le dernier enfin est entre la partie occidentale de cette baie et Connecticut. Il n'y avait pas à s'occuper du passage direct : l'escadre le gardait ; mais il était important de fermer les autres pour empêcher les navires qui se trouvaient soit à New-Port, soit aux autres mouillages de la baie de la Providence d'en sortir. Le *Fantasque*, le *Sagittaire* et les frégates furent placés dans le passage Sea Konnet ; le *Protecteur* et la *Provence* mouillèrent à l'entrée de la passe de l'Ouest. Les capitaines des bâtiments anglais dont on coupait ainsi la retraite virent de suite qu'ils n'avaient qu'un parti à prendre pour ne pas tomber au pouvoir des Français; ils incendièrent ou coulèrent successivement les frégates Orphoeus — Lark — Juno — Flora de 32° — Cerberus de 28 et la corvette de 18 Falcon. Quelques beaux traits de courage furent signalés dans ces affaires d'avant-garde. L'enseigne de vaisseau Dorcet de l'*Alcmène* fut mis à l'ordre du jour pour avoir accosté une frégate anglaise déjà en feu et qui fit explosion au moment où il montait à bord.

Enfin, le 8 août, toutes les mesures étaient prises. Pendant que les Américains opéraient un débarquement dans la partie Nord de Rhodes island, 8 vaisseaux français forcèrent l'entrée de la rade de New-Port, sous le feu des batteries et allèrent jeter l'ancre dans le fond de la baie de Connecticut, jusqu'à la pointe Sud de Gold island. Le *Zélé* tenait la tête de la colonne ; venaient ensuite le *Tonnant*, le *Vaillant*, l'*Hector*, le *Languedoc*, le *Marseillais*, le *César* et le *Guerrier*.

Le vice-amiral Howe, qui avait quitté New-York dès que l'escadre française avait mis à la voile, parut, le 9 août, devant New-Port. Son escadre avait été renforcée de 7 frégates, de plusieurs brûlots et des vaisseaux.

Canons.		
64	RAISONNABLE. . . . . capitaine Onslow.	
50	{ CENTURION. . . . . —	Braithwaite.
	{ RENOWNS. . . . . —	Dawson
74	CORNWALL. . . . . —	Edwards.

Le Cornwall faisait partie d'une escadre de 13 vaisseaux, sous les ordres du vice-amiral John Byron, qui avait quitté Plymouth dans les premiers jours du mois de juin, et qui, le 13 juillet, avait été dispersée par un violent coup de vent. Le vice-amiral Byron n'arriva à Halifax que le 26 août. L'Angleterre avait déjà 4 vaisseaux, 22 frégates et 10 corvettes sur cette partie de la côte.

L'apparition de l'escadre anglaise contraria les projets du vice-amiral d'Estaing; sa position au mouillage n'était plus tenable; ses vaisseaux pouvaient être attaqués par les batteries de terre et, par mer, détruits ou incendiés par des brûlots. Sa détermination fut bientôt prise. Le vent ayant passé au Nord pendant la nuit, il fit ses dispositions d'appareillage, et dès que le jour parut, l'escadre mit sous voiles. Les premiers rayons du jour montrèrent donc aux Anglais l'escadre française sous voiles, se dirigeant vers les passes sous le feu des forts, qui furent aussi impuissants à empêcher sa sortie qu'ils l'avaient été à lui défendre l'entrée de la rade. Le vice-amiral Howe était loin de s'attendre à cet appareillage; il fit couper les câbles à ceux de ses vaisseaux qui avaient laissé tomber l'ancre et prit le large. Le 11, les Français l'avaient beaucoup rapproché et, à 4ʰ de l'après-midi, ses derniers vaisseaux allaient être joints, lorsque le temps, déjà fort menaçant, devint si mauvais, que les deux escadres, forcées de songer à leur sûreté personnelle, mirent à la cape; un coup de vent de N.-E. venait de se déclarer. Les vaisseaux français furent dispersés et plusieurs firent des avaries majeures.

Le 12, à 3ʰ de l'après-midi, le vaisseau de 74ᵉ le *César* rencontra le vaisseau anglais de 50 Isis, capitaine Cornwallis. La présence d'une corvette et d'un autre vaisseau anglais qui étaient en vue sous le vent n'arrêta pas le chef d'escadre de Broves. Le combat durait depuis deux heures, à portée de pistolet, et le feu de l'Isis se ralentissant d'une manière sensible, il y avait lieu de supposer qu'il ne tarderait pas à cesser, lorsque la roue du gouvernail du *César* fut démontée. Ce vaisseau ne gouverna plus et l'anglais lui échappa. Le capitaine de Raymondis perdit le bras droit à cette affaire.

Le vaisseau de 74ᵉ le *Marseillais*, capitaine Lapoype-Vertrieux, démâté de son beaupré et de son mât de misaine, achevait à peine d'installer un mât de fortune, lorsqu'il fut attaqué, le même jour à 8ʰ du soir, par le vaisseau anglais de 50ᵉ Preston, monté par le commodore Hotham; il s'en débarrassa après un engagement d'une heure.

Le *Languedoc* démâta de tous ses mâts et perdit son gouvernail. Le 13, il fut attaqué dans cet état par le vaisseau anglais de 50 ° RENOWNS, capitaine Dawson. Quoique réduit à ne pouvoir se servir que de cinq canons, dont un fut démonté à la première bordée, il fut abandonné par le vaisseau anglais, que rien n'obligeait à cesser le combat.

Le 14, tous les vaisseaux, le *César* excepté, se trouvèrent ralliés et mouillèrent sur la côte, dans le Sud de Rhodes island; le vice-amiral d'Estaing arbora son pavillon sur l'*Hector*. Trois jours après, l'escadre alla prendre le mouillage de cette île. L'*Hector* s'empara en chemin de la corvette anglaise de 18 ° SENEGAL. Le *Vaillant*, de son côté, prit la bombarde THUNDERER, et la frégate la *Gracieuse* fit amener la corvette de 14 ° ZEPHYR. La ville de New-Port ne pouvant fournir à l'escadre les ressources dont elle avait besoin, le vice-amiral d'Estaing prit le parti de se rendre à Boston. Ce départ était d'ailleurs nécessité par l'arrivée du vice-amiral Byron, dont il devait éviter la rencontre, réduit comme il l'était par l'absence d'un vaisseau et le démâtage de deux autres.

L'escadre anglaise avait aussi été dispersée. La frégate APOLLO sur laquelle l'amiral Howe avait arboré son pavillon, avait démâté de son mât de misaine et de son grand mât de hune. Tous les vaisseaux avaient fait des avaries; le RUSSEL et l'INVINCIBLE furent renvoyés en Angleterre.

L'escadre française appareilla, le 21 août, et mouilla le 28 sur la rade de Nantucket; les vaisseaux qui avaient le moins d'avaries furent embossés dans les passes. En avant de Boston et sur une étendue de plusieurs milles, la mer est couverte d'îlots et de bancs qui forment plusieurs passes, d'une défense facile, pour arriver à ce port. A deux lieues dans le S.-E. se trouve Nantucket, point de la côte où commence l'enfoncement qu'on pourrait nommer la baie de Boston. Saint-Georges, un des principaux îlots, est vis-à-vis Nantucket. C'étaient donc ces deux points qu'il y avait surtout intérêt à fortifier pour appuyer les vaisseaux.

Le vice-amiral d'Estaing ne manqua pas de le faire. Des canons pris à bord de ceux des vaisseaux qui travaillaient à se réparer sur la rade de Nantucket furent mis à terre, et des marins de ces mêmes vaisseaux furent désignés pour faire le service de ces batteries. L'escadre anglaise parut devant Boston, le 1er septembre, mais elle ne fit aucune démonstration. La simple inspection des mesures prises par les Français suffit pour convaincre son commandant en chef de leur inutilité.

Le 4 novembre, les vaisseaux ayant réparé leurs avaries, le vice-amiral d'Estaing quitta Boston et fit route pour la Martinique où il arriva, le 9 décembre, après avoir encore reçu un coup de vent qui dispersa son escadre et pendant lequel le *Languedoc* démâta de son grand mât de hune et du mât de perroquet de fougue.

L'escadre anglaise reçut aussi ce nouveau coup de vent et souffrit beaucoup ; le SOMMERSET fut jeté à la côte sur le cap Cod ; le BEDFORD, totalement démâté, fut remorqué à New-York par le CORNWALL ; le CULLODEN fit route pour l'Angleterre.

Ces pertes ne furent pas les seules que les Anglais subirent pendant le séjour du vice-amiral d'Estaing sur les côtes d'Amérique. Dans les premiers jours de juillet, la frégate de 44c ROEBUCK se jeta à la côte pour échapper aux chasseurs de l'escadre française. Le brig de 16c STANLEY, qui était venu reconnaître l'escadre, fut amariné par le CÉSAR ; la frégate de 28c MERMAID et la corvette de 18c KING'S FISHER, se jetèrent sur le cap HINLOPEN, le 8 juillet, pour éviter d'être prises.

Le 4 novembre, jour où le vice-amiral d'Estaing quittait Boston, le commodore Hotham partait du mouillage de Sandy-Hook, à l'entrée de la baie de New-York, avec 5 vaisseaux, quelques frégates et un convoi considérable pour les Antilles ; le 10, il rallia le contre-amiral Barrington à la Barbade. L'attaque de l'île française de Sainte-Lucie était un projet arrêté. Cet officier général n'attendait, pour l'effectuer, que l'arrivée de renforts qu'il jugeait indispensables. Des troupes furent immédiatement embarquées et la division anglaise se dirigea sur Sainte-Lucie. Les troupes mises à terre, le 13 novembre, s'emparèrent facilement d'une petite ville sans défense et marchèrent de suite sur le seul point fortifié qui défendît la rade du Carénage, la batterie du Morne-Fortuné, et l'enlevèrent. Le contre-amiral Barrington plaça alors ses transports au fond du Cul-de-sac et embossa ses vaisseaux à l'entrée de la rade, après avoir établi quelques canons sur les deux pointes extérieures.

La baie du Carénage, sur la côte occidentale de l'île Sainte-Lucie, a son entrée à l'Ouest; le goulet de cette rade n'a pas plus de 200 mètres d'ouverture. Quelques rochers entourent les deux pointes de cette entrée encore quelque peu rétrécie par un banc qui part de la pointe du Sud et qui se répand dans l'O.-N.-O. Le fond varie de 8 à 15 mètres dans cette passe. En dedans de la pointe Nord, à environ 550 mètres, se trouve une seconde pointe entourée d'un récif; le Morne-Fortuné est dans la direction et à petite distance de cette pointe. Sa batterie protégeait à la fois la rade, son entrée et le Cul-de-sac, enfoncement parfaitement abrité sur la côte Nord et au fond de la baie. Voici l'ordre dans lequel les vaisseaux anglais étaient placés.

Canons.
74	PRINCE OF WALES	. . . . capitaine	.....
			honorable Samuel Barrington, contre-amiral.
70	BOYNES	capitaine	Sawyer.
50 {	PRESTON	—	Botham.
	CENTURION	--	Braithwaite.
	ISIS	—	William Cornwallis.
64 {	SAINT ALBANS	—	Onslow.
	NONSUCH	—	Walter Griffiths.

Le 14 au matin, le vice-amiral d'Estaing eut connaissance de l'attaque dirigée contre Sainte-Lucie; il fit de suite embarquer 6,000 hommes de troupes et, dans l'après-midi, il mit sous voiles avec 11 vaisseaux; un douzième, le *Marseillais*, le rallia le lendemain.

Le 15 au matin, l'escadre arriva devant la baie du Carénage dans l'ordre suivant :

Canons.

74	*Zélé.*	capitaine	Barras de Saint-Laurent.
80	*Tonnant.*	—	comte de Bruyères.
			comte de Breugnon, chef d'escadre.
74	*Marseillais.*	capitaine	Lapoype-Vertrieux.
80	*Languedoc.*	—	de Boulainvilliers.
			comte d'Estaing, vice-amiral,
74	*Hector.*	capitaine	de Moriès-Castellet.
74	*César.*	—	de Broves, chef d'escadre.
64	*Fantasque.*	—	commandeur de Suffren.
74	*Guerrier.*	—	de Bougainville.
74	*Protecteur.*	—	chevalier d'Apchon.
64	*Vaillant.*	—	marquis de Chabert.
64	*Provence.*	—	de Champorcin.
50	*Sagittaire.*	—	d'Albert de Rions.

L'intention du commandant en chef était d'élonger la ligne anglaise du Nord au Sud; de faire mouiller chaque vaisseau par le travers d'un vaisseau ennemi et d'autoriser les capitaines à aborder leur adversaire, s'ils le jugeaient convenable. Dans le cas où le fond serait trop considérable pour laisser tomber l'ancre, il comptait prendre position en dedans de la ligne anglaise. Les circonstances de vent et la position de l'ennemi devaient, du reste, faire modifier le plan d'attaque. Le *Sagittaire* et la frégate la *Chimère* avaient ordre, dans tous les cas, d'attaquer la batterie de la pointe Sud; la *Provence* et le *Vaillant* étaient chargés d'éteindre le feu de celle du Nord. La brise était faible de l'Est. L'escadre française élongea la ligne anglaise, en la canonnant et en recevant son feu et celui des batteries de terre, mais elle ne mouilla pas; elle prolongea sa bordée, et le soir, le commandant en chef renouvela la canonnade du matin. Le 17, il mouilla dans l'anse du Choc, débarqua les troupes et les dirigea sur le Morne-Fortuné, distant de quelques milles seulement de ce mouillage. L'escadre remit ensuite à la voile pour aller attaquer de nouveau la

division anglaise ; mais la faiblesse de la brise contraria
les projets du commandant en chef et le soir il retourna au
mouillage. L'expédition par terre ne réussit pas. Les troupes furent rembarquées et le 30, l'escadre était de retour
à la Martinique. Le gouverneur de Sainte-Lucie capitula le
lendemain de son départ.

Dès qu'on connut, dans l'Inde, la possibilité d'une rupture prochaine avec la France, les Anglais firent secrètement, à Madras, des préparatifs pour attaquer à la fois,
par terre et par mer, les établissements français, avant
qu'ils pussent recevoir des secours d'Europe. Mais, dans
la prévision de cette rupture, le gouverneur de Pondichéry
avait fait fortifier la ville (1), jusque-là ouverte de tous
côtés ; et informé des dispositions que prenaient les Anglais,
il différa le départ du vaisseau de 64ᵉ le *Brillant*, capitaine Tronjoly, qui était rappelé en France. La frégate de
38ᵉ la *Pourvoyeuse* constituait, avec ce vaisseau, les forces
navales de la France dans les mers de l'Inde. La division
anglaise du commodore Vernon, composée d'un vaisseau
et de deux frégates, venait d'être renforcée de plusieurs
vaisseaux de la Compagnie qu'on avait armés en guerre. Les
Français suivirent cet exemple et le capitaine Tronjoly se
trouva bientôt commander une division composée comme
il suit :

Canons.
64	*Brillant*.	capitaine	Tronjoly.
58	*Pourvoyeuse*.	—	Saint-Orens.
26	*Sartine*.	—	Duchayla.
22	*Lawriston*.	—	Lefer de Beauvais.
20	*Brisson*.	—	Duchezeaux.

Le 8 août, le major-général anglais Munro se présenta
devant Pondichéry avec 17,000 hommes et, prévenant le

---

(1) Elle avait été rendue à la France en 1765, mais sans enceinte ; les Anglais en avaient rasé les fortifications en 1761.

gouverneur qu'il avait reçu du conseil de **Madras** l'ordre de s'emparer de cette place, il le somma de la lui remettre. Deux jours après, le commodore Vernon arriva avec sa division, apportant l'artillerie de siége et les munitions.

Canons.
50 RIPON. . . . . Edward Vernon, commodore.
28 COVENTRY. . . . . capitaine Benjamin Marlowe.
24 SEA-HORSE. . . . .   —   George Farmer.
14 CORMORANT. . . . .   —   George Young.
26 VALENTINE, vaisseau de la Compagnie.

Le gouverneur de Pondichéry s'attendait à une attaque simultanée par terre et par mer, et il avait prescrit au commandant de la division française de ne pas s'éloigner de ces parages; aussi le commandant Tronjoly put-il contrarier de suite l'opération des Anglais. Dès que la division ennemie fut signalée, il se dirigea sur elle; le vent soufflait du S.-S.-E., mais si faible, qu'il ne put la joindre avant 2ʰ 30ᵐ de l'après-midi. Les Français étaient en ordre de bataille, le *Brillant* en tête; le commodore anglais était au centre de sa colonne qui courait à contre-bord. Le commandant Tronjoly n'hésita pas à engager le combat; la prise de Chandernagor par laquelle l'agression des Anglais avait commencé, et la conduite du général Munro justifiaient cette attaque, quoique la déclaration de guerre n'eût pas été notifiée. Il commença le feu dès qu'il fut par le travers du vaisseau de tête anglais, et chaque bâtiment en fit autant à mesure qu'il découvrit l'ennemi; les Anglais ripostèrent immédiatement. Lorsque les deux divisions se furent dépassées, elles virèrent de bord et recommencèrent cette canonnade qui dura sept quarts d'heure. Enfin le commodore anglais voyant le commandant de la division française bien résolu à ne pas lui laisser remplir sa mission, fit route au N.-E. Les deux divisions se firent peu de mal dans ce combat qui fut, en quelque sorte, conduit politiquement des deux côtés. Loin de poursuivre la division anglaise, ainsi que le commodore Vernon l'espérait peut-être, le commandant Tronjoly mouilla auprès de Goudelour et, le lendemain, il était devant Pondichéry.

A quelques jours de là, la division anglaise, renforcée des vaisseaux de la Compagnie SOUTHAMPTON, NASSAU et BOSHOROUGH, passa devant Pondichéry et s'empara de la *Sartine* qui était en croisière. Le 26, elle parut encore : la division française ne bougea pas. N'appréciant pas les motifs qui empêchaient le commandant de la division navale de mettre sous voiles, le gouverneur lui donna l'ordre d'appareiller. Le commandant Tronjoly obéit, mais il se rendit directement à l'île de France, ne laissant que la *Pourvoyeuse* sur la côte.

Pondichéry capitula, le 16 octobre, après un siége qui dura soixante-dix jours.

Depuis quelque temps déjà, la France avait conclu un traité d'alliance et de commerce avec les États-Unis d'Amérique; l'Angleterre avait rappelé son ambassadeur et pourtant, ainsi que je l'ai dit, l'escadre du vice-amiral d'Estaing avait traversé la Méditerranée et l'Océan sans qu'aucun acte d'hostilité eût encore marqué la rupture de la paix entre la France et l'Angleterre. A la frégate de 30° la *Belle-Poule*, capitaine Chadeau de Laclocheterie, était réservé l'honneur de faire jaillir la première étincelle de l'immense incendie dont les flammes allaient bientôt parcourir toutes les mers.

Cette frégate, qui faisait partie de l'armée navale qu'on armait à Brest, avait été expédiée avec une autre frégate, la *Licorne* de 26°, capitaine Belizal, pour observer les mouvements des Anglais à l'entrée de la Manche. Le 17 juin, les capitaines français aperçurent 14 vaisseaux anglais réunis en escadre sous le commandement de l'amiral Keppel, sorti aussi pour suivre les mouvements de l'armée navale de Brest; l'amiral anglais fit chasser les 2 frégates. Vers 6ʰ du soir, la frégate MIDLEFORT avait joint la *Licorne* et sommait, en termes très-mesurés, le capitaine français de passer à poupe du vaisseau amiral anglais. Après quelques hésitations, le capitaine Belizal se rendit à cette invitation.

Presque au même moment, le capitaine Marshall de la frégate de 28ᶜ Aᴇᴛʜᴜsᴀ, transmettait le même ordre au capitaine Chadeau de Laclocheterie. Sur son refus d'y obtempérer, la frégate anglaise envoya une volée dans la hanche de dessous le vent de la *Belle-Poule;* celle-ci riposta immédiatement et laissa un peu arriver pour mettre la frégate anglaise par son travers. Le combat devint bientôt très-vif, et le grand nombre de tués et de blessés gisant sur les ponts ne tarda pas à constater l'ardeur qui animait les deux équipages. A 11ʰ 30ᵐ, démâtée de son grand mât et presque complétement dégréée, l'Aʀᴇᴛʜᴜsᴀ fit vent arrière et se replia sur son escadre. La *Belle-Poule,* qui ne pouvait poursuivre son adversaire sans rencontrer de nouveaux ennemis, l'accompagna de ses boulets et alla chercher un abri dans l'anse de Kervin, près de Plouescat. Elle y reçut un renfort d'équipage qui lui permit de rentrer à Brest.

La *Belle-Poule* portait 26 canons de 12
$\qquad$ et 4 — de 6;
L'Aʀᴇᴛʜᴜsᴀ — 24 canons de 9
$\qquad$ et 4 — de 6.

Quelque peu confus probablement de la conduite qu'il tenait, alors que le capitaine de la *Belle-Poule* repoussait si énergiquement les prétentions de l'amiral anglais, le capitaine Belizal voulut continuer sa route ; il n'en était plus temps. Un des vaisseaux anglais lui envoya un boulet ; la frégate française riposta par une volée entière qui fut reçue par le vaisseau Aᴍᴇʀɪᴄᴀ, et elle amena son pavillon.

Une autre frégate française, la *Pallas* de 32ᶜ, tomba aussi dans cette escadre et fut prise sans combat.

. Le lougre de 8ᵒ le *Coureur,* sorti avec les deux frégates, reçut une sommation du capitaine Fairfax du cutter de 10ᶜ Aʟᴇʀᴛ. Le capitaine chevalier de Rosily n'en tint pas compte ; mais, moins heureux que la *Belle-Poule*, le *Coureur* fut obligé de se rendre après un combat de deux heures.

A son atterrage sur la côte d'Amérique, au mois de juillet, le vice-amiral d'Estaing avait détaché en avant la frégate de 30° l'*Engageante*, capitaine chevalier de Gras-Préville, pour lui indiquer la sonde. Le 5 de ce mois, cet officier aperçut la frégate anglaise de 26° Rose, capitaine Duncan, et la chassa ; à 8ʰ du soir, il n'en était pas à plus d'une demi-portée de canon. Dès que l'*Engageante* fut par le travers de la frégate anglaise, elle lui envoya une bordée, puis une seconde : toutes deux restèrent sans réponse ; ce ne fut qu'à la troisième qu'un feu bien nourri d'artillerie apprit au capitaine Préville qu'il avait affaire à un vigoureux adversaire. Le combat durait depuis deux heures, et cependant le tir des deux frégates était sans résultats ; l'*Engageante* se rapprocha à portée de pistolet. Excité par une résistance si longue qu'il était impatient de faire cesser, l'équipage de la frégate française redoubla d'ardeur. A 1ʰ après minuit, la Rose, coulant bas d'eau et réduite à l'état le plus pitoyable, amena son pavillon.

L'*Engageante* portait 26 canons de 12
                    et 4 — de 6
    La Rose   —   22 canons de 9 ;
                    et 4 — de 6.

Au jour, le capitaine Préville rallia son escadre et, lorsque l'état de sa prise fut connu, il reçut l'ordre de la couler.

Le 9 juillet, la frégate de 32° l'*Iphigénie* qui éclairait la marche de l'armée navale sortie de Brest, la veille, aperçut la corvette anglaise de 20° Lively qu'elle chassa, et l'ayant jointe, le capitaine de Kersaint lui enjoignit, à son tour, de se rendre auprès du commandant en chef. Sur le refus qui lui en fut fait par le capitaine Biggs, l'*Iphigénie* lui envoya sa volée et la corvette amena son pavillon ; elle fut conduite à Brest.

Le 17, la frégate de 26ᵉ la *Junon*, capitaine de Beaumont, s'empara du cutter de 14ᵉ ALERT.

La frégate de 26ᵉ la *Concorde*, capitaine Legardeur de Tilly, se rendant à Saint-Domingue, aperçut, le 22 août à la pointe du jour, un bâtiment qui se dirigeait sur elle. C'était la frégate anglaise de 32ᵉ MINERVA, capitaine sir John Stott, qui croisait dans le Nord de l'île, inquiétant et visitant tous les navires, et qui prenait la *Concorde* pour un navire du commerce. Le capitaine de Tilly la laissa approcher, et lorsqu'elle fut par son travers, il lui lâcha sa bordée : il était alors 7ʰ. Le combat prit un caractère d'acharnement facile à concevoir au début d'une guerre maritime. A la seconde bordée, la frégate anglaise perdit son mât d'artimon ; mais ni ses avaries toujours croissantes, ni une blessure assez grave que son capitaine reçut à la tête et dont il mourut plus tard, ne ralentirent son feu. Cependant, à 9ʰ 30ᵐ, criblée et privée de la moitié de son équipage, la MINERVA dut amener son pavillon : elle fut prise à la remorque par la frégate française et conduite au Cap Français, qui était alors en vue. Les avaries de la *Concorde* étaient peu sérieuses et ses pertes très-minimes, comparativement à celles de son adversaire.

La *Concorde* portait 26 canons de 12 ;
La MINERVA   —   26   —   de 12
                et   6   —   de 6.

La rupture des relations amicales avec l'Angleterre faisait au gouvernement français une obligation de donner des escortes aux navires du commerce qui se rendaient dans les colonies et à ceux qui en revenaient. Le 1ᵉʳ septembre, le capitaine Kéroulas de Cohars, de la frégate de 26ᵉ la *Dédaigneuse*, escortant un convoi de Port-au-Prince au Cap Français de Saint-Domingue, en compagnie de la frégate de 38ᵉ la *Charmante*, capitaine Macnémara, aperçut au vent un bâtiment qu'il chassa. Lorsque les deux frégates françaises, qui louvoyaient sans ordre, furent à bonne distance l'une de l'autre, ce bâtiment, qui était la frégate anglaise de 28ᵉ ACTIVE, capitaine William Williams, laissa arriver sur la *Dédaigneuse*. La *Charmante* prolongea sa bordée de manière à passer au vent de la frégate anglaise, afin de la mettre entre deux feux; mais elle arriva trop tard pour prendre part au combat : l'ACTIVE avait amené son pavillon à la seconde bordée de la *Dédaigneuse*, après lui avoir riposté quelques coups de canon.

L'ACTIVE était une frégate de 40ᵉ, mais elle en avait jeté douze à la mer pendant un coup de vent. Son armement primitif consistait en 28 canons de 12 en batterie

et 12 — de 6 sur les gaillards. C'étaient probablement ces derniers qui avaient été jetés à la mer.

La *Dédaigneuse* avait 26 canons de 12.

Je dois avouer mes doutes au sujet de l'armement réel de la frégate anglaise. Une relation, écrite peu de temps après le combat, dit que l'ACTIVE était une frégate de 28ᵉ, et qu'en ayant jeté 11 à la mer, il ne lui en restait que 17 en batterie.

Le 14 septembre, le capitaine vicomte de Beaumont, de la frégate de 32ᵉ la *Junon*, se trouvant à 120 milles dans le S.-S.-O. d'Ouessant, aperçut sous le vent et chassa la frégate anglaise de 28ᵉ Fox, capitaine lord Windsor; celle-ci diminua de voiles et tint le vent pour l'attendre. Les deux frégates s'envoyèrent d'abord une volée à contre-bord, puis le capitaine de Beaumont vira lof pour lof et prit poste un peu de l'arrière, mais toujours au vent. Cette position ne lui procurant pas tous les avantages sur lesquels il comptait et, malgré tous ses efforts, ne pouvant réussir à atteindre le travers de la frégate anglaise, il laissa porter pour se placer sous le vent. Afin d'éviter une bordée d'enfilade, le capitaine anglais laissa aussi arriver, et les deux frégates se présentèrent le travers à portée de fusil. Bientôt les décharges d'artillerie et de mousqueterie se succédèrent avec rapidité ; mais les coups de la *Junon* étaient mieux dirigés, et après une heure et demie de combat, le Fox perdit sa grande vergue et ses deux mâts de hune. Leur chute fut suivie successivement de celle du mât de misaine, du grand mât et du mât d'artimon. La frégate anglaise ne pouvait opposer une plus longue résistance ; à 6ʰ, elle cessa de tirer. Le capitaine Windsor était blessé. Quoique les avaries de la *Junon* eussent peu d'importance, il lui fallut une heure et demie avant de pouvoir amariner la frégate anglaise, qu'elle conduisit à Brest à la remorque.

La *Junon* portait 26 canons de 18
et   6   —   de   8 ;
Le Fox   —   24 canons de 9
et   4   —   de   6.

Le vaisseau de 64ᶜ le *Triton*, capitaine comte de Ligondes, en croisière à la hauteur du cap Finistère, fut chassé, le 20 octobre, par le vaisseau anglais de 50ᶜ Jupiter et la frégate de 28ᶜ Medea qui couraient sur lui vent arrière ; le vaisseau français les attendit au plus près, bâbord amures. A 5ʰ 15ᵐ de l'après-midi, le Jupiter était par son travers, à bâbord, et il avait à peine engagé le combat que la frégate canonnait le *Triton* par la hanche opposée. Le capitaine de Ligondes ne pouvait accepter le combat dans cette position. Au moyen d'une grande arrivée, il mit ses deux adversaires du même côté. La lutte durait depuis une heure et demie lorsque, blessé mortellement, le capitaine de Ligondes remit le commandement au lieutenant de vaisseau de Roquart. A 8ʰ 15ᵐ, la Medea abandonna la partie. Après avoir encore combattu pendant une heure, le *Jupiter* s'éloigna à son tour ; il échappa à la poursuite du *Triton* pendant un grain violent qui obscurcit l'horizon. Ce dernier dont le grément et la voilure étaient hachés, relâcha à la Corogne.

Je ne saurais dire à laquelle des deux catégories de vaisseaux de 64ᶜ appartenait le *Triton*, c'est-à-dire s'il portait du 18 ou du 12 à sa deuxième batterie.

Pendant une des attaques que l'escadre française aux ordres du vice-amiral d'Estaing dirigea, dans le mois de décembre, contre la division anglaise embossée à l'entrée de la baie du Carénage de Sainte-Lucie, la frégate de 32ᶜ l'*Iphigénie*, capitaine de Kersaint, s'empara de la corvette anglaise de 18ᶜ Ceres, après cinq heures de chasse.

Les colonies de l'Ouest de la France étaient dans des conditions plus favorables que celles de l'Inde pour repousser les agressions de ses ennemis ; on prit même l'initiative dans les Antilles. Dès qu'il sut que les hostilités avaient commencé, le gouverneur général des îles sous le Vent profita de l'absence de l'escadre anglaise qui était alors sur la côte d'Amérique, pour tenter une expédition contre la Dominique ; cette île avait été cédée à l'Angleterre en 1763. A cet effet, 1,800 hommes de troupes furent embarqués sur les frégates de 26ᶜ la *Tourterelle* et la *Diligente*, capitaines chevalier de la Laurencie et vicomte Duchilleau de Laroche, l'*Amphitrite* de 32, capitaine Jassaud, et la corvette de 20ᶜ l'*Étourdie*, capitaine de Montbas. Le 6 septembre pendant la nuit, le fort Cachacrou, qui défend la ville du Roseau, fut enlevé par surprise et, le lendemain, les troupes furent débarquées sans opposition : une heure après, le gouverneur capitulait. Une garnison fut laissée dans l'île, et la division retourna à la Martinique.

La prise de Pondichéry fut le premier acte d'hostilité des Anglais dans l'Inde. Cette conquête fut facile : la ville de Pondichéry avait été rendue à la France, à la paix de 1763, sans fortifications et sans fossé d'enceinte.

BATIMENTS PRIS, DÉTRUITS OU INCENDIÉS
pendant l'année 1778.

FRANÇAIS.

Canons.		
32	*Pallas*	Prise par une escadre.
28	*Fox* *	Naufragée à Belle-Isle.
26	*Licorne*	Prise par une escadre.
8	*Coureur*	Pris par un cutter.
26	*Sartine*, bâtiment de la Compagnie (1)	Pris par une division.

ANGLAIS.

Canons.		
64	SOMMERSET	Naufragé à Terre-Neuve.
44	ROEBUCK	Détruite à la côte.
32	ORPHÆUS. FLORA. JUNO. LARK.	Détruites à Rhodes island.
	MINERVA	Prise par une frégate.
	REPULSE	Naufragée aux Bermudes.
28	ACTÆON. CERBERUS.	Détruites à Rhodes island.
	MERMAID	Détruite à la côte.
	ACTIVE. FOX.	
26	ROSE	Prises par une frégate.
20	LIVELY.	
18	FALCON.	Détruite à Rhodes island.
	KING'S FISHER	Détruite à la côte.
	POMONE	Naufragée aux Antilles.
	SENEGAL	Prise par un vaisseau.
	CERES	Prise par une frégate.
16	STANLEY	Prise par un vaisseau.

---

(1) Je comprends la *Sartine* dans cet état parce qu'elle était momentanément considérée comme bâtiment de guerre.

	Merlin..............	Détruit dans la Delaware.
14	Zephyr.............	} Pris par une frégate.
	Alert.............	

* L'astérique indique un bâtiment pris à l'ennemi.

RÉCAPITULATION.

		Pris.	Détruits ou naufragés.	Incendiés.	TOTAL.
FRANÇAIS. .	Vaisseaux........	»	»	»	»
	Frégates.	2	1	»	5
	Bâtiments de rangs inférieurs........	1	»	»	1
ANGLAIS. . .	Vaisseaux........	»	2	»	2
	Frégates.	4	8	»	12
	Bâtiments de rangs inférieurs........	6	4	»	10

ANNÉE 1779.

—

Depuis bientôt un an que, sans déclaration de guerre, les hostilités étaient commencées entre la France et l'Angleterre, l'Espagne, qui n'avait pas abandonné son rôle de médiatrice, voyait toutes ses propositions repoussées et ne pouvait obtenir du gouvernement anglais la trêve illimitée qu'elle avait sollicitée pour son alliée. Bientôt elle eut à traiter pour son propre compte, et le roi d'Espagne dut demander satisfaction des insultes continuelles auxquelles son pavillon était en butte, car les officiers anglais ne cessaient de fouiller et de piller les navires espagnols. Il ne fut pas plus heureux dans cette négociation que dans la première ; les réparations qu'il demandait lui furent refusées d'une manière évasive. Fatigué de voir que le cabinet de Londres n'avait d'autre but que de traîner les négociations en longueur, il déclara se trouver dans la nécessité d'employer tous les moyens en son pouvoir pour se faire justice lui-même, et il accéda aux propositions que lui fit le roi de France de se joindre à lui pour venger leurs griefs respectifs et mettre un terme à l'empire tyrannique que l'Angleterre avait la prétention d'exercer sur toutes les mers. Une alliance offensive et défensive fut conclue entre les deux puissances, et elles arrêtèrent un projet d'armée navale combinée qui pût les rendre maîtresses de la mer sur les côtes de l'Océan. D'immenses armements furent faits dans les ports de France et d'Espagne, et l'on compta bientôt 30 vaisseaux et 10 frégates sur la rade de Brest. Le lieutenant général comte d'Orvilliers fut désigné pour commander en chef l'armée combinée.

Un double projet de descente en Angleterre et d'attaque contre Gibraltar était le but de ces armements. 40,000 hommes furent échelonnés sur les côtes de Bretagne et de Normandie, prêts à s'élancer de l'autre côté de la Manche au premier signal. Le lieutenant général d'Orvilliers devait combattre d'abord l'armée anglaise et convoyer ensuite les transports sur lesquels les troupes seraient embarquées.

L'armée navale de France mit à la voile le 3 juin, et se dirigea sur les côtes d'Espagne, où elle devait trouver les vaisseaux espagnols; mais elle y croisa pendant un mois sans en voir apparaître un seul. Les officiers généraux espagnols avaient, en effet, montré beaucoup de répugnance à se ranger sous les ordres d'un officier étranger, et, le 2 juillet seulement, 8 vaisseaux et 2 frégates, sortis de la Corogne avec le lieutenant général D. Antonio Darce, rallièrent l'armée française. Vingt jours après, 28 autres vaisseaux, 2 frégates, 2 corvettes et 5 brûlots, partis de Cadix sous le commandement du lieutenant général D. Luis de Cordova, rallièrent aussi; l'armée combinée se trouva alors forte de 66 vaisseaux et 14 frégates; toutefois, il n'y eut que 20 vaisseaux espagnols qui se rangèrent sous les ordres du lieutenant général d'Orvilliers; les autres formèrent une armée indépendante, dite *d'observation*, dont le lieutenant général de Cordova prit le commandement.

Cette armée combinée, la plus forte qu'on eût vue depuis près d'un siècle, était composée comme il suit :

Canons.

74	*Citoyen.*	capitaine marquis de Nieuil.
70	*San Miguel.*	— don Juan Moreno.
80	*Auguste.*	— de Charitte.
		de Rochechouart, chef d'escadre.
64	*Protée.*	capitaine Valmenier de Cacqueray.
70	*San Pablo.*	— de la Villa.
64	*Éveillé.*	— chevalier de Balleroy.
70	*Arrogante.*	— don Fidel Estava.
100	*Ville-de-Paris.*	— Huon de Kermadec.
		comte de Guichen, lieutenant général.
74	*Glorieux.*	capitaine de Beausset, chef d'escadre.
70	*Serio.*	— Morales.
64	*Indien.*	— de Lagrandière.
70	*San Pedro.*	— don Jose Diaz Branes.
70	*San Jose.*	— don Antonio Orserno, chef d'esc.
74	*Palmier.*	— chevalier de Reals.
74	*Victoire.*	— chevalier d'Albert Saint-Hippolyte.

Frégates : *Surveillante, Bellone, Aigrette.*
Corvette : *Favorite.* — Côtre : *Pilote.*

74	*Zodiaque.*	capitaine de Laporte-Vezins.
70	*Guerrero.*	— Lopez.
76	*San Vincence.*	— .....
		comte Darce, lieutenant général.
74	*Scipion.*	capitaine comte de Cherisey.
74	*Bien-Aimé.*	— Daubenton.
74	*Actif.*	— Baraudin.
78	*San Carlos.*	— Lassana, chef d'escadre.
110	*Bretagne.*	— Duplessis-Parseau.
		comte d'Orvilliers, lieutenant général.
74	*Neptune.*	capitaine Hector, chef d'escadre.
70	*Vincedor.*	— Ramirez.
74	*Destin.*	— chevalier de Coriolis d'Espinouse.
70	*San Joaquim.*	— don Carlos de Torres.
70	*Sta Isabel.*	— don Antonio Posada, chef d'esc.
74	*Bourgogne.*	— de Marin.
64	*Solitaire.*	— chevalier de Monteclerc.

Frégates : *Assumpcion, Atalante, Junon, Concorde.*
Corvettes : *Grana, Curieuse, Étourdie.*
Lougres : *Chasseur, Espiègle.*

74	*Hercule.*	capitaine comte d'Amblimont.
64	*Septentrion.*	— Fumes.
82	*Saint-Esprit.*	— chevalier de Médines.
		chevalier d'Arzac de Ternay, chef d'escadre.
74	*Intrépide.*	capitaine Beaussier de Chateauvert, Louis-André.
70	*San Angel.*	— Ruites Gordon.
64	*Bizarre.*	— Saint-Riveul.
74	*Conquérant.*	— chevalier de Monteil, chef d'esc.
80	*Rayo.*	— Giral.
		don Miguel Gaston, lieutenant général.

70	San Damas.	capitaine	don Francisco Borja.
64	Actionnaire.	—	Larchantel.
64	Alexandre.	—	de Trémigon, aîné.
70	Brillante.	—	Carazo.
80	San Luis.	—	don Solano, chef d'escadre.
64	Caton.	—	chevalier de Seillans.
74	Pluton.	—	Destouches.

Frégates : *Diane*, *Nª Senª del Carmel*, *Magicienne*.
Corvettes : *Sénégal*, *Sta Catharina*.
Côtre : *Mutin*.

ESCADRE LÉGÈRE.

60	Saint-Michel.	capitaine	chevalier de Labiochaye.
60	España.	—	Avauz.
80	Couronne.	—	chevalier du Breil de Rays.
			Levassor de Latouche, lieutenant général.
52	Minho.	capitaine	don Jose Zalava.
64	Triton.	—	Chadeau de Laclocheterie.

ESCADRE D'OBSERVATION.

110	SSª Trinidad.	capitaine	.....
			don Luis de Cordova, lieutenant général.
80	San Nicolas.	capitaine	Ventura Moreno.

70	Monarca.	—	Adrian Cantin, chef d'escadre.
	San Isidro.	—	don ... Lopez.
	San Pascal.	—	don Ponce de Leon, chef d'escadre.
	San Rafael.	—	Posligo.
	San Eugenio.	—	Domonte.
	Princesa.	—	don ... Leon.
	Atlante.	—	don Diego Quevedo.
	San Francisco de Asis. .	—	.....
	Velasco.	—	don Diego Muñoz.
	Galicia.	—	Alberto.
	Oriente.	—	Perser.
	San Francisco de Paula.	—	don Alonzo Rivas.
	San Isidoro.	—	Salafranca.
	Astuto.	—	Vallecilla.

Frégates : *Sta Gertruda*, *Sta Rosina*.

Après avoir pris connaissance de l'île d'Ouessant, l'armée combinée qui manquait déjà d'eau et de vivres et qui avait un grand nombre de malades (1), se dirigea sur les côtes d'Angleterre. L'intention du commandant en chef était d'aller mouiller dans la baie de Torbay, d'y faire une

---

(1) L'état de situation du 11 juillet portait à 1,035 le nombre des malades et à 174 celui des convalescents, à bord des vaisseaux français; ils avaient déjà perdu 48 hommes et 412 avaient été envoyés aux hôpitaux du Ferrol et de la Corogne, pendant que l'armée croisait sur la côte d'Espagne.

répartition égale des vivres qui se trouvaient encore à bord des vaisseaux et d'y attendre ceux qu'il avait fait demander à Brest. Mais lorsque, le 17 août, l'armée arriva à la hauteur de cette baie, les vents passèrent à l'Est, grand frais, et elle fut obligée de louvoyer pour chercher à l'atteindre. Le temps fut mauvais pendant plusieurs jours. Le 25, le lieutenant général d'Orvilliers ayant eu des renseignements précis sur l'armée anglaise, fit assembler les officiers généraux en conseil pour délibérer sur le parti qu'il convenait de prendre. Il fut exposé que quelques vaisseaux avaient jusqu'à 300 malades et n'avaient ni chirurgiens ni médicaments ; que d'autres manquaient d'eau à ce point qu'ils étaient obligés d'en demander chaque jour à leurs voisins ; que plusieurs, et notamment la *Bretagne*, n'avaient de vivres que jusqu'au 25 septembre, Le conseil décida d'une voix unanime que, dans un tel état de choses, il serait imprudent de s'engager dans la Manche ; qu'il fallait aller chercher l'armée anglaise aux Sorlingues, ou l'y attendre. Le conseil décida encore qu'on abandonnerait la croisière le 8 septembre, et que, conformément aux ordres que l'amiral espagnol avait reçus de son gouvernement, les deux armées se sépareraient dès qu'elles pourraient le faire sans inconvénients. L'armée combinée se dirigea donc sur les Sorlingues.

Le 31, les frégates signalèrent 43 vaisseaux ; c'était l'armée anglaise. Le vent était alors au Nord. L'amiral sir Charles Hardy était sorti de Spithead, le 16 juin, pour croiser à l'entrée de la Manche, et il avait été poussé au large par les grands vents d'Est qui avaient régné. Voici la composition de cette armée :

Canons.			
74	RESOLUTION.	capitaine	sir Chaloner Ogle.
74	INVINCIBLE.	—	John Laforey.
74	ALFRED.	—	William Bayne.
74	CULLODEN.	—	George Balfour.
74	RAMILIES.	—	John Moutray.
98	DUKE.	—	sir Charles Douglas.
100	BRITANNIA.	—	M. Pole.
		George Darby, vice-amiral.	

90	UNION.	capitaine	J. Dalrymple.
74	ALEXANDER.	—	lord Longford.
74	MARLBOROUGH.	—	Taylor Penny.
74	DEFIANCE.	—	John Simmons.
64	INTREPID.	—	' honorable St John.
100	ROYAL GEORGE.	sir John Lockart Ross, contre-amiral.	
74	THUNDERER.	capitaine	honorable Walsingham.
74	CUMBERLAND. · · · · · · ·	—	Josias Peyton.
74	COURAGEUX.	—	lord Mulgrave.
74	TRIUMPH.	—	Philip Affleck.
90	LONDON.	—	Samuel Cornish.
100	VICTORY.	—	Kempenfelt.
		sir Charles Hardy, amiral.	
80	FOUDROYANT.	capitaine	John Jervis.
98	FORMIDABLE.	—	John Stanton.
74	TERRIBLE.	—	sir Richard Bickerton.
74	MONARCH.	—	Adam Duncan.
74	BERWICK.	—	honorable K. Stewart.
64	BIENFAISANT.	—	John Macbride.
74	SHREWSBURY.	—	M. Robinson.
64	AMERICA.	—	S. Thompson.
74	HECTOR.	—	sir John Hamilton.
74	CENTAUR.	—	P. Nott.
90	NAMUR.	—	Charles Fielding.
98	PRINCE GEORGE.	—	Patten.
		Robert Digby, contre-amiral.	
90	QUEEN.	capitaine	Alexander Innes.
74	EGMONT.	—	C. Allen.
74	CANADA.	—	H. Dalrymple.
64	PRUDENT.	—	J. Burnet.
74	VALIANT.	—	C. Goodall.
74	BEDFORT.	—	Edmund Affleck
50	ROMNEY.'	—	.....
52	AMBUSCADE, SOUTHAMPTON, ANDROMEDA, APOLLO.		
28	TRITON, MILFORD, LIZARD.		
20	PORCUPINE.		
14	CORMORANT, SWALLOW.		
12	KILE, WOLF.		

L'armée anglaise fut chassée dès qu'elle fut aperçue; mais le vent reprit à l'Est et, le lendemain, elle était à 18 ou 20 milles au vent, en position d'entrer à Plymouth. L'armée combinée cessa alors sa poursuite et laissa arriver pour aller reconnaître un grand nombre de voiles que les vaisseaux de l'arrière-garde venaient de signaler dans l'Ouest. A 3ʰ de l'après-midi, on reconnut en elles un convoi hollandais venant de Surinam.

L'armée combinée continua sa croisière jusqu'à l'époque à laquelle il avait été décidé qu'elle effectuerait son retour;

elle se dirigea alors sur Ouessant. Le commandant en chef y reçut l'ordre de rentrer à Brest ; il mouilla sur cette rade, le 14 septembre. Les vaisseaux espagnols l'y suivirent.

La jonction tardive des vaisseaux espagnols rendit cet immense armement complétement infructeux. L'apparition de l'armée combinée jeta cependant, sur les côtes d'Angleterre, une terreur telle qu'on n'en avait jamais éprouvé de semblable. On craignait une invasion, et les mesures de précaution prises par le gouvernement ne contribuèrent pas peu à entretenir cette idée. La panique fut encore augmentée par une proclamation royale qui invitait les habitants de la côte à envoyer dans l'intérieur leurs chevaux, leurs bestiaux et toutes leurs provisions.

Cette campagne fut très-funeste aux équipages des vaisseaux français. Une croisière de 104 jours, sans qu'on eût songé à embarquer aucun rafraîchissement, développa parmi eux une maladie épidémique qui enleva un grand nombre d'hommes et empêcha l'armée de reprendre la mer avant la fin de l'année. Le 9 novembre, le lieutenant général de Cordova quitta Brest avec 15 vaisseaux espagnols et 2 frégates, laissant au lieutenant général Gaston le commandement du reste de l'armée espagnole.

Avant de terminer la relation de cette malheureuse et dispendieuse campagne à laquelle le défaut d'entente, l'imprévoyance et une mauvaise organisation donnèrent une issue si déplorable, je dirai que le lieutenant général d'Orvilliers ne put supporter les reproches qui lui furent adressés dans cette circonstance, et qu'à son arrivée en France il quitta le service. Ces reproches portaient principalement sur ce que l'armée combinée n'avait pas intercepté le convoi anglais des Antilles qui était arrivé en Angleterre le 8 août.

Le 19 février, le chef d'escadre comte de Grasse arriva à la Martinique avec les vaisseaux le *Robuste* et le *Magnifique* de 74ᶜ; le *Dauphin-Royal* de 70ᶜ; le *Vengeur* de 64ᵉ ; la corvette la *Favorite*, le côtre l'*Alerte* et le vaisseau particulier de 50ᵉ le *Fier-Rodrigue* qui s'était joint à l'escadre. Le 19 avril, le chef d'escadre marquis de Vaudreuil arriva aussi avec les vaisseaux le *Fendant* et le *Sphinx*. Enfin, le 27 juin, le vice-amiral d'Estaing reçut un nouveau renfort de 6 vaisseaux qui lui étaient amenés par le chef d'escadre Lamotte-Piquet. C'étaient l'*Annibal* et le *Diadème* de 74ᵉ, le *Réfléchi* et l'*Artésien* de 64ᵉ ; l'*Amphion* et le *Fier* de 50ᵉ. L'armée navale des Antilles se trouva dès lors forte de 25 vaisseaux.

Le 30 juin, le vice-amiral d'Estaing appareilla du Fort-Royal et se dirigea sur l'île de la Grenade qui avait été cédée à l'Angleterre en 1763. Le 2 juillet, l'armée mouilla dans l'anse Molinier, et 1,400 hommes de troupes furent mis à terre. Le commandant en chef marcha de suite à leur tête sur le morne l'Hôpital où les Anglais s'étaient fortifiés, et il s'en empara dans la nuit du 4 ; le gouverneur se rendit alors à discrétion. 100 pièces de canon et 30 navires du commerce devinrent la propriété des vainqueurs, qui firent en outre 700 prisonniers.

Retenu par le mauvais temps sur la côte d'Amérique, le vice-amiral anglais Byron n'était arrivé que le 6 janvier à Sainte-Lucie ; il en était parti le 10 du mois suivant pour se porter au-devant du commodore sir Josuah Rowley attendu d'Europe avec un convoi. Lorsque ce convoi fut arrivé, le commodore anglais reçut la mission d'aller croiser au vent de la Martinique avec 8 vaisseaux, afin d'empêcher les divisions attendues de France de se joindre à l'escadre du vice-amiral d'Estaing. Il était trop tard ; aussi le commodore fut-il bientôt rappelé ; la nouvelle de la prise de Saint-Vincent motiva d'ailleurs le ralliement de tous les vaisseaux qui avaient été détachés. Le vice-amiral Byron fit immédiatement embarquer des troupes pour aller reprendre possession de cette île ; mais, sur ces entrefaites, ayant appris la sortie de l'armée française, il renonça à ce projet et, appareillant avec 21 vaisseaux, le 3 juillet, il se dirigea sur la Grenade. Le 6 au jour, l'armée anglaise parut à la pointe Nord de l'île, dans l'ordre ci-après :

Canons.

74	SUFFOLK.	capitaine C. Christian.
		sir Josuah Rowley, commodore.
70	BOYNES.	capitaine Her. Sawyer.
74	ROYAL OAK.	— Fitzherbert.
74	PRINCE OF WALES.	— Hill.
		honorable Samuel Barrington, vice-amiral.
74	MAGNIFICENT.	capitaine J. Elphinstone.
64	TRIDENT.	— P. Molloy.
60	MEDWAY.	— Edmund Affleck.
74	FAME.	— Butchart.
64	NONSUCH.	— Walter Griffiths.
74	SULTAN.	— Alan Gardner.
98	PRINCESS ROYAL.	— William Blair.
		John Byron, vice-amiral.
74	ALBION. . . . . . ·	capitaine George Bowyer.
64	STIRLING CASTLE.	— P. Carkett.
74	ELIZABETH.	— William Truscott.
64	YARMOUTH.	— Bateman.
64	LION.	— honorable William Cornwallis.
64	VIGILANT.	— Digby Dent.
74	CONQUEROR.	— Hammond.
		Hyde Parker, contre-amiral.
74	CORNWALL.	capitaine Tim. Edwards.
64	MONMOUTH.	— Robert Fanshaw.
74	GRAFTON.	— C. Collingwood.
	Frégate ARIADNE.	

Dès que les Anglais furent signalés, le vice-amiral d'Estaing fit appareiller son armée et la rangea en bataille, les amures à tribord, sans avoir égard aux postes. Mais la brise était très-faible de l'E.-N.-E., et ce ne fut pas sans difficulté que cette manœuvre put être exécutée. Le vice-amiral Byron voulant profiter de sa position au vent et de la confusion qui devait résulter de l'appareillage instantané des 24 vaisseaux français, fit signal de chasser sans ordre et de serrer l'ennemi au feu. Son armée courait largue, bâbord amures ; 4 vaisseaux, affectés d'abord à la garde des navires qui portaient les troupes, se mêlèrent aux autres. Le commandant en chef de l'armée française s'y était pris assez à temps pour n'être pas surpris ; et, lorsque les vaisseaux anglais furent à portée de canon, ils trouvèrent son armée, sinon dans un ordre parfait, du moins en position de combattre et rangée comme il suit :

Canons.		
74	*Zélé.*	comte de Barras Saint-Laurent, chef d'esc.
64	*Fantasque.*	capitaine commandeur de Suffren.
74	*Magnifique.*	— chevalier de Brach.
80	*Tonnant.*	— comte de Bruyères.
		comte de Breugnon, lieutenant général.
74	*Protecteur.*	capitaine de Grasse-Limermont.
50	*Fier.*	— chevalier Turpin de Breuil.
64	*Provence.*	— Desmichels de Champorcin.
74	*Fendant.*	— marquis de Vaudreuil, chef d'esc.
64	*Artésien.*	— de Peynier.
50	*Fier-Rodrigue.*	— de Montault.
74	*Héros.*	— chev. Moriès-Castellet, chef d'esc.
80	*Languedoc.*	— de Boulainvilliers.
		comte d'Estaing, vice-amiral.
74	*Robuste.*	capitaine comte de Grasse, chef d'escadre.
64	*Vaillant.*	— marquis de Chabort.
50	*Sagittaire.*	— d'Albert de Rions.
74	*Guerrier.*	— de Bougainville.
64	*Sphinx*	— comte de Soulanges.
74	*Diadème.*	— commandeur de Dampierre.
50	*Amphion.*	— chevalier Ferron de Quengo.
74	{ *Marseillais.*	— de Lapoype-Vertrieux.
	{ *César.*	— de Castellet, aîné.
		de Broves, chef d'escadre.
64	{ *Vengeur.*	capitaine chevalier de Retz.
	{ *Réfléchi.*	— Cillart de Suville.
47	*Annibal* (1).	— de Lamotte-Piquet, chef d'esc.

Kingstown, ville principale de la Grenade, sur la côte occidentale de l'île, est bâtie sur une langue de terre qui ferme au Nord le petit enfoncement auquel on donne le nom de port et dont l'ouverture est à l'Ouest. La rade, proprement dite, est un mouillage sans abri du large dans le Nord de la ville. La côte, depuis la pointe Nord de l'île jusqu'à Kingstown, court à peu près Nord et Sud ; les vents d'E.-N.-E. soufflent donc presque perpendiculairement à cette direction. Par suite, des vaisseaux venant du Nord et courant au Sud en élongeant la côte pour atteindre le mouillage, peuvent passer à terre ou au vent d'une es-

---

(1) M. de Lapeyrouse, *Histoire de la marine*, commet une erreur en portant à 25 le nombre des vaisseaux français : le *Dauphin-Royal*, qui s'était échoué en appareillant du Fort-Royal, n'avait pas encore rallié. — Le vice-amiral Byron est encore plus loin de la vérité en disant, dans son rapport, qu'il compta 26 ou 27 vaisseaux.

cadre qui, en appareillant et quoique mettant le cap au Nord, se souvente toujours quelque peu.

A 7ʰ 30ᵐ, la tête des deux armées commença le combat et, se formant en ligne à mesure qu'ils arrivaient à la hauteur des Français, tous les vaisseaux anglais y prirent part successivement. Le Prince of Wales, le Boynes et le Sultan, que leur supériorité de marche avait placés de l'avant, reçurent seuls d'abord le feu de l'avant-garde française et furent très-maltraités. Le Grafton, le Cornwall, le Lion et le Monmouth qui arrivèrent ensuite, le furent encore davantage. Il ne pouvait en être autrement, le mode d'attaque de l'amiral anglais permettant à tous les vaisseaux français de diriger leur feu en quelque sorte successivement sur chacun des vaisseaux ennemis, avant que ceux-ci pussent riposter. Le vice-amiral Byron ignorait la prise de Kingtstown et gouvernait, sans appréhensions, sur la baie de Saint-Georges. Mais bientôt il aperçut le drapeau de la France flottant sur les forts qui ne tardèrent pas à le canonner. Il fit de suite serrer le vent tribord amures tout à la fois à son armée et le combat devint général, bien que plusieurs vaisseaux français souventés n'y prissent qu'une part fort secondaire. Vers 10ʰ 40ᵐ, le vice-amiral d'Estaing ordonna à ces derniers de reprendre leur poste dans la ligne et il laissa un peu arriver pour faciliter ce mouvement. Les avaries du Cornwall, du Monmouth et du Lion étaient telles, que bientôt ces 3 vaisseaux ne purent plus se maintenir en ligne. Démâté de son grand mât de hune et de son mât de perroquet de fougue, le dernier fit route à l'Ouest. A 2ʰ 15ᵐ, l'armée française vira vent devant tout à la fois. Cette manœuvre, qui compromettait grandement les 3 vaisseaux anglais souventés, fut de suite imitée par le vice-amiral Byron. Cet officier général ne put cependant empêcher que le Lion ne fût séparé des siens. Cela toutefois n'eut pas de conséquence, car le commandant en chef de l'armée française laissa ce vaisseau continuer sa route sans l'inquiéter en aucune façon; il ne s'occupa pas davan-

tage du CORNWALL et du MONMOUTH et retourna au mouillage. L'armée ennemie fit route pour Saint-Christophe.

Les avaries des vaisseaux anglais étaient très-graves et,
ainsi que le dit le vice-amiral Byron dans son rapport, il
eût été possible de lui en prendre plusieurs. Mais le but
principal du commandant en chef de l'armée française était
la conquête de la Grenade. Or, pour s'emparer des vaisseaux souventés, il lui eût fallu diviser les siens, s'éloigner
et s'exposer à livrer un second combat qui pouvait compromettre le succès de l'expédition. Il préféra laisser l'armée anglaise s'éloigner et retourner prendre son mouillage,
quoique ses vaisseaux eussent peu d'avaries.

Le capitaine Ferron de Quengo avait perdu la vie, ainsi
que le capitaine Montault du *Fier-Rodrigue*. Les capitaines
Cillart de Suville, de Castellet, de Dampierre et de Retz
étaient blessés.

Le vice-amiral d'Estaing quitta le mouillage de la Grenade dès que cela lui fut possible, et après s'être assuré que
l'armée anglaise était encore à Saint-Christophe, il rallia
tous les navires du commerce qui devaient effectuer leur
retour en Europe et il fit route pour Saint-Domingue ; le 15
août, il mouilla au Cap Français.

————

Depuis l'arrivée du vice-amiral d'Estaing sur les côtes
d'Amérique, dans les premiers jours du mois de juillet
1778, nous avons vu l'escadre française parcourir tout le
littoral de l'Amérique septentrionale et la mer des Antilles
pour venir en aide à la cause de l'indépendance des États-
Unis, porter secours à nos colonies menacées et s'emparer
de quelques possessions anglaises. De récentes instructions
prescrivaient au commandant en chef de détacher 3 vaisseaux et 2 frégates pour aller stationner à Saint-Domingue
avec le chef d'escadre de Lamotte-Piquet ; de laisser 8 vaisseaux, 7 frégates, 3 corvettes et 1 côtre à la Martinique
avec le chef d'escadre de Grasse ; de prendre sous son es-

corte tous les navires de commerce prêts à faire route et d'effectuer son retour en France avec les vaisseaux et les frégates qui composaient son escadre à son départ de Toulon. L'exécution immédiate de ces instructions pouvait avoir le résultat le plus fâcheux ; le parti américain avait fait des pertes très-grandes depuis que l'escadre française avait quitté les côtes d'Amérique. La lutte n'était plus égale entre les parties belligérantes, car les Américains n'avaient pas de marine. La ville de Savannah et toute la Géorgie étaient au pouvoir des Anglais ; la Caroline courait des dangers imminents. Le vice-amiral d'Estaing ne voulut pas retourner en Europe avant d'avoir rendu un dernier service aux Américains et, malgré les ordres formels qu'il avait reçus, cédant aux vives sollicitations du consul de France à Charlestown et à celles du gouverneur de la Caroline, il appareilla du Cap Français, le 16 août, et se porta sur les côtes de Géorgie avec 20 vaisseaux. Le 31, il mouilla devant la rivière de Savannah pour appuyer les opérations du général américain qui voulait faire le siége de cette ville. Le lieutenant général de Breugnon, gravement malade au moment du départ, avait été remplacé par le chef d'escadre de Barras Saint-Laurent ; quelques autres changements avaient été la conséquence de cette mutation. L'armée navale, sur laquelle 3,000 hommes de troupes des garnisons de la Martinique et de Saint-Domingue avaient été embarqués, était composée comme il suit :

Canons.

80	*Languedoc.*	capitaine Boulainvilliers.
		comte d'Estaing, vice-amiral.
	Tonnant.	capitaine de Pontevès-Gien.
		comte de Barras Saint-Laurent, chef d'esc.
74	*César.*	capitaine de Castellet, aîné.
		comte de Broves, chef d'escadre.
	Annibal.	capitaine de Lamotte-Piquet, chef d'esc.
	Robuste.	— comte de Grasse, chef d'escadre.
	Fendant.	— marquis de Vaudreuil, chef d'esc.
	Diadème.	— commandeur de Dampierre.
	Marseillais.	— Lapoype-Vertrieux.
	Zélé.	— comte de Bruyères.
	Guerrier.	— de Bougainville.
	Hector.	— chev. de Moriès-Castellet, ch. d'esc.

70	Dauphin-Royal.	—	Mithon de Genouilly.
	Sphinx..	—	comte de Soulanges.
	Artésien.	—	chevalier de Peynier.
	Réfléchi.	—	Cillart de Suville.
64	Vengeur.	—	chevalier de Retz.
	Fantasque.	—	commandeur de Suffren.
	Provence..	—	Desmichels de Champorcin.
	Vaillant.	—	marquis de Chabert.
50	Sagittaire.	—	d'Albert de Rions.

Frégates : *Amazone, Chimère, Iphigénie, Fortunée, Blanche, Boudeuse, Cérès.*

Corvettes : *Ellis, Lively.*

Flûtes : *Bricole, Truite.*

Côtre : *Alerte.*

Goëlette : *Actif.*

Le succès semblait devoir couronner cette entreprise. L'arrivée inopinée de l'armée navale remplit les Anglais d'épouvante; mais les éléments vinrent, une fois encore, contrarier les opérations du vice-amiral d'Estaing. Le 2 septembre, l'armée navale reçut un coup de vent du S.-E. au S.-O.; le *Réfléchi*, qui appareilla, eut toutes ses voiles emportées et perdit son mât de misaine. La *Chimère* et l'*Alerte* cassèrent leur beaupré; 5 vaisseaux eurent leur gouvernail démonté, et sur ce nombre 3 le perdirent : le *Languedoc* était un de ces derniers. Toutes ces avaries furent réparées; mais la saison avançait et il n'y avait pas de temps à perdre; on fit donc toutes les dispositions d'attaque.

La ville de Savannah est bâtie à quelques milles de l'embouchure et sur la rive droite de la rivière qui porte son nom. Cette rivière est barrée par un grand banc qui s'étend au large et sur lequel il n'y a d'eau que pour les navires d'un faible tonnage. Plusieurs îles, près et généralement dans le Nord de l'embouchure de la rivière, forment de nombreux canaux par lesquels on peut aussi y entrer. Le canal de Port-Royal sépare l'île de ce nom de la terre ferme. Le bras de mer entre cette île et l'île Sainte-Hélène, qui est plus au large, porte le nom de Beaufort, ville située dans le N.-E. de Port-Royal. L'île Tybée semble être le prolongement des terres du Sud de la rivière. La prise de posses-

sion de cette île avait donc une grande importance, puisque
de ce point on pouvait surveiller l'entrée de la rivière Savannah ainsi que l'entrée Sud des canaux et empêcher alors
les communications par mer avec Savannah. Mais surveiller
l'entrée Nord de ces canaux n'était pas moins nécessaire.
Voici les dispositions que prit le vice-amiral d'Estaing. Il
plaça le capitaine d'Albert de Rions devant l'entrée Nord
des canaux avec le *Sagittaire* et la *Lively*, capitaine Coet-
lando, et le capitaine Lapérouse plus au Nord, à la hauteur de Charlestown, avec l'*Amazone*. Le chef d'escadre de
Lamotte-Piquet eut mission de surveiller la rivière Hosaba,
ou Great Ogechée, distante de 20 milles au Sud de l'île
Tybée, cette rivière ayant été choisie pour le débarquement
des troupes. Enfin l'*Ellis*, capitaine Fonteneau, fut envoyée
en croi... re devant l'île Sapello, à 20 milles aussi au Sud
de la rivière Ogechée; elle s'appuyait naturellement sur les
5 vaisseaux du chef d'escadre de Lamotte-Piquet. Ces dispositions prises, le vice-amiral d'Estaing laissa le commandement supérieur au chef d'escadre de Broves et, le 9, il
franchit la barre de la rivière Savannah avec les frégates
la *Chimère* de 26°, capitaine Trolong Durumain, la *Blanche* de 32, capitaine Barin de la Galissonnière, les flûtes
la *Bricole* et la *Truite*, capitaines de Costebelle et Chaste-
net de Puységur, opéra un débarquement sur l'île Tybée et
s'en rendit facilement maître. On s'occupa de suite de
mettre les troupes à terre. Le temps était assez mauvais et,
soit ignorance des localités, soit mauvais vouloir des pilotes, les embarcations cherchèrent pendant trois jours
l'endroit où elles devaient débarquer leurs passagers; quelques-unes furent jetées à la côte. Le 16, toutes les troupes
étaient rendues à Minghausen; elles y campèrent. Pendant
ce temps, un nouveau coup de vent vint compromettre
l'escadre, qui dut mettre sous voiles et se tenir éloignée
de la côte pendant plusieurs jours. Le débarquement des
troupes françaises avait une importance que le commandant
de la place de Savannah ne se dissimula pas, et il chercha

de suite à arrêter leur marche au moyen d'un armistice. Cet armistice lui fut accordé inconsidérément peut-être, et il sut en profiter pour faire entrer dans Savannah des renforts sans lesquels il n'aurait pu repousser les attaques des Français réunis aux Américains. De ce moment, il rejeta toutes les propositions qui lui furent faites. Il fallut dès lors se résoudre à un siége en règle, malgré les difficultés qu'offrait le transport de canons montés sur affûts marins et des munitions qu'il fallait débarquer des vaisseaux. Tout cela conduisit jusqu'au 3 octobre. Les batteries ouvrirent leur feu dès le lendemain, et elles le continuèrent pendant plusieurs jours, mais sans beaucoup d'effet. Le temps pressait cependant, car le séjour des vaisseaux sur cette côte, à l'époque de l'année où l'on était arrivé, n'était pas sans quelque danger; il fallut prendre un parti. L'assaut fut résolu pour le 9. Le vice-amiral d'Estaing le dirigea lui-même. Cette attaque de vive force n'ayant pas réussi, on battit en retraite et les troupes furent rembarquées. Le commandant en chef de l'armée navale avait reçu une blessure très-grave.

Ne voyant désormais aucun inconvénient à mettre à exécution les instructions qui lui avaient été expédiées de France, le vice-amiral d'Estaing ordonna de suite les dispositions de l'appareillage. Le *Magnifique*, qui avait une voie d'eau considérable, fut dirigé sur la Martinique sous l'escorte de l'*Annibal* et du *Réfléchi* : ces trois vaisseaux arrivèrent isolément à leur destination, du 20 au 27 novembre, après une série non interrompue de coups de vent qui leur occasionnèrent de nombreuses avaries. Il enjoignit au chef d'escadre de Grasse de partir avec le *Robuste*, le *Fendant*, le *Diadème*, le *Sphinx*, l'*Iphigénie* et l'*Alceste*; de rapporter les troupes qui avaient été prises aux garnisons des Antilles, et de prendre en passant des farines dans la Chesapeak. Quant aux vaisseaux qui étaient partis de Toulon, ils durent se tenir prêts à mettre sous voiles. Un dernier coup de vent de N.-E. vint, ce jour-là même, compléter la série des contrariétés qui n'avaient cessé d'accabler le vice-amiral d'Estaing depuis son arrivée dans ces parages où, par un pressentiment assez remarquable, il avait déclaré ne vouloir rester que huit jours. Appareillés avec le commencement du coup de vent, les vaisseaux du chef d'escadre de Grasse se rendirent isolément et directement, les uns à Saint-Domingue, les autres à la Martinique ; le *Fendant* seul entra dans la Chesapeak. Le 15 janvier 1780, ce vaisseau arriva au Fort-Royal de la Martinique, chassé par 3 vaisseaux anglais qui le canonnaient depuis le canal de la Dominique.

Les vaisseaux restés devant Savannah éprouvèrent de graves avaries : quelques-uns cassèrent leurs câbles ; d'autres s'abordèrent. L'escadre se trouva dispersée avant même d'avoir pu être ralliée. Le *Languedoc* perdit toutes ses ancres et eut toutes ses embarcations enlevées. Obligé de tenir la mer, il rencontra la *Provence* le 9 du mois suivant. Ce vaisseau donna au *Languedoc* une des deux ancres qui lui restaient, mais ce ne fut pas sans de grandes difficultés, eu égard à la violence du vent et à l'état de la mer qui était fort grosse. Le *Languedoc* et la *Provence* naviguèrent de conserve et arrivèrent à Brest le 7 décembre ; le *César* et le *Fantasque* y entrèrent le 9. Le *Marseillais*, le *Zélé*, le *Sagittaire*, le *Protecteur* et l'*Expériment* passèrent le détroit de Gibraltar et allèrent à Toulon. Le *Guerrier* mouilla à Rochefort ; le *Vaillant* et l'*Hector* entrèrent à Lorient. Le *Tonnant* relâcha à la Havane.

Pendant que les escadres de la France et de l'Angleterre étaient aux prises dans toutes les parties du monde, quelques bâtiments isolés livraient des combats que je vais rapporter ci-après :

En janvier, c'était la frégate de 32° la *Boudeuse*, capitaine de Grenier qui, se rendant en France avec un convoi, chassa la corvette anglaise de 16° WEAZLE, capitaine

Lewis Roberson, sous l'île Saint-Eustache, et lui fit amener son pavillon au troisième coup de canon. Cette corvette allait en Angleterre annoncer la prise de Sainte-Lucie.

La frégate de 32ᶜ l'*Oiseau*, capitaine de Tarade, escortant un convoi de Brest à Saint-Malo rencontra, le 31 janvier, à la hauteur de l'île de Bas, la frégate anglaise de 32ᶜ Apollo, capitaine Pownall. Le capitaine de Tarade chargea le côtre l'*Expéditive* de la conduite du convoi et, à 1ʰ, il attaqua la frégate ennemie. Démâtée de son grand mât de hune et du mât de perroquet de fougue, la frégate française amena son pavillon.

L'*Oiseau* portait 26ᶜ de 12 et 6 de 6.

L'Apollo avait le même armement.

Un fort coup de vent qui s'était déclaré, le 5 février, avait dispersé un convoi parti depuis vingt-cinq jours de Saint-Domingue pour France, sous l'escorte de la frégate de 32ᶜ la *Concorde*, capitaine Le Gardeur de Tilly, et avait occasionné de grandes avaries à cette frégate dont le grand mât avait été craqué par la foudre. Le capitaine de Tilly s'était vu dans la nécessité de jeter douze canons à la mer. Il n'avait pas encore réparé le désordre de sa mâture, qu'il lui fallut combattre un corsaire de 14 canons dont il s'empara.

Le 18 février, un ennemi plus redoutable se présenta à la *Concorde*. Chassée par la frégate de 32ᶜ Congrès (1), la frégate française dont la voilure était forcément réduite, fut bientôt atteinte et, à 9ʰ 30ᵐ du matin, elle commença le feu. Deux heures plus tard, le capitaine de Tilly reçut une blessure grave, et il fut remplacé par le lieutenant de

---

(1) Il m'a été impossible de trouver le nom du capitaine de cette frégate.

vaisseau de Linières qui était déjà blessé. Le combat dura encore une heure, et la frégate anglaise s'éloigna.

La *Concorde* était armée de 26 canons de 12

et 6 — de 6.

Ces derniers et six de la batterie avaient été jetés par-dessus le bord.

Le règlement de 1757 assignait également aux frégates anglaises de 32   —   —   26 canons de 12

et 6 — de 6.

Le 7 mars, la frégate de 32ᶜ la *Minerve*, capitaine chevalier de Grimouard, sortant de la baie des Baradaires de Saint-Domingue avec une petite brise d'Est, fut chassée par le vaisseau de 64ᶜ Ruby et la frégate de 28ᶜ Niger qui avaient été aperçus au vent et qui tous les deux faisaient partie de la division anglaise en croisière devant cette île. La *Minerve* fut d'abord atteinte et canonnée par le vaisseau. La lutte était trop disproportionnée pour être acceptée s'il était possible de l'éviter ; le capitaine de Grimouard manœuvra en conséquence et il parvint à s'éloigner du vaisseau, mais il fut joint par la frégate. La force de ce nouvel adversaire était plus en rapport avec la sienne ; aussi accepta-t-il franchement le combat. Choisissant une position qui le mettait à l'abri des boulets du Ruby, il dirigea sur la Niger un feu si vif et si précis, que cette frégate se trouva promptement dans l'obligation de se retirer pour se réparer. La *Minerve* prit alors chasse au plus près ; un autre vaisseau et une frégate qu'on sut être le Bristol et l'Eolus étaient en vue. La crainte de ne pouvoir atteindre un port de Saint-Domingue avant d'être joint décida le capitaine de Grimouard à aller mouiller à l'île d'Inague.

Séparé depuis quelques heures seulement et après une chasse du vaisseau l'*Intrépide* et des frégates la *Gloire* et la *Sibylle* avec lesquelles il croisait devant Ouessant, le capi-

taine de Labretonnière, de la frégate de 32ᶜ l'*Aigrette,* aperçut, le 18 mars à la nuit close, et à 6 milles au plus de la
pointe de Saint-Mathieu, une frégate qu'il prit pour une
de ses compagnes. Attaqué bientôt après, le capitaine de
Labretonnière revint de son erreur et il fit riposter avec
tant de vigueur à son audacieuse ennemie que, après une
canonnade de deux heures, celle-ci prit le large. Mais, soit
que les avaries de la frégate anglaise l'empêchassent de
gouverner, soit qu'elle eût eu une confiance trop grande
dans son pilote, à 11ʰ 30ᵐ, elle se jeta sur l'île Molène et
s'y brisa ; l'équipage fut recueilli par les habitants. Cette
frégate était l'ARETHUSA de 36ᶜ, capitaine Marshall.

L'*Aigrette* portait 26 canons de 8
et 6   —   de 4.
L'ARETHUSA 26 canons de 12
et 10   —   de 6.

Les îles Jersey et Guernesey, qui avaient appartenu successivement au roi de France, aux évêques d'Avranches,
de Dol et de Coutances, avaient été apportées à l'Angleterre, en 1066, par Guillaume le Conquérant, et réunies définitivement à ce royaume en 1168. Ces îles, par leur position géographique, inquiétaient trop le commerce maritime
de la côte N.-O. de la France, pour que le gouvernement
ne songeât pas à s'en emparer. Le 21 avril, une flottille de
bateaux de pêche, portant 1,500 hommes de troupes, sortit
de Saint-Malo sous l'escorte des frégates de 26ᶜ la *Danaé,*
capitaine chevalier de Kergariou-Coatlès et la *Diane ;* de
la corvette de 6ᶜ la *Valeur ;* de la gabare de 8ᶜ l'*Écluse* et du
côtre de 6ᶜ la *Guêpe.* Contrariée par une grande brise du
large, cette flottille fut forcée de rentrer le jour même, et
une série non interrompue de vents de la même partie la
retint dans le port pendant le reste du mois. Ce temps
suffit pour que le bruit d'une expédition contre Jersey tra-
versât le canal, et toute surprise devint impossible. Ce

projet ne fut pourtant pas abandonné. La petite division
française appareilla de nouveau et mouilla, le 1er mai, dans
la baie de Saint-Ouen de Jersey ; mais le vent ayant passé
au N. O., les faibles embarcations employées pour le transport des troupes, et dont on voulait se servir pour le débarquement, ne purent rester au mouillage, et l'expédition retourna à Saint-Malo.

Les deux vaisseaux de 74° la *Bourgogne* et la *Victoire*,
capitaines de Marin et d'Albert Saint-Hippolyte, se rendant
de Toulon à Brest, chassèrent, le 4 mai, à leur sortie du détroit de Gibraltar, les frégates anglaises de 32° Montreal
et Thetis qu'ils parvinrent à atteindre. La *Bourgogne* attaqua la première et la *Victoire* combattit l'autre. Celle-là
fut assez facilement réduite ; mais plus heureuse que sa
compagne, la Thetis parvint à se soustraire à la poursuite
de son redoutable adversaire qui ne put l'empêcher d'entrer
à Gibraltar.

Les frégates de 26° la *Danaé*, capitaine de Kergariou-
Coatlès et la *Diane*, la corvette de 6° la *Valeur*, la gabare de
8° l'*Écluse* et le côtre de 6° la *Guêpe*, sortis de Saint-Malo
le 13 mai, furent chassés immédiatement par le vaisseau
anglais de 50° Experiment, capitaine sir James Wallace ;
la frégate de 36 Pallas, capitaine Thomas Spry ; les corvettes Unicorn, capitaine John Ford, Fortune de 20° et
le brig de 12 Cabot, capitaine Edmund Dodd. Après avoir
essuyé deux volées, les bâtiments français allèrent s'é-
chouer sous une petite batterie de 3 canons, dans la baie de
Cancale. La détermination des officiers français n'arrêta
pas le capitaine Wallace ; à midi 30m, il entra à pleines voiles dans la baie de Cancale avec sa division et dirigea un
feu des plus vifs sur les Français ; ceux-ci répondirent d'a-
bord avec vigueur, mais la batterie de terre ayant cessé de
tirer, par suite de l'explosion de l'une de ses trois pièces,

COMBATS PARTICULIERS. — 1779.'

l'équipage de la *Danaé* se précipita dans les embarcations et se rendit à terre. Incapable d'arrêter ce mouvement qui avait lieu sans son ordre, le capitaine de Kergariou fut obligé d'abandonner la frégate, sans pouvoir même y mettre le feu, car il n'avait plus le moyen d'en retirer les malades et les blessés.

L'exemple donné par l'équipage de la *Danaé* fut imité par les marins des autres bâtiments.

Les Anglais parvinrent à remettre la *Danaé* à flot ; ils incendièrent les trois autres bâtiments. La *Valeur* et l'*Écluse* furent consumées ; mais on parvint à se rendre maître du feu à bord du côtre qui fut rentré à Saint-Malo.

Au mois de mai, alors qu'elle se rendait à la Martinique avec la division du chef d'escadre de Lamotte-Piquet, la frégate de 32° la *Blanche*, capitaine Barin de la Galissonnière, eut un engagement avec un vaisseau anglais. Le 21, cet officier reçut l'ordre d'aller reconnaître deux bâtiments qu'on apercevait à l'horizon. C'était le vaisseau anglais de 50° JUPITER qui amarinait un des navires du convoi que la division française escortait. La force de cet adversaire n'arrêta pas le capitaine de la Galissonnière ; il se plaça par son travers et lui envoya sa volée. Le JUPITER abandonna sa prise et s'éloigna.

Le 2 juin, la frégate de 26° la *Prudente*, capitaine vicomte d'Escars, se rendant de Gonave à Léogane, à l'entrée de la baie du Port-au-Prince de Saint-Domingue, fut attaquée par les vaisseaux anglais EOLUS, RUBY et la corvette JAMAICA, et prise après une vaillante résistance.

Chassée, le 22 juin, près d'Ouessant, par une division anglaise, la frégate de 26° l'*Hélène*, capitaine vicomte de

Montguyot, se rendit à la frégate de 32ᶜ AMBUSCADE, après une courte résistance.

Le 21 juillet la frégate anglaise de 26ᶜ KING GEORGE fut prise par la frégate de 32 la *Concorde*, capitaine Le Gardeur de Tilly.

Pendant que l'armée combinée de France et d'Espagne luttait contre les vents d'Est à l'entrée de la Manche, la frégate de 32ᶜ la *Junon*, capitaine Bernard de Marigny, qui en faisait partie poursuivit, jusqu'à l'entrée de la rade de Plymouth, 2 navires qu'elle ne put atteindre. Le 17 août, le capitaine de Marigny faisait route pour rallier l'armée qui était à grande distance lorsque, vers 8ʰ du matin, il aperçut un vaisseau anglais sous la terre et le chassa. Ce vaisseau était l'ARDENT de 64ᶜ, capitaine Philip Boteler ; il fit vent arrière. La *Junon* l'eut bientôt atteint et elle lui envoya une bordée par la hanche de bâbord. Ayant remarqué que les sabords du vaisseau n'étaient ouverts que d'un côté, le capitaine de Marigny en conclut que les dispositions de combat n'étaient pas faites des deux bords. Passant de suite à poupe de l'ARDENT, il lui envoya une volée d'enfilade et, reprenant sa première route, il le combattit par l'autre hanche. Les suppositions du capitaine de la *Junon* étaient justes, et il eut le temps de tirer plusieurs bordées avant que le vaisseau pût lui répondre. La frégate de 32ᶜ la *Gentille*, capitaine baron de La Hage, rallia la *Junon* sur ces entrefaites. L'ARDENT ne résista pas longtemps à ces deux antagonistes ; à 11ʰ 30ᵐ il amena son pavillon. Comme il n'en continuait pas moins à faire route, les frégates de 32ᶜ la *Bellone* et la *Gloire*, qui se portaient en aide à leurs compagnes, lui envoyèrent une volée et lui barrèrent le passage ; il mit alors en panne.

Le gouvernement anglais trouva que le capitaine Boteler n'avait pas suffisamment prolongé sa défense ; il fit traduire cet officier devant un conseil de guerre qui le condamna à être renvoyé du service.

Le 18 août, le côtre de 18ᵉ le *Mutin*, capitaine chevalier de Roquefeuil, qui venait de sortir de Brest, porteur d'ordres pour le commandant en chef de l'armée combinée franco-espagnole, enleva à l'abordage le cutter anglais de 12ᵉ ACTIVE.

Un convoi de navires se rendant en France, sorti du Cap Français de Saint-Domingue, le 16 août, en même temps que l'armée navale du vice-amiral d'Estaing, fut dispersé, à la hauteur des Bermudes, par le coup de vent qui assaillit cette armée. Ce convoi était escorté par le vaisseau de 50ᵉ le *Fier*, capitaine chevalier Turpin de Breuil, le *Protecteur* de 74, capitaine de Grasse-Limmermont et les frégates la *Minerva*, l'*Aimable* de 26ᵉ et l'*Alcmène* de 32, capitaine chevalier de Bonneval. Le *Protecteur*, la *Minerva* et l'*Aimable* arrivèrent en France. Le *Fier* relâcha à la Martinique sans grand mât, sans mât d'artimon et sans petit mât de hune. L'*Alcmène* tomba dans la division du contre-amiral anglais Parker et fut chassée par 2 vaisseaux et la frégate de 32ᵉ PROSERPINE. Démâtée de l'un de ses mâts et entièrement délabrée, elle fut jointe bientôt par la frégate. Incapable d'aucune résistance dans l'état où était l'*Alcmène*, le capitaine de Bonneval amena son pavillon en vue de la Martinique.

La flûte de 18ᵉ le *Compas*, capitaine Dubois, qui faisait partie du convoi parti de Saint-Domingue au mois d'août, fut prise par la frégate anglaise de 28ᵉ BOREAS, après un rude engagement de vingt minutes.

Cinq jours après la prise de la frégate l'*Alcmène*, la frégate anglaise de 32° PROSERPINE fit amener la frégate de 24° le *Sphinx*, capitaine Mallevault.

———

Sur l'avis qu'il venait de recevoir qu'une frégate anglaise devait sortir de Sainte-Lucie avec deux navires chargés de munitions de guerre pour la Barbade, le capitaine chevalier de Langan-Boisfévrier, de la frégate de 32° l'*Amphitrite*, alla s'établir en croisière sur leur passage. Le 5 septembre, il aperçut ces bâtiments, les perdit de vue et ne les retrouva que le 9, dans le N.-O. de la Grenade : la frégate était le SPHINX de 24°, capitaine Sulton. A 11ʰ du matin l'*Amphitrite* commença le feu. La frégate anglaise riposta vigoureusement ; mais la chute de son grand mât de hune, et l'état dans lequel furent bientôt mis le reste de sa mâture, ses voiles et son grément, forcèrent le capi-Sulton à reconnaître la supériorité de la frégate française ; à 1ʰ, il fit amener le pavillon.

L'*Amphitrite* portait 26° de 12 et 6 de 6.
Le SPHINX   —   20 de 9 et 4 de 4.

———

Le 10 septembre, la frégate de 26° l'*Amazone*, capitaine de Lapérouse, qui faisait partie de l'armée du vice-amiral d'Estaing, chassa la corvette anglaise de 20° ARIEL, capitaine Thomas Mackensie. L'*Amazone* fut bientôt à portée de pistolet de cette corvette et elle engagea un combat qui cessa après une heure, lorsque l'ARIEL eût été démâtée de son grand mât et de son mât d'artimon ; le mât de misaine s'abattit presque en même temps que le pavillon de la corvette anglaise.

———

Informé que le vaisseau de 50° EXPERIMENT, capitaine sir James Wallace, devait sortir de New-York avec un convoi pour Savannah, le chef d'escadre de Broves qui, on doit se le rappeler, avait pris le commandement supérieur de l'armée navale qui opérait sur la côte d'Amérique pendant que le vice-amiral d'Estaing faisait le siége de Savannah, adjoignit les vaisseaux le *Fendant* et le *Zélé* au *Sagittaire*, afin de barrer le passage au vaisseau et à son convoi. Le capitaine d'Albert de Rions, qui commandait le *Sagittaire*, aperçut l'EXPERIMENT, le 24 septembre. Le vaisseau anglais n'avait que des mâts de fortune et cependant, quoique le *Sagittaire* fût un des bons marcheurs parmi les vaisseaux de 50°, il eut de la peine à l'atteindre. Le vaisseau anglais amena son pavillon après une courte résistance; il avait à bord 150,000 piastres. Trois transports chargés de vivres et d'effets d'habillement furent aussi amarinés.

Forcé de rester dans l'inaction par suite de l'affaiblissement des équipages, le lieutenant général Duchaffault, qui avait pris le commandement de l'armée navale de l'Océan, faisait surveiller les mouvements de l'ennemi par de nombreux croiseurs. Le 2 octobre, les côtres de 14° le *Pilote* et le *Mutin*, capitaines de Closnard et chevalier de Roquefeuil, tombèrent dans une division de l'armée navale anglaise de la Manche, et furent chassés par le vaisseau de 50° JUPITER, capitaine Reynolds et les frégates APOLLO de 32 et CRESCENT de 28. Le *Mutin*, totalement dégréé, amena le premier son pavillon. Le *Pilote* fut d'abord canonné par la CRESCENT qui l'abandonna; mais, joint bientôt par l'autre frégate, le capitaine de Closnard, qui était blessé, amena aussi son pavillon.

Le 4 octobre, la frégate de 32° la *Surveillante*, capitaine Ducouédic de Kergoualer et le côtre de 10° l'*Expédition*, capitaine vicomte de Roquefeuil, appareillèrent de Brest pour observer les mouvements de l'armée ennemie. Le même jour, la frégate anglaise de 36 ᶜ Quebec, capitaine George Farmer, accompagnée du cutter de 10 ᶜ Rambler, capitaine George, sortit d'un port d'Angleterre avec la même mission. Ces quatre bâtiments s'aperçurent le 6, à 45 milles de l'île d'Ouessant ; le vent soufflait de l'Est, joli frais. La frégate française tenait le plus près, tribord amures ; le Quebec, qui était au vent, courant largue, serra de suite le vent, bâbord amures et diminua de voiles. Cette espèce d'invitation de l'officier anglais fut comprise par le capitaine de la *Surveillante* ; il vira de bord et se mit sous les huniers, voilure que portait aussi le Quebec. Cette dernière frégate n'avait serré le vent que pour faire ses dispositions de combat ; bientôt elle se rapprocha de la frégate française ; à 11ʰ elle en était à demi-portée de canon. La *Surveillante* ayant alors commencé à la canonner, elle loffa du même bord que la frégate française. Après une heure de vigoureuse canonnade, la frégate anglaise laissa arriver pour passer derrière la *Surveillante* ; mais le capitaine Ducouédic prévint cette manœuvre en laissant lui-même arriver en grand ; et, lorsque sa frégate reçut la bordée du Quebec, elle lui présentait le côté de tribord. Le grément et la voilure des deux frégates étaient déjà tellement hachés, qu'elles durent continuer le combat grand largue, les amures à tribord. L'engagement durait depuis deux heures et demie, lorsque la *Surveillante* fut démâtée de ses trois mâts qui, fort heureusement, tombèrent sur bâbord. Cinq minutes plus tard, la mâture du Quebec était aussi abattue en entier, mais sur l'arrière, et sa batterie des gaillards se trouva engagée dans toute sa longueur. Le capitaine Ducouédic avait déjà reçu deux balles dans la tête. Au moment où, profitant des embarras de la frégate anglaise, il allait l'aborder, une autre balle l'atteignit dans le bas-ventre. Ces blessures ne lui firent cependant pas quitter le pont ; il y donna des ordres jusqu'à la fin du combat et ce fut lui qui conseilla d'aborder la frégate anglaise. Pendant que, à bord de la *Surveillante*, on faisait les dispositions pour sauter à l'abordage, on vit une fumée épaisse sortir par les écoutilles et par les sabords de la frégate anglaise, puis bientôt, des flammes qui mirent le feu aux voiles et aux agrès qui couvraient le pont. Le QUEBEC était alors très-près de la *Surveillante* et un peu de l'avant ; à défaut d'embarcations qui, toutes, avaient été détruites, celle-ci se servit d'avirons de galère pour s'éloigner. Mais une masse semblable n'était pas facile à mouvoir et avant qu'on eût pu parvenir à écarter quelque peu la frégate française, le QUEBEC fit une abattée sur bâbord et tomba en travers sous son beaupré. Le feu se communiqua de suite aux voiles et aux cordages qui étaient en pendant au-dessous de ce mât. L'officier auxiliaire Dufresneau qui commandait alors sous la direction du capitaine Ducouédic — tous les autres officiers étaient, ou tués ou gravement blessés — fit de suite couper le bout-dehors de foc et parvint à dégager la *Surveillante*. Poussée par la brise, la frégate anglaise courut de l'avant en élongeant son adversaire par bâbord ; elle n'en était pas à plus de cent mètres qu'elle sauta. Il était 5ʰ.

Ce fut alors seulement que, vaincu par l'intensité des souffrances que lui causaient ses blessures, le capitaine Ducouédic cessa de donner des ordres. L'enseigne Dufresneau fit immédiatement travailler à boucher les nombreux trous de boulets par lesquels l'eau entrait en quantité telle, que la frégate était menacée de couler. Il établit ensuite des mâts de fortune et fit route pour rentrer à Brest.

L'*Expédition* et le RAMBLER n'étaient pas restés spectateurs de la lutte des deux frégates ; ils avaient combattu avec acharnement jusqu'au moment où le feu s'était déclaré à bord du QUEBEC. Le cutter anglais ayant alors détaché une embarcation vers cette frégate, le capitaine de Roquefeuil fit cesser de tirer sur lui ; et, oubliant l'animosité qui, un moment avant, les portait l'un contre l'autre, les deux côtres se dirigèrent vers le lieu du désastre. Le capitaine de l'*Expédition* ne s'éloigna que lorsqu'il n'eut plus aucun

espoir de sauver des malheureux se débattant contre la
mort dans les flots. Il se dirigea alors sur la *Surveillante*
et, à 11^h 30^m, il la prit à la remorque. Traînée par les
bateaux pêcheurs qui, en l'apercevant, étaient allés à sa
rencontre, la frégate française mouilla le lendemain soir
à Camaret ; le 8 au matin, elle entra à Brest, remorquée
par les embarcations de l'armée navale. Le capitaine Ducouédic mourut de ses blessures trois mois plus tard (1).

43 Anglais étaient parvenus à atteindre la *Surveillante*
après l'explosion du QUEBEC ; l'*Expédition* en avait sauvé
8, le *Rambler*, 17 ; enfin un navire suédois en recueillit 13,
ce qui faisait un total de 81 hommes. On n'entendit plus
parler du capitaine Farmer qui avait reçu deux blessures
lorsque sa frégate fit explosion.

On a prétendu que le capitaine Farmer avait quitté le
commandement du vaisseau de 80° FOUDROYANT, pour
prendre celui du QUEBEC, à la suite d'un pari dans lequel
il s'était fait fort de débarrasser l'Océan des frégates françaises et de conduire en Angleterre la première qu'il
rencontrerait. Je ne rapporte ce bruit que sous toutes
réserves. J'aurai cependant plusieurs fois l'occasion de
signaler de semblables actes de prétention à la supériorité
de la part de quelques officiers de la marine anglaise.

M. de Lostanges, l'un des officiers de la *Surveillante*,
dit, dans la relation qu'il a donnée de ce combat, que la
frégate française portait 36 canons. Il n'existait pourtant
pas de frégates de cette force à cette époque. Le règlement
de 1755 n'en reconnaissait pas au-dessus de 30 bouches à
feu ; et l'état de situation des forces navales de la France,
en 1779, ne fait mention d'aucun bâtiment de cette espèce ;

---

(1) On peut voir derrière le chœur de l'église Saint-Louis à Brest, appliquée
contre le mur et à gauche de la grille d'entrée, une plaque en marbre noir représentant la coupe verticale d'une pyramide surmontée d'une urne, reposant
sur un prisme. L'inscription gravée sur ce marbre rappelle le combat de la
Surveillante et porte que ce monument a été élevé par ordre du roi pour perpé-
tuer le nom et la mémoire du capitaine Ducouédic (V. *Biographie bretonne*, t. I).

on n'y trouve que des frégates de 34°. Enfin, la matricule particulière des frégates range la *Surveillante* dans la classe de celles qui, portant 26 canons de 12, avaient reçu plus tard 6 canons de 6. Pour moi, et malgré l'assertion de M. de Lostanges, la *Surveillante* était une frégate de 32.

Quant au QUEBEC, c'était une des frégates créées par l'ordonnance de 1757; elle portait :

26 canons de 12 en batterie,

et 10 — de 6 sur les gaillards.

Les frégates de 32° la *Fortunée* et la *Blanche*, et la corvette de 20° l'*Ellis*, détachées de l'armée du vice-amiral d'Estaing pour rapporter une partie des troupes de l'expédition de Savannah dans les différentes colonies des Antilles, n'arrivèrent à la Grenade qu'après une traversée des plus pénibles et au bout de leurs vivres; une voie d'eau très-inquiétante s'était déclarée à bord de la *Blanche*. De la Grenade, les deux frégates et la corvette firent route pour Saint-Vincent où elles furent accueillies à coups de canon : la *Fortunée* eut sa vergue de grand hunier coupée avant d'avoir pu réussir à se faire reconnaître. Le 21 décembre, à 15 ou 18 milles de la Guadeloupe, elles aperçurent 4 vaisseaux sous pavillon français. Le capitaine de Marigny continua sa route, sans défiance, jusqu'à ce que, ayant fait des signaux de reconnaissance, ces vaisseaux arborèrent le pavillon anglais; les frégates et la corvette prirent chasse. Prévenu de la mission qui avait été donnée à cette petite division, le contre-amiral Parker avait expédié le contre-amiral Rowley avec le SUFFOLK, le MAGNIFICENT, le VENGEANCE et le STIRLING CASTLE, pour l'attendre au passage. Les 3 bâtiments français avaient beaucoup souffert sur les côtes de la Géorgie et pendant cette dernière traversée; leurs équipages étaient tellement affaiblis que, la batterie armée, il ne restait pas un seul homme pour la manœuvre à bord de la *Fortunée*. Sur la *Blanche*, il n'y avait que 3 hommes au lieu de 7 à chaque pièce. La corvette avait 67 hommes, tout compris. Dans l'après-midi, ils prirent la bordée du Nord; le temps était orageux et ils ne ressentirent bientôt plus que des fraîcheurs variables. Vers 6ʰ 30ᵐ, par une de ces bizarreries si fréquentes dans ces parages, les vaisseaux anglais arrivaient vent arrière sur les frégates qui tournoyaient dans une zone de calme, et ils purent bientôt leur envoyer quelques boulets, puis des bordées entières : un grain permit aux bâtiments français de s'éloigner, et chacun d'eux prit l'allure qui lui était le plus favorable. A 9ʰ, le temps redevint beau. Lorsque le ciel s'éclaircit, la *Blanche* se trouva sous la volée d'un vaisseau anglais : le capitaine de la Galissonnière n'essaya pas de lui résister.

La *Fortunée* s'était éloignée davantage; mais, placée de nouveau sous l'influence des folles brises, elle fut atteinte par deux vaisseaux. Tout fut essayé pour échapper à ces redoutables adversaires; la batterie des gaillards fut même jetée à la mer. Vers 11ʰ, leurs boulets l'atteignaient. A 1ʰ, un de ces vaisseaux était par son travers à tribord et le second, par sa hanche de bâbord. Le capitaine vicomte Bernard de Marigny fit envoyer une volée au premier et amena son pavillon.

Le capitaine Fonteneau n'eut pas une meilleure chance. L'*Ellis* fut prise, le lendemain, à 2ʰ de l'après-midi.

A la suite du traité d'alliance que la France avait conclu avec les États-Unis d'Amérique pour soutenir la guerre de l'indépendance, l'Angleterre avait rappelé son ambassadeur à Paris, et les premières hostilités avaient eu lieu en juin 1778. L'escadre du vice-amiral d'Estaing était arrivée en juillet sur les côtes d'Amérique où elle avait trouvé celle du vice-amiral Howe. L'arrivée du vice-amiral Byron dans ces parages avait, depuis cette époque, donné aux Anglais une supériorité numérique qui faisait au gouvernement français une obligation d'y envoyer des renforts. Toutefois, afin de causer au commerce anglais le plus grand préjudice possible, il fut décidé que les bâtiments qu'on expédierait attaqueraient, en passant, les établissements que l'Angleterre entretenait sur la côte occidentale d'Afrique.

Le 15 décembre 1778, le chef d'escadre marquis de Vaudreuil était parti de Brest avec une division composée des bâtiments ci-après :

Canons.			
Vaisseaux de 74	*Fendant*. . .	capitaine	marquis de Vaudreuil, chef d'esc.
— de 64	*Sphinx*. . .	—	de Soulanges.
Frégates de 52 {	*Nymphe*. . .	—	chevalier de Sainneville.
{	*Résolue*. . .	—	chevalier de Pontevès-Gien.
Corvettes de 16 {	*Épervier*. .	—	comte de Capellis.
{	*Lively*. . . .	—	Eyriès.
Goëlettes de 14	*Gorée*. . . .	—	Allary.
— de 4	*Lunette*. . .	—	de Chavagnac.

Cette division, qui escortait un nombreux convoi destiné aux Antilles, s'était d'abord dirigée sur le Sénégal, et le 31 janvier, elle faisait capituler Saint-Louis qui avait été cédé à l'Angleterre à la paix de 1763. Laissant alors les deux frégates, l'*Épervier* et les goëlettes sous le commandement du capitaine de vaisseau Pontevès-Gien, le chef d'escadre de Vaudreuil continua sa route sur Saint-Domingue avec le convoi.

Le commandant Pontevès dirigea d'abord sa division sur la rivière de Gambie. Le 11 février, le fort James se rendit à discrétion et sans avoir fait aucune défense ; la goëlette la *Gorée* remonta alors la rivière et détruisit tous les établissements anglais des deux rives. La division appareilla le 6 mars, se porta sur les îles de Los et détruisit le comptoir qui y était établi. Le 12, elle entra dans la rivière de Sierra Leone : les batteries de l'île Tasso furent enlevées, après avoir été canonnées par l'*Épervier*. Les frégates attaquèrent ensuite le fort de l'île de Beuse ; après un quart d'heure, les Français étaient maîtres de cette fortification ; neuf corsaires qui avaient cherché un refuge sous ses canons furent amarinés; le fort et les établissements furent démolis. La division sortit ensuite de la rivière et elle fit route pour France; la *Résolue* seule se dirigea sur la Martinique. Cette expédition coûta 26 navires à l'Angleterre et tous les établissements qu'elle avait formés sur cette partie de la côte d'Afrique.

Les Anglais s'étaient emparés de Sainte-Lucie dans les derniers jours de l'année précédente, et le vice-amiral d'Estaing, après avoir essayé en vain de reprendre cette île, était rentré à la Martinique, le 30 décembre. Supposant que la crainte d'une nouvelle attaque des Français retiendrait le contre-amiral Barrington quelque temps encore dans ces parages, le commandant en chef de l'escadre française dirigea contre l'île Saint-Martin une expédition dont la direction fut confiée au capitaine Trolong-Durumain de la corvette de 20ᵉ la *Lively*. Deux autres corvettes, la *Belette* et l'*Ellis*, furent placées sous ses ordres. Le 16 février, cette petite division attaqua la batterie qui défendait la rade et, après une heure, réussit à la faire abandonner. Un détachement de troupes fut alors débarqué, et le capitaine Durumain marcha à sa tête sur la partie de l'île où la garnison s'était retirée et retranchée. La résolution de ce détachement était telle que le commandant anglais ne jugea pas devoir essayer de lui résister; il proposa une capitulation qui fut acceptée.

L'île Saint-Barthélemy se rendait, presque en même temps, au capitaine chevalier Duchilleau qui y avait été envoyé avec les frégates de 32ᵉ la *Diligente* et la *Boudeuse*.

Ayant appris que le contre-amiral Barrington venait de prendre la mer avec un convoi que son escadre escortait au delà des débouquements, le vice-amiral d'Estaing forma le projet de s'emparer de l'île Saint-Vincent, que le traité de 1763 avait donnée à l'Angleterre, et il chargea le lieu-

tenant de vaisseau Troplong-Durumain de cette expédition.
Le 9 juin, cet officier partit du Fort-Royal de la Martinique avec les corvettes la *Lively*, l'*Ellis* et la *Neazle*.
300 hommes de troupes qui avaient été embarqués sur
ces bâtiments furent mis à terre, le 16, dans la baie de
Young. Rallié bientôt par un grand nombre de noirs qui
avaient été prévenus de cette attaque, ce détachement marcha sur Kingstown, sans presque rencontrer d'opposition.
Le gouverneur proposa de suite une capitulation qui fut
acceptée. Pendant qu'on en discutait les articles, deux
navires furent signalés se dirigeant sur la rade. Le capitaine Durumain appareilla avec la *Lively* et les chassa; ils
amenèrent leur pavillon aux premiers coups de canon;
l'un d'eux était armé de 16 canons. Le capitaine Durumain
se fit remettre à terre et, lorsque la capitulation eut reçu
son exécution, il retourna à la Martinique.

Quelques jours après la bataille de la Grenade, le vice-
amiral d'Estaing détacha le capitaine de Suffren avec
les vaisseaux le *Fantasque* et le *Solitaire*, la frégate la
Fortunée et la corvette la *Lively* pour aller attaquer l'île
Cariacou. Cette île se rendit, le 14 juillet, sans avoir même
riposté aux quelques coups de canon qui lui furent tirés.
La petite division du commandant de Suffren rallia ensuite
l'armée navale à la Grenade.

BATIMENTS PRIS, DÉTRUITS OU NAUFRAGÉS
pendant l'année 1779.

ANGLAIS.

Canons.		
64	ARDENT.	Pris par une frégate.
50	EXPERIMENT.	Pris par un vaisseau.
44	SERAPIS.	Pris par des corsaires.
36	ARETHUSA.	Naufragée sur l'île Molène.
52	MONTREAL.	Prise par un vaisseau.
	QUEBEC.	Incendiée à la suite d'un combat.
28	HUSSARD.	Naufragée dans l'Amérique septentrionale
26	KING GEORGE.	Prise par une frégate.

24 { SPHINX. . . . . Prise par une frégate.
{ GLASGOW. . . . . Naufragée dans l'Amérique septentrionale.

20   ARIEL. . . . . }
16   WEAZLE. . . . . } Prises chacune par une frégate.
14 { NERO. . . . . }
   { HAWKE. . . . . }
1   ACTIVE. . . . . Pris par un côtre.

FRANÇAIS.

Canons.
64   *Roland*. . . . . Brûlé par accident.

32 { *Blanche*. . . . . Prise par un vaisseau.
   { *Fortunée*. . . . . —
   { *Oiseau*. . . . . Prise par une frégate.

.26 { *Danaé*. . . . . Prise par une division.
   { *Prudente*. . . . . —   —
   { *Hélène*. . . . . Prise par une frégate.
   { *Zéphyr* *. . . . . Brûlée par accident.

24 { *Alcmène*. . . . . Prises par une frégate.
   { *Sphinx*. . . . . —   —
20   *Ellis* *. . . . . Prise par un vaisseau.
18   *Compas*, flûte. . . . . . Prise par une frégate

14 { *Pilote*. . . . . } Pris par une division.
   { *Mutin*. . . . . }

8   *Ecluse*. . . . . }
6   *Valeur*. . . . . } Détruits par l'ennemi.

RÉCAPITULATION.

	Pris.	Détruits ou naufragés.	Incendiés.	TOTAL.
ANGLAIS. . . Vaisseaux.	3	»	»	3
Frégates.	3	1	1	5
Bâtiments de rangs inférieurs.	5	»	»	5
FRANÇAIS. . Vaisseaux.	»	»	1	1
Frégates.	8	»	1	9
Bâtiments de rangs inférieurs.	4	2	»	6

L'astérisque indique un bâtiment pris à l'ennemi.

ANNÉE **1780.**

—

Gibraltar, en ce moment, appelait toute l'attention du gouvernement anglais. En déclarant la guerre à la Grande-Bretagne, le roi d'Espagne avait fait investir cette place par terre et par mer. Le cabinet de Londres confia à l'amiral sir George Rodney, qui venait d'être nommé au commandement des forces navales de l'Angleterre dans les mers des Antilles, le soin de la ravitailler. Le convoi que cet officier général conduisait devait être escorté par 21 vaisseaux.

Pénétrant les intentions de leur ennemie, la France et l'Espagne chargèrent le lieutenant général espagnol don Luis de Cordova de disputer le passage du détroit de Gibraltar à l'amiral anglais, dans le cas où il s'y présenterait. Une division de 6 vaisseaux français et de 5 frégates, sous les ordres du chef d'escadre comte de Sades, fut adjointe à l'escadre espagnole.

Toutes ces dispositions furent, malheureusement, inutiles; le 3 janvier, un violent coup de vent assaillit l'escadre combinée, désempara un grand nombre de vaisseaux et les força tous à entrer à Cadix. Rien ne pouvait désormais s'opposer à l'exécution des projets du gouvernement anglais. Le 8, l'armée de l'amiral Rodney s'empara, à la hauteur du cap Finistère, de 21 navires de commerce espagnols chargés de blé et d'un vaisseau qui les escortait. Le 16, elle attaqua, près de Cadix, une faible escadre de 9 vaisseaux espagnols commandée par le chef d'escadre don Juan de Langara, prit 6 vaisseaux et en brûla un septième. Dès que ces événements furent connus à Madrid, le lieutenant général don Miguel Gaston reçut l'ordre de partir de Brest avec les vaisseaux placés sous ses ordres;

II.   5

4 vaisseaux français le suivirent avec le chef d'escadre chevalier de Beausset. Tous étaient arrivés à Cadix, le 13 février. La division du chef d'escadre de Sades rentra alors à Brest. Mais quelque promptitude que le lieutenant général espagnol eût mise à exécuter l'ordre qui lui avait été donné, il arriva trop tard pour empêcher l'amiral Rodney de faire entrer son convoi à Gibraltar. L'amiral anglais avait même repassé le détroit et fait route pour sa destination. laissant au contre-amiral Digby le soin de reconduire les transports en Angleterre.

A quelques jours de là, le 23 février, le contre-amiral Digby rencontra un convoi français portant des troupes et des munitions dans l'Inde; ce convoi était escorté par les vaisseaux de 64° le *Protée* et l'*Ajax* et par la *Charmante*. A l'entrée de la nuit, le capitaine Duchilleau de Laroche qui commandait, signala à l'*Ajax* de faire fausse route avec le gros du convoi; et, pour masquer ce mouvement, il continua la route qu'il tenait, avec la frégate et quelques-uns des plus petits navires. Cette manœuvre lui réussit; l'escadre anglaise le suivit. A 1ʰ du matin, estimant que le convoi était hors de danger, il voulut tenter de se soustraire à la vue des chasseurs ennemis. Mais, en venant au vent, le *Protée* démâta de son petit mât de hune, et ce mât, en tombant, défonça la misaine. Attaqué à 2ʰ par le vaisseau de 74° RESOLUTION, et peu de temps après par le BEDFORD et le MARLBOROUGH de même rang, force fut au *Protée* de se rendre. Trois navires du commerce tombèrent aussi au pouvoir des Anglais; les autres purent atteindre différents ports. La *Charmante* mouilla à Lorient.

Cet événement avait une haute gravité. Le capitaine Duchilleau fut traduit devant un conseil de guerre qui approuva sa conduite et l'acquitta honorablement.

————

Depuis que le blocus de Gibraltar avait été résolu, les gouvernements de France et d'Espagne avaient envoyé à

Cadix tous les bâtiments de guerre dont ils pouvaient disposer. Au mois de mai, une division de cette armée navale, dont le commandement avait été confié au lieutenant général de Cordova, avait fait une petite sortie avec le chef d'escadre chevalier de Beausset. Le 9 juillet, le commandant en chef mit à la voile avec 31 vaisseaux, 6 frégates, une corvette et 3 côtres et se porta sur les côtes de Portugal. Cette croisière fut, comme la précédente, de courte durée; le 18 du même mois, l'armée combinée rentra à Cadix où elle fut ralliée par 5 vaisseaux français; une petite division resta seule au large. Le commandant en chef fit une autre sortie, le 31 juillet. Le 9 août, à environ 150 milles dans l'Ouest du cap Saint-Vincent, l'armée combinée tomba, pendant la nuit, dans un convoi anglais de 60 voiles qui se rendait en Amérique et dans l'Inde, sous l'escorte du vaisseau de 82ᵉ RAMILIES et des frégates de 32 SOUTHAMPTON et THETIS. 55 navires furent pris et conduits à Cadix par l'armée elle-même. Ces navires étaient chargés de rechanges de toute espèce; ils portaient aussi quelques troupes. 6 nouveaux vaisseaux français, quelques frégates et corvettes rallièrent encore l'armée navale à Cadix.

Deux faibles divisions sortirent avant la fin de l'année; la première appareilla avec le chef d'escadre de Lacarry, peu de jours après la rentrée de l'armée; l'autre prit la mer, au mois de septembre, sous la direction du capitaine de vaisseau de Marin.

Cependant la France voyait les mois s'écouler et ses ressources navales s'épuiser en pure perte. Le rôle qu'on faisait jouer à sa marine ne pouvait être accepté plus longtemps. Par suite de nouveaux arrangements avec la Cour de Madrid, le vice-amiral comte d'Estaing prit le commandement de l'armée combinée, à laquelle vint se joindre l'escadre du lieutenant général de Guichen qui arriva des Antilles, le 24 octobre, escortant 95 navires du commerce. Ce convoi, destiné pour la Méditerranée, partit de suite avec

2 frégates ; le capitaine de vaisseau de Suffren l'escorta jusqu'à Gibraltar avec 5 vaisseaux et 2 frégates.

Cette réunion considérable de vaisseaux avait un but autre que de protéger et d'intercepter les convois ; on songeait toujours à frapper un grand coup à l'Angleterre, en la dépossédant de la Jamaïque. En faisant ce rassemblement en Europe, on espérait détourner l'attention du gouvernement anglais et lui faire supposer que les troupes qui se réunissaient à Cadix étaient destinées à coopérer au siége de Gibraltar. Quelque importance qu'on attachât à la possession de la Jamaïque, le vice-amiral d'Estaing n'avait pu, l'année précédente, par défaut de forces suffisantes, en tenter la conquête. Les tergiversations de l'Espagne forcèrent, cette année, à un nouvel ajournement de cette entreprise. Le vice-amiral d'Estaing était à peine arrivé à Cadix, qu'il reçut l'ordre de rentrer en France. Il mit à la voile, le 31 octobre, avec l'armée combinée et un convoi qui portait les troupes. Le mauvais temps le fit retourner le soir même au mouillage. Le 7 novembre, il remit à la voile avec l'escadre française, le convoi, 3 frégates et 6 vaisseaux espagnols. L'escadre du vice-amiral d'Estaing arriva à Brest le 3 janvier 1781.

Lorsque les vaisseaux qui étaient retournés à la Martinique après l'expédition de Savannah furent en état de reprendre la mer, le chef d'escadre de Lamotte-Piquet mit sous voiles avec son vaisseau de 74ᶜ l'*Annibal*.

le *Diadème* de 74ᶜ. . . . . capitaine commandeur de Dampierre,
le *Réfléchi* de 64 . . . . .   —   Cillart de Suville,
et l'*Amphion* de 50 . . . . .   —   de Sainte-Césaire,

pour escorter un convoi qui se rendait à Saint-Domingue. La division eut connaissance de Lagrange, le 20 mars, et elle allait entrer au Cap Français, lorsque les vaisseaux anglais

Lion de. . . . 64ᶜ. . . . . honorable William Cornwallis, commodore,
Bristol de. . . 50 . . . . . capitaine honorable Thomas Pakenham,
Janus de. . . . 44 . . . . .   —   Glover,

furent aperçus au large. Le chef d'escadre de **Lamotte-Pi-**
quet fit signal au convoi de continuer sa route et, à sa
division, de chasser en route libre. Les vaisseaux anglais
firent vent arrière sous toutes voiles. L'*Annibal* qui avait
une marche supérieure atteignit l'ennemi à 5^h du soir et,
sans attendre sa division, il engagea de suite le combat ;
les autres vaisseaux rallièrent successivement. Mais la nuit
était obscure et le feu cessa peu de temps après l'arrivée
des derniers. Ce ne fut toutefois qu'un temps de repos,
car le calme qui régna toute la nuit tint les deux divisions
en présence et la canonnade recommença à 4^h du matin.
L'absence complète de brise rendait toute manœuvre impossible. L'*Annibal* se trouva encore un moment compromis.
Entraîné loin des autres vaisseaux, il devint le point de
mire de tous les canons ennemis ; le JANUS le canonna pendant un grand quart d'heure par la hanche de bâbord sans
que la riposte fût possible. Enfin la brise s'éleva et le ralliement eut lieu. Le *Diadème* rendit alors avec usure au
JANUS les boulets que ce vaisseau avait envoyés à l'*Annibal*
et lui fit amener son pavillon (1). Le capitaine de Dampierre demanda à l'envoyer amariner ; avant que la réponse fût donnée, le JANUS put profiter de la brise et s'é-
loigner ; les autres vaisseaux anglais le suivirent. La division française les poursuivit pendant quelque temps, mais
un vaisseau et une frégate qui arrivaient vent arrière la
firent entrer au Cap Français. Le chef d'escadre de Lamotte-
Piquet était blessé depuis la veille.

Le départ de la division du chef d'escadre de Lamotte-
Piquet pour Saint-Domingue avait décidé le commodore
Collingwood qui observait ses mouvements, à quitter le

---

(1) Le rapport du commandant de la division ne fait aucune mention de cette
circonstance, rapportée par le capitaine du *Diadème* et confirmée par un officier de ce vaisseau duquel je la tiens.

blocus du Fort-Royal de la Martinique. Désirant profiter
de cette circonstance pour faire quelque tentative contre
les colonies anglaises, le gouverneur général des îles sous
le Vent fit embarquer des troupes sur les 3 vaisseaux et sur
la frégate récemment arrivés avec le chef d'escadre de
Grasse, mit sous les ordres de cet officier général 4 autres
vaisseaux et 1 frégate et prit lui-même passage sur le vaisseau amiral. Le 22 mars, il rencontra le lieutenant général
de Guichen qui arrivait de France avec 16 vaisseaux, 4 frégates, 1 flûte, 3 côtres, 1 lougre et un convoi de 83 voiles.
Cet officier général venait prendre le commandement des
forces navales de la France dans les Antilles. Avant de
donner suite au projet conçu par le gouverneur général, le
lieutenant général de Guichen désira mettre ses malades à
terre et l'armée entière se dirigea sur le Fort-Royal. Le
lendemain 23, elle remit sous voiles, forte de 22 vaisseaux
et 6 frégates et fit route pour Sainte-Lucie. Mais lorsqu'elle
arriva devant cette île, 16 vaisseaux (1) étaient à l'ancre
au Gros-Islet. La présence de cette armée navale ne permettait pas de tenter l'attaque. Le 27, l'armée française
rentra à la Martinique, et l'idée d'une agression contre les
possessions anglaises fut abandonnée.

Le 13 avril, le commandant en chef appareilla pour couvrir un convoi qui se rendait à Saint-Domingue sous l'escorte du vaisseau le *Fier* et de la frégate la *Boudeuse;* 3,000
hommes de troupes avaient été embarqués sur les vaisseaux.
Contrariée par les calmes, l'armée navale mit deux jours
à atteindre le canal de la Dominique. Le 16 au matin,
tandis qu'elle louvoyait pour passer au vent de cette île,
21 vaisseaux anglais furent signalés dans le S.-E. Le lieutenant général de Guichen ordonna la ligne de bataille naturelle, les amures à tribord; peu après, l'armée se forma à
l'autre bord sur les vaisseaux souventés. Les deux armées

---

(1) Quelques versions disent dix-sept.

manœuvrèrent pendant vingt-quatre heures pour s'élever au vent. Le 17, les Français étaient à 27 milles dans l'Ouest de la Dominique. L'amiral Rodney qui commandait l'armée anglaise se décida enfin à combattre; à midi, il laissa arriver tout à la fois sur les Français qui virèrent de bord lof pour lof, aussi tout à la fois, et qui se rangèrent en bataille, bâbord amures, dans l'ordre ci-dessous qui était l'ordre naturel renversé.

Canons.

74	*Destin.*	capitaine	comte Dumaitz de Goimpy.
64	*Vengeur.*	—	chevalier de Retz.
60	*Saint-Michel.*	—	d'Aymar.
74	*Pluton.*	—	chevalier de Lamarthonie.
80	*Triomphant.*	—	de Gras-Préville.
		comte de Sades, chef d'escadre.	
74	*Souverain.*	capitaine	chevalier de Glandevès.
64	*Solitaire.*	—	comte de Cicé-Champion.
74	*Citoyen.* . . . . ·.	—	marquis de Nieuil.
64	*Caton.*	—	comte de Framond.
74	*Victoire.*	—	chevalier d'Albert Saint-Hippolyte.
	Fendant.	—	marquis de Vaudreuil, chef d'esc.
80	*Couronne.* . . . . ·.	—	Buor de Lachenalière.
		comte de Guichen, lieutenant général.	
74	*Palmier.*	capitaine	chevalier de Monteil, chef d'esc.
64	*Indien.*	—	chevalier de Balleroy.
	Actionnaire.	—	de Larchantel.
74	*Intrépide.*	—	Duplessis-Parscau.
64	*Triton.*	—	Brun de Boades.
74	*Magnifique.*	—	chevalier de Brach.
	Robuste.	—	comte de Grasse, chef d'escadre.
74	*Sphinx.*	—	comte de Soulanges.
	Artésien.	—	chevalier de Peynier.
74	*Hercule.*	—	comte d'Amblimont.

Frégates : *Résolue, Iphigénie, Courageuse, Médée, Gentille.*
Corvette : *Cérès.*

Les Anglais étaient dans l'ordre suivant :

Canons.

64	STIRLING CASTLE.	capitaine	Carkett.
74	AJAX.	—	Uvedale.
	ELIZABETH.	—	honorable .... Maitland.
90	PRINCESS ROYAL.	—	Hammond.
		Hyde Parker, contre-amiral.	
74	ALBION.	capitaine	Bowyer.
	TERRIBLE.	—	Douglas.
64	TRIDENT.	—	P. Molloy.
74	GRAFTON.	—	Collingwood.
64	YARMOUTH.	—	Bateman.
74	CORNWALL.	—	Tim. Edwards.

90	SANDWICH	—	Young.
	sir George Brydges Rodney, amiral.		
74	SUFFOLK	capitaine	Crespin.
68	BOYNE	—	Cotton.
64	VIGILANT	—	Home.
74	VENGEANCE	—	Hotham.
60	MEDWAY	—	Edmund Affleck.
74	MONTAGU	—	Houlton.
	Josuah Rowley, contre-amiral.		
74	CONQUEROR	capitaine	Watson.
64	INTREPID	—	honorable .... St John.
74	MAGNIFICENT	—	J. Elphinstone.
64	CENTURION (1)	—	....

Frégates : VENUS, GREYHOUND, DEAL CASTLE, ANDROMEDA, PEGASUS.

A 4ʰ de l'après-midi, les vaisseaux anglais commencèrent à essuyer le feu de l'armée française et, lorsqu'ils se formèrent en bataille, aux mêmes amures, parallèlement à celle-ci, ils avaient déjà de nombreuses avaries ; le combat s'engagea alors sur toute la ligne. Peu de temps après, le corps de bataille de l'armée ennemie ayant fait une arrivée, le lieutenant général de Guichen crut voir dans ce mouvement l'intention de couper sa ligne et d'envelopper son arrière-garde, et il fit signal de virer lof pour lof tout à la fois ; l'amiral anglais étant de suite revenu au vent, cet ordre fut annulé. Les vaisseaux n'aperçurent malheureusement pas tous ce contre-ordre : l'arrière-garde et une partie de l'avant-garde virèrent et se trouvèrent souventées. Le commandant en chef signala de suite de rectifier la ligne en laissant arriver. Pendant que l'armée française faisait ce mouvement, l'armée anglaise continuait sa route ; à 5ʰ, elle était hors de portée.

L'amiral anglais n'ignorait pas qu'il y avait à bord des vaisseaux français des troupes qu'il présumait destinées à l'attaque de quelque possession anglaise. L'empressement avec lequel il profita de la dernière manœuvre de l'armée française pour s'éloigner, alors que ce mouvement pouvait

---

(1) M. de Lapeyrouse, *Histoire de la marine française,* ne cite pas le CENTURION. Il est d'accord avec les relations anglaises qui ne donnent que 21 vaisseaux. Le comte de Guichen dit qu'il y en avait 22.

lui être si profitable, semble établir qu'il n'avait pas l'intention d'engager une affaire sérieuse; que son but était de faire quelques avaries aux vaisseaux français, afin de pouvoir conserver l'avantage du vent et, par suite, d'être en position de surveiller leurs mouvements. Il ne réussit pas. Les vaisseaux français n'avaient aucune avarie quelque peu grave, tandis que plusieurs des siens avaient beaucoup souffert. Le SANDWICH, entre autres, était si maltraité, que pendant vingt-quatre heures on crut ne pouvoir le maintenir à flot; l'amiral lui-même fut obligé de passer sur le CONQUEROR. L'armée anglaise retourna à Sainte-Lucie; les Français firent route pour la Guadeloupe. Les blessés, au nombre desquels était le capitaine d'Aymar du *Saint-Michel*, qui avait eu un bras emporté, furent mis à terre dans cette île.

Le 20 avril, pendant qu'on travaillait à débarquer les blessés, l'armée anglaise fut signalée. Les Français appareillèrent, mais les variations de la brise et le calme empêchèrent tout engagement.

Cette version officielle diffère beaucoup de celle qu'ont donnée les historiens anglais d'après le rapport de l'amiral Rodney. C'est d'ailleurs chose digne de remarque que, dans cette affaire et dans les deux autres rencontres de l'armée du lieutenant général de Guichen et de l'armée anglaise, chacun ait attribué à son adversaire le désir d'éviter le combat ou de le terminer le plus promptement possible.

Le lieutenant général de Guichen qui, depuis le 20 avril, n'avait cessé d'observer l'armée anglaise, finit par l'atteindre, ou plutôt par décider l'amiral Rodney à accepter un nouveau combat. Le ralliement du *Dauphin-Royal* de 70°, capitaine Mithon de Genouilly, portait à 23 le nombre des vaisseaux français. L'armée anglaise était augmentée du vaisseau de 74° TRIUMPH, ·capitaine Philip Affleck. Le 15 mai, l'armée française, alors au vent, laissa arriver en ordre de front sur les Anglais rangés en bataille, bâbord amures. Mais, au moment où le feu allait commencer, le vent passa de l'Est au S.-S.-E. Ce changement permettant aux Anglais de porter au vent de l'armée française, l'amiral Rodney fit gouverner à l'E.-N.-E., tandis que les Français, placés en échiquier sur la ligne du plus près tribord, avaient le cap au S.-O. Alors que le chef de file anglais allait doubler la ligne française, le vent remonta à l'Est et l'armée ennemie fut forcée de passer sous le vent de celle du lieutenant général de Guichen. Cet officier général ayant de suite rétabli la ligne de bataille, bâbord amures, les vaisseaux de tête de l'armée anglaise purent seuls engager le combat. Dès que l'avant-garde française eut dépassé la ligne anglaise, craignant qu'une nouvelle variation du vent ne donnât à l'amiral anglais la possibilité de défiler devant les derniers vaisseaux, le commandant en chef ordonna de virer vent devant par la contre-marche. La canonnade cessa à 8ʰ du soir : elle avait duré une heure.

Les documents qui ont servi à décrire les batailles navales de cette époque sont, en général, si laconiques qu'il faut souvent raisonner d'après les probabilités. Il en résulte nécessairement que les interprétations sont très-variées. Les combats que l'armée navale du lieutenant général de Guichen livra à celle de l'amiral Rodney sont, entre tous, ceux sur lesquels on s'accorde le moins. Ma version diffère essentiellement de celles qui ont été données jusqu'à ce jour (1) ; elle est empruntée au rapport du commandant en chef de l'armée française, rapport qui semble avoir été ignoré même des historiens français.

———

Après l'engagement du 15 mai, le lieutenant général de Guichen poursuivit l'armée anglaise pendant quatre jours ;

———

(1) Voir Clerck, *Essai méthodique sur la tactique navale* ; Leboucher, *Histoire de l'indépendance d'Amérique* ; de Lapeyrouse, *Histoire de la marine française.*

celle-ci refusait obstinément le combat en faisant vent arrière chaque fois que les Français laissaient porter sur elle. Le 19, l'amiral anglais se décida à accepter le combat. Le vent était à l'E.-S.-E. et à grains. L'armée anglaise, rangée en bataille, tribord amures, restait au S.-S.-O. lorsque les vaisseaux français, en ordre de bataille renversé, les amures à tribord, reçurent l'ordre de virer vent arrière et de porter tous leurs efforts sur son avant-garde. A 3ʰ 15ᵐ, les deux armées se rencontrèrent à bord opposé de telle sorte que le chef de file de l'armée anglaise eût pu couper la ligne française entre le troisième et le quatrième vaisseau ; il ne le fit pas et laissa au contraire arriver. Chaque vaisseau anglais imitant sa manœuvre, l'armée ennemie élongea par-dessous le vent celle des Français dont les vaisseaux laissaient aussi arriver successivement pour se placer sur une ligne parallèle à la sienne. Les deux armées défilèrent ainsi l'une devant l'autre, en formant chacune un angle égal à celui représenté par l'intersection des deux lignes du plus près. Vers 3ʰ 45ᵐ, et alors qu'elles allaient se dépasser, 9 vaisseaux anglais ayant viré de bord (1), le lieutenant général de Guichen fit virer ses deux premières escadres vent devant tout à la fois pour soutenir l'arrière-garde au besoin ; ce mouvement fit reprendre aux Anglais leurs amures premières. L'arrière-garde française vira aussi lorsqu'elle n'eut plus d'ennemi par son travers et à 6ʰ, les deux armées étaient hors de portée de canon. Elles s'observèrent d'abord ; mais les Anglais laissèrent arriver pendant la nuit et, au jour, ils étaient à 6 milles sous le vent. L'île de la Martinique restait alors à 120 milles dans l'Est.

Ce combat ne fut encore qu'une simple canonnade pendant laquelle quelques vaisseaux anglais furent cependant très-maltraités. L'ALBION, le CONQUEROR, le BOYNE et le

---

(1) Le rapport de l'amiral Rodney, fort succinct du reste, ne parle pas de ce mouvement de 9 vaisseaux anglais.

CORNWALL souffrirent beaucoup et furent envoyés à Sainte-Lucie. Les autres vaisseaux se rendirent à la Barbade; le CORNWALL ne put être maintenu à flot et coula.

L'armée française n'avait plus d'eau que pour six jours : la plupart des vaisseaux ayant d'ailleurs besoin de quelque réparation, après ces trois engagements, le lieutenant général de Guichen fit route pour la Martinique où il mouilla le 22 mai.

———

12 vaisseaux espagnols et 3 frégates, sous les ordres du chef d'escadre Solano, arrivèrent à la Martinique, avec un convoi, dans la première quinzaine du mois de juin. Le lieutenant général de Guichen disposait dès lors de forces assez considérables pour tenter une expédition contre une des colonies anglaises, avant la mauvaise saison. Mais, lié probablement par ses instructions, le chef d'escadre Solano ne voulut adopter aucune combinaison qui pût retarder son arrivée à la Havane où il déclara vouloir se rendre de suite. Cette détermination força le lieutenant général de Guichen à modifier ses projets. Il accompagna l'escadre espagnole jusqu'à la hauteur du Môle-Saint-Nicolas de Saint-Domingue et il entra au Cap Français. A quelques jours de là, il fit route pour l'Europe avec la division du chef d'escadre de Lamotte-Piquet.

Le chef d'escadre de Grasse qui avait été désigné pour rester à la Martinique, allégua des raisons de santé pour retourner en France. Le chef d'escadre de Monteil le remplaça. Les vaisseaux le *Palmier*, la *Victoire*, le *Destin*, le *Réfléchi*, l'*Intrépide* de 74°, le *Solitaire*, le *Caton*, l'*Actionnaire* et le *Triton* de 64 furent placés sous ses ordres.

La réunion de l'escadre espagnole aux vaisseaux du lieutenant général de Guichen avait un moment inquiété l'amiral Rodney. Cet officier général s'était porté de suite sur la Martinique; mais les escadres alliées avaient quitté ce mouillage depuis plusieurs jours. Laissant alors 5 vaisseaux à Sainte-Lucie, il s'était dirigé sur Saint-Christophe avec 21 autres. N'y ayant trouvé aucune nouvelle des escadres alliées, il avait expédié le contre-amiral Rowley à la Jamaïque avec 10 vaisseaux et avait fait voile pour l'Amérique du Nord avec le reste.

En exécution de l'un des articles du traité conclu avec les États-Unis, 6,000 hommes de troupes, destinés à servir en Amérique, furent embarqués sur 26 transports qui partirent de Brest, le 2 mai, sous la conduite du chef d'escadre de Ternay, avec les vaisseaux suivants :

Canons.

80	Duc-de-Bourgogne.	capitaine	chevalier de Médine.
			chevalier d'Arzac de Ternay, chef d'escadre.
74	Neptune.	capitaine	Destouches.
	Conquérant.	—	de Lagrandière.
	Provence.	—	de Lombard.
	Ardent.	—	chevalier Charles-René Bernard de Marigny.
64	Jason.	—	Chadeau de Laclocheterie.
	Éveillé.	—	Le Gardeur de Tilly.
	Fantasque, en flûte. . . .	—	Vaudoré.

Frégates : *Surveillante*, *Amazone*.

Le 20 juin, à la hauteur des îles Bermudes, la division française courant vent arrière avec des vents d'E.-S.-E., aperçut plusieurs voiles à bâbord. Le *Neptune* et l'*Éveillé* reçurent l'ordre de les reconnaître. A 10ʰ du matin, ils signalèrent 5 vaisseaux et une frégate. C'était une division anglaise composée ainsi qu'il suit :

Canons.

74	SULTAN.	capitaine	Alan Gardner.
	HECTOR.	—	. . . . .
64	LION.	—	honᵇˡᵉ W. Cornwallis, commodore.
	RUBY.	—	M. Everitt.
50	BRISTOL.	—	honorable Thomas Pakenham.

Frégate : NIGER.

Le chef d'escadre de Ternay fit former l'ordre de bataille bâbord amures, ordre dans lequel la division anglaise était aussi rangée ; le *Neptune* qui était beaucoup en avant dut diminuer de voiles pour prendre la tête de la ligne. A 5ʰ 30ᵐ, quelques bordées furent échangées. Dès que le chef de file de la division française eut dépassé le vaisseau de tête anglais, il vira de bord et les autres le suivirent par la contre-marche. Les deux divisions défilèrent à contre bord en se canonnant encore, et le combat en resta là; il était alors 7ʰ du soir. Le chef d'escadre de Ternay rallia son convoi et continua sa route; le 11 juillet, il arriva à Rhode-Island. 6 jours après, 11 vaisseaux anglais et plusieurs frégates se présentèrent devant ce port. La ville de Rhode-Island ne fut cependant pas attaquée, grâces peut-être aux dispositions prises par le chef d'escadre français qui avait embossé sa division de la pointe Brenton à l'île Race et fait établir sur cette dernière île plusieurs batteries avec des canons pris à bord des vaisseaux.

Le 29 avril, les frégates l'*Iphigénie* et la *Gentille* qui faisaient partie de l'armée navale du lieutenant général de Guichen s'emparèrent de la corvette anglaise FORTUNE.

Le 7 juin, le capitaine comte de Latouche, de la frégate de 32ᵉ l'*Hermione*, en croisière sur la côte de l'Amérique septentrionale, aperçut 4 voiles au vent. Le cap Nontuck de Long-Island restait à 15 milles dans le N.-O. et le vent soufflait frais du S.-O. Confiant dans la supériorité de marche de sa frégate qui était du petit nombre de celles alors doublées en cuivre, le capitaine de Latouche s'éleva au vent pour les reconnaître; il put bientôt distinguer une frégate, une corvette, une goëlette et un senau. La frégate diminua de voiles, puis arrivant grand largue, elle gouverna de manière à se rapprocher de l'*Hermione*. Celle-ci lui en facilita le moyen en prenant les amures à tribord. Un peu avant de se trouver par le travers l'une de l'autre, les deux frégates carguèrent leurs basses voiles et hissèrent leur pavillon qu'elles appuyèrent d'une bordée entière : le pavillon de la Grande-Bretagne se déploya à la corne du bâtiment étranger, qui était l'Isis de 32ᶜ, capitaine Hawker. Après l'avoir doublé par-dessous le vent, le capitaine de l'*Hermione* vira vent arrière et se trouva bâbord amures, comme la frégate anglaise dont il atteignit facilement le travers. Le feu commença tout d'abord avec la plus grande vivacité et il durait depuis une heure et demie, à demi-portée de fusil, lorsque l'Isis masqua son petit hunier ; orientant aussitôt que l'*Hermione* l'eut dépassée, elle serra le vent et s'éloigna. Le capitaine de Latouche tenta vainement d'imiter la manœuvre de l'Isis ; le grément de sa frégate était haché ; il ne put orienter et se vit obligé de renoncer à poursuivre son adversaire. Les pertes de la frégate française étaient d'ailleurs assez sérieuses et son capitaine était blessé.

L'*Hermione* portait 26 canons de 12
et 6 — de 6.
L'Isis avait   26 canons de 12
et 6 — de 9.

La *Gazette de New-Port* du 10 juin donna une relation de ce combat, d'après un rapport du capitaine Hawker. On y disait que l'*Hermione* avait pris la fuite, quoiqu'une frégate américaine fût en vue. Je vais transcrire un passage de la lettre que le capitaine de Latouche écrivit au capitaine anglais, à ce sujet ; il complétera la relation que j'ai donnée et pourra faire apprécier la bonne foi du capitaine de l'Isis.

« ....Vos coups ayant occasionné autant de dommages
« dans mon grément, que les miens en ont causé au corps
« de votre frégate, j'ai été dans l'impossibilité de tenir le
« vent pour continuer le combat ; il dépendait de vous
« d'arriver pour le rengager ; vous aviez plus de moyens de
« manœuvrer que je n'en avais. Lorsque j'ai vu que vous
« teniez le vent, j'ai attribué votre retraite à la quantité de
« monde que vous aviez perdu ; ce qui aide à me le per-
« suader, c'est le peu de vivacité de votre feu dans les

« dernières bordées. D'après cette opinion, vous devez
« juger de ma surprise quand j'ai lu dans la *Gazette de*
« *New-Port* que vous n'aviez eu que 7 tués et 9 blessés. Je
« suis de meilleure foi que vous, Monsieur : j'avoue 10 tués
« et 37 blessés ; deux de mes officiers et moi sommes de ces
« derniers. Vous voyez que je ne crains pas de parler vrai,
« parce que je n'ai rien à me reprocher. »

« Je terminerai cette lettre par une réflexion que tout
« militaire pourra faire. Si vous avez perdu moins de
« monde et que vous ayez été moins maltraité que moi,
« quelle raison avez-vous eue de ne pas continuer le combat,
« en voyant l'état de mon grément et l'impossibilité physi-
« que où je me trouvais de pouvoir manœuvrer et suivre une
« autre route que celle du vent arrière ? Vous manquez donc,
« ou de vérité en n'accusant pas les pertes que vous avez
« éprouvées, ou d'énergie si, ayant perdu peu de monde,
« vous n'avez pas continué le combat avec l'avantage que
« le hasard vous avait donné sur moi. Comme vous savez
« bien qu'il n'y avait pas de frégate américaine en vue, je
« vous prie de répondre à ce dilemme. »

Je ne sache pas que le capitaine Hawker ait répondu.

Expédié de la Martinique pour rejoindre le chef d'escadre de Lamotte-Piquet à Saint-Domingue, le côtre le
Sans-Pareil, capitaine chevalier de Sercey, fut chassé, le
26 juin, par le vaisseau anglais de 60ᶜ Phoenix et 2 frégates et forcé d'amener son pavillon.

Le 5 juillet, le capitaine Lebreton de Ransanne de la frégate de 32ᶜ la *Capricieuse*, en croisière sous le cap Finistère,
fut chassé par deux bâtiments qu'il avait vainement cherché
à éviter et dont il ne put apprécier la force qu'à 10ʰ du
soir. C'étaient les frégates anglaises Prudente de 44ᶜ, capitaine Waldegrave, et Licorne de 40ᶜ, capitaine Cadogan.

A 11ʰ 30ᵐ, la première fut en position d'engager le combat ;
une heure plus tard, la LICORNE soutenait sa compagne. La
lutte la plus acharnée durait depuis cinq heures, lorsque le
lieutenant Cherval prit le commandement de la *Capricieuse* :
le capitaine de Ransanne et le lieutenant de Chappelle-
Fontaine avaient été tués ; le lieutenant Cherval était blessé.
Les mâts et le grément de la frégate française étaient hachés ; les canons étaient presque tous démontés ; enfin, elle
coulait bas : son pavillon fut amené. Les Anglais en avaient
à peine pris possession que le grand mât et le mât de misaine s'abattirent. Les capteurs ne jugeant pas pouvoir
tenir la *Capricieuse* à flot y mirent le feu. Les frégates anglaises avaient de nombreuses et graves avaries.

Le même jour, la corvette de 18ᵉ la *Perle*, capitaine
chevalier de Breignou, servant de découverte au vaisseau
l'*Actif* qui escortait un convoi aux Antilles, fut prise par
le vaisseau anglais de 72ᵉ ROMNEY, à 120 milles du cap
Finistère. Le capitaine de Breignou envoya une volée au
vaisseau et il fit amener le pavillon.

Ce fut une date néfaste pour la marine française que ce
5 juillet. Ce jour vit encore la corvette de 18ᵉ le *Hussard*,
capitaine chevalier de Langle, amener son pavillon aux
premières bordées du vaisseau de 72ᵉ NONSUCH, capitaine
James Wallace, à 8 milles dans le N.-O. d'Ouessant.

La frégate de 32ᵉ la *Belle-Poule*, capitaine chevalier de
Kergariou Coatlès, fut chassée le 16 juillet, à la hauteur
de la Loire, par le vaisseau anglais de 72ᵉ NONSUCH, capitaine James Wallace et, à 11ʰ du soir, elle échangeait avec
lui quelques boulets de retraite et de chasse. Trois fois la
Belle-Poule mit en travers pour envoyer des volées entières

au vaisseau, sans pouvoir réussir à lui faire quelque avarie capable de ralentir sa marche. A 5ʰ du matin, blessé mortellement, le capitaine de Kergariou remit le commandement au lieutenant Lamotte-Tabourel qui était lui-même blessé; la frégate ne gouvernait plus. On continua cependant à combattre jusqu'à ce que, les pompes ne franchissant plus, le nouveau capitaine crut devoir faire amener le pavillon.

———

Le capitaine Vialis de Fontbelle de la frégate de 32ᶜ la *Montréal*, escortant 6 navires à Alger, fut chassé, le 30 juillet, par la frégate anglaise de 26ᶜ Porcurpine, la corvette de 22ᶜ Minorquine, 2 brigs et 1 corsaire : le vent soufflait de l'E.-N.-E. Éloigné encore d'une douzaine de milles du cap Caxines, le capitaine de Fontbelle comptant sur la protection que devait lui donner la neutralité du pavillon algérien, prit le parti d'aller mouiller dans la baie de Sidi el Ferruch. Mais la brise mollissant sous la terre, les bâtiments ennemis gagnèrent la frégate française et, vers 6ʰ 45ᵐ, ils commencèrent à la canonner. Le capitaine de Fontbelle mouilla alors, bâbord au large. Blessé dans ce moment, il remit le commandement à son second, le comte de Laporte-Yssertieux. Après trois heures et quart de canonnade infructueuse, les Anglais prirent le large, mais peu de temps après, ils revinrent vers la frégate française. La brise ayant repris de la force, le capitaine de Laporte appareilla. Les Anglais ne voulurent pas engager un nouveau combat, et ils s'éloignèrent. La *Montréal* entra à Alger avec son convoi. Le capitaine de Fontbelle mourut de ses blessures.

———

Le 10 août, le capitaine Trolong-Durumain de la frégate de 32ᶜ la *Nymphe*, en croisière au large de l'île d'Ouessant qui restait alors à 12 milles, aperçut une frégate anglaise au vent. C'était la Flora de 44ᶜ, capitaine Péer

Williams. À 5ʰ 15ᵐ du soir, les 2 frégates étaient par le travers l'une de l'autre et commençaient le combat; une demi-heure après, le capitaine Durumain tombait atteint par trois balles et le lieutenant Pennandref de Keranstret le remplaçait. Vers 6ʰ, la FLORA dériva sur la *Nymphe* et l'aborda de long en long. L'équipage de cette dernière tenta de suite l'abordage, mais il fut repoussé. Le résultat de cette attaque fut désastreux; le lieutenant Pennandref fut tué et ceux des officiers qui n'eurent pas le même sort furent grièvement blessés. Poursuivant l'avantage qu'ils venaient d'obtenir, les Anglais devinrent assaillants à leur tour, et ils se rendirent maîtres du pont de la *Nymphe*. Le lieutenant de frégate Taillard fit cesser la lutte, et le pavillon fut amené. Le capitaine Trolong-Durumain avait cessé de vivre avant la fin de la journée.

La *Nymphe* portait 26 canons de 12
et 6   —   de 6.
La FLORA avait   26 canons de 18,
10   —   de 9
et 8 caronades de 18.

La FLORA était la première frégate, portant des caronades, qui avait un engagement avec une frégate française. Ces caronades, je l'ai déjà dit, n'étaient pas comptées comme canons. Aussi, le capitaine Williams dans son rapport, et après lui les historiens anglais disent-ils que la FLORA était une frégate de 36 canons.

Le capitaine comte de Kergariou Locmaria, de la frégate de 32ᶜ la *Junon*, ayant été informé, dans le mois de septembre, qu'une corvette anglaise commettait toutes sortes de déprédations sur le littoral de l'île espagnole de la Trinité, se mit à la recherche de ce bâtiment et parvint à le rencontrer. La corvette anglaise prit audacieusement l'initiative de l'attaque en envoyant deux bordées à la *Junon*. Celle-ci n'en tira qu'une; mais elle fut si bien dirigée, que le grand mât de hune de la corvette fut abattu : elle amena de suite son pavillon. C'était la ROVER de 20°, capitaine Henry Sauvage.

Le 25 septembre, le côtre de 18° le *Serpent*, capitaine Amé de Lalaune, attaqua le brig anglais de 14° LEVRETTE, dans les environs de Saint-Domingue. Celui-ci amena son pavillon, mais après une vigoureuse résistance.

Au mois d'octobre, c'étaient les frégates de 32° l'*Aimable* et la *Diligente*, escortant un convoi de Rochefort à Bayonne, qui s'emparaient des 3 cutters anglais ALERT, TARTAR et JERSEY. Le premier portait 18° et les autres 12.

Le 2 novembre, pendant qu'il était occupé à faire de l'eau, sous voiles, dans la rivière de Gambie, le capitaine Allary, de la corvette de 16° le *Sénégal*, aperçut 2 bâtiments qui se dirigeaient sur la terre : c'était la corvette anglaise de 14° ZÉPHYR, capitaine Ingles, accompagnée de la POLLY, Lettre de marque de 16°. A 1ʰ de l'après-midi, la corvette anglaise engagea le combat au vent et à portée de pistolet. L'action devint tellement chaude que les capitaines ne songèrent bientôt plus au voisinage de la terre et les deux corvettes s'échouèrent ; le feu n'en fut pas ralenti. A 6ʰ, le pavillon du *Sénégal* fut amené.

Dans son rapport, le capitaine Ingles dit que la Lettre de marque resta *quelque temps* mouillée à trois quarts de mille des corvettes, mais il ne dit pas ce qu'elle fit pendant le reste du combat. On peut en induire qu'elle contribua à réduire le *Sénégal*. La corvette française fut conduite à Gorée, où elle fut incendiée le 22 novembre (1).

---

(1) M. de Lapeyrouse, *Histoire de la marine française*, donne une date fausse à ce combat. C'est, ainsi que je viens de le dire, dans le mois de novembre 1780, et non en 1781, qu'il eut lieu.

BATIMENTS PRIS, DÉTRUITS OU NAUFRAGÉS
pendant l'année 1780.

ANGLAIS.

Canons.

74	THUNDERER.	Naufragé aux Antilles.
	CORNWALL.	Coulé à Sainte-Lucie.
	AJAX.	Naufragé à la Martinique.
64	STIRLING CASTLE.	Naufragé aux Antilles.
	DEFIANCE.	Naufragé à Charlestown.
50	LEVIATHAN.	Naufragé aux Açores.
44	PHOENIX.	Naufragée à Cuba.
36	LAUREL.	Naufragée à la Martinique.
32	BLANCHE *.	Naufragées aux Antilles.
	ANDROMEDE.	
28	SHARK.	Naufragée dans l'Amérique du Nord.
	UNICORN.	Prise par une division.
26	GRAMPUS.	Sombrée à la mer.
24	DEAL CASTLE.	Naufragées aux Antilles.
	PENELOPE.	
20	ROVER.	Prise par une frégate.
18	GATTON.	— —
	ALERT.	Pris par deux frégates.
16	SENEGAL *.	Brûlée par accident.
14	LEVRETTE.	Pris par un côtre.
12	TARTAR.	Pris par deux frégates.
	JERSEY.	
Corvette : FORTUNE.		Prise par deux frégates.

FRANÇAIS.

64	Protée.	Pris par une escadre.
	Nymphe.	Prise par une frégate.
	Belle-Poule.	Prise par un vaisseau.
32	Charmante.	Naufragée sur l'île de Sein.
	Capricieuse.	Détruite à la suite d'un combat.
	Junon.	Naufragée sur l'île Saint-Vincent.
18	Perle.	Prises chacune par un vaisseau.
	Hussard.	
16	Sénégal.	Prise par une corvette.
14	Alerte.	Naufragé en Amérique.
12	Dauphine.	Prise par trois corsaires.
Côtre : Sans-Pareil.		Pris par une division.

* L'astérisque indique un bâtiment pris à l'ennemi.

RÉCAPITULATION.

	Pris.	Détruits ou naufragés.	Incendiés.	TOTAL.
ANGLAIS. . . Vaisseaux.	»	2	»	2
Frégates.	1	1	»	2
Bâtiments de rangs inférieurs.	7	»	»	7
FRANÇAIS. . Vaisseaux.	1	»	»	1
Frégates.	2	3	»	5
Bâtiments de rangs inférieurs.	5	1	»	6

ANNÉE 1781.

L'avis d'une expédition préparée en Angleterre contre la colonie du Cap de Bonne-Espérance, rappela au gouvernement français l'intérêt qu'il avait à la conservation des possessions hollandaises de l'Inde ; et, certain que son alliée attendrait la suite des événements avec son impassibilité habituelle, il ordonna un armement capable de lui donner secours et protection. Le capitaine de vaisseau de Suffren fut nommé au commandement de la division destinée à porter des troupes au Cap de Bonne-Espérance et à se ranger ensuite sous les ordres du capitaine de vaisseau d'Orves qui commandait les forces navales de la France dans la mer des Indes. Les vaisseaux désignés pour former cette division n'étaient pas les seuls qu'on armât à Brest : 21 autres étaient mis en même temps en état de prendre la mer. Afin de tenir le gouvernement anglais dans le doute sur la destination d'un armement aussi considérable, il avait été décidé que ces vaisseaux sortiraient tous ensemble et ne se sépareraient qu'à plusieurs centaines de lieues du golfe. Il n'y avait cependant pas de temps à perdre : on

apprit bientôt, en effet, le départ de l'expédition anglaise.
A quelques jours de là, 26 vaisseaux purent sortir de Brest;
on était à la fin du mois de mars. Le 29, à la hauteur des
Açores, 20 vaisseaux prirent la route des Antilles avec le
lieutenant général de Grasse et la partie du convoi qui avait
cette destination; 1 vaisseau et 1 frégate se dirigèrent vers
l'Amérique du Nord; enfin, 5 vaisseaux, 1 frégate et 1 corvette continuèrent de courir au Sud avec le commandant
de Suffren. Voici la composition de cette dernière division :

Canons.

74	*Héros.*	capitaine	commandeur de Suffren de Saint-Tropez.
74	*Annibal.*	—	de Trémigon aîné.
64	*Artésien.*	—	chevalier de Cardaillac.
	Vengeur.	—	comte de Forbin.
	Sphinx.	—	vicomte Duchilleau de Laroche.

Frégate de 32ᵉ : *Fine.*
Corvette de 16ᵉ : *Fortune.*

La frégate fut envoyée en avant pour annoncer l'arrivée
prochaine de la division.

L'*Artésien* avait primitivement été désigné pour faire
partie de l'armée du lieutenant général de Grasse, et son
capitaine n'avait pris que l'approvisionnement d'eau nécessaire pour se rendre aux Antilles. La crainte d'en manquer
lui fit demander à en faire aux îles du Cap Vert. Ces îles
ayant été aperçues, le 16 avril, le capitaine de Cardaillac
reçut l'ordre d'aller reconnaître le mouillage de la Praya (1).
Cet officier supérieur signala que des bâtiments de guerre
anglais étaient à l'ancre dans la baie. Aucun doute ne
s'éleva dans l'esprit du commandant de Suffren : ces bâtiments ne pouvaient être que ceux qui venaient de quitter
l'Angleterre pour se rendre au Cap de Bonne-Espérance.
Deux partis se présentaient : continuer la route afin de
tâcher de primer les Anglais de vitesse et d'arriver au Cap
avant eux; ou bien, ne tenant aucun compte de la neutralité

_____

(1) La Praya, ville sur la côte méridionale de l'île portugaise San Yago.

des îles du Cap Vert, entrer dans la rade, attaquer la division anglaise et la mettre au moins dans la nécessité de prolonger sa relâche pendant un temps assez long pour que les renforts que portait le convoi pussent arriver au Cap avant l'attaque de cette colonie. Ce dernier moyen entraînait, il est vrai, avec lui l'obligation de sortir de la lutte dans un état autre que celui dans lequel on voulait mettre l'ennemi; mais, tout bien considéré, on pouvait compter sur l'avantage que devait procurer une surprise, et le commandant de Suffren l'adopta. Il forma sa division en ligne de convoi, en prit la tête et donna l'ordre de se préparer au combat, en prévenant qu'il aurait lieu à l'ancre. Il laissa aux capitaines toute latitude pour choisir le poste qui leur conviendrait. Impatient de combattre et, probablement aussi, désireux de commencer avant que les dispositions des Anglais fussent faites, le commandant de Suffren ne tint pas compte de la supériorité de marche du *Héros;* obligeant ainsi chaque capitaine à faire le plus de voile possible pour le suivre, l'ordre de marche signalé ne put être observé. L'*Annibal* et l'*Artésien* tinrent assez bien leur poste, mais le *Vengeur* et le *Sphinx* restèrent loin de l'arrière. Entrant ainsi l'un après l'autre dans la baie, les vaisseaux reçurent isolément les bordées concentrées de l'ennemi, qui leur causèrent de grands dommages. La division anglaise était composée des vaisseaux :

Canons.
82	HERO.	capitaine	Hawker.
72	MONMOUTH.	—	James Alms.
60 {	ROMNEY.	—	Jonhstone commodore.
	JUPITER.	—	Paisley.
	ISIS.	—	Sutton.

et des frégates : ACTIVE, DIANA, JASON de 32^c; MERCURY de 28^c.

Cette division escortait 10 vaisseaux de la Compagnie des Indes portant chacun 30^c et 16 transports de 22, 16 et 14^c.

La rade de la Praya de l'île San Yago a 2,700 mètres d'ouverture de l'Est à l'Ouest, sur 1,200 de profondeur du Nord au Sud. Toutefois, à partir de l'île aux Cailles, située dans la partie occidentale et à peu près à moitié de la profondeur de la baie, on ne trouve plus que 4 à 5 mètres d'eau, ce qui oblige les navires d'un tonnage un peu considérable à mouiller dans l'Est et le long de la côte. C'est la position qu'occupaient la division anglaise et son convoi. La seule fortification de ce mouillage consiste en une batterie élevée dans la partie N.-O.

A 10ʰ 30ᵐ, le *Héros* doubla la pointe Est et, se dirigeant sur les vaisseaux qui étaient mouillés dans le voisinage de l'île aux Cailles, il échangea des bordées avec les bâtiments qui se trouvèrent sur son passage et alla jeter l'ancre au milieu des vaisseaux. Le commodore Jonhstone avait prévu ce qui arrivait. Dès que la division française avait été signalée se dirigeant sur le mouillage qu'il occupait, il avait compris qu'il allait être attaqué et il avait pris ses dispositions en conséquence; et s'il fut surpris, en ce sens que ses vaisseaux et son convoi n'avaient pas la position qu'il leur eût fait prendre s'il en avait eu le temps; qu'un grand nombre d'embarcations étaient absentes de leur bord, on le trouva, lui et les siens, en mesure de répondre au premier coup de canon qui fut tiré. Il eut, du reste, dans la batterie de la Praya un auxiliaire dont les boulets incommodèrent les Français. Les ordres du commandant de Suffren n'avaient malheureusement pas été exécutés.

Aucune disposition n'avait été prise à bord de l'*Annibal*. Persuadé que la neutralité des îles du Cap Vert retiendrait le commandant de la division, et que l'ordre de se préparer à combattre était une simple mesure de précaution pour le cas où les Anglais voudraient s'opposer à l'entrée de la division, le capitaine de Trémigon n'avait pas même fait démarrer les canons de son vaisseau, et ses batteries étaient encombrées de pièces à eau qui avaient été retirées de la cale. La surprise du capitaine de l'*Annibal* fut donc grande lorsqu'il vit le *Héros* faire jouer son artillerie dès en entrant dans la rade; il le suivit, malgré cela, sans hésitation, et alla mouiller dans le Nord de ce vaisseau et à

le toucher, après avoir été canonné par tous les bâtiments
auprès desquels il avait passé, et sans pouvoir leur répondre. Son capitaine paya de sa vie cette sécurité, toujours
trop grande en temps de guerre. Ces deux vaisseaux furent
les seuls qui combattirent. Celui qui les suivait aborda
2 vaisseaux de la Compagnie, en enleva un et sortit avec
lui : le capitaine de ce vaisseau avait été tué dans cette
entreprise. Les deux autres se bornèrent à passer au large
de la ligne ennemie et se tinrent ensuite à l'ouvert de la
baie. La situation était critique, et le commandant de Suffren regretta peut-être un moment d'avoir pris la détermination qui le compromettait ainsi. Mais son étoile n'avait
pas encore atteint l'éclat dont elle devait briller un jour,
et il réussit, malgré l'insouciance et le mauvais vouloir de
ses sous-ordres. La lutte ne pouvait être prolongée dans de
semblables conditions. Le *Héros* fila son câble et, suivi
par son noble compagnon qui, bien que réduit à un seul
mât qui tomba pendant l'évolution put imiter sa manœuvre, il sortit de la baie et rallia ses transports qu'il avait
laissés à la garde de la corvette. Le *Sphinx* avait donné
la remorque à l'*Annibal*.

Dans la position que le commandant de Suffren avait
choisie, le *Héros* eut à soutenir le feu de son homonyme, du
MONMOUTH, du ROMNEY, des vaisseaux de la Compagnie qui
pouvaient le découvrir et celui de la batterie de la Praya.
Il leur tint bravement tête ; mais, à midi, certain que le
Vengeur, l'*Artésien* et le *Sphinx* ne lui viendraient pas en
aide, le commandant en chef comprit qu'il finirait par succomber dans cette lutte inégale et qu'il devait se retirer
pendant que sa mâture, très-compromise, lui en laissait
encore la possibilité. Le *Héros* appareilla et prit le large.

Cette détermination du commandant de la division
était d'ailleurs commandée par l'état de l'*Annibal*. Il s'était écoulé un grand quart d'heure avant que ce vaisseau
eût pu répondre au feu du MONMOUTH, du JUPITER, des frégates ACTIVE, DIANA, auquel se joignit encore celui de

plusieurs vaisseaux de Compagnie et de la batterie de terre. Mais alors, sa riposte vigoureuse et soutenue avait surpris ses adversaires. Ce combat disproportionné durait depuis une demi-heure à peine, lorsque le capitaine de Trémigon eût la cuisse gauche coupée par un boulet (1) et il dut remettre le commandement au lieutenant Morard de Galle. La position de l'*Annibal* devint bientôt des plus critiques ; la chute de son mât d'artimon d'abord et, à midi, celle du grand mât attestèrent l'activité et la justesse du tir de l'ennemi. La proximité à laquelle le *Héros* se trouvait permit au nouveau capitaine de l'*Annibal* d'apercevoir de suite la manœuvre de ce vaisseau ; et, comme par un hasard providentiel, le sien ayant encore son mât de misaine, l'abattée se fit avec facilité : elle était à peine achevée que ce dernier mât tomba aussi. Quelque grave que fût cette catastrophe, elle n'eut pas les conséquences qu'on pouvait redouter. Le vent poussa le vaisseau en poupe, et traîné par le *Sphinx* qui avait reçu l'ordre de le prendre à la remorque, il réussit à se mettre hors de l'atteinte des boulets de l'ennemi.

La fumée était déjà très-épaisse lorsque l'*Artésien* arriva à la hauteur du principal groupe de bâtiments anglais. Aussi aborda-t-il un vaisseau de la Compagnie qu'il prit pour un vaisseau de ligne. Ce bâtiment réussit à se décrocher et s'éloigna en emmenant huit hommes de l'*Artésien* qui avaient sauté à bord. Cette perte n'était pas la seule qu'avait occasionnée cette méprise : une balle reçue en pleine poitrine avait abattu le capitaine de Cardaillac roidé mort de son banc de quart ; le lieutenant de Laboixière l'avait remplacé. Entraîné sous le vent, l'*Artésien* aborda un autre vaisseau de la Compagnie qu'il enleva. Les câbles de ce vaisseau furent coupés, et tous deux s'en allèrent en dérive vers la pointe occidentale de la baie. L'*Artésien* reçut

---

(1) Le capitaine de Trémigon mourut dans la journée.

l'ordre de donner la remorque à l'*Annibal*; il arriva trop tard pour l'exécuter.

Le *Vengeur* se présenta à son tour, mais le capitaine de Forbin prit le large après avoir défilé en dehors de la ligne ennemie, et il essaya vainement de recommencer cette manœuvre.

Le *Sphinx* imita et suivit le *Vengeur*. Le capitaine Duchilleau, sur le signal qui lui en fut fait, prit l'*Annibal* à la remorque dès que ce vaisseau se trouva dégagé.

Le commodore Jonhstone ne put rester impassible en voyant lui échapper un trophée qu'il ne croyait même pas avoir besoin de saisir ; il appareilla avec tous ses vaisseaux, mais il renonça promptement à poursuivre un ennemi qui allait l'entraîner sous le vent d'un mouillage qu'il aurait ensuite bien de la peine à atteindre. Il retourna donc prendre son ancrage et ramena aussi le vaisseau de la Compagnie qui avait été capturé par l'*Artésien*, laissant le commandant de Suffren continuer sa route vers le Cap de Bonne-Espérance, où il arriva le 21 juin.

Malgré les pertes que le *Héros* et surtout l'*Annibal* avaient essuyées, malgré les avaries considérables que ce dernier vaisseau avait éprouvées, le résultat du combat de la Praya fut tel que le commandant de Suffren l'avait espéré. La division française arriva au Cap de Bonne-Espérance avant les vaisseaux anglais, et elle put débarquer les troupes destinées à cette colonie. Lorsque le commodore Jonhstone parut, une quinzaine de jours après, il recula devant une attaque, et se borna à s'emparer de quelques vaisseaux hollandais de la Compagnie des Indes qui étaient dans la baie de Saldanha (1). La division française put alors suivre sa destination ; elle mouilla à l'Ile de France le 21 octobre.

Le combat de la Praya valut un double avancement au commandant de Suffren : il fut fait bailli et chef d'escadre.

---

(1) Saldanha, vaste baie sur la côte occidentale de l'Afrique, à 60 milles du Cap de Bonne-Espérance.

M. de Lapeyrouse, avec lequel je regrette de n'être pas toujours d'accord, fait erreur en disant que l'*Annibal* était commandé par le capitaine de Cuverville. Les désagréments que le commandant de Suffren éprouva à son arrivée à l'Ile de France n'eurent lieu que parce qu'il fallut pourvoir définitivement au remplacement du capitaine de Trémigon.

Dans le but d'assurer un refuge à ses bâtiments et un débouché à son commerce, la Hollande avait fondé la colonie de Saint-Eustache, petite île des Antilles. Cet établissement, qui avait acquis bientôt un grand développement, venait d'être, au mépris des traités, pillé et détruit par l'amiral anglais Rodney. Informé du départ du convoi qui apportait en Angleterre les riches dépouilles des colons hollandais de Saint-Eustache, le gouvernement français donna l'ordre au chef d'escadre Lamotte-Piquet d'aller croiser à l'entrée de la Manche avec 6 vaisseaux, 3 frégates et 2 côtres, pour l'intercepter s'il était possible. Les renseignements du gouvernement français étaient si précis que, sept jours après la sortie de Brest, le 1er mai, ce convoi fut aperçu. 22 navires furent enlevés. Le commodore Hotham, qui commandait l'escorte réussit à sauver les autres, ainsi que les 2 vaisseaux et les 2 frégates qui les accompagnaient. La division rentra à Brest le 11 avec ses prises.

Fatigué des tergiversations de l'Espagne et de l'inaction du lieutenant général Cordova commandant en chef de l'armée combinée réunie à Cadix, circonstances qui avaient fait avorter l'expédition projetée contre la Jamaïque; fatigué aussi du rôle qu'on faisait jouer à sa marine depuis que Gibraltar était bloqué, le gouvernement français, ai-je dit, avait obtenu le remplacement de l'amiral espagnol par le vice-amiral d'Estaing et avait bientôt rappelé les forces navales placées sous les forces de cet officier général. Ce

fut le 3 janvier 1781 qu'elles mouillèrent sur la rade de
Brest. De leur côté, les Espagnols se plaignaient du gouvernement français qui, disaient-ils, tenait peu de compte
des intérêts des alliés; ils lui reprochaient, entre autres
choses, de n'avoir pas empêché le ravitaillement de Gibraltar. Bref, les esprits étaient fort aigris des deux parts.

Cette inaction dont le gouvernement s'était plaint avait
peut-être un autre motif que celui qu'alléguait le lieutenant général Cordova, c'est-à-dire les ordres de son gouvernement. Un ordre du jour du major général don Jose
Massaredo semble l'indiquer. Ce document curieux porte
la date du 22 février 1781, à bord du vaisseau la *Santa
Trinidad.*

.... « Fait savoir aux commandants et chefs de divi-
« sion l'extrême déplaisir qu'a éprouvé Son Excellence
« depuis sa sortie, en observant l'irrégularité avec laquelle
« plusieurs vaisseaux naviguent contre tout ordre et l'u-
« nion constante qu'exigent les mouvements d'une escadre,
« et malgré tant de signaux généraux et particuliers qui
« ont été faits. Il en coûte beaucoup à Son Excellence
« d'être obligée de désapprouver publiquement une pa-
« reille forme de navigation; l'éparpillement de l'escadre
« a empêché non-seulement d'évoluer, mais même de faire
« les manœuvres indispensables pour prendre les bordées
« les plus favorables.

« Son Excellence ne peut voir avec indifférence ce qui
« pourrait arriver dans le cas d'une rencontre, ni se borner
« à disposer ce que ses lumières lui dicteraient de mieux.
« Elle ne peut porter une faible attention sur le service du
« roi, et sera obligée de se servir très-sérieusement de ses
« facultés contre tout capitaine qui manquerait désormais
« à conserver son poste et à manœuvrer, dans tous les
« cas, avec la précision et les connaissances requises et
« toujours nécessaires. »

« Pour éviter cette extrémité, Son Excellence prévient
« qu'on ait à apprendre et à observer les avertissements

« qui se trouvent dans le folio 22 jusqu'à 25 du livre des
« signaux ; ils sont en petit nombre et exigent peu de
« peine. Le désordre et l'irrégularité avec lesquels on a
« navigué jusqu'à ce jour sont évidemment le résultat de
« la non-observation de ces articles. »

Oubliant encore une fois ses griefs, la France s'imposa
de nouveaux sacrifices et offrit à la Cour d'Espagne de
tenter la conquête de l'île de Minorque. Le 23 juin, 18
vaisseaux commandés par le lieutenant général comte de
Guichen se rendirent de Brest à Cadix et se rangèrent sous
les ordres du lieutenant général don Luis de Cordova ;
déjà, un vaisseau et une frégate étaient arrivés de Toulon.
Cette réunion devait donner à l'armée combinée une grande
supériorité numérique sur l'armée anglaise. Le 22 juillet,
elle mit à la voile, entra dans la Méditerranée et, après
un débarquement d'environ 14,000 hommes dans l'île de
Minorque, elle repassa le détroit et alla s'établir en
croisière à l'entrée de la Manche. Prévenu à temps, l'a-
miral anglais Darby s'était replié vers les côtes d'Angleterre et avait mouillé à Torbay, où il avait pris toutes les
dispositions que nécessitaient les prévisions d'une attaque
probable. Cette attaque fut, en effet, mise en question ;
mais tandis que les uns la voyaient couronnée d'un succès
certain, les autres pensaient le contraire. Cette dernière
opinion prévalut et la sortie de cette formidable armée navale fut, une fois encore, sans résultat, car, lorsque le mois
de septembre arriva, le commandant en chef retourna à
Cadix avec ses 30 vaisseaux et le lieutenant général de
Guichen rentra à Brest avec les siens.

La conquête de l'île de Minorque ne fut complète qu'au
mois de février de l'année suivante.

———————

La rentrée des vaisseaux de l'armée combinée franco-espagnole permit au gouvernement de s'occuper des colonies

des Antilles qui étaient, à cette époque, dans un grand dénûment. Le lieutenant général de Guichen fut chargé d'escorter au large le convoi qui leur portait des approvisionnements ; cet officier général devait aller ensuite rejoindre l'amiral espagnol à Cadix, avec 10 vaisseaux et une frégate. Le chef d'escadre marquis de Vaudreuil, qui avait la conduite du convoi, poursuivrait alors sa route avec 7 vaisseaux et 2 corvettes, et plus tard, il détacherait 2 vaisseaux et 2 corvettes pour les mers de l'Inde avec quelques navires du commerce. Le convoi sortit de Brest le 8 décembre. Le cabinet de Saint-James avait bientôt été informé de ces projets, et le contre-amiral Kempenfeldt avait été expédié à la recherche de cette flotte avec 13 vaisseaux. Il l'aperçut le 10, à environ 150 milles d'Ouessant. Quoique le temps fût brumeux, la flotte naviguait en toute sécurité et les convoyeurs étaient à plusieurs milles sous le vent du convoi. Cette disposition permit au contre-amiral anglais d'enlever 15 navires, sans qu'il fût possible de leur porter aucun secours. La confusion devint, du reste, bientôt des plus grandes ; d'un côté, les vaisseaux anglais tombaient sur une proie facile à saisir ; de l'autre, les navires du convoi employaient toutes leurs ressources pour obtenir des bâtiments de guerre français un appui que ceux-ci tentaient vainement de leur donner. Le vaisseau l'*Actif* de 64°, capitaine Macarthy Macteigue se trouva seul en position de les secourir, et il eut un engagement assez vif avec le vaisseau de 82° EDGAR. Le désordre cessa dans l'après-midi, lorsque la brume se dissipa ; le reste de la journée fut employé à se rallier. Le lieutenant général de Guichen poursuivit l'armée anglaise le lendemain et le jour suivant ; mais, satisfait du succès inespéré qu'il avait obtenu, le contre-amiral Kempenfeldt évita l'engagement et prit chasse avec ses prises ; il ne put être atteint. Le 23, la flotte fut dispersée par un coup de vent qui obligea la majeure partie des bâtiments à rentrer à Brest. 2 vaisseaux seulement, le *Triomphant*, que montait le chef d'escadre de Vaudreuil,

et le *Brave* arrivèrent aux Antilles avec 5 navires sur 150.
Une partie du convoi de l'Inde put aussi continuer sa route.

Le chef d'escadre chevalier d'Arzac de Ternay avait à
peine terminé les travaux nécessaires pour mettre la division qu'il commandait à l'abri d'une attaque à New-Port,
qu'il mourut, le 15 décembre, laissant au chevalier Destouches, le plus ancien des capitaines de vaisseau, le commandement des forces navales de la France dans l'Amérique du Nord. Cet officier supérieur passa sur le
vaisseau le *Duc-de-Bourgogne* et le capitaine chevalier de
Médine le remplaça sur le *Neptune*.

Afin d'arrêter les déprédations que le commodore anglais
Collier ne cessait de commettre sur les côtes de l'état de
Virginie, le commandant Destouches donna l'ordre au capitaine Le Gardeur de Tilly, au commencement du mois de
février, de se rendre dans la Chesapeak avec son vaisseau
de 64e l'*Éveillé*, les deux frégates de 32e la *Gentille* et la
Surveillante, et le côtre la *Guêpe*. La précaution que prirent
les bâtiments anglais de se retirer dans la rivière l'Elizabeth, ne permit pas au capitaine de Tilly de remplir sa
mission aussi complétement qu'il l'eût désiré. Il prit cependant ou détruisit plusieurs navires et, dans le nombre
de ceux qu'il emmena à New-Port, se trouvait le vaisseau de
44e ROMULUS, dont le commandement fut donné au capitaine de Villebrune, de la *Gentille*.

Le succès incomplet de cette première expédition et le
désir qu'il avait de secourir l'état de Virginie, déterminèrent le commandant Destouches à faire une nouvelle tentative, mais avec de plus grands moyens, et à acquiescer
en même temps à la demande du général Washington qui,
inquiet des avantages remportés par les Anglais sur la rivière James, le sollicitait d'y porter un corps de troupes de
1,200 hommes.

La division française mit sous voiles, le 8 mars. Con-

II.   7

trariée par de grands vents de S.-O. et des brumes, elle
n'eut connaissance du cap Henri que le 16. Ce jour-là,
on aperçut dans le Sud plusieurs voiles qu'on ne tarda pas
à reconnaître pour des vaisseaux ; c'était la division du vice-
amiral Arbuthnot qui commandait les forces navales anglaises sur cette côte, depuis le mois de juin de l'année
précédente. Cette division était composée comme il suit :

Canons.

98	LONDON.	capitaine	Graves.	
74	ROBUST.	—	Philip Cresby.	
	ROYAL OAK.	—	Swiney.	
			Arbuthnot, vice-amiral.	
	BEDFORD.	capitaine	Edmund Affleck.	
64	AMERICA.	—	Samuel Thompson.	
	PRUDENT.	—	Bennet.	
	EUROPA.	—	Child.	
50	ADAMANT.	—	Jonhstone.	

Frégates : GUADELUPE, PEARL, ISIS.

Ce jour-là, le vent soufflait du N.-N.-O., la mer était
grosse et la brume ne tarda pas à devenir très-épaisse. Le
commandant Destouches fit signal de se ranger en bataille,
les amures à bâbord. En faisant cette évolution, l'*Éveillé*
et l'*Ardent* cassèrent leur vergue de grand hunier. L'éloignement de l'ennemi leur permettant de la changer de
suite, la division mit en panne ; mais, comme elle tombait
incessamment sous le vent, le commandant en chef signala,
à 1ʰ de l'après-midi, de prendre les amures à l'autre bord
en virant vent arrière. Sa division se trouva rangée comme
ci-après :

Canons.

74	*Neptune.*	capitaine	chevalier de Médine.
80	*Duc-de-Bourgogne.* . . .	—	chevalier Destouches.
74	*Conquérant.*	—	de Lagrandière.
64	*Provence.*	—	chevalier de Lombard.
	Ardent.	—	chevalier Bernard de Marigny.
	Jason.	—	Chadeau de Laclocheterie.
	Éveillé.	—	chevalier Le Gardeur de Tilly.
44	*Romulus.*	—	de Villebrune.
32	*Hermione.*	—	comte de Latouche.
64	*Fantasque,* en flûte. . . .	—	de Vaudoré.

Les Français étaient alors sous le vent de la division anglaise. Celle-ci vira bientôt après et se trouva également
en bataille, tribord amures. Le commandant Destouches

n'attendit pas que les Anglais eussent terminé leur évolution pour commencer le feu ; il sut tirer parti de la manœuvre ordonnée par le vice-amiral Arbuthnot et fit canonner ses vaisseaux pendant qu'ils viraient. La régularité de la ligne ennemie s'en ressentit. Les Français n'étaient du reste guère mieux formés et le commandant Destouches jugeant nécessaire de rectifier sa ligne de bataille, fit virer sa division à 3ʰ ; cette manœuvre n'ayant pas été imitée par les Anglais, il ordonna de diminuer de voiles. Le vice-amiral Arbuthnot fit virer ses vaisseaux vingt minutes plus tard, mais sans intention de continuer le combat ; et le feu qui avait cessé lorsque les deux divisions s'étaient dépassées ne recommença pas ; les vaisseaux anglais avaient été trop maltraités pour continuer la lutte, et le ROBUST, le PRUDENT et l'EUROPA étaient incapables de tenir la mer. Le vice-amiral anglais leur fit donner la remorque et alla mouiller sur la rade de Lynhaven à l'entrée de la Chesapeak.

Le commandant Destouches avait manœuvré sans rechercher ni éviter le combat parce que l'issue, même la plus heureuse, pouvait l'empêcher de remplir la mission qui l'amenait dans ces parages ; mais il l'avait accepté sans hésitation dès que l'ennemi s'était trouvé en sa présence. Il ne voulut pas davantage qu'on pût croire qu'il avait désiré la fin du combat. Aussi, quoique le *Conquérant* eût son gouvernail et sa mâture dans un état fort inquiétant ; que le grand mât de l'*Ardent* fût très-endommagé et que les autres vaisseaux eussent des avaries plus ou moins graves, il resta sous voiles devant la Chesapeak pendant vingt-quatre heures. Mais il n'y avait plus à songer à entrer dans cette baie puisque l'ennemi se tenait à l'ancre sur son passage. En conséquence, après avoir montré qu'il ne redoutait pas une seconde rencontre et y avoir en quelque sorte convié l'amiral anglais, il retourna à New-Port. Le capitaine de Médine avait été blessé. Le capitaine de Villebrune reprit la frégate la *Gentille* et le *Romulus* fut donné au capitaine Launay-Tromelin.

Peu de temps après le retour de la division française, l'État de Massachussetts pria le commandant en chef de diriger une expédition contre la ville de Penobscot dont le port servait de refuge à tous les corsaires anglais de la côte. Celui-ci y consentit; mais le général Washington ayant émis l'opinion qu'il serait imprudent de diviser les forces navales et conseillé d'attendre l'arrivée de quelques nouveaux bâtiments, l'expédition n'eut pas lieu. Le 6 mai, le chef d'escadre de Barras Saint-Laurent, désigné pour prendre le commandement de la division française, arriva sur la frégate la *Concorde*, capitaine chevalier de Tanouarn. La division était encore augmentée du vaisseau de 64ᶜ le *Sagittaire*, capitaine chevalier de Montluc Labourdonnaie, qui était parti de France à la fin du mois de mars.

On se rappelle que le lieutenant général de Grasse était sorti de Brest à la fin du mois de mars, en même temps que le commandant de Suffren, et que, rendu aux Açores, il avait fait route pour les Antilles avec un convoi et les vaisseaux ci-après :

Canons.

100	*Ville-de-Paris*	capitaine de Sainte-Césaire.
		comte de Grasse, lieutenant général.
		de Vaugiraud, major général.
80	*Auguste.*	capitaine Castillan.
		de Bougainville, chef d'escadre.
	Saint-Esprit.	capitaine marquis de Chabert.
	Languedoc.	— baron d'Arros d'Argelos.
74	*Sceptre.*	— comte de Vaudreuil.
	César.	— chevalier Coriolis d'Espinouse.
	Souverain.	— chevalier de Glandevès.
	Northumberland.	— marquis de Briqueville.
	Pluton.	— d'Albert de Rions.
	Diadème.	— chevalier de Monteclerc.
	Magnanime.	— comte Le Bègue.
	Zélé.	— chevalier de Gras-Préville.
	Marseillais.	— de Castellane-Majastre.
	Bourgogne.	— chevalier de Charitte.
	Scipion.	— comte de Clavel.
	Hector.	— Renaud d'Aleins.
	Hercule.	— vicomte de Turpin de Breuil.
	Glorieux.	— vicomte d'Escars.
	Citoyen.	— d'Ethy.

64	Vaillant.	—	chevalier Charles-René Bernard de Marigny.
52	Médée	—	chevalier de Girardin.
26	{ Aigrette.	—	de Traversay.
	{ Diligente.	—	vicomte de Mortemart.
Côtres	{ 18ᵉ Alerte.	—	de Chabons.
	{ 14 Pandour.	—	de Grasse-Limmermont.

Lorsque le lieutenant général de Grasse arriva, le 29 avril, en vue de la Martinique, il trouva le contre-amiral Hood en observation devant la baie du Fort-Royal avec 17 vaisseaux anglais. Le vent soufflait de l'E.-N.-E.

La baie du Fort-Royal (1), sur la côte occidentale de l'île de la Martinique, a son ouverture à l'Ouest. Cette magnifique baie ne compte pas moins de 6 milles de profondeur, de l'Est à l'Ouest, sur un peu plus de 5 du Nord au Sud. Les navires qui, venant d'Europe, se rendent au Fort-Royal, attaquent l'île par le Sud, serrent de près les terres pour profiter des risées qui descendent des mornes et arrivent ainsi au cap Salomon, pointe Sud de la baie du Fort-Royal. De là, il est facile d'atteindre la rade, même en louvoyant, et quelques batteries, placées de l'un et de l'autre côté, soutiendraient au besoin les navires qui iraient leur demander secours et protection. La distance à laquelle se tenaient les Anglais permettait certainement au lieutenant général de Grasse d'entrer dans la baie et d'arriver au mouillage sans être inquiété. Il ne le voulut pas et tint à signaler son apparition dans ces mers par un échange de quelques boulets avec l'ennemi. Dès qu'il l'aperçut, il fit signal au convoi de serrer la côte, se tint avec ses vaisseaux plus au large, et lorsqu'il se trouva à l'ouvert de la baie du Fort-Royal, il fit arriver son armée tout à la fois et la fit revenir au vent à grande portée de canon de l'armée anglaise. Toutes deux engagèrent, dans cette position et à contre-bord, une canonnade qui cessait lorsque les vaisseaux s'étaient dépassés pour reprendre, toujours à

---

(1) Aujourd'hui Fort-de-France.

grande distance, dès qu'un virement de bord les rappro-
chait. Cette manœuvre dura plusieurs heures. Il était fa-
cultatif au lieutenant général de Grasse d'engager une
affaire générale ; mais, bien qu'il eût été rallié par 4 vaisseaux qui étaient sur la rade du Fort-Royal, la crainte d'exposer son convoi l'empêcha de courir les chances d'un combat sérieux. Les vaisseaux qui l'avaient rallié étaient:

Canons.
74	*Victoire.*	capitaine	d'Albert Saint-Hypolite.
	Caton.	—	comte de Framond.
64	*Réfléchi.*	—	Cillart de Suville.
	Solitaire.	—	comte de Cicé-Champion.

Le contre-amiral Hood resta à l'ouvert de la baie jusqu'au lendemain matin ; la gravité des avaries du RUSSEL,
du CENTAUR et de l'INTREPID, le décidèrent alors à s'éloigner. Le capitaine du CENTAUR avait été tué. Le lieutenant
général de Grasse se mit à la poursuite de l'armée anglaise
et, le 1er mai, il lui fit envoyer quelques boulets. Après
l'avoir harcelée pendant deux jours, il reprit la route du
Fort-Royal où il mouilla le 6. Les vaisseaux français n'a-
vaient eu que de légères avaries dans la voilure et dans le
grément.

Le contre-amiral Hood écrivit que jamais journée n'a-
vait vu dépenser aussi mal à propos autant de poudre et de
boulets que celle du 29 avril. Cela peut être vrai. Ce n'est
cependant pas la conclusion qu'on pourrait tirer de son
rapport puisque c'est lui qui nous apprend, et l'obligation
dans laquelle il se trouva de renvoyer de suite le RUSSEL à
la Barbade, et les motifs qui le déterminèrent à lever la
croisière.

———

Le chef d'escadre de Monteil qui, après le départ du
comte de Guichen pour l'Europe, au mois de juillet 1780,
avait pris le commandement de la division navale des Antilles, venait de protéger l'entrée de la flotte espagnole du
Mexique à la Havane, et il allait faire route pour le Cap Français avec les vaisseaux le *Palmier*, le *Destin*, l'*Intrépide*, le

Triton et l'*Actionnaire* de 64° (1), la frégate l'*Andromaque* et la corvette le *Serpent*, lorsque la junte de l'île de Cuba le pria de prêter sa coopération aux opérations dirigées contre Pensacola, port de la Floride, dans le golfe du Mexique. Le chef d'escadre de Monteil accéda à cette demande ; il consentit même à se ranger sous les ordres du chef d'escadre espagnol don José Solano, et se rendit de suite devant la ville assiégée. Les opérations marchaient avec une lenteur telle, que le chef d'escadre français dut demander qu'on employât ses vaisseaux. Il proposa de faire entrer le *Triton*, l'*Andromaque* et le *Serpent* dans la rade. Sa proposition fut acceptée, mais non sans beaucoup de peine. Le jour même où le mouvement allait se faire, un coup de vent força la division à appareiller. Pendant que, dispersée, elle tenait la mer sur cette côte dangereuse, l'explosion d'un magasin à poudre détermina le commandant général de la Floride occidentale à demander une capitulation qu'il obtint le 8 mai.

Le général espagnol qui avait dirigé les opérations du siége se loua de la coopération active et entendue des officiers et d'un détachement de 800 hommes qui avaient été fournis par la division française. Celle-ci était de retour au Cap Français, le 10 juillet.

Le 5 juillet, le lieutenant général de Grasse appareilla du Fort-Royal de la Martinique et, prenant sous son escorte tous les navires de commerce qui étaient en partance pour l'Europe, il se dirigea sur Saint-Domingue ; le 16, il mouilla au Cap Français. Un désastre affreux avait signalé cette traversée : la frégate de 32° l'*Inconstante*, capitaine de Longueval, avait été incendiée et 90 hommes seulement

---

(1) Les capitaines de ces vaisseaux étaient MM. Dumaitz de Goimpy, Duplessis-Parscau, Brun de Boades, de Larchantel. Le pavillon du commandant en chef était arboré sur le *Palmier*.

s'étaient sauvés. Huit jours après l'arrivée de l'armée navale, un malheur semblable arriva au vaisseau de 74° l'*Intrépide*, capitaine Duplessis-Parscau : ce vaisseau faisait partie de la division du chef d'escadre de Monteil.

Le lieutenant général de Grasse avait fait connaître au ministre de France aux États-Unis son intention de se porter, au mois de juillet, sur la côte d'Amérique pour offrir sa coopération au commandant en chef de l'armée américaine. Mais comme il n'avait aucune connaissance des mouvements de cette armée, qu'il ignorait les projets de ses généraux, et qu'il ne savait même pas où se trouvait la division navale qui stationnait sur la côte, il avait prié le représentant de la France de lui faire parvenir au Cap Français des renseignements qui lui étaient indispensables avant de se mettre en route. Expédiée dans ce but, la frégate la *Concorde*, capitaine de Tanouarn, l'attendait sur cette rade. Le général comte de Rochambeau qui commandait le corps auxiliaire français envoyé en Amérique, lui faisait connaître la situation fâcheuse des provinces du Sud et l'engageait, tant personnellement qu'au nom du général Washington, à entrer dans la Chesapeak ou à se porter sur New-York. Il l'avertissait qu'il avait quitté la Providence pour se réunir au commandant en chef de l'armée américaine sur la rivière l'Hudson et le priait de lui amener un renfort de 5 à 6,000 hommes, des munitions et de l'argent, car il n'en avait pas pour payer les troupes qu'il commandait. Les instructions du commandant en chef lui prescrivaient de détacher 9 vaisseaux pour escorter les convois qui rentraient en Europe; mais elles lui laissaient aussi la latitude de différer leur départ s'il jugeait leur présence nécessaire sur la côte d'Amérique. Il se décida, non-seulement à les garder, mais il prescrivit encore au chef d'escadre de Monteil qu'il avait trouvé sur la rade, de se ranger sous son pavillon avec ses 4 vaisseaux. Il obtint du gouverneur de Saint-Domingue l'embarquement de 3,300 hommes des garnisons de l'île, à la condition qu'une escadre espagnole viendrait stationner sur la rade du Cap Français pendant l'absence de ces troupes. Quant à l'argent, il ne lui fut pas possible d'en trouver malgré ses offres et celles du chevalier de Charitte, capitaine du vaisseau la *Bourgogne*, de donner leurs propriétés comme garantie, et il fut obligé d'en envoyer emprunter à la Havane. Convaincu que la promptitude de son départ contribuerait puissamment au succès de la campagne, il mit à la voile, le 4 août ; et pour mieux cacher la marche de son armée, il passa par le vieux canal de Bahama. La frégate l'*Aigrette*, capitaine de Traversay, qui avait été envoyée à la Havane, le rallia en mer avec l'argent demandé. Le 31, l'armée navale jeta l'ancre sur la rade de Lynhaven, à l'entrée de la Chesapeak. Le vaisseau le *Glorieux* et les frégates ayant reçu l'ordre de chasser un convoi qui parut au large, s'emparèrent de la corvette anglaise de 14° LOYALIST qui l'escortait.

Je ne saurais dire quels motifs décidèrent le lieutenant général de Grasse à choisir la Chesapeak plutôt que la baie de New-York pour théâtre des opérations de l'armée navale qu'il commandait. Voulait-il agir en dehors du concert des généraux Washington et Rochambeau ? Préférait-il venir en aide au général Lafayette qui se trouvait à James-Town ? Pensait-il enfin que sa coopération serait plus active dans la Virginie que partout ailleurs ? Il ne l'a pas fait connaître. Toujours est-il que, comme je viens de le dire, il entra dans la Chesapeak.

La Chesapeak, dans l'État de Virginie, est une vaste baie, parsemée d'îles et de bancs, dans laquelle se jettent un grand nombre de rivières. De suite après avoir doublé le cap Henri, pointe Sud de l'entrée, on trouve le mouillage de Lynhaven ; puis, en suivant la côte du Sud, on entre dans la rivière James qui, après un parcours de 45 milles, conduit à James-Town et à Williamsbourg, villes situées vis-à-vis l'une de l'autre sur les deux rives. La rivière James a pour principaux affluents la Nansemond et l'Elisabeth qui conduisent, la première à Suffolk, l'autre à Norfolk. Si, au lieu de continuer la route à l'Ouest, après avoir dépassé le cap Henri, on tourne brusquement à droite ou au Nord, on entre dans la baie de la Chesapeak proprement dite. Ce passage est rétréci par trois bancs : le premier entoure le cap Charles, pointe Nord de l'entrée de la baie ; un autre, dit *Horse Shoe*, — fer à cheval — s'étend le long de la côte opposée depuis la rivière James jusqu'à la rivière de Back ; entre les deux, mais plus rapproché du premier, se trouve le troisième appelé *Middle Ground* — terre du milieu. — La rade de Lynhaven, qu'on peut considérer comme la rade extérieure, est donc comprise entre les terres du Sud, le *Horse Shoe*, le *Middle Ground* et le banc du cap Charles. A l'Ouest, par le travers du *Middle Ground*, on voit une belle rivière : c'est l'York qui conduit à la ville qui lui a donné son nom. York, située à 15 milles dans les terres, est une position stratégique d'une grande importance ; elle était alors occupée par le commandant en chef de l'armée anglaise lord Cornwallis. La ville de Glocester est en regard, de l'autre côté de la rivière. En remontant toujours au Nord, après avoir dépassé bon nombre de rivières, on trouve, à quelques milles du fond de la baie, sur la côte occidentale, la ville d'Annapolis et, à la même hauteur de l'autre côté, la rivière l'Elk. Du cap Henri à la ville de Baltimore située entre ces deux positions, on ne compte pas moins de 200 milles.

Le premier soin du lieutenant général de Grasse fut d'établir le blocus de la rivière York pour couper les communications des Anglais avec la mer. Il plaça aussi quelques bâtiments à l'entrée de la rivière James, et plus haut à Hampton, pour surveiller les mouvements de l'ennemi dans cette partie et protéger le débarquement des troupes des vaisseaux qui devaient être dirigées sur James-Town. Ce mouvement eut lieu les 1er et 2 septembre. Ce renfort permit au général Lafayette de passer de l'autre côté de la rivière et d'aller occuper Williamsbourg qui n'est pas à plus de quinze milles d'York.

L'armée navale attendait au mouillage le retour de ses embarcations lorsque le 5, à 8ʰ du matin, la frégate qui était en découverte signala 21 vaisseaux anglais et 7 frégates. Quoique 90 officiers et plus de 1800 matelots (1) fussent absents avec les canots, le lieutenant général de Grasse fit de suite signal d'appareiller en filant les câbles et rangea ses vaisseaux en bataille bâbord amures, par rang de vitesse, comme il suit. Le vent soufflait du N.-N.-O.

Canons.

74	Pluton.	capitaine	d'Albert de Rions.
	Bourgogne.	—	chevalier de Charitte.
	Marseillais.	—	de Castellane-Majastre.
	Diadème.	—	chevalier de Monteclerc.
	Réfléchi.	—	Cillart de Suville.
80	Auguste.	—	Castellan.
		de Bougainville, chef d'escadre.
	Saint-Esprit.	capitaine	marquis de Chabert.
74	Caton.	—	comte de Framond.
	César.	—	chevalier Coriolis d'Espinouse.
	Destin.	—	Dumaitz de Goimpy.
104	Ville-de-Paris.	—	de Sainte-Césaire.
		comte de Grasse, lieutenant général.
		de Vaugiraud, major général.
74	Victoire.	capitaine	d'Albert Saint-Hyppolite.
80	Sceptre.	—	comte de Vaudreuil.
74	Northumberland.	—	marquis de Briqueville.
	Palmier.	—	baron d'Arros d'Argelos.
64	Solitaire.	—	comte de Cicé-Champion.
74	Citoyen.	—	d'Ethy.
	Scipion.	—	comte de Clavel.
	Magnanime.	—	comte Le Bègue.
	Hercule.	—	vicomte de Turpin de Breuil.
80	Languedoc.	—	Duplessis-Parscau.
		chevalier de Monteil, chef d'escadre.
74	Zélé.	capitaine	chevalier de Gras-Préville.
	Hector.	—	Renaud d'Aleins.
	Souverain.	—	chevalier de Glandevès.

Frégate : Aigrette.

Les deux vaisseaux le *Glorieux* et le *Vaillant* et les autres frégates restèrent devant les rivières qu'ils surveillaient.

Dès que l'amiral Rodney avait eu connaissance du départ de l'armée navale des Antilles, il avait détaché le

---

(1) Ces chiffres sont évidemment exagérés, mais ce sont ceux qui sont donnés par le rapport officiel.

contre-amiral Hood avec 14 vaisseaux pour renforcer la division du contre-amiral Graves qui commandait alors les forces navales anglaises sur la côte d'Amérique. Ce renfort avait porté à 21 le nombre des vaisseaux anglais réunis sur la rade de New-York. Le contre-amiral Graves venait d'apprendre la sortie de la division française de Rhodes-Island; soupçonnant que le chef d'escadre de Ternay avait mis à la voile pour se réunir au lieutenant général de Grasse, il appareilla pour empêcher cette jonction, s'il était possible. Il ne rencontra pas la division à la poursuite de laquelle il s'était mis; mais, lorsque le 5 septembre, il parut devant la Chesapeak, il aperçut l'armée du lieutenant général de Grasse au mouillage et, malgré la supériorité numérique des Français, il n'hésita pas à aller les attaquer. A cet effet, il laissa arriver largue sur la ligne du plus près bâbord dans l'ordre suivant :

Canons.

82	SHREWSBURY	capitaine	Robinson.
72	INTREPID	—	P. Molloy.
	ALCIDE	—	Charles Thompson.
82	PRINCESSA	—	Charles Knatchbull.
			Samuel Drake, contre-amiral.
	AJAX	capitaine	N. Charrington.
	TERRIBLE	—	Finch.
72	EUROPA	—	Child.
82	MONTAGU	—	George Bowen.
	ROYAL OAK	—	Ardesoif.
108	LONDON	—	Graves.
			Graves, contre-amiral.
82	BEDFORD	capitaine	Th. Graves.
	RESOLUTION	—	Robert Manners.
72	AMERICA	—	Samuel Thompson.
82	CENTAUR	—	John Inglefield.
	MONARCH	—	Francis Reynolds.
100	BARFLEUR	—	John Knight.
			sir Samuel Hood, contre-amiral.
82	INVINCIBLE	capitaine	Saxton.
72	BELLIQUOUS	—	Brine.
82	ALFRED	—	William Bayne.
60	ADAMANT	—	Johnstone.
72	SOLEBAY	—	.....

Arrivée au *Middle Ground*, l'armée anglaise vira vent arrière par la contre-marche et se forma en ligne de convoi quatre quarts largue, aux mêmes amures que les Français,

c'est-à-dire , bâbord amures. Les routes suivies par les
deux armées faisaient donc un angle de 45°. Cet angle
n'était cependant pas encore assez grand pour les mettre à
distance convenable car, lorsqu'elle se trouva à la hauteur
des vaisseaux de tête, l'avant-garde anglaise dut laisser
arriver presque vent arrière pour se rapprocher ; elle s'établit ensuite en bataille à bonne portée de canon. La manœuvre de l'avant-garde fut successivement imitée par les
deux autres escadres de l'armée ennemie. Toutefois, l'arrière-garde resta à une distance plus grande et c'est à peine
si ses boulets portaient. Le combat qui commença dès qu'il
fut possible, n'eut donc réellement lieu qu'entre les deux
premières escadres des deux armées. On conçoit l'avantage
que ces arrivées successives sur une ligne presque perpen-
diculaire à la route des Français donnèrent à ceux-ci. Ils
purent canonner, en quelque sorte impunément, les vaisseaux ennemis qui arrivaient en leur présentant l'avant. Le
vent ayant refusé vers 5ʰ, le lieutenant général de Grasse
signala aux vaisseaux de tête de faire une arrivée pour rectifier la ligne. Le commandant en chef de l'armée anglaise
fit au contraire serrer le vent. La distance entre les deux
armées augmenta incessamment et, au coucher du soleil,
elles étaient hors de portée de canon. Les capitaines de
Chabert, de Monteclerc et de Framond étaient blessés. Le
lieutenant général de Grasse resta sous voiles pendant
quatre jours, prêt à accepter un nouveau combat que l'a-
miral anglais ne jugea pas convenable de livrer. Comme
sa coopération était nécessaire à l'armée de terre, il se
décida alors à rentrer dans la Chesapeak. Le 11, l'armée
navale reprit le mouillage en dedans du cap Henri : elle y
fut ralliée par ses embarcations sur le sort desquelles on
n'était pas sans inquiétudes. Le chef d'escadre de Barras
Saint-Laurent était mouillé sur la rade de Lynhaven depuis
la veille avec 8 vaisseaux et 3 frégates. Quoique ses instructions lui enjoignissent de se retirer à Boston lorsque le
corps d'armée du général Rochambeau se porterait vers le

Sud, cet officier général avait cru devoir accéder aux désirs du général Washington dont les opérations étaient paralysées par le manque d'artillerie de siége, et il avait fait route pour la Chesapeak. Sa division accompagnait 10 transports qui, en outre de l'artillerie et des munitions de guerre, portaient des vivres et des mâtures.

Plusieurs vaisseaux anglais avaient été très-maltraités au combat du 5. La Princessa avait perdu son grand mât de hune; le Shrewsbury, ses deux mâts et vergues de hune ; le capitaine Robinson avait eu une jambe emportée. L'Intrepid avait eu ses deux vergues de hune coupées et ses bas mâts fort endommagés. La mâture du Montagu avait tellement souffert qu'on s'attendait à la voir s'abattre d'un moment à l'autre. L'Ajax et le Terrible faisaient beaucoup d'eau, et le dernier dut être livré aux flammes. L'armée anglaise fit route pour New-York.

Avertis par le capitaine de la *Concorde* que l'armée navale se dirigeait sur la Chesapeak, les deux généraux en chef français et américain s'étaient mis en marche et ils venaient d'arriver à l'embouchure de l'Elk, où un officier expédié par le lieutenant général de Grasse leur apprit l'arrivée des vaisseaux français. Dès que l'armée navale eut repris son mouillage, ils firent transporter à Williamsbourg les troupes qui étaient à Annapolis. Trois jours après, ces troupes et quelques centaines de matelots des vaisseaux qui furent mis à terre marchèrent sur la ville d'York et en firent l'investissement. Libres de toute préoccupation du côté de la mer, les généraux poussèrent le siége de cette ville avec une grande vigueur. Le 19 octobre, le commandant en chef de l'armée anglaise fut forcé de capituler. A cinq jours de là, l'armée navale anglaise, renforcée de 7 vaisseaux, se présenta de nouveau devant la Chesapeak; mais la nouvelle de la capitulation de lord Cornwallis décida le contre-amiral Graves à renoncer à ses projets d'attaque, et laissant le contre-amiral Digby sur la côte, il fit route pour la Jamaïque.

En vertu de la capitulation d'York, les bâtiments anglais qui se trouvaient dans la rivière devinrent la propriété de la France. C'étaient les frégates CHARRON de 44ᵉ et FOWEY de 24ᵉ; elles furent détruites ; la frégate de 28 GUADELUPE, la corvette de 14 BONETTA, 4 cutters et 12 transports. 20 autres navires furent coulés.

Voulant éterniser la prise d'York et de Glocester qui assurait l'indépendance des États-Unis, le Congrès prit, le 28 octobre, les résolutions suivantes.

« Le Congrès, etc., etc.

« A résolu que les remercîments des États-Unis réunis « en congrès, seront présentés à Son Excellence le comte « de Rochambeau pour la cordialité, le zèle, le talent et le ‹ courage avec lesquels il a secondé et avancé les opéra-« tions de l'armée alliée contre la garnison britannique « d'York ;

« Résolu que pareils remercîments des États-Unis as-« semblés en congrès, seraient présentés à Son Excellence « le comte de Grasse pour l'habileté et la valeur qu'il a « développées en attaquant et battant la flotte britannique « à la hauteur de la Chesapeak, et pour le zèle et l'ardeur « avec lesquels il a donné, avec l'armée navale à ses ordres, « les secours et la protection les plus efficaces aux opéra-« tions de l'armée alliée en Virginie ;

« Résolu que les États-Unis, assemblés en congrès, fe-« ront ériger à York, en Virginie, une colonne en marbre « ornée des emblèmes de l'alliance des États-Unis et de Sa « Majesté Très-Chrétienne, et chargée d'inscriptions conte-« nant un exposé succinct de la reddition du comte de « Cornwallis à Son Excellence le général Washington, « commandant en chef les forces combinées de l'Amérique « et de la France ; à Son Excellence le comte de Rocham-« beau, commandant les troupes auxiliaires de Sa Majesté « Très-Chrétienne en Amérique, et à Son Excellence le « comte de Grasse commandant en chef l'armée navale de « France dans la Chesapeak ;

« Résolu que deux pièces canon de bataille prises sur
« l'armée britannique seront présentées par le comman-
« dant en chef de l'armée américaine au comte de Rocham-
« beau, et qu'on gravera dessus, en bref, que le Congrès
« les lui a présentées pour la part illustre qu'il a eue à la
« prise ;

« Résolu que le secrétaire d'État des affaires étrangères
« sera chargé de requérir le ministre plénipotentiaire de
« Sa Majesté Très-Chrétienne que le désir du Congrès est
« que sa Majesté permette au comte de Grasse d'accepter
« un témoignage de son approbation, pareil à celui pré-
« senté au comte de Rochambeau. »

Ce document constate la part que la marine française
prit à la guerre de l'indépendance de l'Amérique.

La présence de l'armée navale étant désormais sans utilité dans ces parages, le lieutenant général de Grasse rem-
barqua ses marins et ses troupes et, le 5 novembre, il fit
route pour la Martinique où il arriva le 26. Il avait détaché
4 vaisseaux, sous le commandement du capitaine d'Albert
Saint-Hippolyte, pour reporter les troupes de la garnison
de Saint-Domingue et escorter un riche convoi qui était en
partance pour France.

Un brevet portant la date du 21 juillet 1786 autorisa le
lieutenant général comte de Grasse-Tilly à accepter et à
placer dans son château de Tilly les deux canons qui lui
avaient été offerts par le Congrès des États-Unis. Voici l'inscription que portaient ces canons : « Pris à l'armée anglaise
par les forces combinées de la France et de l'Amérique à
York-Town en Virginie, le 19 octobre 1781. Présentés par
le Congrès à Son Excellence le comte de Grasse comme un
témoignage des services inappréciables qu'il a reçus de lui
dans cette mémorable journée. »

Le 20 novembre 1780, le gouvernement anglais ordonnait à son ambassadeur à la Haye de quitter cette ville sans prendre congé et, en même temps, il prescrivait à tous les capitaines des bâtiments de guerre et des corsaires de s'emparer des navires hollandais qu'ils rencontreraient. Le motif de cette rupture, qu'on pouvait au reste prévoir depuis quelque temps, était l'accession des Provinces-Unies à la confédération que les puissances du Nord venaient de former pour arrêter les exactions de l'Angleterre. Bien que désireuse de conserver la paix, cette république avait tenu peu de compte des signes précurseurs de l'orage qui la menaçait, et sa sécurité était telle que le gouvernement français crut devoir se charger de donner connaissance de la rupture aux gouverneurs des établissements hollandais de la mer des Indes. Le capitaine Macé, de la corvette la *Sylphide* reçut cette mission

Un journal anglais, — car il paraît que de tout temps la jactance a été de fort bon goût dans la presse anglaise, — un journal anglais publia à cette époque l'article suivant, qui indique quelles devaient être les conséquences de la sécurité dans laquelle on vivait à la Haye :

« Le commencement de la guerre actuelle avec la Hol-
« lande ressemble à celui de nos hostilités avec la France
« en 1755. Du mois de juillet, pendant lequel l'amiral
« Boscawen prit les vaisseaux le *Lys* et l'*Alcide* qui se ren-
« daient à Québec avec des troupes, au mois de juin de
« l'année suivante que la guerre fut déclarée, l'Angleterre
« avait pris 870 navires. Le 5 janvier 1781, elle a déjà
« capturé 300 navires hollandais et 3,000 hommes. »

Quel avertissement pour les puissances maritimes ! Un journal, organe d'un parti influent, ne craint pas d'avouer de tels actes; il se glorifie même de ce que, avant la déclaration de guerre et dans deux circonstances différentes, l'Angleterre ait fait ce que, chez toute autre nation, on regarderait comme la violation la plus flagrante du droit le plus sacré ! Pour lui, c'est chose naturelle que les visi-

tes arbitraires et les arrestations illégales ! Porter un premier coup au commerce avant d'en venir réellement aux
prises ; affaiblir, même par des moyens illicites, les ressources de la puissance à laquelle on va déclarer la guerre,
telle a toujours été la tactique de nos voisins d'outre-mer.
N'était-ce pas celle qu'ils commençaient à déployer en
1778 lorsque Louis XVI, instruit par le règne des ses pré-
décesseurs, rompit brusquement avec l'Angleterre et usa
de représailles à son égard. Aussi le commerce français
n'eut-il pas à déplorer la perte d'une partie de sa marine,
et la détermination du roi de France enflamma les cœurs
d'une ardeur qu'on commençait à ne plus connaître dans
l'état-major de la flotte.

De toutes les nations de l'Europe, la France était celle
qui jouissait, à cette époque, de la plus grande considération dans l'Inde. Les princes de l'Indoustan la regardaient
comme l'unique digue capable d'arrêter un jour le torrent
qui menaçait leurs domaines. Le gouvernement anglais
combattait cette influence et employait tous les moyens en
son pouvoir afin de prouver à ces princes qu'ils n'a-
vaient rien à attendre de la nation qu'ils portaient si haut,
et rien de mieux à faire que de solliciter la protection de
la Compagnie anglaise. Cette tactique n'ébranla pas les
convictions du nabad Hyder-Ali qui balançait seul la puissance des Anglais dans cette partie du monde, car la prise
de Pondichéry par les Anglais avait entraîné la perte de
toutes les possessions françaises de l'Inde. Ce prince ayant
à se plaindre du gouvernement de Madras qui lui avait
refusé son appui contre les Marattes, avait déclaré la guerre
à la Compagnie dès que les hostilités avaient commencé
entre la France et l'Angleterre. Le rôle de la France consistait donc, dans le moment, à soutenir le chef qui avait
tant de foi dans sa puissance et à se faire de nouveaux
alliés. Le capitaine de vaisseau d'Orves, à qui incombait
plus particulièrement cette mission et qui commandait les
forces navales de la France dans la mer des Indes depuis

le commencement de l'année 1780, avait sous ses ordres les vaisseaux :

Canons.
74   Orient. . . . . capitaine comte d'Orves (1).
     Brillant. . . . .   —   de Saint-Félix.
64   Sévère. . . . .   —   de Lapallière.
     Ajax. . . . .   —   Bouvet.
     Bizarre. . . . .   —   de Lalandelle-Roscanvec.
54   Flamand. . . . .   —   de Cuverville.
les frégates   Pourvoyeuse.
de 40°. .   Consolante.
et la corvette de 22° la Subtile.

Les Anglais avaient dans les mêmes parages les vaisseaux :

Canons.
74   SUPERB. . . . . capitaine Siminton.
                          Edward Hughes, contre-amiral.
70   BURFORD. . . . . capitaine Reynolds.
     EXETER. . . . .   —   Richard Kings.
64   EAGLE. . . . .   —   Ambroise Reddall.
     WORCESTER. . . . . . .   —   George Talbot.
la frégate de 28° COVENTRY.
le brig de 14° WEAZLE.

Le commandant d'Orves s'était enfin décidé à aller faire acte de présence sur la côte orientale de la presqu'île de l'Inde ; après avoir touché à Surate, il était arrivé à Madras, le 7 janvier 1781 ; 6 vaisseaux anglais et une frégate étaient à ce mouillage. Le commandant de la division française ne voulut pas courir les chances d'un combat qui l'exposait à recevoir des avaries fort difficiles à réparer dans l'état de pénurie où il était en rechanges ; il resta en panne toute la nuit, et le lendemain il fit route au Sud le long de la côte ; le 28 au soir, il mouilla devant Pondichéry. Le commandant d'Orves ne comprit pas bien la mission qui lui était confiée ; il se borna à donner l'assurance de l'envoi d'un corps de troupes ; et quoiqu'il eût pu être d'un grand secours à Hyder-Ali en interceptant les approvisionnements que les Anglais recevaient par mer, il ne

---

(1) Le capitaine de vaisseau d'Orves, autorisé à porter le pavillon de chef d'escadre, prenait le titre de brigadier des armées navales.

voulut pas prolonger son séjour dans ces parages. Rien ne put ébranler sa résolution, pas même la promesse que lui fit le chef indien de ravitailler ses vaisseaux s'il consentait à mettre leur faible garnison à terre pour l'aider d'une force qui, en fait, n'eût été que morale. La division française était de retour à l'île de France au mois de juillet. C'était, il faut en convenir, un triste début pour la grande nation que les princes de l'Inde appelaient à leur aide. Nous verrons bientôt que la cause à laquelle on peut attribuer la conduite du commandant en chef de la division de l'Inde, amena dans la situation un changement qui ne tarda pas à tourner à l'avantage des alliés (1).

Quelques combats particuliers furent livrés dans le cours de cette année.

Les frégates de 32° la *Fine*, capitaine chevalier de Tanouarn, et la *Minerve*, capitaine chevalier de Grimouard, la *Diligente* et l'*Aigrette* de 26°, sorties de Brest, le 3 janvier, pour croiser à l'entrée de la Manche aperçurent, le lendemain avant le jour, plusieurs bâtiments dans leurs eaux; elles couraient alors au plus près tribord amures, avec des vents de N.-O. Le jour, en se faisant, permit de distinguer deux vaisseaux anglais : c'étaient le COURAGEUX et le VALIANT de 82°, capitaines lord Mulgrave et Goodall. Les frégates prirent chasse. A 1ʰ 30ᵐ de l'après-midi, la *Minerve* fut atteinte et attaquée par le COURAGEUX. Une heure plus tard, étonné probablement de la résistance qu'opposait la frégate, le capitaine du VALIANT joignit son feu à celui de son compagnon. La *Minerve* ne put résister longtemps à de pareils adversaires : son pavillon fut amené. Le capitaine de Grimouard, qui était blessé, avait remis le

---

(1) Le commandant d'Orves était atteint d'une maladie qui lui rendait le séjour à bord et à la mer fort incommode, et à laquelle il succomba quelques mois plus tard.

commandement au lieutenant Villeneuve. Les avaries du
Courageux étaient au reste presque aussi considérables que
celles de la *Minerve*; il fut obligé de changer son beaupré,
son mât de misaine et le mât d'artimon.

Dès que le pavillon de la *Minerve* eut été amené, le Valiant poursuivit la *Fine*, mais il ne put l'atteindre ; cette
frégate rentra à Brest avec ses deux autres compagnes.

———

Le *Rover* ne fut pas longtemps propriété française.
Cette corvette, qui avait été prise dans le mois de septembre
1780, fut enlevée par un corsaire, au mois de février de
la présente année. Le commandement en avait été donné
au chevalier de Doudon.

———

La dispersion, au commencement de l'année précédente,
du convoi qui portait les premiers secours en hommes et
en munitions dans l'Inde, avait jeté une grande inquiétude
dans le pays. Cette anxiété devint bien plus grande lorsqu'on connut le sort de celui qu'escortait le vicomte de
Soulanges. Cet officier, qui commandait le vaisseau de 74°
le *Protecteur*, sortit de Brest, le 20 avril, avec 10 navires
qui portaient des approvisionnements dans l'Inde, et le vaisseau de 74° le *Pégase*, capitaine de Sillans, la frégate de
32° l'*Andromaque*, capitaine du Roslan, le vaisseau de
64 l'*Actionnaire*, capitaine Kérangal et la frégate l'*Indis-
crète ;* ces deux derniers étaient armés en flûte. Le jour
même de sa sortie, le convoi fut poursuivi par 12 vaisseaux
anglais et 4 frégates sous les ordres du contre-amiral Barrington. Dès que l'escadre anglaise fut signalée, le *Protecteur* et le *Pégase* se placèrent à la queue du convoi et, a 8ʰ
30ᵐ du soir, lorsque la force de l'ennemi eut été bien reconnue, le commandant de Soulanges signala de gagner
le port le plus voisin; le vent soufflait du S.-E. Le *Pégase* fit vent arrière. Le 21 à 1ʰ du matin, le vaisseau an-

glais de 80° Foudroyant, capitaine Jervis, était en position de le combattre. Après une courte canonnade et sans
avoir fait aucune disposition préalable, le capitaine de Sillans ordonna l'abordage ; le *Pégase* accrocha le vaisseau
anglais de long en long. A 3ʰ, le mât d'artimon du *Pégase*
fut abattu, ainsi que son petit mât de hune ; ses pertes
étaient considérables : son pavillon fut amené. Le vaisseau
Queen, arrivé sur ces entrefaites, fut chargé d'amariner le
Pégase, et le Foudroyant, — fort peu endommagé si l'on en
juge par là détermination du capitaine Jervis qui avait, lui,
reçu une blessure, — le Foudroyant se mit à la poursuite de
l'*Actionnaire* qu'il atteignit le soir. Le vaisseau-flûte amena
son pavillon après avoir échangé une bordée. Le convoi
fut enlevé en entier. Le *Protecteur*, l'*Andromaque* et l'*In-
discrète* rentrèrent à Brest.

Le capitaine de Sillans fut cassé par le conseil de guerre
auquel il eut à rendre compte de sa conduite.

Séparé de la division du chef d'escadre de Lamotte-Piquet dont il faisait partie, le vaisseau de 64° l'*Actif*, capitaine de Boades, fut chassé, le 14 mai, par 8 vaisseaux
anglais ; l'un deux, le Nonsuch de 72°, capitaine James
Wallace, l'atteignit à 8ʰ du soir. Un combat très-vif s'engagea entre ces deux vaisseaux et l'obscurité seule y mit
un terme à 10ʰ. Le combat recommença le lendemain matin
à 6ʰ ; trois heures après le Nonsuch prit le large ; la crainte
de rencontrer la croisière ennemie empêcha le capitaine
de Boades de le poursuivre ; l'*Actif* avait d'ailleurs quelques
avaries qui nécessitaient sa rentrée à Brest. Il y arriva sans
autre rencontre. Le capitaine de Boades était blessé.

Le 2 juin, la frégate de 32° la *Fée*, capitaine de Boubée,
eut un court engagement avec la frégate anglaise de
44° Ulysse et lui fit abandonner la partie.

A quelques jours de là, le 5, la frégate de 32° la *Surveillante*, capitaine chevalier de Villeneuve Cillart, se rendant des États-Unis à Saint-Domingue, fut chassée, à l'atterrage, par cette même frégate de 44° ULYSSE, et elle engagea le combat à 9ʰ 30ᵐ du soir. Après deux heures et demie, l'ULYSSE s'éloigna. Les avaries de la *Surveillante* empêchèrent son capitaine de poursuivre la frégate ennemie. On voit que le capitaine de l'ULYSSE, dont je regrette de ne pouvoir donner le nom, n'était pas heureux dans le choix de ses adversaires.

Le 19 juin, le capitaine Macnémara, de la frégate de 32° la *Friponne* aperçut, non loin de Cadix, trois bâtiments de guerre dans un état de délabrement tel qu'il n'hésita pas à aller les reconnaître. C'étaient les frégates anglaises FLORA de 44°, capitaine William Peer Williams et CRESCENT de 34, capitaine John Bligh, qui, le 29 du mois précédent, avaient combattu les deux frégates hollandaises *Castor* et *Brill* et s'étaient emparées de la première. La CRESCENT avait eu la *Brill* pour adversaire. Démâtée de son grand mât et de son mât d'artimon, la frégate anglaise s'était vue forcée d'amener son pavillon, mais la FLORA l'avait dégagée assez à temps pour l'empêcher d'être amarinée ; le *Castor* avait alors cessé de combattre. Les bâtiments aperçus par le capitaine Macnémara étaient donc la FLORA, la CRESCENT et le CASTOR. Cette dernière frégate amena au premier coup de canon. La CRESCENT fit peu de résistance. Dans l'état où était cette frégate depuis son combat, cela s'explique ; le capitaine Bligh, qui la commandait, se soumettait à une nécessité ; il ne pouvait pas compter sur l'assistance de la FLORA : celle-ci s'éloignait sous toutes voiles.

Le 21 juillet, les capitaines Lapérouse et comte de Latouche, des frégates de 32° l'*Astrée* et l'*Hermione*, en croi-

sière sur la côte de l'Amérique du Nord, aperçurent un
grand nombre de voiles sous l'Ile Royale; le vent était à
l'Ouest. Ces navires entrèrent dans la baie des Espagnols;
cinq seulement, à la corne desquels flottait le pavillon anglais, laissèrent arriver, et lorsqu'ils eurent parcouru la
moitié de la distance qui les séparait des deux frégates
françaises, ils mirent en panne dans l'ordre suivant :

Canons.
24	ALLEGEANCE.	capitaine	.....
24	VERNON.	—	.....
28	CHARLESTOWN.	—	Evens.
20	VULTURE.	—	Georges.
14	JACK.	—	Thorn.

A 7ʰ du soir, les frégates françaises atteignirent les bâtiments anglais et les attaquèrent par-dessous le vent. L'*Hermione*, restée d'abord derrière l'*Astrée*, l'avait doublée et
s'était placée par le travers de la CHARLESTOWN. Exposée au
feu des deux frégates françaises, celle-ci fut bientôt réduite au silence et elle cula. Le capitaine de Lapérouse
supposant que cette frégate, alors démâtée de son grand
mât de hune, avait amené, cessa de la canonner. Le JACK
n'avait plus de pavillon. Il était 8ʰ 30ᵐ et le temps était
très-couvert. Les frégates françaises virèrent pour aller
amariner leurs prises; elles cherchèrent vainement la CHAR-
LESTOWN : cette frégate avait profité de l'obscurité pour se
soustraire à leurs recherches.

La frégate de 32ᶜ la *Fée*, escortant un convoi du Port-au-
Prince au Cap Français de Saint-Domingue reçut, le 24
juillet, un coup de vent pendant lequel elle craqua son
mât de misaine, son beaupré et son grand mât de hune. Le
capitaine de Boubée avait à peine achevé de consolider sa
mâture que, le 27, il fut attaqué par la frégate anglaise
de 40ᶜ NYMPHE qui s'éloigna après un engagement de deux
heures.

La frégate de 24° la *Lively*, capitaine de Breignou, revenant de Cayenne en France avec la corvette de 16° l'*Hirondelle* tomba, le 28 juillet, dans l'escadre anglaise de la Manche. Attaquée par la frégate de 44° PERSEVERANCE, la *Lively* amena après une défense de plusieurs heures.

La frégate de 32° la *Magicienne*, capitaine de Labouchetière, partit de Boston, le 1ᵉʳ septembre, pour aller chercher des mâtures à Porstmouth. Ayant eu connaissance d'un vaisseau pendant la nuit, elle prit chasse de suite, mais elle fut poursuivie, et il s'établit entre cet inconnu et elle une canonnade qui dura jusqu'à 6ʰ du matin ; le vaisseau avait beaucoup gagné. Estimant alors qu'il ne lui serait pas possible d'atteindre Boston avant d'être joint, le capitaine de Labouchetière se décida à courir les chances d'un combat bord à bord. La *Magicienne* soutint la lutte pendant une heure et demie, mais après ce temps, force lui fut d'amener son pavillon. L'adversaire de la frégate française était le vaisseau anglais de 58° CHATAM.

Ce combat avait eu lieu assez près de Boston pour que, de ce port, on pût entendre la canonnade et voir même les mâtures des combattants. Dès qu'il fit jour, le vaisseau le *Sagittaire*, les frégates l'*Astrée* et l'*Hermione* mirent sous voiles pour se porter sur le théâtre du combat ; mais le vent tomba entièrement, et ils se virent dans la nécessité de mouiller dans la passe. Lorsque la brise s'éleva, le CHATAM et la *Magicienne* n'étaient plus en vue.

La *Magicienne* avait 26   canons   de 12
                  et 6   —   de 6.
Le CHATAM   —   20 · canons   de 18
                     22   —   de 12
                      6   —   de 6
              et 10 caronnades de 32.

Lorsque l'escadre anglaise parut à l'entrée de la Chesapeak, le contre-amiral Graves eut la pensée que les Français avaient appareillé en filant les câbles par le bout afin d'être plus promptement sous voiles, et il ordonna aux frégates de 32° Isis et RICHMOND, capitaines Dawson et Hudson, d'entrer dans la baie pour couper les bouées. Mais les frégates françaises étaient restées au mouillage et, le 8 septembre, elles aperçurent ces deux bâtiments et leur donnèrent la chasse. Ils se rendirent à la frégate de 36° la *Diligente*, capitaine vicomte de Mortemart qui les atteignit la première.

On a quelquefois reproché à nos marins les mauvais traitements qu'ils faisaient subir aux prisonniers. Mon intention n'est pas de chercher à atténuer ce qu'il peut y avoir de fondé dans ces plaintes ; mais je doute que des Français aient jamais commis un acte de brutalité semblable à celui qui suivit la prise de la *Philippine*.

Cette flûte, commandée par le lieutenant Roquefeuil de Labistour, rencontra, le 30 septembre, une division de 2 vaisseaux anglais et 1 corvette. La résistance n'était pas possible : le pavillon de la *Philippine* fut amené. L'équipage français fut mis immédiatement dans la cale des vaisseaux, et on l'y laissa pendant trois mois sans lui donner d'autres objets de couchage que les grelins et les câbles. Le capitaine Roquefeuil ne put même pas obtenir qu'on laissât les malades à l'île de la Trinité où la division relâcha. Le 4 janvier 1782, le commandant de la division anglaise consentit à embarquer les Français sur un cartel qu'il fit accompagner par la corvette ; il donna à ce navire tout juste assez de vivres pour qu'on pût avoir l'espoir de n'en pas manquer. Aussi, séparé de son escorte pendant un coup de vent, le capitaine du cartel prit-il le parti de relâcher à la baie de Tous-les-Saints, d'où il fit ensuite route pour France.

Désireux de mettre à profit le temps qui le séparait encore des grandes chaleurs, et d'accord avec le gouverneur général des îles du Vent, le lieutenant général de Grasse résolut de faire une expédition contre Tabago, île anglaise du groupe des Antilles du Sud. Afin de masquer cette opération, une fausse attaque fut dirigée contre l'île Sainte-Lucie. Le 8 mai, c'est-à-dire deux jours après l'arrivée de l'armée navale, 1,000 hommes de troupes furent embarqués sur les vaisseaux le *Pluton*, l'*Expériment* et sur 2 frégates. Ces 4 bâtiments, accompagnés par 24 vaisseaux, jetèrent l'ancre dans la baie du Choc. Les troupes furent mises à terre au Gros-Islet, s'emparèrent facilement des hauteurs qui avoisinent le morne Fortuné et attaquèrent cette position le 12. Cette attaque n'avait d'autre but que de faire prendre le change à l'ennemi; elle fut conduite sans vigueur, et les troupes se rembarquèrent pendant la nuit. Au lieu de se diriger sur la Martinique où l'on devait supposer qu'elle retournait, l'armée fit route pour Tabago; les troupes expéditionnaires y furent débarquées dans la baie de Courlande. Un renfort de 3,000 hommes, commandés par le gouverneur général en personne, arriva quelques jours après.

L'amiral Rodney apprit bientôt le débarquement du premier détachement et il fit partir de suite de la Barbade 6 vaisseaux et 3 frégates avec un corps de troupes, en recommandant cependant au contre-amiral Drake, qui commandait cette division, d'éviter tout engagement avec les vaisseaux français. La présence de ceux-ci à Tabago empêcha cet officier général de remplir sa mission; il retourna à la Barbade, et l'amiral Rodney appareilla immédiatement avec 20 vaisseaux. Lorsqu'il arriva en vue de Tabago, le pavillon de la France flottait sur les fortifications et sur les principaux édifices : le gouverneur avait capitulé le 1er juin. L'armée française était alors sous voiles; mais l'amiral anglais ne jugea pas devoir livrer bataille, et il fit route pour Sainte-Lucie. Le lieutenant général de Grasse ne le poursuivit pas et, à quelques jours de là, il retourna à la Martinique.

Lorsqu'il déclara la guerre à la Hollande, le gouvernement anglais, pour redoubler l'ardeur de ses généraux, déclara leur abandonner ses droits aux effets et marchandises qui se trouveraient à Saint-Eustache, à Saint-Martin et à Saba, trois îles du groupe des Antilles, et ne réserver aux colons que la possession de leurs plantations, de leurs maisons, de leurs ameublements et de leurs esclaves. L'amiral Rodney s'était porté de suite sur Saint-Eustache qui était l'entrepôt de commerce des Antilles, et il s'en était rendu maître le 3 février. La conduite que l'amiral anglais tint dans cette circonstance est trop connue pour que j'entre dans de plus grands détails sur cette affaire, qui est d'ailleurs en dehors du cadre que je me suis tracé.

Le 16 novembre, le gouverneur général des Antilles françaises reprit Saint-Eustache avec 1,200 hommes qu'il avait fait embarquer sur les frégates la *Médée*, l'*Amazone*, la *Galathée* et la corvette l'*Aigle*, placées sous le commandement du capitaine Girardin. Les îles Saint-Martin et Saba furent également enlevées aux Anglais.

BATIMENTS PRIS, DÉTRUITS OU NAUFRAGÉS
pendant l'année 1781.

ANGLAIS.

Canons.		
	CULLODEN.	Naufragé sur la côte d'Amérique.
74	STIRLING CASTLE.	Naufragé sur les Cayes d'argent.
	TERRIBLE.	Détruit après un combat.
44	ROMULUS.	Prise par une division.
	CHARRON.	Détruite dans la Chesapeak.
36	CRESCENT.	Prise par une frégate.
	CASTOR.	— —
	ISIS.	— —
32	RICHMOND.	— —
	THETIS.	Naufragée à Sainte-Lucie.
28	GREYHOUND.	Naufragée.
	GUADELUPE.	Prises dans la Chesapeak.
	FOWEY.	
	PELICAN.	Naufragée à la Jamaïque.
24	SANDWICH.	Naufragée sur la côte d'Amérique.
	SIREN.	Naufragée en Europe.

18 { PIGMY. . . . .   Naufragée sur les côtes de France.
   { CHAT. . . . .   Naufragée à Saint-Domingue.
   (JACK. . . . .   Pris par une frégate.
14 { LOYALIST. . . . .   Pris par un vaisseau.
   (BONETTA. . . . .   Prise dans la Chesapeak.
12   HOPE. . . . .   Pris par un corsaire.

FRANÇAIS.

Canons.
80   *Couronne.* . . . . } Incendiés par accident.
74 { *Intrépide.* . . . . }
   { *Pégase.* . . . .   Pris par une escadre.
64   *Actionnaire,* en flûte. . .   —   —
44   *Sérapis* *, en flûte. . . . .   Incendiée par accident.
   (*Magicienne.* . . . .   Prise par un vaisseau.
52 { *Inconstante.* . . . .   Incendiée par accident.
   { *Vénus.* . . . .   Naufragée sur les Glenans.
   (*Minerve.* . . . .   Prise par un vaisseau.
28   *Unicorn* *. . . . .   Prise par une frégate.
26 { *Atlas,* en flûte. . . . . .   Naufragée sur Ouessant.
   (*Philippine,* en flûte. . . .   Prise par une division.
24   *Lively* * . . . .   Prise par une frégate.
20 { *Étourdie.* . . . .   Naufragée sur la chaussée de Sein.
   (*Rover* *. . . . .   Prise par un corsaire.
18   *Alert* *. . . . .   Pris par une frégate.

RÉCAPITULATION.

		Pris.	Détruits ou naufragés.	Incendiés.	TOTAL.
ANGLAIS. . .	Vaisseaux.	1	4	»	5
	Frégates.	6	»	»	6
	Bâtiments de rangs inférieurs.	4	2	»	6
FRANÇAIS. .	Vaisseaux.	2	»	2	4
	Frégates.	5	2	2	9
	Bâtiments de rangs inférieurs.	2	1	»	5

* L'astérisque indique des bâtiments ayant appartenu à une puissance ennemie.

ANNÉE 1782.

—

J'ai dit les raisons qui avaient déterminé la **France** et l'Espagne à remettre l'attaque de Gibraltar à une autre époque ; l'importance militaire de cette position décida les deux Cours alliées à tenter cette année d'en déposséder l'Angleterre. Cette place n'était certainement pas alors ce qu'elle est aujourd'hui, une forteresse en quelque sorte imprenable de vive force. Les moyens de défense qu'on y avait déjà réunis exigeaient cependant l'emploi de forces considérables. La direction supérieure de cette entreprise fut confiée au vainqueur de Minorque, le duc de Crillon ; les lieutenants généraux de Cordova et de Guichen furent chargés de l'attaque par mer.

Le lieutenant général de Guichen sortit de Brest, le 14 février 1782, avec 5 vaisseaux, 2 frégates et 1 brig. Avant de se rendre à Cadix, il devait accompagner en dehors du golfe de Gascogne deux convois pour les Antilles et pour l'Inde. Le capitaine Mithon de Genouilly escortait le premier avec les vaisseaux la *Couronne*, le *Magnifique*, le *Dauphin Royal* ; les frégates l'*Émeraude*, la *Friponne* et l'*Engageante* ; les corvettes la *Cérès*, la *Naïade* et le côtre le *Clairvoyant*. Le capitaine de Peynier conduisait l'autre avec les vaisseaux le *Fendant*, l'*Argonaute* et la frégate la *Cléopâtre*. Une autre division, commandée par le lieutenant général de Lamotte-Piquet, avait aussi mis sous voiles pour conduire ces convois en dehors de la ligne habituelle des croisières anglaises ; elle rentra le 26. Le lieutenant général de Guichen arriva à Cadix à la fin du mois et se rangea sous les ordres du lieutenant général espagnol don Luis de Cordova.

L'armée navale combinée, forte de 32 vaisseaux, mit à la voile le 3 juin. Les instructions du commandant en chef lui enjoignaient d'éloigner les croiseurs ennemis qui se tenaient devant Brest ; de croiser à l'entrée de la Manche jusqu'à la fin du mois de juillet, et d'entrer ensuite dans la Méditerranée pour appuyer les opérations d'attaque contre Gibraltar et empêcher les ravitaillements par mer. Voici l'ordre dans lequel l'armée alliée appareilla de Cadix.

Canons.

70	*San Miguel.*	capitaine	don Juan Moreno.
80	*San Fernando.*	—	Angulo.
			don Miguel Gaston, lieutenant général.
70	*Arrogante.*	capitaine	don Lopez Carizosa.
64	*Lion.*	—	de Fournoüe.
70	*Serio.*	—	don Filip Gonzales.
110	*Terrible.*	—	de Saint-Riveul.
			comte de Guichen, lieutenant général.
70	*San Pablo.*	capitaine	don Luis Muñoz.
64	*España.*	—	don Francisco Velasquez.
80	*Rayo.*	—	don Antonio Posada, chef d'esc.
70	*Atlante.*	—	don Diego Quevedo.
	San Juan Baptista. . . .	—	don Francisco Idiaques.
64	*Septentrion.*	—	don Juan Landecho.
110	*Royal-Louis.*	—	Verdun de la Crenne.
			de Beausset, chef d'escadre.
70	*Angel.*	capitaine	don Jacintho Serano.
	San Justo.	—	Bascomorales.
	Sta Isabel.	—	marquis de Medina.
110	*SS^a Trinidad.*	—	don Fernando Daioz.
			don Luis Cordova, lieutenant général.
			don Josef Mazaredo, chef d'état-major.
	Vencedor.	capitaine	don Josef Castejou.
	Africa.	—	marquis de Cazeres.
70	*San Damaso.*	—	don Antonio Ozorno, chef d'esc.
	Galicia.	—	don Juan Clavigero.
	Terrible.	—	don Francisco Winthuisen.
80	*San Vicente.*	—	don Ignacio Ponce de Leon, chef d'escadre.
70	*Firme.*	—	don Atanazia Veranda.
64	*Castilla.*	—	don Juan Quindos.
70	*Oriente.*	—	don Domingo Perler.
110	*Purissima Concepcion.* .	—	Ozorno y Funes.
			don Juan Bonnet, lieutenant général.
64	*Indien.*	capitaine	de Laubepin.
70	*San Joaquim.*	—	don Carlos de Torres.
110	*Majestueux.*	—	Bruni d'Entrecasteaux.
			vicomte de Rochechouart, lieutenant général.
70	*Brillante.*	capitaine	Oustares.
70	*San Isidro.*	—	don Alvaro Lopez.

Frégates : *Grulla*, *Sta Perpetua*, *Amphitrite*, *Sta Barbara*, *Crescent*, *Résolution*.

Corvettes : *Pandour*, *Natalia*, *Spewels*.

Le 25 pendant la nuit, l'armée combinée chassa un convoi anglais de 28 voiles qui se rendait au Canada et à Terre-Neuve sous l'escorte de 2 frégates et du vaisseau de 82ᵉ RAMILIES, capitaine Moutray. Les bâtiments de guerre ne purent être joints ; mais 18 navires du commerce furent capturés et conduits à Brest par le vaisseau le *Lion*.

Le 11 juillet, l'armée combinée reçut en renfort les 8 vaisseaux ci-après :

Canons.

	Invincible.	capitaine chevalier de Rivière.
110		Lamotte-Piquet, lieutenant-général.
	Bretagne.. . . . . ·. . .	capitaine commandeur de Dampierre.
	Robuste.	— marquis de Nieuil.
	Protecteur.	— comte de Soulanges.
74	*Actif.*	— Cillart de Suville.
	Zodiaque.	— chevalier de Langan Boisfévrier.
	Bien-Aimé.	— marquis Valmenier de Cacqueray.
	Guerrier.	— Duplessis-Parscau.

Ce même jour, à 5ʰ du soir, à 63 milles dans le O.-S.-O. d'Ouessant, l'armée chassa un vaisseau et 2 frégates. Le lendemain, l'escadre légère du lieutenant général Lamotte-Piquet signala un grand nombre de voiles dans le N.-E. : c'était l'armée anglaise de la Manche. Le vent soufflait du N.-O. Le commandant en chef ordonna d'abord une chasse générale et sans ordre ; puis, à 10ʰ, il fit ranger l'armée sur la ligne du plus près bâbord et donna l'ordre d'attaquer dès qu'on pourrait le faire ; on comptait alors 22 vaisseaux. On ne put les atteindre. A 4ʰ de l'après-midi, l'escadre légère, qui était à grande distance de l'avant, mit en panne ; deux heures plus tard, le commandant en chef fit le signal de ralliement, rangea l'armée sur trois colonnes et la tint en panne tribord amures. Le temps fut à grains pendant la nuit ; au jour, le vent passa au S.-E. Le 13 au matin, l'armée anglaise était encore en vue dans le N.-E. Après l'avoir de nouveau poursuivie pendant quelque temps, le lieutenant général Cordova prit la bordée de l'Ouest. L'armée combinée continua sa croisière entre Ouessant et Belle-Isle et elle rentra à Cadix à l'époque déterminée.

Le 10 septembre, l'armée navale mit de nouveau sous

voiles, passa le détroit et alla mouiller à Algésiras où se trouvaient déjà 2 vaisseaux français et 7 espagnols. A ces forces destinées, ainsi qu'on l'a déjà dit, à coopérer à l'attaque de Gibraltar, devaient se joindre 80 chaloupes-canonnières et 10 batteries flottantes. Ces batteries, à l'abri de la bombe, étaient établies sur des carcasses de navires de 600 à 1200 tonneaux. On avait cru les rendre incombustibles au moyen d'infiltrations continues d'eau à l'intérieur. Malheureusement on s'aperçut bientôt que ce procédé, fort ingénieux du reste, occasionnait une humidité qui détériorait les poudres et on y renonça sans songer que ces poudres pouvaient, jusqu'au moment du combat, être déposées dans des navires mouillés au large des batteries. L'équipage de ces bâtiments de nouvelle espèce était, en grande partie, composé de soldats.

La ville de Gibraltar est bâtie sur la presqu'île qui forme la pointe d'Europe et la partie orientale de la baie d'Algésiras. Ce rocher, fortement découpé dans le sens de sa longueur qui est d'un peu plus de deux milles du Nord au Sud, est taillé à pic à l'Est et au Nord ; de ce dernier côté, il n'a pas moins de 350 mètres de hauteur. Une falaise presque verticale surplombe au Sud un plateau de peu d'étendue qui termine la presqu'île. L'élévation de ce plateau au-dessus de l'eau ne dépasse pas 15 mètres. La face occidentale présente une pente beaucoup moins rapide. C'est de ce côté, à l'extrémité Nord et au bord de l'eau, que se trouve la ville. Deux môles, formant deux darses destinées à procurer un abri aux navires suivant leur force, existent sur la côte occidentale. Le vieux môle est au Nord de la ville ; le môle neuf est à un mille et demi dans le Sud du premier. Une presqu'île uniforme et très-basse relie le morne de Gibraltar au continent. La ville d'Algésiras se voit à quatre milles et demi de l'autre côté de la baie. A l'époque à laquelle je me reporte, la ville de Gibraltar était entourée d'une fortification régulière et deux ouvrages considérables en défendaient les approches ; un camp retran-

II.   9

ché était en outre établi sur le plateau du Sud. Lorsque
l'armée navale arriva à Algésiras, plusieurs attaques par
terre avaient déjà été faites, mais sans avantages. Le duc
de Crillon compléta les travaux de siége, et une attaque
simultanée par terre et par mer fut résolue pour le **13**. Voici
ce qui fut arrêté. Pendant qu'une canonnade vigoureuse serait dirigée par l'artillerie de terre contre la partie Nord de
la ville, 4 vaisseaux embossés à la pointe d'Europe devaient
protéger le débarquement d'un corps de troupes qu'on
mettrait à terre dans une des parties abordables de la côte
pour faire diversion à l'attaque de la ville. Les batteries
flottantes, mouillées des deux côtés du vieux môle, agiraient
sur les deux fronts adjacents. Ainsi disposées, elles avaient
peu à craindre le feu du môle neuf, et elles étaient soute-
nues par les batteries de terre qui prenaient des revers sur
les fronts attaqués. Mais l'entente entre la marine et l'armée de terre n'était pas parfaite, et le chef d'escadre Moreno, qui avait le commandement des batteries flottantes,
ne s'occupa en quelque sorte pas de leur placement; le
colonel du génie d'Arçon, inventeur de ces batteries, fut
obligé de leur faire prendre lui-même leur mouillage la
veille du jour fixé pour l'attaque, et encore ne suivit-on
pas ses indications. Elles furent mouillées beaucoup trop
vers le Sud; très-près les unes des autres, et l'extrémité
gauche de la ligne se trouva vis-à-vis et à une distance
beaucoup trop grande du vieux môle. Placées de la sorte,
les batteries flottantes furent foudroyées par toute l'artillerie d'un front immense. D'autre part, les vaisseaux désignés pour prendre poste à la pointe d'Europe ne bougèrent
pas; des motifs puissants, dit la relation espagnole, mais
sans les indiquer, empêchèrent de les faire approcher.
Le débarquement dans cette partie de la presqu'île n'eut
dès lors pas lieu. Les canonnières ne parurent point. Au
jour fixé, le feu commença à 10^h du matin. Déjà un
grand nombre de boulets avaient été lancés sans succès sur
les batteries flottantes lorsque, dans l'après-midi, un boulet

rouge pénétra dans le flanc de l'une d'elles. On y fit d'abord
peu d'attention ; mais les progrès du feu furent si rapides,
qu'il devint plus tard impossible de s'en rendre maître.
Aucune précaution n'avait été prise contre l'incendie ; les
batteries n'avaient pas même d'embarcations. Il fut, par
suite, impossible de les éloigner les unes des autres, et
elles étaient si rapprochées que le feu se communiqua aux
deux plus voisines. En un moment toutes les batteries flottantes furent abandonnées : craignant l'envahissement des
flammes, les équipages se jetèrent à la mer pour gagner
la terre ou les canots que les vaisseaux envoyèrent sur le
théâtre de l'incendie. La panique devint, du reste, bientôt
générale ; au lieu d'employer les canots à remorquer à
Algésiras celles de ces batteries que les flammes n'avaient
pas encore atteintes, on donna l'ordre de les incendier
toutes. Cette œuvre de destruction fut complétée, pendant
la nuit, par le capitaine anglais Curtis qui sortit de Gibraltar avec une douzaine d'embarcations. Ces embarcations
recueillirent les hommes qui avaient pu échapper au désastre de la veille ; celles de l'armée alliée étaient retournées
à leurs bords à la nuit : 357 hommes furent sauvés par les
canots anglais, en outre de 30 blessés trouvés dans les débris enflammés des navires.

Tel fut le résultat de cette attaque formidable, dont les
préparatifs inquiétèrent un moment l'Angleterre. Elle about-
it, comme toutes les combinaisons concertées jusqu'à ce
jour avec l'Espagne, à une dépense improductive et à une
diminution de la considération dont jouissait alors à bon
droit la marine de la France. L'Angleterre dut peut-être
la conservation de sa forteresse à la mésintelligence qui
régna entre le duc de Crillon et le chef d'escadre espagnol
Moreno.

On considéra l'attaque de Gibraltar par mer comme impossible désormais. Mais, certain que les approvisionnements de cette place étaient fort réduits, et averti qu'un
convoi était en route pour la ravitailler, le lieutenant gé-

néral Cordova resta au mouillage d'Algésiras. Le sort de
Gibraltar dépendant désormais de l'arrivée de ce convoi, la
persistance du commandant en chef de l'armée combinée à
séjourner dans ces parages occasionna une anxiété des plus
grandes dans cette ville. Une nouvelle déception était réservée au gouvernement espagnol : un violent coup de vent
de S.-O., survenu pendant la nuit du 9 octobre, dérangea
les projets du commandant en chef, ou au moins en empêcha l'exécution. Plusieurs vaisseaux s'abordèrent ; le *San
Miguel* fut jeté à la côte et amena son pavillon sous le feu
du bastion du Sud de Gibraltar. Un autre vaisseau et une
frégate furent également portés à la côte ; ils purent être
relevés. Le convoi anglais se trouvait en position de profiter de cette circonstance malheureuse. Le 11, au jour, il
fut signalé donnant dans le détroit ; le vent était encore si
violent, qu'il fut entraîné dans l'Est ; un très-petit nombre
de navires purent atteindre Gibraltar. L'armée combinée
appareilla ; mais, contrariée par des brumes et des variations de vent continuelles, elle ne put empêcher le convoi
d'arriver à sa destination, et ce fut le 18 seulement que les
bâtiments qui lui avaient servi d'escorte furent aperçus re-
passant le détroit avec une jolie brise d'Est. L'armée anglaise, commandée par l'amiral Howe, était forte des 34 vaisseaux et des 8 frégates ci-après :

Canons.

82	{ GOLIATH.	capitaine	Hyde Parker, junior.
	{ GANGES.	—	Fielding.
84	ROYAL WILLIAM.	—	Allen.
110	BRITANNIA.	—	Hill.
			Barrington, vice-amiral.
108	ATLAS.	capitaine	Collins.
60	PANTHER.	—	Simonton.
84	FOUDROYANT.	—	Jervis.
82	EDGAR.	—	Hotham, commodore.
72	POLYPHEMUS.	—	Finch.
82	SUFFOLK.	—	Home.
72	VIGILANT.	—	Douglas.
82	COURAGEUX.	—·	lord Mulgrave.
72	CROWN.	—	Reeves.
82	ALEXANDER.	—	lord Longford.
72	SAMPSON.	—	Harvey.
108	ROYAL PRINCESS.	—	Faulknor.

110	VICTORY.	—	Leweson Gover Duncan.
			lord Howe, amiral.
108	BLEINHEIM.	capitaine	Duncan.
72	ASIA.	—	Bligh.
82	EGMONT.	—	Ferguson.
108	QUEEN.	—	Dornet.
			sir Samuel Hood, contre-amiral.
82	BELLONA.	capitaine	Onslow.
72	RAISONNABLE.	—	lord Harvey.
82	FORTITUDE.	—	Keppel.
84	PRINCESS AMELIA.	—	Reynolds.
			sir Richard Hughes, contre-amiral.
82	BERWICK.	capitaine	Phipps.
72	BIENFAISANT.	—	Howarth.
82	DUBLIN.	—	Dickson.
84	CAMBRIDGE.	—	Stewart.
100	OCEAN.	—	Bigar.
			Milbanck, vice-amiral.
100	UNION.	capitaine	Dalrymple.
60	BUFFALO.	—	Halloway.
82	VENGEANCE.	—	Moutray.

Frégates : BRISTOL, BURNEY, MINERVA, LATONA, ANDROMACHE, RECOVERY, DIANA, PROSERPINE, TERMAGANT.

Trois brûlots.

Le 20, après deux jours de chasse, l'armée combinée se trouva en position d'attaquer celle des Anglais qui était sous le vent ; toutes deux étaient en ordre de bataille, les amures à tribord. Le vent soufflait alors du Nord. L'armée des alliés s'étant formée par rang de vitesse, 16 mauvais marcheurs étaient restés fort loin de l'arrière pendant cette chasse de quarante-huit heures ; 33 vaisseaux seulement étaient en ligne. Voici l'ordre dans lequel ces derniers se présentèrent au combat.

Canons.

110	*Invincible.*	capitaine	chevalier de Rivière.
			Lamotte-Piquet, lieutenant général.
	Guerrier.	capitaine	Duplessis-Parscau.
74	*Dictateur.*	—	de Laclue.
	Robuste.	—	marquis de Nieuil.
70	*San Isidro.*	—	don Alvaro Lopez.
74	*Suffisant.*	—	de Castellet.
	Guerrero.	—	.....
70	*Arrogante.*	—	don Lopez Carizosa.
	Sta Elisabeth.	—	.....
	San Laurent.	—	.....
74	*Zodiaque.*	—	chevalier de Langan-Boisfévrier.
	Rayo.	—	don Antonio.
70			Posada, chef d'escadre.
	Firme.	capitaine	don Atanazia Veranda.
	Terrible.	—	don Francisco Winthuisen.

76	San Vicente	don Ignacio Ponce de Leon, chef d'escadre.
110	Royal-Louis	capitaine marquis de Verdun de la Crenne.
		de Beausset, chef d'escadre.
70	San Joaquim	capitaine don Carlos de Torres.
64	Castilla	— don Juan Quindos.
	San Juan Baptista	— don Francisco Idiaques.
70	San Justo	— Bascomorales.
	Vencedor	— don Josef Castejou.
64	España	— don Francisco Velasquez.
	Galicia	— don Juan Clavigero.
70	Serio	— don Filip Gonzales.
76	Triomphante	— .....
70	Brillante	— Oustares.
60	Septentrion	— don Juan Landecho.
110	Majestueux	— Bruni d'Entrecasteaux.
		vicomte de Rochechouart, lieutenant général.
64	Indien	capitaine de Laubepin.
70	San Raphael	— .....
112	SSa Trinidad	— Daioz.
		don Luis Cordova, lieutenant général.
110	Bretagne	capitaine commandeur de Dampierre.
74	Actif	— Cillart de Suville.

Les vaisseaux arriérés et qui ne purent prendre part au combat étaient :

Canons.

110	Purissima Concepcion	capitaine Ozorno y Fumes.
		don Juan Bonnet, lieutenant général.
	Terrible	capitaine de Saint-Riveul.
		comte de Guichen, lieutenant général.
80	San Fernando	capitaine Angulo.
		don Miguel Gaston, lieutenant général.
74	Bien-Aimé	capitaine marquis de Cacqueray.
	San Miguel	— don Juan Moreno.
	Atlante	— don Diego Quévedo.
	San Pablo	— don Luiz Muñoz.
	San Eugenio	— .....
70	Angel	— don Jacintho Serano.
	Sta Isabel	— marquis de Medina.
	San Damaso	— don Antonio Ozorno, chef d'escadre.
	Africa	— marquis de Cazeres.
	Oriente	— don Domingo Perler.
66	San Julian	— .....
64	Lion	— de Fournouë.
66	Rusé	— .....

A 6h 30m du soir, l'avant-garde des alliés ouvrit son feu sur les vaisseaux de tête de la ligne anglaise; ceux-ci plièrent de suite. L'arrière-garde engagea la seconde, puis le centre put prendre part au combat; l'irrégularité de la ligné anglaise, ou plutôt les mouvements d'arrivée de quelques-unes de ses parties, ne permirent pas une attaque simultanée sur toute sa longueur. Cette tactique fut continuée pendant toute la durée du combat ; les Anglais plièrent sur tous les points et, à 10ʰ, ils finirent par laisser arriver franchement. Le commandant en chef ne les fit pas poursuivre. Le *Majestueux* était le seul vaisseau de l'armée combinée qui eût des avaries sérieuses. Les vaisseaux anglais avaient été plus maltraités et il fallut renvoyer le Buffalo en Angleterre.

Les vaisseaux attardés rallièrent le lendemain. L'armée ennemie était alors si éloignée, que le lieutenant général de Cordova jugea inutile de lui donner la chasse ; il fit route pour Cadix où il mouilla le 28. L'amiral Howe détacha huit vaisseaux aux Antilles et retourna en Angleterre.

Pendant que, comme nous le verrons bientôt, la marine de la France brillait dans l'Inde d'un éclat qu'elle conserva jusqu'à la fin de la guerre, elle éprouvait dans les Antilles un échec qui détruisit entièrement le prestige dont elle était entourée dans les mers d'Amérique depuis le commencement des hostilités. Le jour même où le bailli de Suffren combattait avec avantage l'escadre anglaise du contre-amiral Hughes devant Trinquemalé, le comte de Grasse livrait à l'amiral Rodney, dans le canal de Saintes, la désastreuse bataille dite de la Dominique.

La conquête de la Jamaïque était toujours le but auquel devaient tendre les efforts des commandants en chef des escadres de la France et de l'Angleterre dans la mer des Antilles. Le moment semblait favorable pour tenter cette entreprise malgré l'arrivée récente de l'amiral Rodney avec 17 nouveaux vaisseaux anglais. Le lieu de réunion des escadres alliées était toujours à Saint-Domingue ; mais ne voulant pas laisser derrière lui les navires du commerce qui de-

vaient retourner en Europe, le lieutenant général de Grasse
différa son départ jusqu'au 8 avril. Ce jour-là, prenant
sous son escorte 150 navires dont une partie portait le
matériel et les munitions nécessaires à l'expédition projetée,
il appareilla de la rade de Saint-Pierre de la Martinique
avec 35 vaisseaux, 4 frégates, une corvette et un côtre et
se dirigea vers le Nord. Les 2 vaisseaux le *Sagittaire* et
l'*Experiment* furent spécialement désignés pour accompagner le convoi. La sortie de l'armée française fut de suite
signalée par les frégates anglaises qui croisaient devant
Saint-Pierre et, le jour même, le lieutenant général de
Grasse fut averti par ses découvertes que l'amiral Rodney
appareillait de Sainte-Lucie. Le lendemain matin, 37
vaisseaux anglais et 20 frégates furent aperçus de l'arrière.
Le vent soufflait de l'E.-S.-E. ; l'armée française avait
alors dépassé la Dominique.

On sait que les îles Antilles, situées dans l'océan Atlan-
tique septentrional, à l'entrée de la mer à laquelle elles ont
donné leur nom, décrivent un arc de cercle très-prononcé
depuis le golfe de Paria de la province de Cumana dans
l'Amérique du Sud, jusqu'au Yucatan dans l'Amérique septentrionale. Après avoir suivi la direction du Nord jusqu'à
la Martinique, cet arc s'infléchit au N.-O. et, de l'An-
guille à l'île de Cuba, il court au O.-N.-O. Il faut donc faire
le N.-O. pour se rendre de la Dominique à la Guadcloupe.
En gouvernant ainsi, on laisse le groupe des Saintes un
peu à droite ou dans l'Est. De la pointe des Capucins, la plus
Nord de la Dominique, à la Terre d'en Bas, la plus occidentale des Saintes, on compte 16 milles. Des Saintes à la
pointe la plus méridionale de la Guadeloupe, la pointe du
Vieux-Fort, il y a 8 milles. La ville de la Basse-Terre,
située dans l'Ouest de l'île, n'est pas à plus de 2 milles de
cette dernière. Dans ces parages, la brise régulière d'E.-
N.-E. à l'E.-S.-E. souffle toujours fraîche dans les canaux,
tandis que dans l'Ouest et près des îles, il fait calme. Des
risées, des raffales plus ou moins fortes qui descendent des

mornes à des intervalles inégaux, permettent seules aux
bâtiments de faire route; mais souvent, à des distances
très-rapprochées, ils sont soumis à des influences différentes.
Dans de semblables conditions, il est impossible qu'une
escadre puisse conserver un ordre de marche quelconque
tant qu'elle n'est pas en position de recevoir la brise des
canaux et nul ne saurait dire combien il lui faudra de temps
pour sortir de la zone des calmes et des folles brises. A 10ʰ
30ᵐ, l'armée anglaise s'était beaucoup rapprochée, mais
elle était alors en calme sous la Dominique; toutefois, 16
vaisseaux avaient réussi à se déployer et menaçaient les
2 vaisseaux français le *Zélé* et l'*Auguste* qui étaient de l'arrière. Le lieutenant général de Grasse fit prendre les amures
à bâbord à son armée et signala au *Sagittaire* et à l'*Experiment* d'aller mouiller à la Basse-Terre avec le convoi.
Estimant que les 16 vaisseaux anglais avancés ne pourraient
être soutenus de quelque temps par le reste de leur armée
qui en était à plus de 3 milles et, ainsi que je viens de le
dire, en calme sous la terre, il les fit chasser et attaquer à
midi vingt minutes par son avant-garde, à laquelle se joignirent, par un excès de zèle non autorisé, mais pour lequel
on ne trouva plus tard que des éloges, les 3 vaisseaux le
Glorieux, le *Northumberland* et le *Citoyen*. L'armée française pouvait, dans ce moment, remporter un avantage décisif en écrasant les vaisseaux ennemis; mais ceux-ci, soit
par tactique, soit pour se rapprocher du gros de leur armée,
pliaient incessamment. Le commandant en chef, qui ne voulait pas s'éloigner de son convoi, et qui craignait d'ailleurs
que le *Zélé* et l'*Auguste* ne fussent atteints par quelques vaisseaux ennemis pendant qu'il poursuivrait les autres, le
commandant en chef fit reprendre les amures à tribord à
1ʰ 30ᵐ, et il continua sa route. Le *Caton*, capitaine de Framond, fut le seul vaisseau qui signala des avaries; il mouilla
le soir avec le convoi sur la rade de la Basse-Terre. Le
Jason fut abordé par le *Zélé* pendant la nuit; il en résulta
des avaries qui déterminèrent le capitaine du premier de

ces deux vaisseaux à aller relâcher à la Basse-Terre. Les deux armées louvoyèrent toute la nuit et la journée du lendemain entre la Dominique et les Saintes. Le *Souverain*, qui s'était échoué en appareillant de la Martinique, rallia ce jour-là (1). Le 11, au jour, presque tous les vaisseaux français avaient doublé les Saintes, et il n'y aurait probablement pas eu d'autre engagement que celui de l'avant-veille, si le *Magnanime* et le *Zélé* ne s'étaient pas trouvés à une douzaine de milles sous le vent (2); le dernier avait démâté de son grand mât de hune pendant la nuit et s'était laissé arriérer en le changeant. A 3ʰ de l'après-midi, 7 vaisseaux anglais étaient à 3 milles dans les eaux de ces vaisseaux. Le danger était imminent. A 5ʰ, le commandant en chef donna l'ordre de laisser arriver pour soutenir les deux Français et protéger en même temps la retraite du *Jason* qui n'avait pas encore atteint la Basse-Terre. Cette démonstration suffit pour faire prendre aux capitaines des chasseurs ennemis la détermination de rallier leur armée. Malgré ce mouvement d'arrivée, l'armée française était à 12 milles environ au vent des Anglais, au coucher

---

(1) Le lieutenant général de Grasse n'a pas fait connaître dans quel but il louvoya entre la Dominique et les Saintes, alors qu'il pouvait se rendre à Saint-Domingue sans fatiguer ses vaisseaux et leurs équipages. Les bâtiments qui vont de la Martinique à cette île gouvernent grand largue à l'O. 15° ou à l'O. 30° s'il veulent passer au vent de l'île pour atteindre le Cap Français. Il est donc difficile d'apprécier les motifs qui déterminèrent le commandant en chef à tenter, avec 31 vaisseaux, plusieurs frégates et corvettes, une entreprise, — le passage au vent des îles — qui ne lui offrait aucun avantage et qui est toujours difficile et fatigante, même pour un bâtiment isolé. Elle compromettait d'ailleurs le convoi.

(2) Cette distance me paraît exagérée. En supposant la *Ville-de-Paris* sur le méridien de la Terre-d'en-Bas, la plus orientale des Saintes, cette appréciation placerait les deux vaisseaux à trois milles dans l'Ouest du méridien de la pointe du Vieux-Fort de la Guadeloupe. Il en résulterait que le *Magnanime* et le *Zélé* qui, avec les vents régnants d'E. 1/4 N.-E., pouvaient doubler les Saintes du premier bord, puisque la Terre-d'en-Haut est dans le N.-N.-O. de la pointe des Capucins de la Dominique, se seraient trouvés, après trente-six heures de louvoyage, moins avancés qu'ils ne l'étaient le 9 au soir. La constatation de cette erreur indique suffisamment qu'il faut se tenir en garde contre l'appréciation des distances, toutes plus ou moins erronées, que je donne telles qu'elles sont indiquées dans les documents officiels.

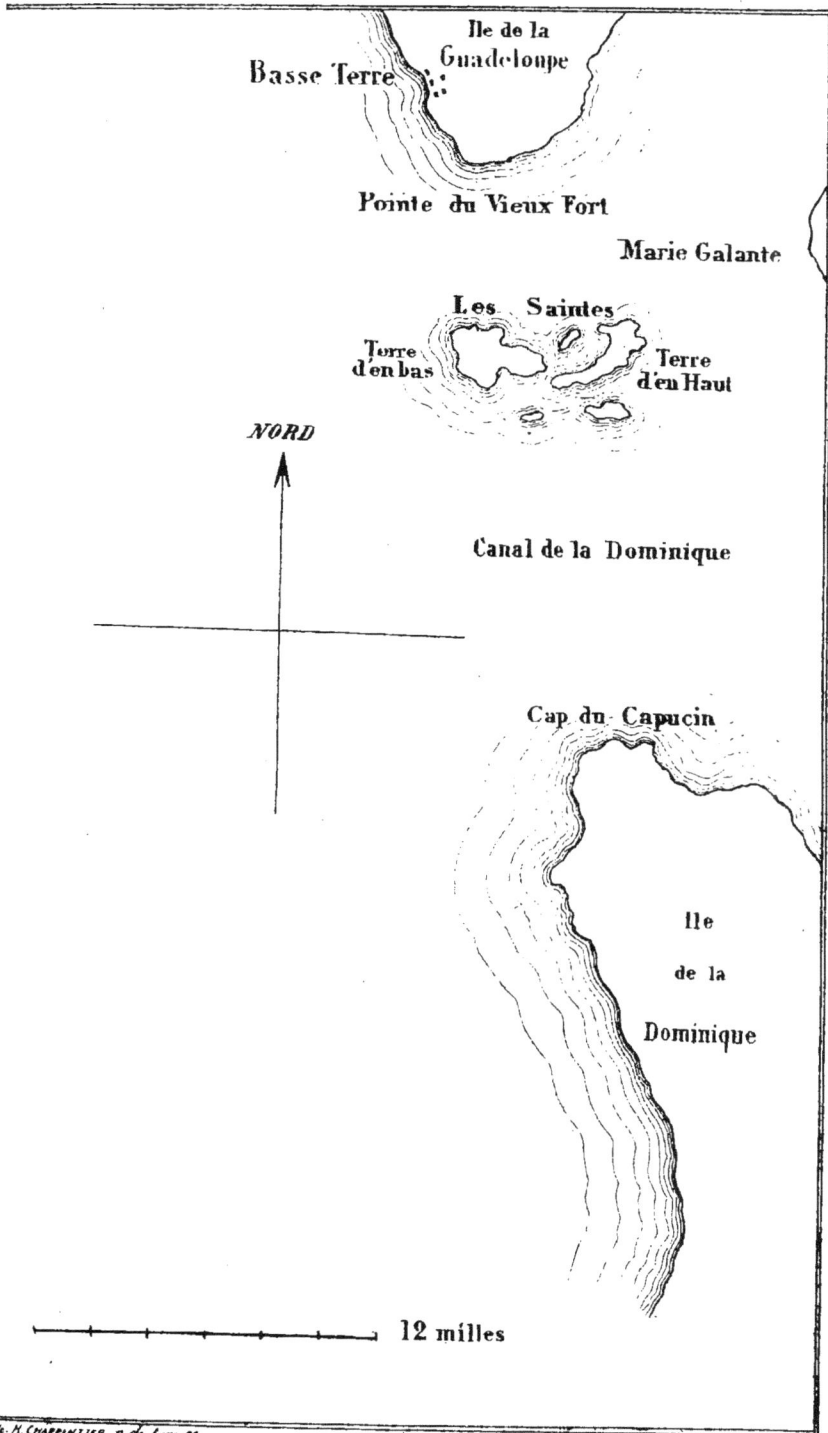

Ile de la
Guadeloupe

Basse Terre

Pointe du Vieux Fort

Marie Galante

Les   Saintes

Terre
d'en bas

Terre
d'en Haut

NORD

Canal de la Dominique

Cap du Capucin

Ile

de la

Dominique

12 milles

Auto. H. CHARPENTIER, r de Seine, 62.

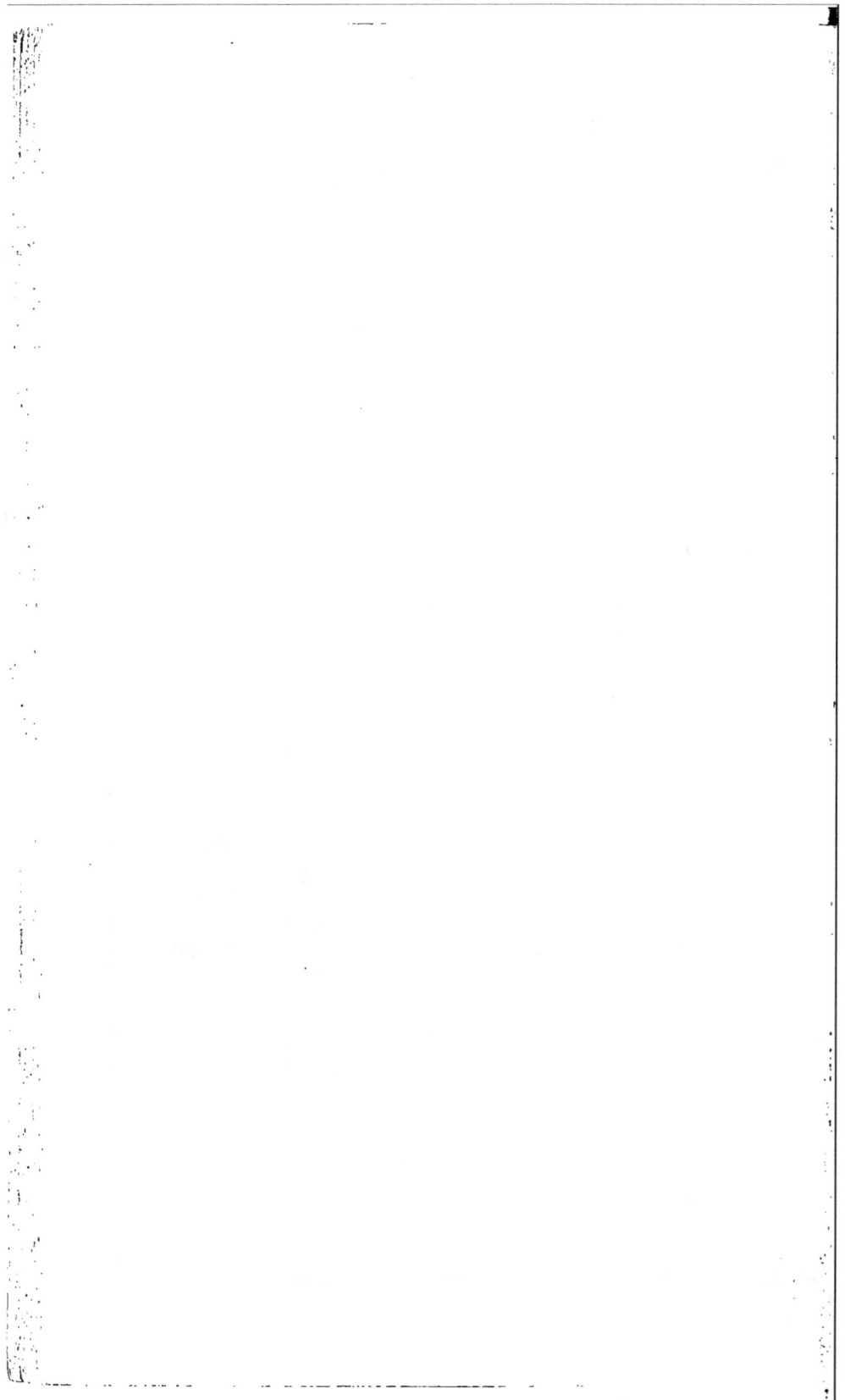

du soleil ; elle louvoya toute la nuit dans le canal des
Saintes.

Le 12, à 2ʰ 15ᵐ du matin, la *Ville-de-Paris* et le *Zélé* s'a-
bordèrent ; celui-ci cassa son beaupré et son mât de misaine ; la frégate l'*Astrée*, capitaine Lapérouse, reçut l'ordre
de le prendre à la remorque et de le conduire à la Basse-
Terre de la Guadeloupe. Le jour, en se faisant, permit de
voir l'armée française répandue sans aucun ordre entre la
Dominique, les Saintes et Marie-Galante. Une distance de
trois à quatre lieues séparait la *Ville-de-Paris* des vaisseaux
qui étaient le plus au vent ; le *Zélé* et son remorqueur seuls
étaient sous le vent, à 2 milles environ du vaisseau amiral.
Plusieurs vaisseaux ennemis les chassaient, et ils n'étaient
pas alors à plus de 3 milles dans leurs eaux. La position
du *Zélé* était critique. Le commandant en chef fit le signal
de ralliement et, en même temps, la *Ville-de-Paris* laissa
arriver au S.-S.-O. L'ordre de se préparer au combat
suivit immédiatement le premier signal. Dès que le mouvement d'arrivée de l'armée française fut bien prononcé,
les vaisseaux anglais levèrent la chasse. A 7ʰ 30ᵐ, la *Ville-
de-Paris* était à portée du canon de l'ennemi ; une partie
des vaisseaux l'avait rallié : le commandant en chef fit
signal de serrer le vent bâbord amures. Sa pensée était de
ranger son armée en ordre de bataille renversé. Malheureusement, les préoccupations qui semblent avoir assiégé le
lieutenant général de Grasse depuis le moment où l'armée
anglaise fut signalée, jusqu'à celui où le pavillon de la
Ville-de-Paris fut amené, l'empêchèrent de se rappeler
qu'au jour, une distance de quatre lieues le séparait de quelques-uns de ses vaisseaux ; que le mouvement d'arrivée
n'avait pas été simultané puisque la *Ville-de-Paris* avait mis
le cap au S.-S.-O. en hissant le signal de ralliement ; que
dès lors les vaisseaux ne pouvaient instantanément former
un ordre régulier quelconque. Aussi, lorsque quinze minutes plus tard, il ordonna de commencer le feu, les vaisseaux n'étaient pas encore tous en position de se mettre

en ligne et les derniers formèrent au vent une seconde colonne qui fut peut-être plus gênante qu'utile et qui ne prit qu'une part secondaire à la première partie de la bataille. L'armée anglaise rangée en bataille tribord amures et sous le vent répondit de suite. La brise soufflait fraîche de l'E.-1/4-N.-E. dans le canal (1). Voici l'ordre dans lequel les deux armées étaient rangées ; mais, je le répète, la ligne française était loin d'être régulière.

ARMÉE FRANÇAISE.

Canons.

	Hercule.	capitaine	Chadeau de Laclocheterie.
	Neptune.	—	Renaud d'Aleins.
74	*Souverain.*	—	chevalier de Glandevès.
	Palmier.	—	de Martelly-Chautard.
	Northumberland.	—	de Sainte-Césaire.
80	*Auguste* (2).	—	de Castellan.
			de Bougainville, chef d'escadre.
64	*Ardent.*	capitaine	de Gouzillon.
	Scipion.	—	comte de Clavel.
	Brave.	—	comte d'Amblimont.
74	*Citoyen.*	—	d'Ethy.
	Hector.	—	de Lavicomté.
	César.	—	vicomte Bernard de Marigny.
70	*Dauphin-Royal.*	—	comte de Roquefeuil-Montpéroux.
80	*Languedoc.*	—	baron d'Arros d'Argelos.
104	*Ville-de-Paris.*	—	de Lavilléon.
			comte de Grasse, lieutenant général.
80	*Couronne.*	capitaine	Mithon de Genouilly.
64	*Éveillé.*	—	Le Gardeur de Tilly.
	Sceptre.	—	comte de Vaudreuil.
	Glorieux.	—	vicomte d'Escars.
74	*Diadème.*	—	chevalier de Monteclerc.
	Destin.	—	Dumaitz de Goimpy.
	Magnanime.	—	comte Le Bègue.
64	*Réfléchi.*	—	chevalier de Médine.
74	*Conquérant.*	—	de Lagrandière.
	Magnifique.	—	de Macarty Macteigue.

---

(1) Je garantis l'exactitude de tout ce que je rapporte de ce triste épisode de notre histoire maritime. J'ai eu entre les mains le jugement qui, sur la plainte portée par le lieutenant général de Grasse, fut rendu contre les capitaines de son armée et toutes les pièces qui s'y rapportent, c'est-à-dire les interrogatoires de ces capitaines et les dépositions des officiers sous leurs ordres. C'est d'après ces documents contradictoires, déposés aujourd'hui au ministère de la marine, que je donne la relation de la bataille du 12 avril et de l'engagement qui l'a précédé.

(2) Le poste du *Zélé* était derrière l'*Auguste ;* celui du *Jason* derrière le *Citoyen,*

80 *Triomphant*. . . . .   —   du Pavillon.
marquis de Vaudreuil, chef d'escadre.
74 *Bourgoyne*. . . . . capitaine chevalier de Charitte.
80 *Duc-de-Bourgogne* (1). .   —   de Champmartin.
chevalier Coriolis d'Espinouse, chef d'escadre.
74 *Marseillais*. . . . . capitaine de Castellane Majastre.
74 *Pluton* (2). . . . .   —   d'Albert de Rions.
Frégates : *Amazone, Aimable, Galathée, Richmond.*
Corvette : *Cérès.*
Côtre : *Clairvoyant.*

ARMÉE ANGLAISE.

Canons.

	ROYAL OAK.	capitaine	Thomas Burnett.
82	ALFRED.	—	William Bayne.
	MONTAGU.	—	George Bowen.
72	YARMOUTH.	—	Anthony Parry.
80	VALIANT.	—	S. G. Goodall.
100	BARFLEUR..	—	John Knight.
		sir Samuel Hood, vice-amiral.	
82	MONARCH.	capitaine	Francis Reynolds.
	WARRIOR.	—	sir James Wallace.
72	BELLIQUOUS..	—	Alexander Sutherland.
82	CENTAUR	—	John Inglefield.
	MAGNIFICENT.	—	Robert Linzee.
72	PRINCE WILLIAM.	—	George Wilkinson.
82	BEDFORD.	—	Thomas Grave.
		Edmund Affleck, commodore.	
	AJAX.	capitaine	N. Charrington.
72	REPULSE.	—	Thomas Dumaresq.
82	CANADA..	—	honorable William Cornwallis.
72	SAINT ALBANS..	—	Ingles.
100	NAMUR.	—	Robert Fanshaw.
108	FORMIDABLE.	—	sir Charles Douglas.
		sir G. B. Rodney, amiral.	
	DUKE..	capitaine	Allen Gardner.
72	AGAMEMNON..	—	Benjamin Caldwell.
82	RESOLUTION..	—	lord Robert Manners.
72	PROTHÉE.	—	Charles Buckner.

(1) Le poste du *Caton* était devant le *Duc-de-Bourgogne.*
(2) L'amiral Rodney, dans son rapport, fait entrer à tort dans la composition de l'armée française : 1° le *Jason*, le *Caton* et le *Zélé* ; les avaries de ces vaisseaux les avaient obligés de relâcher à la Guadeloupe. 2° L'*Experiment* et le *Sagittaire* ; ces deux vaisseaux avaient suivi le convoi à la Basse-Terre. 3° Le *Saint-Esprit*, le *Bien-Aimé*, le *Minotaure* et le *Fier* ; le premier de ces vaisseaux n'était pas sorti de Fort-Royal ; le second était à Brest ; les deux autres étaient retournés en France au mois de décembre de l'année précédente. L'armée navale de France n'était donc réellement que de 30 vaisseaux et non de 59, comme le dit l'amiral anglais. M. de Lapeyrouse (a) se rapproche davantage de la vérité ; il est toutefois dans l'erreur en disant que l'armée française comptait 31 vaisseaux.

(a) *Histoire de la marine française.*

82	HERCULES..............	—	Henry Savage.
72	AMERICA...........	—	Samuel Thompson.
70	RUSSELL.............	—	James Saumarez.
72	PRUDENT............	—	Andrew Barklay.
82	FAME.............	—	Robert Barber.
72	ANSON.............	—	William Blair.
82	TORBAY............	—	John Gidoin.
108	PRINCE GEORGE........	—	James Williams.
70	PRINCESSA.........	—	Charles Knatchbull.
			Samuel Drake, contre-amiral.
82	CONQUEROR........	capitaine	George Balfour.
72	NONSUCH..........	—	William Truscott.
	⎧ ALCIDE............	—	Charles Thompson.
82	⎨ ARROGANT..........	—	Samuel Cornish.
	⎩ MARLBOROUGH.........	—	Taylor Penny.

Frégates : ZEBRA, CHAMPION, ALECTO, ENDYMION, ALARM, ALERT, ANDROMACHE,
FLORA, SYBIL, TRITON, EURYDICE.

Le lieutenant général de Grasse ne tarda pas à s'apercevoir qu'il allait se trouver en calme sous la terre. Le premier vaisseau de l'avant-garde ennemie était à peine arrivé à la hauteur du dernier vaisseau de l'avant-garde française, qu'il ordonna de virer lof pour lof tout à la fois. La proximité des deux lignes, dont la distance variait de la portée de fusil à la portée de la mitraille, rendait cette manœuvre impossible. L'étendue de la ligne et l'épaisseur de la fumée empêchèrent d'ailleurs d'apercevoir le signal, et il ne fut pas exécuté, bien que le *Pluton*, serre-file de la colonne, eût reçu l'ordre de commencer le mouvement. L'avant-garde approchait cependant de la Dominique, et la brise devenait de plus en plus molle; à 8ʰ 15ᵐ, le commandant en chef ordonna de virer lof pour lof par la contre-marche. Les causes qui avaient empêché de voir et, par suite, d'exécuter le premier signal, existaient toujours. Celui-ci eut le même sort. Fut-ce un bonheur, fut-ce un malheur? il serait difficile de le dire. Toutefois, il est probable que cette manœuvre, impossible comme la première, aurait eu un résultat plus fâcheux encore, car elle faisait prendre tous les vaisseaux d'enfilade l'un après l'autre et rendait le tir de l'ennemi à peu près certain, en donnant à ses boulets la chance d'atteindre les vaisseaux qui n'auraient pas encore commencé l'évolution, s'ils ne touchaient pas ceux auxquels ils étaient adressés. Le vent, en hâlant le S.-E., augmenta l'irrégularité de la ligne; elle s'allongea beaucoup. et l'armée française se trouva, pour ainsi dire, en échiquier. A 11ʰ 45ᵐ, l'amiral Rodney apercevant un intervalle assez considérable entre le deuxième et le troisième vaisseau du corps de bataille, fit serrer le vent au FORMIDABLE et, suivi des autres vaisseaux placés derrière lui, il coupa la ligne française sur l'avant du *Dauphin-Royal*. La confusion devint alors très-grande et des trouées se firent en plusieurs endroits; l'avant-garde continua de tenir le vent bâbord amures; les vaisseaux du centre et, plus tard, ceux de l'arrière-garde durent laisser arriver et courir largue sous le vent des Anglais. La brise n'avait pas cessé de mollir depuis le commencement de la bataille et le calme surprit les deux armées dans cette position; la fumée devint alors tellement épaisse qu'il fut impossible de rien distinguer : le feu discontinua naturellement sur la majeure partie de la ligne. Une petite fraîcheur qui s'éleva de l'Est, vers 1ʰ 30ᵐ, dissipa la fumée et permit d'apercevoir l'armée française divisée en trois groupes. L'avant-garde était à quatre milles au vent et tenait le plus près, d'après l'ordre de son chef d'escadre qui, en perdant le vaisseau amiral de vue, avait répété son dernier signal, celui de serrer le vent, au lieu de laisser arriver pour le rallier. Les vaisseaux qui avaient été coupés étaient sous le vent de l'armée anglaise, assez bien ralliés, mais généralement dégréés et en deux groupes; ceux du centre serraient le vent bâbord amures; les autres couraient largue. Enfin, sous le vent, on voyait le *Glorieux* démâté de tous ses mâts; la frégate le *Richmond* reçut l'ordre d'aller le prendre à la remorque. Le capitaine de Mortemart largua la remorque, peu de temps après, sur le signal qui lui en fut fait, parce que sa frégate était menacée d'être écrasée sous le feu de l'ennemi. Dès que les vaisseaux purent gouverner, le commandant en chef fit signal de rallier et, ensuite, de rétablir l'ordre primitif de combat.

La faiblesse de la brise et les avaries des vaisseaux s'opposèrent à l'exécution de ces signaux ; l'avant-garde continua à tenir le vent et l'arrière-garde à courir largue ; cependant dès que les vaisseaux de l'arrière-garde eurent réparé leurs principales avaries, ils se rapprochèrent de la *Ville-de-Paris*. De ce moment, les Anglais ne s'astreignirent plus à aucun ordre ; ils se portèrent par groupes sur ceux des vaisseaux français dont l'état semblait leur offrir une victoire facile : la *Ville-de-Paris* fut enveloppée par derrière, dans un demi-cercle. Ceux des vaisseaux de l'arrière-garde qui avaient rallié s'étaient formés en ligne sur l'avant du vaisseau amiral : dans cette position, leur appui eut peu d'efficacité. Deux fois déjà le commandant en chef avait ordonné de diminuer de voiles ; à 3^h, il signala l'ordre de bataille les amures à tribord. La majeure partie des vaisseaux du centre et de l'arrière-garde se conformèrent à ce signal ; en virant vent devant, ils se formèrent sur le vaisseau amiral. L'avant-garde qui s'était enfin décidée à laisser arriver, gouverna vent arrière, malgré les signaux qui lui furent faits ; elle finit cependant par courir parallèlement à la *Ville-de-Paris*. L'ordre de tenir le vent donné à $4^h 15^m$, à 5^h et à $6^h 15^m$, le signal de rallier fait un peu plus tard, ne purent faire changer de détermination aux capitaines des vaisseaux qui étaient en dehors de la ligne ; tous imitèrent la manœuvre de l'avant-garde, c'est-à-dire, firent la même route que la *Ville-de-Paris*, mais aucun ne chercha à se mettre en ligne. Le *Triomphant*, le *Bourgogne*, le *Languedoc*, la *Couronne*, le *Pluton* et le *Marseillais* furent les seuls vaisseaux dont la manœuvre dénota l'intention de soutenir l'amiral. Si leurs capitaines ne le firent pas dans toute l'étendue de leurs pouvoirs, tous les torts ne doivent pas leur être imputés, car les changements de route de la *Ville-de-Paris* qui embardait à tout moment pour présenter le travers à chaque vaisseau ennemi qui s'approchait, les tenaient dans l'indécision sur celle qu'ils devaient suivre et les empêchaient de combiner leurs forces. Quant au chef d'escadre de Bougainville, l'enquête à laquelle j'ai emprunté tous ces détails nous apprend qu'il s'était battu vigoureusement tant qu'il avait eu des ennemis par son travers, mais que, trop préoccupé de l'état de son propre vaisseau, il avait cessé de déployer les talents d'un général. Les avaries des vaisseaux français, probablement plus nombreuses et plus graves que celles des vaisseaux anglais, donnèrent à ceux-ci un avantage qui ne put plus leur être disputé. Pris de calme par le travers de l'arrière-garde ennemie, l'*Hector*, le *César* et le *Citoyen* avaient été écrasés. Ils auraient pu être dégagés par l'avant-garde ; mais le chef de cette escadre s'était borné à faire un signal vague, celui de porter secours aux vaisseaux qui combattaient encore, et personne ne s'approcha d'eux. Le *Citoyen* parvint à rallier le corps de bataille. A 4ʰ, le *César*, entièrement démâté, se rendit au CENTAUR. A 5ʰ 30ᵐ, l'*Hector*, qui avait lutté contre 4 vaisseaux ennemis, se rendit au CANADA et à l'ALCIDE. L'*Ardent* et le *Glorieux* avaient déjà amené leur pavillon. A 5ʰ 45ᵐ, les vaisseaux qui s'étaient tenus jusqu'alors auprès du commandant en chef serrèrent le vent. Quoique le parti de sauver chacun son vaisseau ait semblé prévaloir depuis le commencement de cette affaire, ce fut seulement à cette heure que ce parti fut pris. Un quart d'heure plus tard, la *Ville-de-Paris*, combattu dans ce moment par les vaisseaux BARFLEUR et CANADA, amena aussi son pavillon ; ce vaisseau ne gouvernait plus, et il fallut le prendre à la remorque. Le *César* sauta en l'air à 10ʰ du soir : 400 Français et 50 Anglais furent victimes de cet accident dont la cause est restée ignorée. Le *Glorieux* était en si mauvais état, que les Anglais le livrèrent aux flammes.

La bataille du 12 avril, à laquelle on a donné le nom de bataille de la Dominique, est un événement si considérable dans l'histoire maritime de notre pays, que j'ajouterai quelques observations à la relation que je viens de donner. Et d'abord, le lieutenant général de Grasse de-

II.   10

vait-il se borner à un simple engagement le 9? Le Conseil de marine dont j'ai déjà parlé, estima *que la combinaison de s'en tenir à ne faire donner qu'une partie de notre armée, peut être considérée comme un trait de prudence de la part du général, que pouvaient lui indiquer les projets ultérieurs de la campagne.* A cela il n'y a qu'une chose à dire : c'est que le lieutenant général de Grasse avait la certitude que l'armée anglaise serait, pendant un temps plus ou moins long, dans l'impossibilité de se porter au secours des 16 vaisseaux qui, seuls, étaient en dehors de la zone des calmes et des folles brises; et il eût moins compromis son armée en ordonnant une chasse générale, qu'en faisant poursuivre et attaquer l'ennemi par une seule escadre. Quant au *Zélé* et à l'*Auguste*, ces deux vaisseaux pouvaient imiter le mouvement général; et, si cette manœuvre présentait des inconvénients, poussés qu'ils seraient par la brise fraîche du canal, alors que tous les vaisseaux ennemis étaient en calme sous la Dominique, ou en retraite devant l'armée française, ces deux vaisseaux avaient peu à craindre d'être atteints avant d'être en position de pouvoir demander protection à quelque batterie française. Mais, si le Conseil ne blâma pas la manœuvre du lieutenant général de Grasse dans cette circonstance, il n'approuva pas la conduite que cet officier général tint pendant la journée du 12 avril. Il émit l'opinion que la position du *Zélé* ne rendait pas la manœuvre qui fut faite indispensable; ce vaisseau était tellement au vent de l'armée anglaise que, quand les vaisseaux ennemis levèrent la chasse, une distance de 5 milles les séparait encore. La différence dans la force du vent lui donnait, en effet, de grandes chances de pouvoir éviter le combat : il avait bonne brise au milieu du canal, et la masse des Anglais était encore sous l'influence des calmes et des folles brises de la Dominique. Remorqué par l'*Astrée*, le *Zélé* filait de cinq à six nœuds, et il mouilla à la Basse-Terre à 10ʰ du matin. Dans tous les cas, il était inutile de continuer à courir

grand largue du moment que l'ennemi avait levé la chasse ;
et, pour commencer le combat, il eût été prudent d'attendre que tous les vaisseaux eussent rallié et que la ligne fût
convenablement formée. Le Conseil déclara aussi qu'il eût
été préférable de prendre les amures à tribord parce que,
en courant à contre-bord des Anglais, le commandant en
chef conduisait ses vaisseaux dans la zone des brises variables et des calmes.

Voyons maintenant le rôle que chaque vaisseau joua isolément dans la journée du 12 avril.

L'*Hercule*, qui se trouvait beaucoup au vent de l'armée
lorsque le commandant en chef fit signal de laisser porter,
ne put arriver assez à temps pour prendre son poste et
resta au vent de la ligne. Il était 7ʰ 45ᵐ, lorsque le capitaine Chadeau de Laclocheterie fit commencer à tirer sur
le quatrième vaisseau ennemi. Une heure après la fin de
l'engagement général, ayant aperçu la *Ville-de-Paris* sous
le vent à environ 6 milles, il gouverna sur elle ; mais il
conserva trop de voiles et la dépassa. Blessé mortellement,
le capitaine Chadeau de la Clocheterie avait été remplacé
par le lieutenant de vaisseau de Coatlès.

Le *Neptune* était également bien au vent lorsqu'on laissa
arriver et, comme l'*Hercule*, il prit position au vent. Il
reçut l'ordre de laisser arriver davantage et de forcer de
voiles ; il n'exécuta pas assez ponctuellement ce signal,
puisqu'il ne put canonner que le quinzième ou le seizième
vaisseau anglais. Le capitaine Renaud d'Aleins se plaça
entre l'*Auguste* et le *Northumberland* et combattit à ce
poste ; le soir, il était à plus de 2 milles de la *Ville-de-Paris*.

Le *Souverain*, arrivé trop tard pour prendre son poste,
se plaça et combattit au vent de l'*Auguste*, quoique son
capitaine, le chevalier de Glandevès, eût reçu l'ordre de se
mettre en ligne . Ce fut le seul vaisseau qui se rapprocha
du *César* et de l'*Hector* ; mais il se retira devant des forces
supérieures.

Le *Palmier* ne laissa pas arriver assez promptement,

et fut le quatrième des vaisseaux qui formèrent une seconde ligne au vent. Plus tard le capitaine de Martelly
Chautard se laissa culer derrière l'*Ardent* et combattit
quelque temps à ce poste. A 10ʰ, il passa devant ce vaisseau, sur l'ordre verbal qui lui fut donné par le chef d'escadre de Bougainville, parce qu'il tirait dans la mâture de
l'*Auguste*; il aborda ce dernier vaisseau lorsque la brise
tomba. Dès que la fumée fut dissipée, il signala être hors
d'état de combattre; il ne lui restait en effet que fort peu de
munitions, et il en demanda au premier vaisseau qui passa
auprès de lui. Séparé de l'armée par plusieurs vaisseaux
ennemis, le *Palmier* fut obligé de gouverner sur bâbord,
quoique cette route l'éloignât de l'amiral. Il eut bientôt à
combattre deux vaissseaux qui l'abandonnèrent.

Le *Northumberland* combattit à son poste et suivit les
mouvements de l'*Auguste*. Le capitaine de Saint-Césaire,
blessé à mort, fut remplacé par le lieutenant de Lamettrie;
et ce dernier ayant été tué, l'enseigne de vaisseau Gombaud
de Roquebrune prit le commandement.

L'*Auguste* souffrit beaucoup dans la passade du matin et,
quoiqu'il ne manquât pas de munitions, à midi il signala
être hors d'état de combattre; trois quarts d'heure après,
il rendit sa manœuvre indépendante. C'est à ce malheureux signal qu'on peut attribuer le manque d'ensemble des
vaisseaux de l'avant-garde, Au lieu de se diriger sur le
César et l'*Hector* qui demandaient assistance, le chef d'escadre de Bougainville signala de porter secours aux vaisseaux qui avaient plusieurs adversaires. Cet ordre vague
ne fut exécuté que par un seul vaisseau, et encore fut-il
bientôt obligé de se replier. A 5ʰ, les avaries de l'*Auguste*
étaient réparées et il était en état de faire de la voile.
Poursuivi alors par 5 vaisseaux ennemis, il ne put rallier
la *Ville-de-Paris* et il était à 5 milles sous le vent lorsque
le vaisseau amiral amena.

Le *Zélé* était le serre-file de l'*Auguste* dans l'ordre renversé. La difficulté avec laquelle ce vaisseau évoluait lui

avait fait aborder le *Jason* pendant la nuit du 10. Cependant cet abordage n'aurait pas eu lieu si le capitaine de Gras-Préville n'avait pas commencé son mouvement aussitôt que le signal de virer tout à la fois avait été en l'air. Son abordage avec la *Ville-de-Paris*, la nuit suivante, fut encore occasionné par une fausse interprétation de la tactique. S'inquiétant peu du signal de virer tout à la fois qui était fait dans le but de tenir constamment tous les vaisseaux au même bord, le capitaine Préville ne songeait qu'à s'élever au vent; et, quoique bâbord amures lorsqu'il croisa la *Ville-de-Paris*, il ne laissa pas arriver pour l'éviter. Le *Zélé* démâta de son mât d'artimon et de son mât de beaupré dans ce nouvel abordage. Malgré les efforts de l'*Astrée* qui l'avait pris de suite à la remorque, il tomba sous le vent. Chassé, au jour, par une division de l'armée anglaise, il fut, comme on l'a vu, la cause de la bataille qui fut livrée.

Le poste de l'*Ardent*, par l'absence du *Zélé*, était derrière l'*Auguste;* le capitaine de Gouzillon s'y maintint jusqu'à 10ᵇ; le *Palmier* vint alors s'interposer entre eux. Lorsque, après le combat, l'*Ardent* voulut arriver pour rallier la *Ville-de-Paris*, il fut coupé et attaqué par quatre vaisseaux. Sa mauvaise marche laissait à son capitaine peu d'espoir d'échapper à l'ennemi, et il vit bientôt qu'il ne devait compter sur aucun secours. Cet isolement démoralisa promptement l'équipage. Canonné à portée de pistolet par le vaisseau MONARCH, l'*Ardent* se borna à riposter par une volée et amena son pavillon.

Le *Scipion* se maintint constamment à son poste; le capitaine de Clavèl suivit les mouvements de son chef d'escadre.

Le 12 au jour, le *Brave* reçut l'ordre de passer à poupe de l'amiral qui comptait lui faire prendre le *Zélé* à la remorque. Le capitaine d'Amblimont ne vit probablement pas ce signal, car il ne l'exécuta pas Lorsque le vent refusa pendant la bataille, le *Scipion* mit le *Brave* dans l'obligation de laisser arriver pour n'être pas abordé et de prendre les amures à l'autre bord pour retourner à son poste. En parcourant la ligne au vent, il tira dans les intervalles des vaisseaux et en inquiéta plusieurs, notamment l'*Hector*. A la fin du jour, le *Brave* était à une portée et demie de canon de la *Ville-de-Paris*.

Le capitaine d'Ethy, du *Citoyen*, ne suivit pas son escadre lorsque la ligne fut coupée; il resta combattre auprès de l'*Hector* et du *César* jusqu'à 2^h 30^m, et n'abandonna ces vaisseaux qu'après avoir acquis la certitude qu'il ne serait pas soutenu. A 5^h, il était à une portée de fusil de la *Ville-de-Paris*. De tous les vaisseaux de l'avant-garde, le *Citoyen* fut le dernier à cesser le feu et malgré cela, il fut un des vaisseaux qui se tinrent le plus près de l'amiral. Le capitaine d'Ethy était blessé.

Le *Jason*, abordé par le *Zélé* dans la nuit du 10, eut quelques voiles déchirées et tomba sous le vent; le capitaine chevalier Couète de Villages fit route directement pour la Guadeloupe et relâcha à la Basse-Terre.

Séparé de son escadre lorsque la ligne fut coupée, et se trouvant dès lors l'avant-dernier vaisseau de l'avant-garde, l'*Hector* eut à soutenir le feu de la majeure partie des vaisseaux ennemis qui traversaient la ligne. Puis, resté de l'arrière parce que ses avaries le rendaient incapable de suivre cette avant-garde, il fut attaqué par plusieurs vaisseaux anglais. Après la défense la plus honorable, le lieutenant de vaisseau Beaumanoir qui avait remplacé le capitaine de Lavicomté, tué pendant le combat, fit amener le pavillon.

Le *César*, déjà fort maltraité lorsque la ligne fut coupée sur son arrière, devenu serre-file de l'avant-garde, fut écrasé par la partie de l'armée anglaise qui prolongeait cette avant-garde à contre-bord. Il réussit cependant à rallier le *Citoyen* qui avait mis en travers pour l'attendre; mais, attaqué par un nouveau groupe de vaisseaux ennemis, il fut abandonné. Le capitaine Bernard de Marigny était blessé mortellement. Le capitaine de vaisseau Laub.

qui avait pris le commandement, se défendit avec la plus grande valeur jusqu'à l'entier épuisement des munitions du *César* : le pavillon fut alors amené.

Le *Dauphin-Royal* masqua lorsque le vent refusa dans la matinée. Deux vaisseaux ennemis le combattirent et l'abandonnèrent après trois quarts d'heure. Il allait se porter en aide au *Glorieux* lorsqu'il aperçut le signal fait à la frégate la *Richmond* de prendre ce vaisseau à la remorque. Le capitaine de Montpéroux se dirigea alors sur la *Ville-de-Paris* et se plaça à quatre encâblures sur son avant. Quand on prit les amures à tribord, il se trouva entre l'avant-garde, alors à 3 milles sous le vent, et les vaisseaux qui combattaient près de l'amiral. Le *Dauphin-Royal* ne s'éloigna qu'à la nuit pour suivre le chef d'escadre de Vaudreuil.

Le *Languedoc* se tint constamment auprès de la *Ville-de-Paris* dont il était le matelot d'avant et, dans l'après-midi, il fut attaqué avant le vaisseau amiral. Lorsque l'ordre de se former en bataille tribord amures fut donné, le capitaine baron d'Arros d'Argelos dépassa la *Ville-de-Paris* et se plaça à sa gauche ; son vaisseau ne cessa de combattre que quand le *Triomphant* fit signal de forcer de voiles et de le suivre. Deux vaisseaux le séparaient alors de l'amiral.

Lorsque le vaisseau la *Ville-de-Paris* cessa d'être canonné par-dessous le vent, c'est-à-dire à 11ʰ 30ᵐ, il laissa arriver pour combattre deux vaisseaux anglais qui étaient séparés de leur armée ; après moins de deux heures il était entièrement dégréé et presque hors d'état de gouverner. Le mouvement d'arrivée de l'amiral avait été imité par plusieurs vaisseaux français, et bientôt tout le corps de bataille gouverna sur l'arrière-garde qui était sous le vent. Après un court moment de répit, la *Ville-de-Paris* fut attaqué par 2 autres vaisseaux anglais ; à 5ʰ, ce vaisseau en combattait 9 : tous les efforts de l'ennemi se concentraient sur le trois-ponts français. Malheureusement, la manœuvre de l'amiral pendant toute l'après-midi, ses arrivées et ses oloffées continuelles pour découvrir les vaisseaux qui le combattaient, rendirent le ralliement fort difficile et la formation de l'ordre de bataille impossible. Placé, plusieurs fois, à portée de voix de quelques-uns des vaisseaux de son armée, le lieutenant général de Grasse ne songea pas à se faire donner la remorque, ou plutôt, il n'en voulut pas, car il refusa celle que le capitaine du *Pluton* lui offrit. Il ne songea pas davantage à passer sur un autre vaisseau. Jugeant enfin une plus longue résistance impossible et voulant, en fixant l'attention de l'ennemi, l'empêcher de continuer sa poursuite, il ordonna au capitaine de Lavilléon d'amener le pavillon : il était 6ᵇ 30ᵐ.

A 4ᵇ 15ᵐ, la *Couronne* était à portée de voix de la *Ville-de-Paris*. Sur l'ordre verbal du commandant en chef, le capitaine Mithon de Genouilly se plaça par sa hanche de tribord, mais il n'y resta pas. Après avoir mis en travers et envoyé une volée aux vaisseaux anglais les plus rapprochés, il augmenta de voiles, précisément au moment où le vaisseau amiral était attaqué, et il le dépassa tellement, qu'il lui fallut mettre de nouveau en panne. Lorsque la *Ville-de-Paris* amena, la *Couronne* était à 2 milles sur son avant.

L'*Eveillé* souffrit beaucoup dans sa mâture et ne put imiter la manœuvre de la *Ville-de-Paris*. Le capitaine Le Gardeur de Tilly fit signal d'incommodités, puis celui d'être hors d'état de combattre, lorsque le commandant en chef ordonna de reformer la ligne. Il laissa arriver dès qu'il n'eut plus d'ennemis par le travers et rallia l'arrière-garde.

Le *Sceptre* masqua au changement de vent et abattit sur l'autre bord : il signala être hors d'état de combattre parce que la rupture de quelques manœuvres l'empêchait d'arriver comme il le désirait. Cette circonstance lui permit de protéger la manœuvre de la *Richmond*, lorsque cette frégate donna la remorque au *Glorieux*. Mais, parvenu à orienter, le capitaine de Vaudreuil ne resta pas auprès d'elle et il dépassa la *Ville-de-Paris* qui lui fit signal de diminuer de voiles. Il resta toutefois sur l'avant du vaisseau amiral et se trouva sous le vent, lorsqu'on prit les amures à tribord. Il était du nombre des vaisseaux les plus sou-ventés de l'arrière-garde quand la *Ville-de-Paris* amena.

Le capitaine vicomte d'Escars, du *Glorieux*, fut tué dès le commencement de la bataille et remplacé par le lieutenant de vaisseau Trogoff de Kerlessy. A 11ʰ 30ᵐ, rasé de tous ses mâts, le *Glorieux* cessa de combattre. Le *Magnanime* et le *Sceptre* étaient auprès de lui et au vent; mais il ne reçut de secours que de la *Richmond* qui le prit à la re-morque. Le capitaine de Mortemart fit de vains efforts, pendant trois quarts d'heure, pour lui faire rallier le gros de l'armée qui était cependant sous le vent. Profitant de la fraîcheur qui s'éleva vers 1ʰ 30ᵐ, plusieurs vaisseaux anglais se dirigèrent sur le *Glorieux,* l'entourèrent et mirent la *Richmond* dans la nécessité de larguer la re-morque. Ainsi abandonné, le lieutenant Trogoff fit amener le pavillon.

Lorsque le vent refusa, le *Diadème* masqua et prit les amures à l'autre bord; le vide qu'il laissa dans la ligne servit de passage à plusieurs vaisseaux anglais. De 1ʰ à 5ʰ, le chevalier de Monteclerc combattit sans interruption des pelotons de vaisseaux ennemis et il se tint auprès du *Triom-phant* jusqu'au moment où l'on prit les amures à tribord, mouvement qu'il n'exécuta pas de suite. Serre-file de son escadre, après cette évolution, ce vaisseau ne put pas se maintenir à son poste; il était toujours de l'avant, quoique sa voilure eût été réduite autant qu'il était possible de le faire.

A 11ʰ, le *Destin* fit signal d'incommodités et cessa de tirer pour réparer ses avaries. Le capitaine Dumaitz de Goimpy suivit les mouvements de son escadre; il était ce-pendant à 3 milles sous le vent de la *Ville-de-Paris* au coucher du soleil.

Après avoir essuyé le feu de l'avant-garde et celui d'une partie du corps de bataille ennemis, le *Magnanime* eut

à combattre bord à bord, lorsque le vent changea, 2 trois-
ponts placés, l'un à tribord et l'autre à bâbord. A 10ʰ 30ᵐ,
le feu ayant cessé à l'arrière-garde; ce vaisseau signala
être hors d'état de combattre, et son capitaine demanda
des ordres à celui du *Destin*. Celui-ci répondit qu'il ne pensait pas qu'il y eût lieu de se séparer, et il promit au capitaine Le Bègue son appui le plus absolu. Canonné par
4 nouveaux vaisseaux anglais, le *Magnanime* fit route pour
rallier le *Triomphant* et dépassa ce vaisseau d'un mille. Le
capitaine Le Bègue était blessé.

Après la passade du matin, le *Réfléchi* se trouva à 4 ou
5 milles sous le vent de la *Ville-de-Paris*, sans que personne
pût dire comment cela était arrivé; le capitaine de Médine
était blessé. Ce vaisseau fut un de ceux qui se rapprochèrent et se formèrent sur l'avant de l'amiral, lorsque la troisième escadre vira de bord: sa mauvaise marche ne lui
permit cependant pas d'arriver en même temps que les autres. A la nuit, son chef d'escadre lui donna l'ordre de le
suivre.

Le capitaine de Lagrandière, du *Conquérant*, se maintint
constamment à son poste et suivit les mouvements de son
chef d'escadre.

Le *Magnifique*, capitaine Macarty Macteigue, combattit
également à son poste; ce vaisseau fut un de ceux qui se
tinrent le plus près de l'amiral.

Lorsque, vers 1ʰ 30ᵐ de l'après-midi, la fumée se dissipa, le *Triomphant* était un peu sous le vent et par la
hanche de la *Ville-de-Paris*. Le chef d'escadre de Vaudreuil
manœuvra de la manière la plus convenable : non-seulement il rallia les vaisseaux de son escadre auprès de celui
du commandant en chef, mais, prévoyant les préoccupations de celui-ci, il assuma la responsabilité d'ordres qu'il
donna à la troisième escadre, ordres qui furent approuvés
par le lieutenant général de Grasse, car son vaisseau les
répéta. Un seul vaisseau séparait le *Triomphant* de la *Ville-*

de-Paris, lorsque celui-ci amena son pavillon : le capitaine Du Pavillon avait été tué.

La conduite que le capitaine de Charitte, du *Bourgogne,* tint pendant le combat, reçut l'approbation générale. A 5ʰ 30ᵐ, il était à moins d'un mille sous le vent de la *Ville-de-Paris;* et quand l'arrière-garde eut viré, son vaisseau fut celui qui se tint le plus près de l'amiral.

Le 10 au matin, le *Caton,* qui était souventé, demanda des secours; on lui envoya une frégate. Malgré cela, le capitaine comte de Framond relâcha la nuit suivante à la Basse-Terre de la Guadeloupe, sans y avoir été autorisé.

Lorsque, le 12 au matin, le commandant en chef fit le signal de laisser arriver et de serrer l'ennemi au feu, le *Duc-de-Bourgogne* courut si longtemps au S.-O., qu'il se trouva tout d'abord sous le vent de la ligne; il vira vent arrière pour y rentrer et arriva au poste de serre-file lorsque le premier vaisseau de l'armée anglaise parvenait à cette hauteur. Dans cette position, il essuya le feu de plusieurs vaisseaux ennemis et, pour reprendre sa place, il passa au vent du *Pluton* et aborda le *Bourgogne.* Quand il fut dégagé, il laissa arriver, et la crainte de voir tomber sa mâture, qui était fort endommagée, détermina son capitaine à courir vent arrière toute l'après-midi; il établit même une bonnette basse. Il avait signalé des avaries de mâture irréparables à la mer; le chef d'escadre Coriolis d'Espinouse avait ajouté qu'il ne pouvait exécuter aucun ordre. A 5ʰ 15ᵐ, le *Duc-de-Bourgogne* manœuvra pour rallier la *Ville-de-Paris;* mais il avait couru si longtemps au O.-N.-O., qu'à 6ʰ 30ᵐ il en était encore à 15 milles sous le vent. Une demi-heure avant, il avait passé au vent d'un vaisseau anglais à trois ponts, démâté de son mât de misaine et remorqué par une frégate : il ne lui avait même pas envoyé une volée.

Le *Marseillais* était au vent de toute l'armée quand le commandant en chef fit le signal de laisser arriver. Il y avait dix minutes que le feu était commencé, lorsque le capitaine de Castellane put prendre son poste dans la ligne. Ce vaisseau fut un de ceux qui, dans l'après-midi, se formèrent en ligne sur l'avant de la *Ville-de-Paris ;* il combattit à ce poste jusqu'à ce que le pavillon amiral eût été amené.

J'ai dit que quand le commandant en chef avait fait le le signal de virer tout à la fois, le *Pluton* avait reçu l'ordre de commencer le mouvement, et qu'il ne l'avait pas exécuté. Le capitaine d'Albert de Rions allégua comme justification qu'un seul vaisseau ayant répété ce signal, cette manœuvre lui avait semblé si hasardeuse, qu'il était resté convaincu que ce vaisseau se trompait dans la répétition du signal. Le *Pluton* fut, du reste, un des vaisseaux qui se rapprochèrent de la *Ville-de-Paris* et qui se tinrent auprès du commandant en chef jusqu'au dernier moment.

Le capitaine vicomte de Mortemart n'aperçut pas le signal qui fut fait à la *Richmond* de donner la remorque au *Glorieux ;* il la donna de son propre mouvement. Le soir, cette frégate était souventée, parce qu'elle avait été porter au *Duc-de-Bourgogne* l'ordre de tenir le vent.

Les capitaines de Montguyot qui fut blessé, et chevalier de Suzannet, des frégates l'*Amazone* et l'*Aimable*, et le capitaine d'Aché, du côtre le *Clairvoyant*, se placèrent à une distance convenable pour répéter les signaux. Les capitaines de Roquart, de la frégate la *Galathée*, et de Paroy, de la corvette la *Cérès*, ne se rapprochèrent pas assez. Tous prirent les amures à tribord et s'éloignèrent lorsque la ligne fut coupée (1).

Je ne saurais dire les dommages que les vaisseaux ennemis éprouvèrent. On sait seulement que le capitaine Blair, de l'ANSON, fut tué et que le capitaine Manners, de la RESOLUTION, fut blessé. Le capitaine Bayne de l'ALFRED, avait perdu la vie dans l'engagement du 9.

---

(1) Tous ces mouvements sont relatés d'après l'instruction du jugement dont j'ai déjà parlé.

L'*Astrée* mouilla le 12 à la Basse-Terre de la Guadeloupe avec le *Zélé*. Le capitaine Lapérouse voulut rallier de suite l'armée ; mais, contrarié par la direction du vent et les bâtiments anglais qui se trouvaient sur son passage, il lui fallut louvoyer longtemps pour passer au vent de l'armée ennemie. Dans l'après-midi, il rencontra les autres frégates françaises, dont les capitaines lui apprirent la position des deux armées. Les vaisseaux le *Caton* et le *Jason*, appareillés également de la Basse-Terre, se réunirent aux frégates ; le comte de Framond prit, par droit d'ancienneté, le commandement de cette division et resta sous voiles toute la nuit, dans l'espoir de pouvoir secourir quelque vaisseau désemparé. Mais, le 13 au matin, amis et ennemis avaient disparu : la division rallia le mouillage de la Basse-Terre. Ce même jour, l'amiral Rodney détacha le vice-amiral Hood avec 10 vaisseaux pour l'observer.

Le 15, profitant de la grande obscurité de la nuit, le *Caton* et le *Jason*, capitaines comte de Framond et Couète de Villages ; l'*Astrée*, l'*Aimable* et la *Cérès*, capitaines Lapérouse, chevalier de Suzannet et de Paroy, mirent à la voile et, ayant réussi à sortir de la rade sans avoir été aperçus, ils firent route pour Saint-Domingue. Au jour, le vice-amiral Hood se mit à leur poursuite et il parvint à les joindre, le 19, à 18 milles dans le O.-N.-O. de Porto-Rico. Il les attaqua successivement : l'*Astrée* seule échappa après un combat de deux heures. Le 22, le capitaine Lapérouse rencontra le *Triomphant* et se rangea sous ses ordres.

Lorsque la *Ville-de-Paris* eut amené son pavillon, estimant qu'une prolongation de combat ne pouvait que donner lieu à de nouveaux désastres, le chef d'escadre de Vaudreuil hissa le signal de ralliement et continua sa route sur Saint-Domingue. Il entra au Cap Français le 25, avec le *Triomphant*, le *Sceptre*, le *Destin*, le *Languedoc*, le *Diadème*, le *Palmier*, le *Citoyen*, le *Scipion*, le *Northumberland*, le *Magnanime*, le *Bourgogne*, le *Souverain*, le *Neptune*, le *Dauphin-Royal* et le *Réfléchi*. Le convoi, qui avait profité de la bataille pour partir de la Basse-Terre, était entré au Cap Français le 20. Le *Duc-de-Bourgogne*, la *Couronne* et le *Magnifique* y étaient depuis le 22 ; le *Conquérant* depuis le 23. L'*Auguste* et le *Brave* y arrivèrent le 1ᵉʳ mai ; l'*Hercule*, le *Pluton*, l'*Éveillé* et le *Marseillais*, le 11 ; les six derniers étaient d'abord allés à Curaçao. Le *Saint-Esprit*, qui était parti de la Martinique le 19 avril, rallia le 17 mai. Enfin, 11 vaisseaux espagnols, sous les ordres du chef d'escadre Solano, arrivèrent sur la rade du Cap Français en même temps que le chef d'escadre de Vaudreuil.

Des récriminations s'élevèrent de toutes parts à la suite de la bataille de la Dominique. Le commandant en chef se plaignit de ses lieutenants et des capitaines ; et, de retour d'Angleterre, il obtint leur mise en jugement. Ceux-ci produisirent des mémoires auxquels on donna peut-être une importance exagérée, ce qui n'empêcha cependant pas le Conseil de guerre de dire, qu'en examinant la conduite de chacun des vaisseaux pendant tout un jour, il n'est guère possible de ne pas apercevoir quelques fautes ; mais qu'échappées au moment de l'action, ces fautes méritent l'indulgence. Malgré cette observation toute paternelle adressée à ceux qui rejetaient les torts sur leurs chefs ou sur leurs sous-ordres, on ne peut s'empêcher de dire, avec le Conseil, que la prise du pavillon commandant 30 vaisseaux de guerre est un trait d'histoire qui entraîne les regrets de toute une nation.

L'instruction minutieuse à laquelle donna lieu la plainte du lieutenant général comte de Grasse me fait attacher une grande valeur à l'arrêt qui complète le travail auquel je me suis livré, et résume toute la malheureuse affaire à laquelle on a donné le nom de *bataille de la Dominique*. Le Conseil de guerre était composé de :

MM. Haudenau comte de Breugnon, lieutenant général, président.
comte de Guichen. . . . . . ⎞
comte de Lacarry. . . . . . ⎟
comte d'Arbaud de Jouques. ⎬ lieutenants généraux.
comte de Lamotte-Piquet. . ⎠

comte de Marin. . . ⎫
chevalier d'Apchon. ⎬ chefs d'escadre.
comte de Cherisey. ⎭

marquis de Nieuil. . . . . . ⎫
chevalier de Balleroy. . . . . ⎪
chevalier Huón de Kermadec. ⎬ capitaines de vaisseau.
Thevenard. . . . . ⎭

vicomte de Pontevès Gien, capitaine de vaisseau, rapporteur.

Voici le jugement qui fut rendu :

Le Conseil loue la conduite tenue par le sieur de Poulpiquet, chevalier de Coatlès, lieutenant de vaisseau, qui prit le commandement de l'*Hercule* à la place de M. de Laclocheterie, tué pendant le combat ;

Admoneste le sieur Renaud d'Aleins, capitaine de vaisseau, commandant le *Neptune*, pour n'avoir pas fait tout ce qu'il était possible de faire ;

Décharge de toute accusation le sieur de Glandevès, capitaine de vaisseau, commandant le *Souverain ;*

Décharge de toute accusation le sieur Martelly Chautard, capitaine de vaisseau, commandant le *Palmier;*

Loue la mémoire de M. de Saint-Césaire, capitaine de vaisseau, commandant le *Northumberland,* et la mémoire du sieur de Lamettrie, embarqué comme second, et qui remplaça M. de Saint-Césaire lorsqu'il fut blessé mortellement.

Décharge de toute accusation le sieur Gombaud de Roquebrune, enseigne de vaisseau du *Northumberland,* qui prit le commandement lorsque le sieur de Lamettrie fut tué ;

Déclare la conduite du sieur de Bougainville, chef d'escadre, commandant la 3ᵉ escadre, irréprochable jusqu'à midi de la journée du 12 avril; mais ce chef d'escadre n'ayant pas, dans l'après-midi, particularisé ses signaux et fait manœuvrer son escadre pour le plus prompt ralliement possible au corps de bataille, le condamne à être admonesté en présence du tribunal assemblé ;

Décharge de toute accusation le sieur de Castellan, capitaine de pavillon du vaisseau l'*Auguste;*

Déclare la conduite du sieur de Gouzillon, commandant l'*Ardent,* irréprochable jusqu'au moment où il a amené son pavillon. Mais, pour n'avoir pas prolongé sa résistance autant qu'il eût pu le faire, l'interdit pour trois mois de ses fonctions;

Loue la conduite tenue par le sieur Clavel, capitaine de vaisseau, commandant le *Scipion*, qui, quoique très-malade, s'est fait transporter sur le pont.

Décharge de toute accusation le sieur Fuschamberg d'Amblimont, capitaine de vaisseau, commandant le *Brave;*

Loue unanimement la conduite et les manœuvres du sieur d'Éthy, capitaine du vaisseau le *Citoyen*, et le décharge de toute accusation;

Loue la conduite du sieur de Beaumanoir, lieutenant de vaisseau, second de l'*Hector*. dont il prit le commandement à 4ʰ 15ᵐ, et a continué le combat malgré l'état de délabrement où se trouvait ledit vaisseau, et le décharge de toute accusation;

Loue unanimement la mémoire du sieur de Marigny, commandant le *César*, pour avoir combattu avec la plus grande valeur jusqu'à 9ʰ du matin qu'il a été blessé mortellement;

Loue la conduite du sieur Paul, second de ce vaisseau dont il a pris le commandement, ayant combattu jusqu'à 3ʰ 30ᵐ avec la plus grande opiniâtreté et fait la plus belle défense jusqu'au moment où il a été obligé de céder à des forces supérieures;

Met le sieur de Montpéroux, capitaine de vaisseau, commandant le *Dauphin-Royal*, hors de cour et de procès sur l'accusation intentée contre lui, cet officier ayant combattu valeureusement le matin du 12 avril, mais étant le soir éloigné de son poste au corps de bataille;

Décharge de toute accusation le sieur baron d'Arros, capitaine de vaisseau, commandant le *Languedoc*, et supprime tous mémoires, lettres, écrits, en ce qu'ils contiennent d'attentatoire à son honneur et à sa réputation (1);

(1) Allusion à un mémoire publié par le comte de Grasse.

Décharge de toute accusation le sieur de Lavilléon, capitaine de vaisseau, commandant la *Ville-de-Paris*, capitaine de pavillon de l'amiral ;

Décharge de toute accusation le sieur de Mithon, capitaine de vaisseau, commandant la *Couronne*, et supprime tous mémoires, lettres et écrits, en ce qu'ils contiennent d'attentatoire à son honneur et à sa réputation (1) ;

Décharge de toute accusation le sieur Le Gardeur de Tilly, capitaine de vaisseau, commandant l'*Éveillé ;*

Décharge de toute accusation le sieur Rigaud, comte de Vaudreuil, chef d'escadre, commandant le *Sceptre* (2) ;

Témoigne ses regrets sur la perte du comte d'Escars, capitaine de vaisseau, commandant le *Glorieux*, et loue sa mémoire, ayant fait une vigoureuse défense jusqu'à 9ʰ du matin, heure à laquelle il a été tué ;

Décharge de toute accusation le sieur Trogoff de Kerlessy qui prit le commandement du vaisseau, loue sa conduite et son opiniâtreté dans la défense de ce vaisseau, sa résistance, sa valeur et sa résolution ;

Décharge de toute accusation la mémoire du sieur de Monteclerc, capitaine de vaisseau, commandant le *Diadème ;*

Décharge de toute accusation le sieur Dumaitz de Goimpy, capitaine de vaisseau, commandant le *Destin ;*

Décharge de toute accusation le sieur Le Bègue, capitaine de vaisseau, commandant le *Magnanime ;* lui enjoint d'être, à l'avenir, plus circonspect dans ses termes et expressions, qu'il ne l'a été dans son journal et son compte rendu au ministre ;

Décharge de toute accusation le sieur de Médine, capitaine de vaisseau, commandant le *Réfléchi ;*

Décharge de toute accusation le sieur de Lagrandière, capitaine de vaisseau, commandant le vaisseau le *Conquérant ;*

---

(1) Allusion au mémoire précité.
(2) Le comte de Vaudreuil venait d'être fait chef d'escadre.

II   11

Décharge de toute accusation le sieur Macarty Macteigue, capitaine de vaisseau, commandant le *Magnifique*, et le loue de sa valeur dans le combat du 12 avril et de son activité, tant dans l'exécution des mouvements de son vaisseau, que pour rallier la *Ville-de-Paris* avec le commandant de son escadre, et de son attention à conserver son poste;

Décharge de toute accusation le sieur Rigaud, marquis de Vaudreuil, lieutenant général (1) commandant l'arrière-garde sur le *Triomphant*, et loue sa conduite dans toutes les circonstances de la journée, tant comme commandant dudit vaisseau, que comme général; supprime tous les mémoires, lettres ou écrits en ce qu'ils contiennent d'attentatoires à sa réputation et à son honneur (2);

Décharge également de toute accusation le sieur Montcabrié de Peyte, capitaine de pavillon à la place du sieur du Pavillon tué pendant le combat;

Loue la mémoire du sieur chevalier du Pavillon pour avoir combattu valeureusement jusqu'à sa mort;

Décharge de toute accusation le sieur de Charitte, capitaine de vaisseau, commandant le *Bourgogne*, et le loue de ses manœuvres pendant la journée du 12 avril;

Pour, le sieur Coriolis d'Espinouse, chef d'escadre, montant le vaisseau le *Duc-de-Bourgogne*, s'être occupé dans l'après-midi de la journée du 12 avril du danger de démâter au lieu de faire tout son possible pour ne pas s'éloigner de son escadre, le Conseil de guerre le condamne à être admonesté en présence du tribunal assemblé;

Décharge de toute accusation le sieur de Champmartin, capitaine dudit vaisseau;

Décharge de toute accusation le sieur de Castellane Majastre, capitaine de vaisseau, commandant le *Marseillais;* le loue de son zèle, de sa fermeté et de son attention la

---

(1) Le marquis de Vaudreuil venait d'être fait lieutenant général.
(2) Allusion au mémoire du comte de Grasse.

plus suivie dans l'exécution des mouvements généraux de son escadre et de son vaisseau ;

Décharge de toute accusation le sieur d'Albert de Rions, capitaine de vaisseau, commandant le *Pluton*, et le loue de sa conduite dans la journée du 12 avril ;

Décharge de toute accusation le sieur Bourgarel de Martignan, enseigne de vaisseau, commandant la frégate l'*Amazone* à la place de M. de Montguyot ;

Honore la mémoire dudit sieur de Montguyot, tué dans un combat postérieur ;

Décharge de toute accusation le sieur de Suzannet, lieutenant de vaisseau, commandant la frégate l'*Aimable;*

Décharge de toute accusation le sieur vicomte d'Aché, enseigne de vaisseau, commandant le côtre le *Clairvoyant*, et loue sa conduite dans la journée du 12 avril ;

Décharge de toute accusation le sieur de Roquart, lieutenant de vaisseau, commandant la frégate la *Galathée;*

Décharge de toute accusation le sieur baron de Paroy, lieutenant de vaisseau, commandant la frégate la *Cérès;*

Loue la mémoire de M. le vicomte de Mortemart, commandant la frégate la *Richmond*, dont la manœuvre hardie a été utile au *Glorieux*. Sa conduite valeureuse justifie les regrets que le corps conserve d'avoir perdu ce brave militaire.

Jugé. . . . . . . Lorient, le 21 mai 1784.
(suivent les signatures.)

On fut plus sévère, plus tard, envers la capitaine du *Caton* qu'on ne l'avait été à l'égard des autres capitaines. Le comte de Framond fut condamné à une prison perpétuelle et conduit au château de Ham.

Le chevalier Couète de Villages, qui commandait le *Jason*, fut simplement admonesté.

Les griefs que le lieutenant général comte de Grasse avait élevés contre les capitaines de vaisseau baron d'Arros d'Argelos et Mithon de Genouilly du *Languedoc* et de la *Cou-*

ronne, matelots d'avant et d'arrière de la *Ville-de-Paris*
étaient si nombreux que, en attendant le jugement du Conseil de guerre, ces deux officiers avaient été renfermés, le
premier au château de Saumur, l'autre dans celui d'Ouessant. D'autre part, le ministre de la marine avait écrit au
chef d'escadre de Bougainville que le roi était satisfait de
sa conduite et trouvait ses services agréables. On a pu
voir que l'opinion des juges fut entièrement opposée à celle
prématurément formée sur la conduite que ces trois officiers avaient tenue à la bataille de la Dominique. Le jugement nous apprend du reste que, mis hors de cause
malgré la reddition du vaisseau qu'il montait, le lieutenant général de Grasse n'en fut pas moins laissé respon-
sable des résultats de la bataille de la Dominique.

La consternation fut grande, en France, à la nouvelle de
l'issue malheureuse de cette bataille. On comprit combien
on aurait de peine à réparer l'échec que la marine venait
d'éprouver; et, par un acte de patriotisme spontané, les
deux frères du roi offrirent un vaisseau de 80 canons. De
leur côté, les États de Bourgogne, les marchands et les négociants de Paris, de Marseille, de Lyon et de Bordeaux offrirent chacun un vaisseau de 110°. L'élan ne s'arrêta pas
là; chacun voulut se frapper d'impositions et de contribu-
tions extraordinaires, pour que les vaisseaux dont la construction était ordonnée fussent mis en état de prendre la
mer le plus tôt possible. Ces dernières offres ne furent pas
acceptées.

————

A son arrivée au Cap Français de Saint-Domingue, après
la bataille de la Dominique, le chef d'escadre marquis de
Vaudreuil trouva sur rade les deux vaisseaux le *Sagittaire*
et l'*Experiment* arrivés avec le convoi et, comme je l'ai dit,
15 vaisseaux espagnols sous les ordres du chef d'escadre
Solano. L'échec que la marine venait d'éprouver força le
nouveau commandant en chef de l'armée française à re-

noncer, encore une fois, au projet que les Cours de Versailles et de Madrid concertaient depuis si longtemps contre la Jamaïque. On tergiversa beaucoup sur l'emploi des forces navales, et il fut enfin décidé, dans un conseil tenu par les officiers généraux de terre et de mer des deux puissances alliées, que l'armée française irait chercher dans l'Amérique du Nord les secours qu'on ne pouvait lui procurer aux îles et dégager en même temps la côte des croiseurs anglais qui empêchaient les vivres d'arriver aux colonies françaises; que l'escadre espagnole se rendrait à la Havane, à l'exception de 3 vaisseaux qui resteraient à Saint-Domingue avec le *Palmier* et le *Scipion*. En conséquence de cette décision, les deux escadres quittèrent le Cap Français, passèrent par le vieux canal de Bahama, et se séparèrent devant la Havane. Celle des Français était composée comme il suit :

Canons.

	Triomphant.	capitaine Montcabrié de Peyte.
		marquis de Vaudreuil, lieutenant général (1).
	Auguste.	capitaine chevalier de Biré.
80		comte de Vaudreuil, chef d'escadre (1).
	Duc-de-Bourgogne. . . .	capitaine de Champmartin.
		chevalier Coriolis d'Espinouse, chef d'esc.
	Couronne.	capitaine Mithon de Genouilly.
	Brave.	— comte d'Amblimont.
	Souverain.	— commandeur de Glandevès.
	Pluton.	— d'Albert de Rions.
	Bourgogne.	— chevalier de Charitte.
74	*Neptune*.	— Renaud d'Aleins.
	Citoyen.	— d'Ethy.
	Northumberland. . . .	— chevalier de Médine.
	Hercule.	— chevalier de Puget-Bras.
	Magnifique.	— Macarty Macteigue.
64	*Éveillé*.	— Le Gardeur de Tilly.
50	*Experiment*.	— chevalier de Coatlès.
	Sagittaire.	— Montluc.

Frégates : *Amazone, Néréide, Isis*.

Le *Sceptre* reçut une mission dont je parlerai bientôt. Arrivé, le 6 juillet, à la hauteur de la Chesapeak, le

_____

(1) J'ai donné de suite au marquis et au comte de Vaudreuil le grade auquel ils furent promus le 14 août suivant.

lieutenant général de Vaudreuil détacha la frégate la *Néréide* pour prévenir le général Rochambeau qu'il se rendait à Boston, et il continua sa route vers le Nord. Le 8 août, l'armée navale mouilla sur la rade de Nantasket et, le lendemain, elle entra à Boston.

A quelques jours de là, le *Magnifique* fut jeté par son pilote sur l'île Lowels; il ne put être relevé, mais tout son matériel fut sauvé. Comme témoignage de la part qu'il prenait à cette perte, le Congrès des États-Unis offrit immédiatement de remplacer ce vaisseau; et, plus tard, il fit don à la France de l'*America*, premier vaisseau construit sur les chantiers américains.

L'apparition de l'armée française sur la côte jeta l'alarme sur tous les points occupés par les Anglais; les craintes ne cessèrent qu'à l'arrivée de l'amiral Pigot désigné pour remplacer l'amiral Rodney dans le commandement des forces navales de l'Angleterre aux Antilles et sur la côte d'Amérique.

On avait travaillé avec ardeur à mettre les vaisseaux de la division de l'Inde en état de reprendre la mer; mais les réparations n'avaient pas marché aussi promptement qu'on l'eût désiré, parce que les bâtiments arrivés avec le commandant de Suffren étaient dépourvus de rechanges. En France, on avait compté sur les ressources de l'île de France, et ces ressources étaient nulles, puisque les deux convois qui devaient approvisionner cette colonie avaient été enlevés par les Anglais.

Cependant les nouvelles de l'Inde annonçaient que Hyder Ali faisait éprouver de fréquents échecs aux Anglais et que les Marattes paraissaient disposés à les attaquer du côté de Malabar : il devenait donc urgent de profiter de ces circonstances. Le commandant d'Orves appareilla de l'île de France, le 7 décembre 1781, et se dirigea sur la côte de Coromandel avec un convoi qui portait 3,100 hommes de troupes. Le 19 janvier suivant, l'escadre eut connaissance

d'un vaisseau anglais, qui fut chassé, mais infructueuse-
ment, par le *Héros* et l'*Artésien*. Toutefois, les calmes et
les brises folles empêchèrent ce vaisseau de s'éloigner et,
le 21, on l'apercevait encore ; il fut chassé de nouveau par
le *Héros*, l'*Artésien* et le *Vengeur*. Le *Héros* l'atteignit le
premier. Le vaisseau anglais lui tira, à grande distance,
deux bordées sans effet, auxquelles il ne riposta que lorsqu'il fut à demi-portée de canon : son feu devint alors
tellement nourri et fut si bien dirigé, que le vaisseau anglais avait amené avant l'arrivée de l'*Artésien* et du *Vengeur*. Ce vaisseau était l'HANNIBAL de 50ᵉ (1), capitaine
Christie ; il avait été expédié de Sainte-Hélène pour annoncer l'arrivée de 2 autres vaisseaux et de plusieurs transports chargés de troupes et de munitions. Ce vaisseau fut
immédiatement incorporé dans l'escadre, et le commandement en fut donné au lieutenant de vaisseau chevalier Morard de Galle qui commandait la frégate la *Pourvoyeuse*.

La santé du commandant d'Orves dépérissait de manière
à donner des inquiétudes ; à quelques jours de là, il remit
la direction de l'escadre au capitaine de Suffren. Cet officier
supérieur mourut le 9 février, et le bailli de Suffren, qui
avait été nommé chef d'escadre un mois avant, prit le commandement en chef des forces navales de la France dans
la mer des Indes. Quelques changements eurent lieu immédiatement parmi les capitaines de l'escadre ; je rappelle
ci-après sa composition :

Canons.

	Héros. . . . . capitaine	Moissac.
74		bailli de Suffren, chef d'escadre.
	Orient. . . . . capitaine	de Lapallière.
	Annibal. . . . . —	de Tromelin.
	Vengeur. . . . . —	comte de Forbin.
	Sévère. . . . . —	chevalier de Villeneuve-Cillart.
	Sphinx. . . . . —	vicomte Duchilleau de Laroche.
64	*Bizarre.* . . . . —	chev. de Lalandelle-Roscanvec.
	Artésien. . . . . —	Bidé de Maurville.
	Ajax. . . . . —	Bouvet.
	Brillant. . . . . —	de Saint-Félix.

(1) Afin de distinguer ce vaisseau de l'*Annibal* français, je conserverai à cette

50 { *Flamand*. . . . .   —   de Cuverville.
   { *Hannibal*. . . . .   —   chevalier Morard de Galle.

Frégates : *Pourvoyeuse, Fine, Bellone.*
Corvettes : *Subtile, Sylphide, Diligent* (1).

L'escadre arriva en vue de Madras, le 16 février : 9 vaisseaux anglais et 2 frégates étaient à l'ancre sur cette rade,
sous la protection du fort Saint-Georges et des batteries
de la ville noire. La supériorité de l'escadre française disparaissait donc grandement devant la force des batteries
de terre. Le chef d'escadre de Suffren eut cependant la
pensée d'attaquer; le souvenir de ce qui s'était passé au
combat de la Praya et à son arrivée à l'île de France l'arrêta : il craignit de compromettre dans un premier combat
le prestige qui entourait le nom français dans l'Inde. Mais
ne voulant pas qu'on pût lui imputer plus tard le parti,
quel qu'il fût, qui allait être pris, il tint à ce que chacun
assumât une partie de la responsabilité, et il exigea que
chaque capitaine se prononçât sur la coopération qu'il
comptait apporter dans le cas où il prendrait l'offensive. Il
appela donc les capitaines en conseil et leur demanda leur
opinion sur l'opportunité de l'attaque. Tous, moins un, émi-

---

prise son orthographe anglaise et je la désignerai sous le nom d'*Hannibal*, de
préférence à celui de *Petit Annibal* qui lui fut donné dans l'escadre.

(1) Les rapports du commandant en chef de l'escadre de l'Inde m'ont permis
de suivre avec soin les mutations fréquentes des capitaines, mutations dont
M. Cunat, *Histoire du bailli de Suffren*, seul, de tous les auteurs qui ont écrit
les campagnes de l'Inde, a tenu compte. Et cependant, je dois le dire, les indications de mouvements que j'ai trouvées dans ces rapports ne sont pas toujours
d'accord avec celles portées aux rôles d'équipage ou aux états de situation.
Ainsi, par exemple, en ce qui concerne le chevalier de Galle, le bailli de Suffren dit qu'à son arrivée à l'île de France, le commandement de l'*Annibal* fut
donné au capitaine de Tromelin et celui de la frégate la *Pourvoyeuse* au lieutenant de Galle. Ce mouvement est confirmé par le rôle d'équipage de l'*Annibal* sur lequel on lit l'annotation suivante à la suite du nom du chevalier de
Galle : « Passé capitaine de la *Pourvoyeuse* le 1ᵉʳ novembre 1781. » A quelques
mois de là, cet officier fut nommé au commandement du vaisseau anglais capturé l'*Hannibal* qu'il conserva pendant toute l'année 1782. Les états de revues
établis par le port de Brest désignent cependant le chevalier de Galle comme
commandant de l'*Annibal* pendant les années 1782 et 1783. J'ai pris pour bonnes
les indications du commandant en chef, dans la pensée que les mutations qu'il
était autorisé à faire et qu'il indiquait dans sa correspondance officielle avaient
bien pu n'être que tardivement connues en France.

rent l'avis qu'il ne fallait pas combattre (1). Le chef d'escadre de Suffren se rangea à l'avis de la majorité. L'escadre
avait momentanément laissé tomber l'ancre à 3 milles dans le
Nord de Madras. Sa présence étant inutile dans ces parages,
signal fut fait d'appareiller et de gouverner au Sud ; le convoi
reçut l'ordre de se rendre en route libre devant Pondichéry,
en élongeant la côte ; les vaisseaux gouvernèrent un peu
plus au large. En voyant l'escadre française faire route au
Sud, le contre-amiral Hughes, qui n'était pas sans se préoccuper beaucoup de la conservation des anciennes possessions hollandaises, à la prise desquelles la marine avait
puissamment contribué et que, dans le moment, ses vaisseaux seuls pouvaient défendre, le contre-amiral anglais
mit sous voiles ; mais en voyant les navires du commerce
suivre une route différente de celle que l'escadre avait prise,
il conçut la pensée d'enlever ce convoi et, dès qu'il fit nuit,
il lui donna la chasse. Excités par la prise de quelques navires, les vaisseaux anglais ne conservèrent aucun ordre,
et lorsque le jour se fit, le 17, ils furent aperçus dispersés
sous le vent. Le chef d'escadre de Suffren fit de suite le
signal de leur donner la chasse en route libre. La faiblesse
et les variations de la brise contrarièrent l'exécution de cet
ordre. L'amiral anglais put rallier ses vaisseaux et les
ranger en bataille, les amures à bâbord. Le chef d'escadre
de Suffren en fit autant à distance convenable, et à 3ʰ de
l'après-midi, il ordonna de laisser arriver quatre quarts
largue sur l'escadre anglaise qui l'attendait rangée comme
ci-dessous :

Canons.
64	WORCESTER.	capitaine	Charles Wood.
70	BURFORD.	—	Peter Rainier.
72	MONMOUTH.	—	Alms.
64	EAGLE.	—	Ambrose Riddals.
74	SUPERB.	—	Stevens.
			sir Edward Hughes, contre-amiral.
74	MONARCA	capitaine	John Gell.

(1) C'était le capitaine Perrier de Salvert, de la *Bellone*.

82 Hero. . . . .   —   Hawker.
60 Isis. . . . .   —   Lumley.
74 Exeter. . . . .   Reynolds.
                              Richard King, commodore.
Frégates : Combustion, Sea-horse.

Les manœuvres d'escadre offrent des difficultés qu'une longue pratique et une connaissance parfaite de son vaisseau permettent seules à un capitaine de surmonter. Parmi ces manœuvres, il en est qui sont plus difficiles les unes que les autres, et celles qui ont pour objet de faire courir une escadre grand largue ou vent arrière sont certainement les plus épineuses. La difficulté est d'autant plus grande que la marche des vaisseaux est plus différente. Ces notions, élémentaires aujourd'hui, le bouillant chef d'escadre qui commandait les forces navales de la France dans l'Inde, oublia trop souvent d'en tenir compte; et il lui arriva d'attribuer à ses sous-ordres des résultats qu'il n'avait pas toujours dépendu d'eux de prévenir. Qu'on se rappelle, en effet, que sur les 12 vaisseaux qui composaient actuellement l'escadre, 2 ou 3 seulement étaient doublés en cuivre, et que les autres étaient mailletés; que plusieurs capitaines n'avaient pas encore navigué avec le vaisseau qu'ils commandaient; que quelques-uns, enfin, commandaient pour la première fois, et l'on verra si, avec de semblables éléments, il n'y avait pas lieu de prendre des précautions auxquelles le commandant en chef ne songea malheureusement jamais. L'escadre française gouverna donc en ordre de marche, quatre quarts largue, sur les Anglais; et comme ceux-ci couraient toujours de l'avant, il en résulta que, lorsqu'à 3ʰ 15ᵐ, elle s'en trouva à portée convenable, les vaisseaux de tête ne portaient plus que sur la queue de la colonne ennemie. Serrant alors le vent, bâbord amures, le *Héros* remonta la ligne, en la canonnant, jusqu'au Superb par le travers duquel il s'arrêta; 4 vaisseaux imitèrent sa manœuvre et choisirent chacun pour adversaire un des vaisseaux placés en arrière du Superb. Voici l'ordre dans lequel les Français se présentèrent. Ainsi que je

l'ai dit, le *Héros* marchait en tête ; venaient ensuite
l'*Orient*, le *Sphinx*, le *Vengeur*, l'*Hannibal*, l'*Annibal*,
le *Bizarre*, le *Sévère*, l'*Ajax*, le *Flamand*, l'*Artésien*; le
Brillant fermait la marche. On voit quelle était la position
des deux escadres : les 5 derniers vaisseaux anglais étaient
attaqués et les 4 de tête ne combattaient pas ; du côté des
Français, c'étaient, au contraire, les 5 premiers vaisseaux
qui se battaient; les 7 autres, qui avaient serré le vent
plus ou moins promptement, étaient derrière ceux-là et au
vent, et n'avaient pas d'ennemis par leur travers. Un signal
qui resta en permanence à bord du *Héros* leur prescrivit
de prendre un poste qui leur permît de combattre : ils n'en
tinrent aucun compte. Deux vaisseaux seulement se portèrent sous le vent de la ligne ennemie et créèrent à ceux de
la queue des difficultés dont ceux-ci ne sortirent que grâce
à l'intervention de leur avant-garde qui vira de bord lof
pour lof pour leur venir en aide, et qui obligea les 2 français à passer de nouveau de l'autre côté de la ligne. Toutefois, cette intervention avait été tardive, et les vaisseaux
attaqués furent très-maltraités ; il fut heureux pour eux
que la nuit vînt mettre un terme au combat. Une moitié de
l'escadre française se borna à tirer de loin et, comme le
dit le commandant en chef, à s'étourdir par le bruit de ses
canons; les boulets de ces vaisseaux ne portaient même pas.
Certain désormais qu'il ne pouvait compter sur la coopération de leurs capitaines, le commandant en chef fit cesser
le feu à la nuit, prit les amures à l'autre bord et alla
mouiller à Pondichéry avec le convoi. Le *Héros*, l'*Orient*
et le *Sphinx* avaient été très-maltraités. Du côté des Anglais, ce furent l'Exeter et le Superb qui souffrirent le
plus : les capitaines Reynolds et Stevens, de ces deux vaisseaux, avaient été tués.

Voici, individuellement, comment les choses se passèrent :

Le *Héros* envoya sa première bordée à l'Exeter, et prolongea la ligne ennemie jusqu'au Superb qu'il combattit tant qu'il fit jour.

L'*Orient* imita la manœuvre du *Héros*; envoya une bordée aux vaisseaux ennemis et s'arrêta par le travers du Monarca qui devint son adversaire définitif et qu'il ne cessa de combattre que lorsqu'il en reçut l'ordre.

Le *Sphinx* suivit son chef de file, envoya une volée à l'Exeter et prit, par le travers du Hero, le poste que son numéro d'ordre lui donnait dans la ligne. Ce vaisseau ne cessa son feu que quand le commandant en chef en fit le signal.

Le *Vengeur* manœuvra comme les 3 vaisseaux qui le précédaient; il envoya une bordée à l'Exeter et combattit l'Isis jusqu'à la nuit.

L'*Hannibal* aurait eu affaire à forte partie si l'Exeter qu'il combattait n'avait pas préalablement reçu quatre bordées destructives. Sa faiblesse relative rendait néanmoins sa position périlleuse; il s'y maintint cependant et, soutenu plus tard par 2 vaisseaux qui obligèrent l'Exeter à combattre des deux bords, il contribua à mettre le vaisseau anglais en quelque sorte dans l'impossibilité de continuer la lutte. L'*Hannibal* ne cessa de combattre que lorsque le signal en fut fait.

L'*Annibal*, qui était le sixième vaisseau de la ligne, se trouva sans adversaire. Au lieu de se placer de manière à pouvoir diriger ses boulets sur le serre-file anglais, il tint le vent par la hanche de bâbord de l'*Hannibal*, à grande distance, et resta là malgré le signal qui ne cessa de flotter à bord du *Héros*, de combattre l'ennemi à portée de pistolet. Le capitaine de ce vaisseau ne crut cependant pas devoir rester silencieux et il consomma autant de poudre que les autres.

Le *Bizarre* suivit en tout la manœuvre de son chef de file.

Le *Sévère* agit de même.

L'*Ajax*, qui avait serré le vent derrière le *Sévère*, reçut l'ordre de combattre l'ennemi sous le vent; mais le capitaine de l'*Annibal* lui ayant signalé de ne pas quitter son poste, il ne l'exécuta pas.

Le *Flamand* reçut également l'ordre de prendre position sous le vent de la ligne ennemie. Ce vaisseau se couvrit de voiles et alla combattre au poste qu'on lui assignait. L'arrivée des 4 vaisseaux d'avant-garde le fit passer de nouveau de l'autre côté.

L'*Artésien* resta au vent et, comme les autres, fit un grand feu, quoique hors de portée.

Le *Brillant* venait en dernier. Le capitaine de ce vaisseau ayant demandé et obtenu d'exécuter le signal qui avait été fait à l'*Ajax*, laissa de suite arriver et prit le travers de l'EXETER. La position du vaisseau anglais devint bientôt fort critique; malheureusement, une avarie occasionnée, dit-on, par des boulets français de l'arrière-garde, firent culer le *Brillant* : l'EXETER était presque réduit. La manœuvre des vaisseaux anglais de l'avant-garde détermina aussi le capitaine de Saint-Félix à passer de l'autre côté de la ligne.

Tel fut le combat du 17 février, le premier que le chef d'escadre de Suffren livra dans l'Inde, combat dans lequel, malgré une supériorité numérique d'un quart, les Français n'eurent aucun avantage décisif. Il faut toutefois le dire : la quantité disparaissait devant la qualité. Ici commença à se montrer ouvertement l'esprit de jalousie et d'indiscipline contre lequel le commandant en chef eut à lutter pendant toute la durée de son commandement et qui paralysa constamment les faibles moyens dont il pouvait disposer. Cet esprit, il l'avait prévu, et il s'était mis en mesure d'en avoir raison (1).

---

(1) La version que je viens de donner du combat du 17 février, dit généralement combat de Madras, diffère essentiellement de celles qui ont été écrites et qui ont été empruntées, presque textuellement, à l'ouvrage anglais de Clerk (a). La mienne est prise dans les rapports officiels du bailli de Suffren, documents

(a) *A methodical essay on the naval tacticks.*

Le chef d'escadre de Suffren avait eu connaissance de la prise de Negapatam (1) par les Anglais ; cette place avait succombé à une attaque simultanée par terre et par mer, au mois de novembre de l'année précédente. Il estima l'occasion favorable pour la replacer sous la domination de la Hollande ; mais le général Duchemin qui commandait les troupes que portait le convoi ne partagea pas cette opinion. Une des branches du Coleroon, rivière dont la source est dans les Gattes vient, après avoir traversé le royaume de Tanjaour, se jeter à la mer à quelques milles dans le Sud de Porto-Novo (2). Cette rivière, malgré sa barre, offrait un endroit commode pour le débarquement ; ce point avait été indiqué par Hyder-Ali. L'escadre y jeta l'ancre, et les troupes mises à terre marchèrent de suite sur Goudelour (3) qui se rendit par capitulation le 4 avril.

A son arrivée dans l'Inde, une occasion s'était offerte qui avait permis au chef d'escadre de Suffren de voir combien la discipline y était relâchée à bord des bâtiments. Il s'en était plaint au ministre de la marine et voici à quelle occasion. Le commandant de l'*Annibal* ayant été tué au combat de la Praya, il avait donné le commandement de ce vaisseau au chevalier de Galle qui en était le second. Lorsqu'il arriva à l'île de France, les officiers de la division de l'Inde ne se bornèrent pas à critiquer la nomination du chevalier de Galle, ils la trouvèrent injuste et déclarèrent au commandant d'Orves être prêts à donner leur démission, s'il ne faisait pas droit à leur réclamation. Quelque inconvenante et surtout subversive de toute discipline que

---

précieux qui sont épars au milieu des nombreux papiers non classés que possède le dépôt des cartes et plans du ministère de la marine et dont l'existence ne paraît avoir été connue que de M. Cunat dont l'intéressante et consciencieuse *Histoire du bailli de Suffren* fait exception à la règle générale.

(1) Negapatam, principal établissement des Hollandais sur la côte de Coromandel, à 70 milles au Sud de Pondichéry.

(2) Porto Novo, petite ville alors au pouvoir du Nabab, à 25 milles dans le Sud de Pondichéry.

(3) Goudelour, comptoir anglais à 56 milles au Sud de Pondichéry.

fût une pareille requête, le commandant d'Orves l'accueillit
favorablement. Il ne ratifia pas le choix du bailli de
Suffren et nomma un des officiers de sa division au commandement de l'*Annibal*. Comme dédommagement, il
donna la frégate la *Pourvoyeuse* au chevalier de Galle. Un
pareil ordre de choses ne pouvait convenir au chef d'escadre de Suffren. Aussi, dès qu'il eut remplacé le commandant d'Orves, établit-il des règles de service qui traçaient
à chacun la ligne de ses devoirs. C'était se donner le moyen
de sévir aux premiers écarts. Cela tarda peu. Il avait
fait connaître aux capitaines la tactique qu'il comptait
suivre suivant les circonstances, laissant d'ailleurs chacun
libre de sa manœuvre, celle-ci devant être subordonnée à
la force et à la position de l'ennemi ; il avait déclaré s'en
rapporter aux connaissances et à la valeur des capitaines
pour les moyens secondaires. Malgré ces instructions générales, données pour suppléer au défaut d'ordres immé-
diats, il vit, dès cette première affaire, se produire l'esprit
d'insubordination qu'il avait déjà remarqué et qui nécessita
l'emploi des mesures les plus sévères.

Les maladies commençaient à exercer de fâcheux ravages
dans l'escadre de l'Inde ; déjà il lui manquait 1,000 hommes.
Malgré cela, impatient de combattre de nouveau l'escadre
anglaise avant l'arrivée des renforts qu'il savait être an-
noncés, le chef d'escadre de Suffren remit à la voile le
23 mars. Le 9 du mois suivant, elle lui fut signalée dans
le N.-N.-E. ; le vent soufflait de l'E.-N.-E. Il manœuvra
pour l'atteindre ; mais la faiblesse de la brise tint plusieurs
jours les escadres en présence sans que les Français pussent
engager le combat. Le 12 au jour, les positions étaient
changées ; quelques variations de la brise ayant permis à
l'escadre française de gagner le vent, le chef d'escadre de
Suffren ordonna une chasse générale en route libre. Les
Anglais qui couraient alors vent arrière sur Trinque-

malé (1) dont les terres s'apercevaient au loin, se rangèrent en bataille tribord amures. Profitant de l'inaction dans laquelle était restée l'escadre française, le gouverneur de Madras avait dirigé contre cette ville une expédition qui s'en était emparée au commencement de la présente année 1782. Malgré la diligence qu'avait mise le chef d'escadre de Suffren à chercher l'escadre anglaise, il n'avait pu réussir à la joindre avant qu'elle eût été renforcée des vaisseaux SULTAN de 82ᵉ, capitaine Watt, et MAGNANIME de 72, capitaine Worseley ; elle comptait conséquemment 11 vaisseaux et une frégate. La supériorité numérique était donc encore aux Français qui avaient 12 vaisseaux et 3 frégates. Voici l'ordre dans lequel les Anglais se rangèrent :

Canons.

64	EXETER.	capitaine Robert Montagu.
		Richard King, commodore.
82	SULTAN.	capitaine James Watt.
64	EAGLE.	— Ambrose Reddals.
70	BURFORD.	— Peter Rainier.
72	MONMOUTH.	— James Alms.
74	SUPERB.	— Mac Lellan.
		sir Edward Hughes, vice-amiral
70	MONARCA.	capitaine John Gell.
72	MAGNANIME.	— Charles Wolseley.
60	ISIS.	— Lumley.
82	HERO.	— Hawker.
64	WORCESTER.	— Charles Wood.

La manœuvre du vice-amiral anglais fit suspendre la chasse ; le commandant en chef rallia ses vaisseaux et les établit aussi en bataille du même bord que l'ennemi. A midi, il laissa arriver de nouveau grand largue, sur la ligne du plus près et, à 1ʰ 30ᵐ, serrant le vent tribord amures, il fit le signal de commencer le feu ; une portée de fusil séparait à peine les deux escadres. Les vaisseaux français se trouvèrent rangés comme il suit :

---

(1) Trinquemalé, vaste port sur la côte N.-E. de l'île de Ceylan à 72 lieues dans le Sud de Pondichéry.

Canons.			
64	*Vengeur.*	capitaine	comte de Forbin.
	Artésien.	—	Bidé de Maurville.
50	*Hannibal.*	—	chevalier Morard de Galle.
64	*Sphinx.*	—	vicomte Duchilleau de Laroche.
74	*Héros.*	—	Moissac.
			bailli de Suffren, chef d'escadre.
74	*Orient.*	capitaine	de Lapallière.
	Brillant.	—	de Saint-Félix.
64	*Sévère.*	—	chevalier de Villeneuve-Cillart.
	Ajax.	—	Bouvet.
74	*Annibal.*	—	de Tromelin.
50	*Flamand.*	—	de Cuverville.
64	*Bizarre.*	—	chevalier de Lalandelle Roscanvec.

Le passage de l'ordre de marche sur une ligne de relèvement à l'ordre de bataille est une manœuvre difficile si,
pendant qu'ils couraient grand largue, les vaisseaux n'ont
pas eu l'attention de se maintenir sur la ligne indiquée.
Malheureusement, dans cette circonstance encore, l'exécution de l'avant-dernier signal avait laissé à désirer et,
lorsque l'ordre de tenir le vent fut donné, les vaisseaux
ne se trouvèrent pas sur la même ligne ; les deux premiers,
encore trop au vent, avaient dépassé la tête de la colonne
ennemie, tandis que les cinq derniers étaient de l'arrière et
beaucoup au vent. Dans cette position, le feu de ces 7 vaisseaux était sans effet et, en réalité, 5 vaisseaux seulement
combattaient. Aucun signal ne put décider les capitaines
des premiers à se rapprocher, et les autres durent continuer
seuls une lutte dont les suites indiquèrent quel aurait pu
être le résultat du combat, s'ils eussent été imités. Le Monmouth, écrasé sous le feu de l'artillerie du *Héros*, perdit
deux de ses bas mâts et c'en était probablement fait de ce
vaisseau, si le vice-amiral Hughes ne fût venu s'interposer
entre lui et le *Héros.* Mais le vaisseau amiral français avait
lui-même des avaries fort graves qui ne tardèrent pas à
nécessiter l'intervention des 2 vaisseaux qui le suivaient.
Incapable de soutenir un semblable choc, le Superb fut
forcé de chercher un abri derrière le vaisseau au secours
duquel il s'était porté avec tant d'empressement. La situation se compliquait. Pour en sortir, le commandant en

chef de l'escadre anglaise fit virer ses vaisseaux **lof pour lof** tout à la fois à 3ʰ 45ᵐ. Cette manœuvre était devenue d'autant plus nécessaire que l'arrière-garde inoccupée, ou du moins peu occupée d'abord, était maintenant assez vigoureusement pressée par les Français de cette partie. L'évolution s'effectua avec précision et un des vaisseaux prit le Monmouth à la remorque. Le chef d'escadre de Suffren n'avait cependant pas l'intention d'abandonner ce dernier vaisseau qui n'était plus en état de combattre. Il ordonna à son escadre d'exécuter le mouvement que venaient de faire les Anglais ; mais les choses se passèrent différemment de son côté. Les deux vaisseaux de tête hésitèrent et firent l'évolution avec lenteur. Un des vaisseaux de l'arrière-garde, au lieu de virer vent arrière, envoya vent devant et quoique ayant manqué plusieurs fois son mouvement, persista à virer de la même manière. Pour comble de contrariétés, le feu prit à bord de l'*Orient* au moment où il achevait son évolution. Toujours prêt à soutenir ses camarades, le capitaine du *Brillant* se plaça entre lui et l'ennemi, au risque d'être incendié lui-même et lui donna la possibilité de travailler de suite à éteindre l'incendie. Cet événement compléta le désordre de l'escadre française ; chacun combattit comme et où il put. A 5ʰ 15ᵐ, le *Héros* perdit son petit mât de hune, et ce vaisseau ne manœuvrant plus qu'avec difficulté, le chef d'escadre de Suffren passa sur l'*Ajax*. 5 vaisseaux français combattaient seuls alors ; les autres, plus ou moins avariés, restaient de l'arrière. Cependant l'escadre anglaise approchait toujours de la côte et, depuis quelque temps, les éclats précipités du tonnerre se mêlaient aux détonations de l'artillerie. Une forte pluie d'orage augmentait l'obscurité qui commençait à devenir profonde. Le chef d'escadre de Suffren ordonna de cesser le feu et laissa chaque capitaine libre de sa manœuvre pour la sûreté de son bâtiment. Tous mirent le cap au Nord ; plusieurs vaisseaux avaient talonné. A 8ʰ 15ᵐ, lorsque l'orage eut perdu de sa force, signal fut fait de laisser tomber l'ancre : chaque vaisseau mouilla où il se trouvait. L'obscurité était si grande que la frégate la *Fine*, cherchant le *Héros* pour lui donner la remorque, tomba sur le vaisseau anglais Isis. Les deux capitaines savaient fort bien qu'ils appartenaient à des nations différentes, car ils s'interpellèrent ; mais l'anxiété et la lassitude étaient si grandes, qu'ils ne songèrent même pas à brûler une amorce. Un grain qui gonfla les voiles, par hasard convenablement disposées de la frégate française, la dégagea fort heureusement. Le jour, en se faisant, laissa voir les deux escadres à l'ancre, à 2 milles l'une de l'autre. Leurs avaries et leurs pertes étaient considérables ; les capitaines français de Villeneuve-Cillart et Morard de Galle étaient blessés.

Voici maintenant la part que chacun prit à cette affaire.

L'EXETER ouvrit le feu le premier et le dirigea sur le *Vengeur*, alors que ce vaisseau courait encore grand largue. Lorsque celui-ci eut loffé, la distance qui sépara ces deux adversaires fut si grande, qu'ils brûlèrent beaucoup de poudre sans se faire aucun mal. Le signal fait au *Vengeur* de serrer l'ennemi au feu resta sans effet, et le virement de bord ordonné, à 3ʰ 45ᵐ, ne fut exécuté par lui qu'avec indécision et lenteur.

L'*Artésien* manœuvra et se conduisit, en tout point, comme son chef de file. Il échangea ses boulets avec le SULTAN, sans tenir aucun compte de l'ordre qui lui fut donné de combattre de plus près. Il mit de la lenteur et de l'indécision à exécuter le virement de bord ordonné à 3ʰ 45ᵐ. L'*Artésien* combattit sur le nouveau bord jusqu'à ce que l'ordre de cesser le feu eût été donné.

La lutte entre l'*Hannibal* et l'EAGLE eut une autre importance, car ces vaisseaux combattirent à la distance qui avait été ordonnée.

Le BURFORD fut vigoureusement serré par le *Sphinx*. Le capitaine de ce vaisseau exécuta avec ponctualité tous les ordres qui lui furent donnés.

Le *Héros* se plaça d'abord par le travers du SUPERB ;

mais quelque temps après, s'apercevant que le Monmouth,
qui n'avait pas d'adversaire, partageait ses coups entre le
Héros et le *Sphinx*, le commandant en chef remonta jusqu'à lui et lui fit payer cher l'espèce de quiétude dans laquelle il était resté jusque-là. Le Monmouth vit, en effet,
son mât d'artimon et son grand mât s'abattre successivement, et c'en était peut-être fait de ce vaisseau, si le vice-
amiral anglais, témoin de ce désastre, ne fût venu interposer son propre vaisseau entre les combattants. Ce fut
alors le *Héros* qui se trouva dans une position critique.
Ce vaisseau n'avait pas obtenu le résultat que je viens
de dire sans avoir, lui aussi, grandement souffert. Les
capitaines de l'*Orient* et du *Brillant* comprirent de suite
leur devoir. Simultanément, et sans qu'il eût été nécessaire de leur en faire le signal, ils forcèrent de voiles,
firent au *Héros* un abri avec leurs vaisseaux et combattirent
le Superb avec une vigueur telle, que celui-ci dut aller
chercher un abri sous le vent du Monmouth. Mais cette
nécessité d'abandonner le poste où il s'était porté ne fit pas
oublier au commandant en chef de l'escadre anglaise la
position, en quelque sorte désespérée, de son chef de file;
pour l'en sortir, il ordonna de suite de virer lof pour
lof tout à la fois, et le Monmouth fut pris à la remorque.
Le chef d'escadre de Suffren fit le même signal à ses vaisseaux. Le *Héros* continua de combattre à l'autre bord;
mais, démâté de son petit mât de hune, il ne gouverna
bientôt plus qu'avec difficulté. Le commandant en chef dut
quitter ce vaisseau qui ne pouvait plus tenir son poste et,
laissant au capitaine Moissac le soin de le remettre au
moins en état de naviguer, il arbora son pavillon sur
l'*Ajax*; il était 5ʰ 15ᵐ. Le *Héros* suivit de loin son escadre
et laissa tomber une ancre lorsque l'ordre en fut donné.

L'*Orient*, après avoir engagé vigoureusement le Monarca, imita le mouvement du *Héros*; il eut dès lors le
Superb pour antagoniste. Lorsque, dans le but de couvrir
le Monmouth qui avait perdu deux de ses bas mâts, le

vice-amiral anglais augmenta de voiles, l'*Orient* le suivit, protégea le *Héros* et contribua à forcer le Superb à chercher un abri sous le vent de la ligne. Ce vaisseau exécuta l'ordre de virer ; mais, dès que son évolution fut terminée, le feu prit à son bord et il se laissa culer pour l'éteindre.

Le *Brillant* combattit d'abord le Magnanime, imita la manœuvre de l'*Orient* et contribua aussi à dégager le *Héros* et à obliger le Superb à passer sous le vent de la ligne. Il vira sur le signal qui en fut fait, abrita l'*Orient* lorsque le feu se déclara à son bord, et combattit jusqu'au signal qui ordonna de cesser de le faire.

Le *Sévère*, l'*Ajax*, l'*Annibal*, le *Flamand* et le *Bizarre* qui n'avaient pas bien tenu leur poste, exécutant à la lettre l'ordre de prendre le plus près, se trouvèrent tout d'abord trop au vent. Les signaux de laisser arriver, de s'approcher davantage, ne purent décider leurs capitaines à quitter la position qu'ils avaient choisie et dans laquelle ils brûlaient leur poudre en pure perte. Cependant plus tard, lorsque le *Héros*, l'*Orient* et le *Brillant* se portèrent en avant, ces vaisseaux se rapprochèrent et leurs coups eurent plus d'efficacité. Ils exécutèrent l'ordre qui fut donné de virer lof pour lof tout à la fois. Seul l'*Ajax* vira vent de devant, mais après plusieurs tentatives infructueuses qui ne purent décider son capitaine à effectuer son évolution vent arrière. Après le virement de bord, ces 5 vaisseaux combattirent d'une manière soutenue jusqu'au signal de cesser le feu. Ce fut l'*Ajax* que le commandant en chef choisit pour porter son pavillon lorsqu'il quitta le *Héros*.

Le 19, l'escadre française mit à la voile pour Benticolo (1) où elle mouilla le lendemain ; mais avant de faire route, le commandant en chef manœuvra de manière à engager le vice-amiral anglais à venir tenter de nouveau le sort des armes au large des bancs derrière lesquels il s'é-

---

(1) Benticolo, petit comptoir hollandais de l'île de Ceylan à 56 milles au Sud de Trinquemalé.

tait en quelque sorte fait une position inexpugnable. Celui-ci n'en tint aucun compte, et entra le 22 à Trinquemalé.

Le chef d'escadre de Suffren expédia de suite un aviso au gouverneur de l'île de France pour lui faire connaître sa situation et lui demander des mâtures et des munitions. Il lui disait que si, forcé par les circonstances, il lui fallait quitter la côte, il irait à Malac, et il le priait de diriger sur Pointe de Galles (1) les secours et les renforts qu'on lui enverrait.

La détermination prise par le chef d'escadre de Suffren d'aller à Benticolo fit dire aux Anglais que la victoire leur était restée. Le commandant en chef de l'escadre française donne les raisons de son départ ; il n'avait pas voulu engager un nouveau combat dans des eaux aussi peu profondes, et avait attendu, mais en vain, que les Anglais eussent appareillé.

La relâche à Benticolo causa un grand désappointement dans l'escadre. Une fermentation sourde ne tarda pas à se manifester parmi les capitaines et dans les états-majors. On discutait la possibilité de tenir plus longtemps la mer, l'utilité du séjour de l'escadre dans ces parages, et l'on n'hésitait pas à avancer que le retour à l'île de France était commandé. Ces observations intempestives arrivèrent jusqu'au commandant en chef; mais le bailli de Suffren ne craignit pas de sacrifier les intérêts de ses sous-ordres aux intérêts du service. Il avait vu promptement qu'il était de toute nécessité pour la France d'avoir une force maritime imposante sur la côte de Coromandel, et il comprit l'effet fâcheux que son départ produirait dans les circonstances actuelles. Quitter la côte, c'était obliger Hyder-Ali à traiter avec les Anglais. Que devenait alors le corps auxiliaire français? En vain disait-on que l'escadre reparaîtrait. Si l'on avait éprouvé tant de difficultés à la mettre en état de

_____

(1) Pointe de Galles, possession hollandaise sur la côte S.-O. de Ceylan.

reprendre la mer, les embarras eussent été autrement grands dans l'état où elle se trouvait. Le prix que le chef d'escadre de Suffren attachait à la présence des vaisseaux sur la côte de Coromandel se résume parfaitement bien dans cette phrase par laquelle il répondit à la demande qui lui était faite : *Plutôt ensevelir l'escadre sous les murs de Madras!* Il opposa aux mécontents une fermeté contre laquelle les criailleries vinrent s'émousser et il n'hésita pas à sévir. Il est hors de doute que sans cette énergie du commandant en chef, l'escadre eût encore donné le triste spectacle des dissensions qui avaient eu un résultat si fâcheux à une autre époque.

Malgré les ordres positifs qu'il avait reçus de France, ordres qui, malheureusement, étaient connus de tous, le chef d'escadre de Suffren prit donc sur lui de prolonger son séjour sur la côte. Il fit travailler immédiatement à réparer et à approvisionner ses vaisseaux; grâces aux prises qu'ils avaient faites et aux secours que les Hollandais leur donnèrent à Benticolo, ils purent recevoir six mois de vivres. Cela fait, l'escadre se rendit à Porto Novo et, de là, à Goudelour.

Le chef d'escadre de Suffren n'avait pas cessé de se préoccuper de la prise de Negapatam, la plus importante des colonies hollandaises de la côte de Coromandel. Trouvant le commandant des troupes françaises auxiliaires aussi peu partisan de cette expédition aujourd'hui qu'il l'était à son arrivée dans l'Inde, il profita du séjour de l'escadre à Goudelour pour entrer directement en relations avec Hyder-Ali et lui proposer de coopérer à l'attaque de cette ville. Avec l'aide de ce prince, il put embarquer 1200 hommes, dont 800 cipayes, pour compléter les équipages des vaisseaux et en outre 300 soldats pour les opérations par terre. Après avoir fait connaître ses projets au gouverneur de l'île de France, et lui avoir signalé les difficultés de plus en plus grandes que lui occasionnaient le dénûment le plus complet d'argent, d'approvisionnements, de vivres, de médicaments et l'affaiblissement des équipages, il mit à la voile dans les premiers jours du mois de juillet et se dirigea vers le Sud. Le 5, il était devant Negapatam; l'escadre anglaise était mouillée sur cette rade. Le vice-amiral Hughes n'attendit pas à être attaqué au mouillage; il appareilla, mais se maintint en observation au vent, et la nuit se passa ainsi. Le lendemain 6 juillet, le vice-amiral anglais fit arriver, dans l'ordre ci-après, sur l'escadre française alors rangée en bataille, tribord amures, comme il suit; l'*Ajax* qui avait démâté la veille de son grand mât de hune ne l'avait pas encore remplacé; ce vaisseau ne se mit pas en ligne. Le vent soufflait du S.-O.

ESCADRE FRANÇAISE.

Canons.
50	*Flamand*..........	capitaine	de Cuverville.
74	*Annibal*.	—	de Tromelin.
64	*Brillant*.	—	de Saint-Félix.
74	*Sévère*.	—	chevalier de Villeneuve Cillart.
	Héros.	—	Moissac.
		bailli de Suffren, chef d'escadre.	
64	*Sphinx*.	capitaine	vicomte Duchilleau de Laroche.
50	*Hannibal*..........	—	chevalier Morard de Galle.
	Artésien.	—	Bidé de Maurville.
64	*Vengeur*.	—	comte de Forbin.
	Bizarre (1).	—	chevalier de Lalandelle-Roscanvec.
74	*Orient*.	—	de Lapallière.
64	*Ajax* (pour mémoire). ..	—	Bouvet.

Frégates : *Bellone, Fine.*
Corvettes : *Naïade, Diligente.*

ESCADRE ANGLAISE.

Canons.
82	HERO............	capitaine	Charles Hughes.
		Richard King, commodore.	
64	EXETER........	. capitaine	Robert Montagu.
60	ISIS............	—	Lumley.
70	BURFORD.	—	Peter Rainier.
82	SULTAN.	—	James Watt.
74	SUPERB..........	—	Mac Lellan.
		sir Edward Hughes, vice-amiral.	

(1) Ce poste n'était pas celui qui avait d'abord été assigné au *Bizarre*. Ce vaisseau, étant sorti de la ligne pour demander l'explication d'un signal, avait reçu l'ordre de se placer entre l'*Orient* et le *Vengeur*.

70	Monarca.	capitaine	John Gell.
64	Worcester.	—	Charles Wood.
72	Monmouth.	—	James Alms.
64	Eagle.	—	Ambrose Reddals.
72	Magnanime.	—	Charles Wolseley.

Frégate : Sea-horse.

A 10^h30^m du matin, le commandant en chef de l'escadre française fit le signal de commencer le feu. Le combat ne s'engagea pas avec la même vigueur sur tous les points. La ligne de relèvement sur laquelle les Anglais avaient navigué n'était pas celle du plus près ; elle faisait un angle assez prononcé avec elle. Il en résulta que, lorsqu'ils vinrent au vent, le chef de file était à portée de mitraille de la tête de la colonne française, tandis que le dernier était à une distance qui permettait à peine aux boulets de l'atteindre. De part et d'autre, les 6 premiers vaisseaux se battirent avec acharnement et les deux amiraux qui, après trois mois seulement, se trouvaient de nouveau en présence, tenaient également à sortir vainqueurs d'une lutte qui pût autoriser l'un d'eux à faire la preuve d'une victoire, car jusque-là, il n'y avait eu d'avantage décisif d'aucun côté. Ce fut en vain que le chef d'escadre de Suffren voulut mettre sa gauche en position de donner d'une manière efficace ; le dernier vaisseau ne put réussir à se rapprocher. Le chef de file de la colonne française fut écrasé et contraint de sortir de la ligne ; mais il avait mis un de ses adversaires dans la nécessité de se retirer du feu. Un autre vaisseau français dont le grand mât avait été abattu se trouva dans une position fort critique ; le commandant en chef lui fit un abri avec le *Héros* et le dégagea. Grâce à cette intervention, ce vaisseau put travailler à déblayer son pont encombré sous des débris de grément et de mâture. Telle était la situation lorsque, vers 1^h de l'après-midi, le vent en sautant du S.-O. au S.-S.-E., vint jeter le désordre dans les deux escadres. Les vaisseaux français reçurent l'ordre de virer lof pour lof et de se former en bataille, les amures à bâbord, sans avoir égard aux postes. Deux vais-

seaux furent masqués, abattirent sur tribord, et alors que
les autres s'éloignaient pour effectuer leur évolution, ils
restèrent au milieu des vaisseaux ennemis. Cette fois encore
le commandant en chef aperçut le danger qu'ils couraient
et bientôt un des deux fut dégagé. Une fausse appréciation
de la situation, un moment de faiblesse qu'on peut comprendre, mais qui n'est pas excusable en présence de
l'ennemi, sauvèrent le second vaisseau qui n'avait pu faire
le tour. Les Anglais prirent aussi la bordée du Sud. Il fallut
du temps aux uns et aux autres pour se rallier. On tira bien
encore jusqu'à 4ʰ 30ᵐ, mais la saute de vent avait par le
fait mis fin au combat; les engagements partiels qui suivirent ne furent plus que des escarmouches entre des vaisseaux qui cherchaient à rallier leur escadre. Le HERO faisait des signaux de détresse; le MONARCA, entièrement
désemparé, ne gouvernait plus; le WORCESTER avait aussi
beaucoup souffert. Les avaries des autres vaisseaux anglais
étaient si considérables, que le vice-amiral Hughes déclara
qu'il lui eût été impossible de continuer le combat, et qu'il avait
dû renoncer au projet qu'il avait formé de le recommencer
le lendemain. Cela ne l'empêcha pas de dire que son escadre
avait eu une supériorité marquée sur celle des Français et
que, si le vent n'eût pas changé, il avait tout lieu de croire
que le combat se fût terminé par la prise de quelques vaisseaux français. Le capitaine Mac Lellan avait perdu la vie.
Les Français laissèrent tomber l'ancre à 6ʰ devant Karikal,
la *Bellone* traînant le *Brillant* à la remorque (1). Plusieurs
vaisseaux avaient de graves avaries; outre le *Brillant* et le
Flamand déjà mentionnés, le *Héros* et le *Sévère* avaient été
très-maltraités. Le *Sphinx* avait aussi beaucoup souffert et
son capitaine était blessé. Voici la part que chaque vaisseau
prit à ce combat.

Il était près de 10ʰ 45ᵐ lorsque le *Flamand* tira ses

---

(1) Karikal, petit comptoir français à 60 milles au Sud de Pondichéry. Il avait
été cédé à la France en 1738 par le roi de Tanjaour.

premiers coups de canon. Le vaisseau amiral SUPERB, placé
le sixième dans la ligne ennemie, s'étant arrêté par le
travers du *Héros*, les 4 vaisseaux qui précédaient ce
dernier se trouvèrent en présence des 5 anglais qui
marchaient en avant du SUPERB ; et ceux-ci ayant choisi
pour adversaire le vaisseau qui leur correspondait, en remontant jusqu'au *Flamand*, il en résulta que celui-ci
échut en partage au HERO et à l'EXETER. Le vaisseau français se ressentit de cette double attaque, et après avoir lutté
avec intrépidité, il dut se retirer du feu. Les 2 vaisseaux
anglais étaient, au reste, aussi maltraités que leur adversaire.

L'*Annibal* fut attaqué par l'ISIS. Lorsque par suite de la
saute de vent, le *Brillant* se trouva sous le canon de l'EAGLE
et du WORCESTER, l'*Annibal* prêta le côté à ces deux vaisseaux et contribua à dégager son compatriote.

Le *Brillant* eut le SULTAN pour adversaire, et sentit bientôt les effets de sa puissante artillerie. Son grand mât fut
abattu et il se trouva dans une position des plus critiques.
Le *Héros* lui vint en aide ; mais l'efficacité de ce secours fut
de courte durée. Lorsque le vent sauta au S.-E., le *Brillant*
masqua et abattit sur tribord entre le WORCESTER et l'EAGLE.
Le commandant en chef, qui suivait tous les mouvements
de ses vaisseaux, lui prêta encore assistance et le dégagea
de nouveau.

Le *Sévère* eut à combattre le BURFORD jusqu'à la saute de
vent. Ce vaisseau masqua alors et, abattant sur tribord,
il se trouva sous les batteries du SULTAN. Un fait regrettable
et dont je parlerai plus loin se passa, dans cette circonstance,
à bord du *Sévère*. Ce vaisseau put rallier son escadre.

Le *Héros*, ainsi que je l'ai dit, fut choisi pour adversaire par le vice-amiral Hughes ; mais la position dans
laquelle se trouva le *Brillant*, par suite de la chute de son
grand mât, le fit changer de vis-à-vis. Il doubla le *Brillant*
au vent, lui fit un rempart du *Héros* et présenta le travers
au SULTAN. Plus tard, lorsque le vent passa au S.-E. et que

ce même vaisseau masqua, ce fut encore le *Héros* qui lui
vint en aide, car le chef d'escadre de Suffren savait maintenant jusqu'à quel point il pouvait compter sur la coopération de ses sous-ordres, et il faisait ce qu'ils eussent dû
faire.

Le *Sphinx*, qui combattait le Monarca, remplaça le *Héros*
par le travers du Superb et se maintint à ce poste jusqu'au
changement de vent.

L'*Hannibal*, l'*Artésien*, le *Vengeur*, le *Bizarre* et l'*Orient*
ne prirent qu'une part secondaire au combat. La distance
à laquelle les vaisseaux qui leur correspondaient dans la
ligne ennemie tinrent le vent, rendit la lutte sans efficacité
dans cette partie. L'*Orient* reçut l'ordre de se rapprocher;
son capitaine essaya de le faire, mais il ne put y réussir.
Quant à l'*Ajax*, il ne se mit même pas en ligne.

Le combat que je viens de relater mit le commandant en
chef de l'escadre dans une position bien difficile, car, on
l'a vu par les extraits de correspondance que j'ai cités, ses
vaisseaux n'avaient pas de rechanges : 19 mâts de hune
étaient cependant à changer ! Et l'on comprend que là ne
s'arrêtaient pas les avaries nécessitant le remplacement
immédiat de mâts, vergues, voiles ou parties de grément.
La *Pourvoyeuse* donna tout son grand mât au *Brillant* et
prit celui de la flûte la *Fortitude*. La mâture de la *Sylphide*
fut donnée aux plus nécessiteux. Quand le commandant en
chef eut pourvu aux plus pressants besoins de l'escadre,
il se rendit à Goudelour. De leur côté, les Anglais allèrent
à Madras.

Le lendemain du combat, le vice-amiral Hughes envoya
un parlementaire au commandant en chef de l'escadre française pour réclamer le vaisseau le *Sévère* qui, disait-il, avait
continué de combattre après avoir amené son pavillon. Le
chef d'escadre de Suffren ne fit pas droit à cette réclamation
basée, répondit-il, sur une erreur; car si le pavillon du *Sévère* avait un instant cessé de flotter à sa corne, ce devait
être par suite de la rupture de la drisse.

Cette demande motiva une enquête sur ce qui s'était passé à bord du *Sévère*; voici ce qu'elle apprit. Pressé vivement par 2 vaisseaux anglais, le capitaine du *Sévère* avait donné l'ordre d'amener le pavillon. Dès que cette nouvelle se fut répandue à bord, les officiers firent redoubler le feu, et le capitaine se vit forcé d'ordonner de hisser les couleurs. Le vaisseau anglais SULTAN, qui avait mis en panne pour envoyer amariner le *Sévère*, fut la victime de cette détermination : il reçut pendant quelque temps, sans riposter, tout le feu du vaisseau français.

Le chef d'escadre de Suffren suspendit le capitaine chevalier de Villeneuve-Cillart de ses fonctions. Le capitaine Bidé de Maurville, de l'*Artésien*, et le capitaine comte de Forbin, du *Vengeur*, furent aussi remplacés dans leur commandement. Le capitaine Bouvet quitta son vaisseau pour raisons de santé.

A la version officielle que j'ai donnée de l'affaire du *Sévère*, version qui fut accréditée dans l'escadre, je crois devoir joindre un extrait du mémoire justificatif publié par le capitaine de Villeneuve-Cillart. Cet officier prétend d'abord que le *Sévère* était le plus mauvais marcheur et le vaisseau le plus mal armé de l'escadre; que quand, à la mort du comte d'Orves, il quitta la frégate la *Bellone* pour le prendre, il trouva tout à faire et à organiser. « Depuis « le combat du 12 avril, continue-t-il, le *Sévère* avait fait « beaucoup de pertes, et le nombre de ses malades était « encore si grand, que l'on avait eu beaucoup de peine à « armer les deux batteries; il ne restait personne pour « celle des gaillards, ni pour la manœuvre.

« Lorsque le vent passa au S.-E. pendant le combat, le « *Sévère* avait perdu sa vergue de petit hunier; le grand « hunier était tombé sur le chouque; son mât d'artimon « était au tiers coupé et son grément tellement haché, que « le capitaine de Cillart se disposait à sortir de la ligne, ainsi « que l'avait fait le *Flamand*. Cette saute de vent le coiffa « et, incapable de manœuvrer, il tomba dans la ligne an-

« glaise et fut entouré. Un vaisseau de 64ᵉ le prit en enfi-
« lade par l'arrière ; un 74 le combattit par le travers de
« bâbord, et un troisième, après lui avoir envoyé une volée
« d'écharpe par l'avant, prit poste à tribord. Le *Sévère*,
« toujours masqué, répondit de son mieux au feu de ces
« trois adversaires ; mais lorsque le capitaine de Cillart vit
« l'escadre française s'éloigner, car tous les vaisseaux, à
« l'exception du *Brillant*, avaient abattu sur l'autre bord,
« il jugea inutile de prolonger sa défense et fit amener le
« pavillon. Les vaisseaux qui le combattaient cessèrent aus-
« sitôt leur feu et celui de tribord s'éloigna. Dans ce mo-
« moment, le *Sévère* abattit sur tribord et le vent prit dans
« ses voiles ; le capitaine de Cillart fit alors continuer le
« feu par la première batterie, la seule qui restât armée,
« et il rejoignit son escadre. »

Lorsque l'ordre qui le suspendait de ses fonctions lui fut
notifié, le capitaine de Villeneuve-Cillart demanda à servir comme volontaire sur l'escadre ; il ne put l'obtenir et
fut renvoyé à l'île de France.

Le roi approuva les mesures prises par le commandant
en chef forces navales de l'Inde ; il poussa même la
sévérité plus loin que lui. Le chevalier de Villeneuve-Cillart fut cassé. Les capitaines Bidé de Maurville et de Tromelin furent rayés des listes ; le comte de Forbin fut déclaré
incapable d'être employé ; le chevalier de Lalandelle-Ros-
canvec fut mis en retraite sans pension, et le capitaine de
Lapallière fut invité à prendre sa retraite.

L'admiration que le Nabab Hyder-Ali professait pour
le bailli de Suffren augmentait de jour en jour. Ayant appris le retour de l'escadre à Goudelour, il partit d'Harni
avec son armée et alla établir son camp à 9 milles de la
mer, afin d'avoir une entrevue avec le commandant en chef
de l'escadre française. Un prince d'Asie se déplaçant avec
une armée de 12,000 hommes pour donner un témoignage
authentique de sa haute estime à un officier français est

chose trop digne de remarque, pour que j'omette de la relater. Cette entrevue eut lieu le 25 juillet.

———

Il ne suffisait cependant pas de vouloir, dans l'intérêt de la France, et malgré les instructions inintelligentes qui étaient arrivées d'Europe, ne pas quitter la côte de Coromandel; il fallait pouvoir y rester, et l'état des vaisseaux était tel, qu'on touchait au moment où, de toute nécessité, il faudrait faire route pour l'île de France. Le besoin d'un port se faisait sentir plus que jamais et, malheureusement, depuis le mois de janvier, l'insouciance du gouvernement hollandais avait livré aux Anglais Trinquemalé, seul port dans lequel il eût été possible d'entreprendre des réparations de quelque importance. Un double intérêt poussait donc le chef d'escadre de Suffren vers Trinquemalé : rendre à un allié une ville qui lui avait été enlevée, et se procurer un abri sûr et commode pour entreprendre les travaux devenus indispensables après une navigation active et plusieurs combats. L'escadre quitta Goudelour le 1er août, et fit route vers le Sud, laissant 2,000 hommes à l'hôpital. Informé de l'arrivée à Pointe de Galles d'un convoi escorté par 2 vaisseaux et une frégate, le commandant en chef alla mouiller à Benticolo où ce convoi, les vaisseaux le *Saint-Michel*, l'*Illustre* et la frégate la *Consolante* le rejoignirent. Il mit alors sous voiles et, le 25 août au jour, l'escadre entra dans la baie de Trinquemalé, le *Héros* en tête, sous le feu d'une petite batterie établie à la pointe du mât de pavillon à laquelle il fut défendu de répondre, et elle mouilla, ainsi que le convoi qui la suivait, dans l'arrière-baie où elle était à l'abri des batteries de la ville.

La vaste baie de Trinquemalé, sur la côte orientale de l'île de Ceylan, à 72 lieues dans le Sud de Pondichéry, est partagée en deux rades par une langue de terre qui court à peu près de l'Ouest à l'Est. En outre des fortifications régulières de la ville, un fort est établi sur cette presqu'île.

Il fallait donc mieux qu'un coup de main pour se rendre maître d'une semblable position. Cependant les nouveaux occupants la défendirent peu ; ils laissèrent les vaisseaux prendre tranquillement leur mouillage et ne firent aucune opposition au débarquement de 2,400 hommes qui furent mis à terre. Après une résistance de trois jours, le gouverneur capitula. Le chef d'escadre de Suffren avait conduit lui-même toutes les attaques et dirigé toutes les opérations.

Le 2 septembre dans l'après-midi, au moment où l'on apposait les dernières signatures sur la capitulation, l'escadre anglaise fut signalée au large. Dès que le vice-amiral Hughes avait eu connaissance de la direction que l'escadre française avait prise, il s'était douté des intentions de son commandant en chef; mais, quelque promptitude qu'il eût fait apporter à la mise en état de ses vaisseaux, il n'avait pu prendre la mer avant le 20 août. C'était trop tard; il arriva devant Trinquemalé pour voir l'étendard de la France flotter sur les principaux édifices de la ville et sur les forts. Son parti fut bientôt pris. Il n'était pas en mesure, dans le moment, de disputer aux Français la possession de cette place importante; mais il songea à entraîner leur escadre loin de terre pour la combattre dans une position avantageuse, et essayer de mettre le chef d'escadre de Suffren dans l'impossibilité de jouir des bénéfices de sa conquête. Il gouverna donc de suite au large. Le commandant en chef de l'escadre française recherchait avec trop d'empressement l'occasion de livrer bataille pour rester au mouillage alors que l'ennemi était en vue; il fit toutes ses dispositions, et le lendemain matin, il sortit de la baie avec une petite brise de S.-O. La première partie du plan du vice-amiral Hughes avait un commencement de réussite; cet officier général sut manœuvrer de manière à attirer entièrement son ennemi dans le piége qu'il lui tendait. Il serra d'abord le vent et, lorsque, dans le but de rectifier quelque peu leur ligne, les Français prirent le plus près,

il laissa arriver de nouveau et continua cette manœuvre,
sans jamais gouverner au même air de vent, jusqu'à
1ʰ 15ᵐ. Le chef d'escadre de Suffren qui ne saisit pas le
but d'une pareille tactique, se laissa entraîner à une poursuite dans laquelle tout le désavantage était de son côté ; il
était en effet loisible au vice-amiral anglais de choisir son
moment et d'attendre, dans une position bien établie, l'escadre française à laquelle il était fort difficile de se présenter au combat avec ordre. J'ai déjà dit combien est grande
la difficulté de tenir un certain nombre de bâtiments sur
une ligne de relèvement surtout, et c'était le cas, lorsque
ces bâtiments ont une marche différente. Or, si quelques-
uns des vaisseaux de l'escadre française étaient doublés
en cuivre, la majeure partie ne l'était pas. Et, il faut bien
le dire, le chef bouillant et toujours impatient de combattre qui était à la tête des forces navales de la France
dans l'Inde, n'était pas homme à conduire ses vaisseaux
avec cet excès de prudence et de circonspection que dic-
tait la circonstance. Entraîné par son ardeur, il ne vit pas
que, comme lui, son ennemi voulait une bataille, et que ce
qu'il prenait, lui, pour de la faiblesse et de l'hésitation,
n'était qu'une tactique habile de la part d'un adversaire
qui savait à qui il avait affaire. Ce que le vice-amiral Hughes avait supposé arriva ; et lorsqu'il estima les vaisseaux
français suffisamment en désordre, il s'arrêta définitivement
et établit les siens en bataille, les amures à tribord dans
l'ordre que voici :

Canons.
64   EXETER. . . . . capitaine Robert Montagu.
60   ISIS. . . . .   —   Lumley.
82   HERO. . . . .   —   Charles Hughes.
                                 Richard King, commodore.
72   SCEPTRE. . . . . capitaine Samuel Graves.
70   BURFORD. . . . .   —   Peter Rainier.
82   SULTAN. . . . .   —   James Watt.
74   SUPERB. . . . .   —   Henry Newcome.
                                 sir Edward Hughes, vice-amiral.
70   MONARCA. . . . . capitaine John Gell.
64   EAGLE. . . . .   —   Ambrose Reddals.

II.   13

72	{ MAGNANIME.	—	Charles Wolseley.
	{ MONMOUTH.	—	James Alms.
64	WORCESTER.	—	Charles Wood.

Les frégates MEDEA et COVENTRY étaient en dehors de la ligne.

A 1ʰ 55ᵐ, les capitaines français reçurent l'ordre de tenir le vent par le travers de l'escadre anglaise. Les vaisseaux se suivaient comme ci-après :

Canons.

64	Artésien.	capitaine	de Saint-Félix.
74	Orient.	—	de Lapallière.
60	Saint-Michel.	—	d'Aymar.
74	{ Sévère.	—	Maurville de Langle.
	{ Brillant.	—	de Kersauson.
50	Hannibal.	—	chevalier Morard de Galle.
64	Sphinx.	—	vicomte Duchilleau de Laroche.
74	Héros.	—	Moissac.
			bailli de Suffren, chef d'escadre.
74	Illustre.	capitaine	comte de Bruyères.
50	Flamand.	—	Perrier de Salvert.
64	Ajax.	—	vicomte de Beaumont Lemaître.
40	Consolante.	—	Péan.
74	Annibal.	—	de Tromelin.
64	{ Vengeur.	—	de Cuverville.
	{ Bizarre.	—	chevalier de Lalandelle Roscanvec.

Les frégates la *Bellone*, la *Fine* et la corvette la *Fortune* accompagnaient l'escadre.

Cette fois encore, le passage de l'ordre de marche à l'ordre de bataille fut mal exécuté ; les vaisseaux de l'avant-garde dépassèrent la tête de la colonne ennemie et, dans le but de prendre leur poste, ils serrèrent le vent tant qu'ils purent : cette manœuvre les éloigna au lieu de les rapprocher. Le dernier vaisseau du corps de bataille se trouvant trop près de son chef de file, mit un hunier sur le mât. Celui-ci crut devoir en faire autant : et le vaisseau amiral, probablement pour ne pas se séparer de ces deux vaisseaux placés immédiatement derrière lui, mit lui-même en panne. Il en résulta que les sept premiers vaisseaux s'éloignèrent davantage, et que le vaisseau de tête de l'arrière-garde dépassa ceux du centre. On conçoit combien la confusion fut grande. Il n'était pas possible d'engager ainsi le combat. Le commandant en chef fit signal de laisser arriver jusqu'à portée de pistolet, et il appuya cet ordre d'un coup de canon. Chacun attendait le signal de commencer le feu. La détonation de ce coup de canon s'était à peine fait entendre, que toutes les batteries du *Héros* tirèrent. Prompts, dans cette circonstance, à imiter les mouvements du vaisseau amiral, plusieurs capitaines engagèrent le combat. Il faut en convenir, l'erreur était possible, puisque le *Héros* avait été le premier à lâcher sa bordée : l'affaire se trouva donc mal engagée, mais il n'était plus possible de la remettre. Les vaisseaux se gênaient à l'avant et à l'arrière-garde, et ils étaient trop loin de l'ennemi pour que leur tir pût avoir un résultat ; 3 vaisseaux du corps de bataille luttèrent seuls avec désespoir contre un ennemi qui leur était bien supérieur en forces, et deux d'entre eux, dont un était le *Héros* lui-même, privés de deux de leurs bas mâts, se trouvèrent grandement compromis. Les signaux du commandant en chef furent à peu près sans effet ; l'arrière-garde y fut insensible, et l'avant-garde ne les exécuta qu'avec lenteur. Tous furent, il est vrai, contrariés par la faiblesse de la brise et par le calme. Les éléments luttèrent aussi contre le chef d'escadre de Suffren dans cette affaire. Un de ses vaisseaux embarqua tant d'eau par sa batterie basse qu'il fut sur le point de couler et qu'il dut se retirer. Un autre qui, faute de munitions, avait été dans la nécessité de sortir de la ligne, eut le feu à bord et fut obligé de couper une partie de sa mâture. Enfin, vers 5ʰ 30ᵐ, la brise s'éleva du large ; l'avant-garde rallia et dégagea les vaisseaux compromis. L'état de quelques-uns des vaisseaux anglais fit prendre alors au vice-amiral Hughes la détermination de faire route au Nord. La nuit était du reste arrivée ; il était 7ʰ 20ᵐ. Les vaisseaux anglais avaient beaucoup souffert ; le Worcester, l'Eagle, le Burford, le Monmouth et le Superb étaient criblés. Les capitaines Lumley de l'Isis, James Watt du Sultan, avaient été tués, et le capitaine Charles Wood du Worcester avait reçu une blessure ex-

trêmement grave. L'escadre anglaise se rendit directement
à Madras. Du côté des Français, le *Héros* avait perdu son
grand mât, son mât d'artimon et son petit mât de hune.
L'*Illustre* avait démâté de son grand mât et de son mât
d'artimon : le capitaine de Bruyères était blessé. L'*Ajax*
avait eu un mât de hune abattu. Le capitaine Péan de la
Consolante avait été tué (1). Deux vaisseaux prirent le
Héros et l'*Illustre* à la remorque, et l'escadre fit route pour
Trinquemalé qu'elle ne put atteindre que le 8. Une nouvelle épreuve y attendait le chef d'escadre de Suffren : en
louvoyant pour prendre son mouillage, l'*Orient* se jeta à la
côte et il ne put être relevé. Disons maintenant comment
chaque capitaine comprit les obligations de sa position.

Lorsque le commandant en chef fit signal de former la
ligne de bataille, l'*Artésien* se trouva bien en avant de la
colonne ennemie. Dans le but de diminuer le sillage et de
prendre son poste, le capitaine de ce vaisseau serra le vent
de manière à mettre ses voiles en ralingue. Cette malen-
contreuse manœuvre eut pour résultat d'éloigner l'*Artésien*
au lieu de le rapprocher, et ce vaisseau ne prit part au
combat que quand, à 5ʰ 20ᵐ, une brise fraîche du large lui
permit d'exécuter l'ordre donné, deux heures auparavant,
de se rapprocher à portée de pistolet. Ce fut l'*Artésien* qui
contribua le plus à dégager les vaisseaux qui combattaient
au centre.

L'*Orient* se trouva dans la même situation que son chef
de file. Comme lui, il dépassa la tête de la colonne ennemie ; comme lui, il ne combattit que lorsque la brise le
poussa sur le champ de bataille.

Le *Saint-Michel* se trouva dans une position identique et
son capitaine imita la manœuvre des 2 vaisseaux qui le
précédaient. Toutefois, le *Saint-Michel* ne combattit pas

---

(1) Il y eut 82 tués et 255 blessés dans l'escadre. Le nombre des tués variait
de 1 à 50, celui des blessés de 8 à 82 par vaisseau. Cinq n'eurent ni tués ni
blessés. Ce résultat indique suffisamment la part inégale que les vaisseaux
prirent au combat.

car, lorsqu'on ouvrit sa batterie basse, l'eau entra par les sabords en quantité telle qu'il fallut la refermer, et il se retira.

Le *Sévère* qui se trouvait aussi en avant et au vent de la tête de la colonne ennemie, n'exécuta pas plus que les vaisseaux qui le précédaient le signal de se rapprocher ; et il n'y eut guère pour lui possibilité de faire usage de son artillerie avant que le vent l'eût conduit dans le groupe des vaisseaux qui combattaient.

De tous les vaisseaux de l'avant-garde qui s'étaient vus d'abord dans l'impossibilité de combattre, le *Brillant* fut le premier à rallier les vaisseaux qui se battaient. Mais, au lieu de passer entre ces vaisseaux déjà fort maltraités et l'ennemi, il gouverna au large et se plaça derrière l'*Illustre*.

L'*Hannibal* combattit en avant du poste qu'il devait occuper, et il ne s'inquiéta nullement de l'embarras dans lequel se trouvèrent le *Héros*, l'*Illustre* et l'*Ajax*.

Le *Sphinx* remonta également trop haut dans la ligne ennemie. Son capitaine oublia que son poste de matelot d'avant de l'amiral lui faisait une obligation de se maintenir auprès de ce vaisseau auquel il ne prêta qu'une assistance tardive.

Le *Héros* fut littéralement écrasé. Mais, il faut bien le dire, la faute n'en était pas tout entière aux capitaines des autres vaisseaux. Lorsque, par suite du signal de former la ligne de bataille, l'escadre fut au plus près, les deux derniers vaisseaux du corps de bataille mirent un hunier sur le mât. Si le *Héros* qui les précédait n'imitait pas leur manœuvre, il allait se trouver isolé, puisque l'*Hannibal* et le *Sphinx* s'étaient portés trop en avant. Il mit donc en panne, mais sans faire aucun signal. Cette manœuvre acheva ce que le passage de l'ordre de marche à l'ordre de bataille avait commencé : le désordre devint extrême. Pour le réparer, il n'y avait pas de temps à perdre. Aussi, afin d'appeler l'attention sur le signal de laisser arriver et d'approcher l'ennemi à portée de pistolet qui fut hissé à bord du *Héros*, le commandant en chef fit-il tirer un coup de canon. Sur le vaisseau amiral lui-même, ce coup de canon fut pris pour l'ordre de commencer le feu : les batteries du *Héros* tirèrent. D'autres vaisseaux l'imitèrent. C'en était fait, le combat était engagé, mais dans des conditions tout à fait défavorables, puisque les vides qui existaient en avant du *Héros* et en arrière du corps de bataille permettaient à l'ennemi de concentrer son feu sur les vaisseaux qui se trouvaient ainsi isolés. A 3ʰ 20ᵐ, signal fut fait à l'avant-garde de venir soutenir le vaisseau amiral ; nous savons déjà qu'elle n'en tint pas compte. La position du *Héros* était fort critique. Son grand mât et son mât d'artimon furent successivement abattus. Ce fut dans ce moment que, n'apercevant plus le pavillon de poupe ni celui de commandement, le bailli de Suffren s'écria : *Des pavillons ! qu'on apporte tous les pavillons blancs ! qu'on en mette tout autour du vaisseau !* Les vaisseaux finirent par rallier ; ils couvrirent et dégagèrent le *Héros*. Le commandant en chef arbora son pavillon sur l'*Orient* et resta sur ce vaisseau jusqu'à la fin du combat. Le *Sphinx* prit le *Héros* à la remorque.

Lors de la formation de la ligne de bataille, le *Flamand* se rapprocha trop de l'*Illustre* et mit sur le mât. Le capitaine de ce dernier vaisseau imita cette manœuvre, on ne sait trop pourquoi, et occasionna ainsi une partie du désarroi dans lequel l'escadre se trouva. Le capitaine de Bruyères racheta noblement la faute qu'il avait commise en restant jusqu'au dernier moment là où était son poste, auprès du vaisseau amiral. L'*Illustre* partagea tous les périls du *Héros* et, comme lui, il fut écrasé. Il avait déjà perdu son mât d'artimon lorsque le signal de se porter au feu fut fait à l'avant-garde. Plus tard, son grand mât fut aussi abattu. Enfin, grâce au concours un peu tardif, mais réellement efficace, des vaisseaux de l'avant-garde, l'*Illustre* fut dégagé et l'*Hannibal* le prit à la remorque.

C'est le *Flamand* qui fut la cause première du désordre dans lequel l'escadre se trouva. Le capitaine de ce vaisseau ayant mal calculé son mouvement d'oloffée, lors de la formation de l'ordre de bataille, se trouva trop près de l'*Illustre* et mit un hunier sur le mât pour se laisser culer. Nous avons vu que cette manœuvre fut imitée par l'*Illustre* et par le *Héros*. N'obtenant pas dès lors le résultat qu'il s'était promis, le capitaine du *Flamand* fit orienter, passa sous le vent et ne rentra plus dans la ligne.

Naturellement surpris par la manœuvre de son chef de file, l'*Ajax* ne put amortir assez promptement son erre et le dépassa; mais son capitaine s'arrêta auprès du commandant en chef et, avec l'*Illustre*, il soutint le *Héros* jusqu'au dernier moment. Ce vaisseau fut, comme les deux autres, dégagé par l'avant-garde. L'*Ajax* n'avait perdu qu'un mât de hune.

La frégate la *Consolante*, qui avait été mise en ligne, reçut l'ordre de doubler l'ennemi par-dessous le vent. Sa manœuvre ayant été contrariée par le Worcester, serre-file de la ligne, elle présenta le travers à ce vaisseau. Dans cette lutte inégale, le capitaine Péan fut victime de l'explosion d'une grenade qu'on crut être tombée de la hune d'artimon de la frégate.

L'*Annibal* avait tenu le vent trop tôt et se trouva à une distance à laquelle son tir ne pouvait avoir d'efficacité. Son capitaine s'y maintint cependant malgré l'ordre de combattre à portée de pistolet.

Le *Vengeur* reçut, en même temps que la *Consolante*, l'ordre de doubler l'ennemi par-dessous le vent; mais sa manœuvre fut déjouée et il combattit au vent. Ce vaisseau n'avait malheureusement presque pas de munitions et elles furent promptement épuisées. Son capitaine dut alors se retirer et il se plaça au vent du corps de bataille : le feu était à bord de ce vaisseau. Le *Vengeur* devint un épouvantail qui ne contribua pas peu à compléter le désordre de l'arrière-garde. Le sacrifice du mât d'artimon qui fut coupé arrêta l'incendie.

Le *Bizarre* qui fermait la marche resta de l'arrière sans ennemi par le travers.

L'escadre française avait, jusqu'à ce jour, été numériquement supérieure à l'escadre anglaise et cependant, le bailli de Suffren n'avait pas encore remporté de victoire décisive. La lettre qu'il écrivit au ministre de la marine, après le combat du 3 septembre, et que je transcris en entier, en donne la raison. Voici ce document intéressant.

A bord du *Héros...*

« Monseigneur,

« J'ai le cœur navré par la défection la plus générale :
« je viens de manquer l'occasion de détruire l'escadre an-
« glaise. J'avais quatorze vaisseaux et la *Consolante* que
« j'avais mise en ligne. L'amiral Hughes évitait sans fuir ;
« pour mieux dire il fuyait en ordre, conformant sa voi-
« lure à la marche des plus mauvais voiliers ; et larguant à
« mesure, il fit courir jusqu'à dix et même douze aires de
« vent ; ce ne fut qu'à 2ʰ de l'après-midi que je pus le
« joindre. Ma ligne à peu près formée, j'attaquai et fis le
« signal d'approcher. J'avais fait signal au *Vengeur* et à la
« *Consolante* de doubler par la queue ; on n'approcha point.
« Il n'y a eu que le *Héros*, l'*Illustre* et l'*Ajax* qui aient
« combattu de près et en ligne. Les autres, sans égard à
« leur poste, sans faire aucune manœuvre, ont tiraillé de
« loin ou, pour mieux dire, hors de portée de canon. Tous,
« oui tous, ont pu approcher puisque nous étions au vent
« et de l'avant, et aucun ne l'a fait. Plusieurs de ceux-là
« se sont conduits bravement dans d'autres combats. Je
« ne puis attribuer cette horreur qu'à l'envie de finir la
« campagne, à la mauvaise volonté et à l'ignorance, car
« je n'oserais soupçonner rien de pis. Le résultat a été
« terrible. Le *Héros*, l'*Illustre* ont perdu grand mât, mât
« d'artimon, petit mât de hune etc. Ce seraient des avaries

« affreuses en Europe ; jugez dans l'Inde où nous n'avons
« aucune ressource en ce genre. Il faut que je vous dise,
« Monseigneur, que des officiers depuis longtemps à l'île
« de France, ne sont ni marins ni militaires. Point marins,
« parce qu'ils n'y ont point navigué, et l'esprit mercan-
« tile, d'indépendance et d'insubordination est absolument
« opposé à l'esprit militaire. Les maîtres y ont contracté
« un esprit de rapine qu'il est impossible de réprimer.
« Vous ne sauriez imaginer, Monseigneur, toutes les petites
« ruses qu'on a employées pour me faire revenir. Vous
« n'en serez pas surpris si vous savez qu'à l'île de France
« l'argent vaut 18 p. 100 et, quand on fait des affaires,
« infiniment plus ; et pour cela il faut y être.

« Messieurs de Lalandelle, de Tromelin, de Saint-Félix,
« de Galle ont demandé à quitter leurs vaisseaux ; j'ai été
« trop mécontent d'eux pour ne pas le leur accorder avec
« plaisir. Si je ne change pas plusieurs autres, c'est faute
« d'avoir des personnes en état de commander les vaisseaux ;
« je vous envoie la liste apostillée. Il est affreux d'avoir
« pu quatre fois détruire l'escadre anglaise et qu'elle existe
« toujours. Le choix des officiers pour l'Inde est des plus
« essentiels, parce qu'on n'est pas à même de les changer.
« Je ne crois pas avoir les talents qu'il faudrait ; je ne suis
« rassuré que par la confiance que vous avez en moi. Mais
« en vérité, si ma mort ou ma santé faisait vaquer le com-
« mandement, qui me remplacerait ? monsieur d'Aymar ?
« Vous le connaissez. Monsieur Peynier est brave, zélé,
« excellent pour un jour de combat ; mais je croirais la
« conduite d'une grande escadre fort au-dessus de ses
« forces dans ce moment, n'ayant point encore été éprouvé
« dans cette partie. Je ne connais qu'une personne qui
« ait toutes les qualités qu'on peut désirer ; qui est très-
« brave, très-instruite ; pleine d'ardeur et de zèle, désin-
« téressée ; bon marin : c'est monsieur d'Albert de Rions
« et, fût-il en Amérique, envoyez-lui une frégate. J'en
« vaudrai mieux l'ayant, car il m'aidera ; et si je meurs,

« vous serez assuré que le bien du service n'y perdra rien.
« Si vous me l'aviez donné quand je vous l'ai demandé, nous
« serions maîtres de l'Inde. Je puis avoir fait des fautes à
« la guerre; qui n'en fait pas! mais on ne pourra m'en
« imputer aucune de celles qui font perdre les affaires.

 « Je suis, etc.

« Signé : BAILLI DE SUFFREN. »

Disons cependant, sans chercher d'autres causes, que le résultat incomplet dont le commandant en chef des forces navales de la France dans les mers de l'Inde se plaignait, pouvait aussi dépendre de la composition des équipages. Les armements considérables faits depuis 1778 avaient épuisé les ressources du personnel ; on y remédiait en complétant les équipages avec des milices gardes-côtes, des troupes de marine, exclusivement employées jusqu'alors à former la garnison des vaisseaux, et enfin, avec ce qu'on appelait des novices volontaires, qui étaient des hommes de l'intérieur recrutés à prix d'argent. On conçoit quels équipages devaient former de tels éléments. Le relâchement et l'esprit d'indépendance tenaient aussi à une autre cause que celle signalée ; on peut en attribuer une partie au règlement sur les tables. Général, capitaine, officiers, gardes-marine mangeaient ensemble; tout était confondu. On se tutoyait comme camarades. Quand on manœuvrait, le subalterne donnait son avis, discutait, et le chef impatienté préférait souvent céder plutôt que de se faire des ennemis. Des faits de ce genre sont constatés par des témoins dont on ne peut suspecter la véracité.

Les avantages furent à peu près balancés dans les combats particuliers qui furent livrés cette année.

Lorsque, le 17 février, l'escadre française de l'Inde alla mouiller à Porto Novo, après le combat qu'elle avait livré aux Anglais, la frégate de 32° la Bellone, capitaine Perrier

de Salvert, fut laissée en croisière au large. Huit jours plus
tard, le 25, cette frégate rallia l'escadre avec la corvette
anglaise de 20ᶜ le CHASSEUR, qu'elle avait fait amener après
vingt minutes de combat. Le commandement en fut donné
au lieutenant Boisgelin.

Le 26 juin, c'était la frégate de 32ᶜ la *Fée*, capitaine
de Boubée, qui s'emparait, à la hauteur du cap Lizard
d'Angleterre, de la corvette anglaise de 18ᶜ ALLIGATOR
qui portait les dépêches du commandant de la division des
côtes occidentales d'Afrique.

Le 28 juillet au soir, et alors que l'armée navale se rendait du Cap Français à Boston, une canonnade fort vive
fut entendue dans le Sud ; le commandant en chef se
dirigea de ce côté. Le lendemain au jour, la frégate l'*Amazone* fut aperçue sans pavillon et démâtée de son grand
mât et de son mât d'artimon ; près d'elle se trouvait une
frégate anglaise qui prit chasse : l'*Amazone* hissa alors
son pavillon. Cette frégate, commandée par le lieutenant
de vaisseau de Montguyot, avait été chassée, le 28 dans
l'après-midi, par la frégate anglaise de 48ᶜ SANTA MARGA-
RITA, capitaine Salter. A 5ʰ, celle-ci passa à la distance
d'un câble, à contre-bord de l'*Amazone* qui lui lâcha sa
bordée et vira immédiatement vent arrière. Le capitaine
anglais attendit que l'évolution de la frégate française fût
commencée pour lui envoyer sa volée en poupe ; il l'approcha ensuite à portée de pistolet en la tenant à tribord.
Le combat fut terrible ; après cinq quarts d'heure, le lieutenant de vaisseau chevalier de l'Épine qui avait remplacé
le capitaine de Montguyot, tué pendant l'action, fit amener
le pavillon ; cet officier était blessé lui-même. Le grand mât
et le mât d'artimon de l'*Amazone* s'abattirent presque en
même temps que le pavillon. A la nuit, le capitaine Salter

suspendit le transbordement des prisonniers, envoya 68 hommes à bord de la frégate française et la prit à la re- morque. Lorsqu'au jour il aperçut l'armée, il fit revenir à son bord les officiers et les matelots détachés; et, sans prendre le temps d'embarquer son canot qu'il abandonna, il coupa le grelin de remorque et prit chasse. L'équipage de l'*Amazone* rehissa de suite les couleurs nationales (1).

La *Gazette d'Albany* du 8 août fit les réflexions suivantes sur ce combat : « Nous sommes informés que la Santa « Margarita est un très-beau bâtiment ayant 28ᶜ de 18 en « batterie. Cela étant, elle devait avoir un très-grand « avantage sur la frégate française qui, d'après le rap- « port, ne porte que du 12 et du 6 ; cette infériorité est « immense. »

Le rédacteur de la *Gazette d'Albany* était mal informé en ce qui concerne la force de l'*Amazone*; la matricule des bâtiments armés constate que cette frégate était une de celles auxquelles on n'avait pas ajouté 6 canons de 6 sur les gaillards; elle ne portait que 26ᶜ de 12.

L'observation du *Journal d'Albany* servira à établir la force exacte de la Santa Margarita, quelle que soit d'ail- leurs la classe à laquelle les relations anglaises aient fait appartenir cette frégate. D'après le règlement du 3 juillet 1779, les frégates dites de 38 étaient les seules qui eussent 28ᶜ de 18 en batterie. Or, comme en 1782, ces frégates remplacèrent leurs caronades de 18 par des caronades du calibre de 24, la Santa Margarita devait avoir :

> 28 canons de 18,
> 2 — de 12,
> 8 — de 9,
> et 10 caronades de 24.

L'*Amazone* faisait partie de l'armée navale aux ordres

---

(1) M. de Lapeyrouse omet de relater cette circonstance importante dans son *Histoire de la marine française*.

du lieutenant général de Vaudreuil ; elle avait été envoyée
en découverte, le jour même où elle avait été attaquée. En
rendant compte de son combat, cet officier général appela
l'attention du ministre sur les avantages que l'emploi des
caronades et la substitution des platines au boute-feu
donnaient aux bâtiments de la marine anglaise. Ces avantages étaient réels puisque, d'une part, l'emploi des caronades permettait l'embarquement de pièces de fort calibre ;
et que, de l'autre, l'usage des platines procurait, dans le
tir, une précision à laquelle il n'était pas possible de prétendre avec le boute-feu.

Le 11 août, les frégates la *Friponne* et la *Résolue*, capitaines de Blachon et de Saint-Jean, s'emparaient des corvettes anglaises de 26ᶜ Swift et Speedy.

Le 12 août, la frégate de 32ᶜ la *Bellone*, capitaine de
Piervert, détachée pour observer les mouvements de l'ennemi rencontra, à la hauteur de l'île Ceylan, la frégate
anglaise de 30ᶜ Coventry, capitaine Mitchell et l'attaqua.
Le combat prit bientôt un caractère de vigueur et d'opiniâtreté inaccoutumé. Spectateurs habituels des combats de
leurs escadres, les deux capitaines avaient saisi avec empressement l'occasion de mesurer leurs forces. Après deux heures
de lutte acharnée, les deux frégates se séparèrent totalement
désemparées. Le capitaine de Piervert avait perdu la vie.
Sa mort était en partie cause de l'état dans lequel se trouvait la *Bellone*. Lorsqu'il fut tué, une contestation s'éleva
au sujet du commandement. Le second de la frégate était
italien et, aux termes des ordonnances, il était par ce fait
exclu du commandement en temps de guerre. Cet officier
ne voulait pas qu'un autre s'emparât de l'autorité qu'il pré-
tendait lui appartenir et, pendant la discussion qui s'ensuivit entre lui et le premier lieutenant, la frégate resta sans

chef. On conçoit le désordre qui dut en résulter. Ce fut une circonstance fâcheuse, car il fallait que la frégate anglaise eût de bien graves avaries pour cesser son feu dans l'état où était son adversaire.

La *Bellone* avait   26 canons de 12,
et 6   —   de 6.
La Coventry portait 26 canons de 12,
et 4   —   de 6.

Le capitaine de Beaulieu qui avait été nommé au commandement du *Brillant* reprit celui de la *Bellone*.

Sortie de Saint-Malo avec un convoi qu'elle conduisait à Brest, la frégate de 38° l'*Hébé*, capitaine chevalier de Vigny, fut chassée, le 3 septembre au matin, par le Rainbow de 48°, capitaine Trollope. Un boulet heureux qui coupa la barre du gouvernail ne permit à l'*Hébé* de gouverner qu'avec difficulté, et elle fut jointe par le travers de l'île de Bas. Son pavillon fut amené après un court combat. Le convoi se réfugia à Morlaix.

L'*Hébé* portait 26 canons de 18,
et 12   —   de 8.

Quant au Rainbow qu'on peut considérer comme un vaisseau puisqu'il avait deux batteries, en outre de celle des gaillards, il avait un armement particulier que nous trouvons mentionné dans un document livré à la publicité (1). Il avait :

20 caronades de 68,
22   —   de 42,
et 6   —   de 32.

La conduite du capitaine de vaisseau de Vigny fut exa-

---

(1) W. James, *The naval history of Great Britain.*

minée par un conseil de guerre. Cet officier supérieur,
trouvé coupable, fut condamné à 15 ans de prison, à être
cassé et déclaré incapable de servir. Le capitaine de Vigny
rappela de cet arrêt. Le nouveau conseil de guerre devant
lequel il fut traduit, se borna à réduire la première partie
de la peine à six années d'emprisonnement.

———

Dans le courant du mois d'août, les frégates l'*Aigle* de
40°, capitaine de Latouche, et la *Gloire* de 32, capitaine
chevalier de Vallongue, partirent de Rochefort pour porter
en Amérique de l'argent et plusieurs officiers qui ralliaient
l'armée du général Rochambeau. Le 4 septembre pendant
la nuit, à 135 lieues dans l'Est de Long-Island, elles aperçurent sous le vent un bâtiment qui courait comme elles
tribord amures avec des vents d'Ouest et qu'à l'élévation
de son bois elles jugèrent bientôt devoir être un vaisseau.
Ce bâtiment héla la *Gloire* qui était sous le vent de sa
conserve; l'*Aigle* serra de suite le vent. La crainte de présenter la poupe à cet inconnu en imitant cette manœuvre
décida le capitaine de la *Gloire* à laisser porter; et sans
savoir s'il avait affaire à un ami ou à un ennemi, il lui fit
envoyer une bordée qui reçut immédiatement une riposte :
le feu continua de part et d'autre. Le capitaine de Latouche
laissa arriver la première détonation, mais on avait cessé
de tirer lorsque sa frégate arriva sur le lieu du combat; le
capitaine du vaisseau étranger et celui de la *Gloire* étaient
entrés en pourparlers pour se demander à quelle nation ils
appartenaient. Ce répit fut de courte durée : les mots
France et *Angleterre* furent comme un signal qui rendit
inutile l'ordre de recommencer le feu. Après quelque
temps, l'*Aigle* remplaça la *Gloire* par le travers du vaisseau; mais la supériorité du feu de ce redoutable adversaire fit bientôt de tels dégâts à cette frégate, que le capitaine de Latouche crut devoir tenter l'abordage; il ne réussit
pas. La coopération de la *Gloire* était du reste très-active;

elle canonnait le vaisseau alternativement de l'avant et de l'arrière. Le jour, en se faisant, permit d'apercevoir plusieurs voiles au nombre desquelles on distinguait un vaisseau. Le capitaine de Latouche auquel son ancienneté donnait le commandement ne jugea pas devoir l'attendre : les deux frégates continuèrent leur route, après deux heures cinquante minutes d'engagement. Le vaisseau anglais qu'elles avaient combattu était l'HECTOR de 74°.

Les voiles aperçues par les frégates françaises faisaient partie d'un convoi anglais que le contre-amiral Graves escortait en Europe avec les vaisseaux RAMILIES qu'il montait, CANADA, CENTAUR, la VILLE DE PARIS, le GLORIEUX, le CATON et l'HECTOR. Ce dernier se rendait à Halifax lorsque les frégates le rencontrèrent.

Douze jours après le combat que je viens de relater, un coup de vent violent dispersa le convoi du contre-amiral Graves ; une partie périt corps et biens. Le vaisseau amiral RAMILIES coula : son équipage fut recueilli par un transport. L'HECTOR coula également. Le GLORIEUX disparut : on n'entendit plus parler de ce vaisseau. La VILLE DE PARIS devint la proie des flammes et son équipage entier périt par le feu ou dans les eaux. Le CENTAUR coula ; son équipage eut le temps de s'embarquer dans les canots, mais un seul atteignit le rivage : il portait douze hommes au nombre desquels se trouvait le capitaine. L'ARDENT et le JASON qui étaient aussi partis de la Jamaïque avec le convoi avaient été heureusement jugés incapables de faire la traversée et renvoyés ; le premier fut condamné. Ce désastre fit donc disparaître, en quelque sorte d'un seul coup, toute trace matérielle de la bataille du 12 avril, car le RAMILIES et le CENTAUR exceptés, tous ces vaisseaux avaient été pris à la bataille de la Dominique.

─────────

Le 12 septembre, huit jours après leur combat avec le vaisseau l'HECTOR, les frégates l'*Aigle* de 40° et la *Gloire* de 32, capitaines de Latouche et chevalier de Vallongue, chassèrent plusieurs navires ; dans le nombre était le brig anglais de 14ᵉ RACOON, capitaine Edmund Nagle, dont elles s'emparèrent. A la nuit, les frégates mouillèrent à 6 milles du cap James et un canot fut envoyé à terre pour prendre un pilote de la Delaware : ce canot se perdit. Le 13 au jour, 5 bâtiments de grande apparence furent aperçus dans le S.-E.; le vent soufflait du N.-N.-E. Les frégates appareillèrent et entrèrent dans la rivière. Mais ces parages étaient inconnus aux deux capitaines, et ils s'engagèrent dans le passage dit passe des *Ciseaux*, formé par deux bancs qui se réunissent. La sonde constata que l'*Aigle* ne pourrait pas franchir cet obstacle ; les frégates laissèrent tomber l'ancre. Les bâtiments aperçus formaient une division sous les ordres du commodore lord Keith Elphinstone ; c'étaient les vaisseaux WARWICK et LION ; la frégate VESTALE, la corvette BONETTA et une prise armée. Ils suivirent les frégates françaises jusqu'à l'entrée de la rivière. Le commodore anglais fit proposer un échange de prisonniers au capitaine Latouche et pendant qu'on traitait cette affaire, des embarcations anglaises se mirent à sonder la passe ; les canots des deux frégates envoyés pour troubler cette opération furent repoussés par la BONETTA. Les pilotes du pays ayant donné l'assurance que les frégates françaises franchiraient le barrage, on travailla à les alléger et, à 4ʰ du soir, elles appareillèrent : la *Gloire* passa et gagna le grand chenal. L'*Aigle* n'eut pas le même bonheur ; cette frégate toucha et elle ne tarda pas à tomber sur le côté. La VESTALE vint alors se placer par sa hanche de tribord, la BONETTA, de l'autre côté et la prise se mit en travers sous son arrière. A 8ʰ30ᵐ, ces 3 bâtiments ouvrirent leur feu sur la frégate française qui ne put leur répondre qu'avec trois canons. Dans cette situation critique, la défense était impossible. L'argent et les passagers avaient déjà été mis à terre ; la mâture de l'*Aigle* fut coupée ; de larges ouvertures furent pratiquées dans ses flancs ; et, lorsque le capitaine

II.   14

de Latouche crut avoir la certitude qu'il ne serait pas possible de relever la frégate, il fit amener le pavillon et héla qu'il se rendait. Une quarantaine d'hommes avaient quitté le bord dans deux embarcations. Les précautions prises par le capitaine de l'*Aigle* n'empêchèrent pas les Anglais de remettre cette frégate à flot et de l'emmener au large.

Le vaisseau de 74° le *Scipion*, capitaine Grimouard, et la frégate *Sibylle*, capitaine comte de Kergariou Locmaria, faisant route pour Saint-Domingue après avoir accompagné en dehors des débouquements un fort convoi qui se rendait en France, furent chassés, le 18 octobre, par les vaisseaux anglais LONDON de 108°, capitaine Kemptone, et TORBAY de 82, capitaine Gidoin. La brise était faible de l'E.-S.-E. Les deux bâtiments français furent gagnés et, après un échange de quelques boulets en chasse et en retraite, le LONDON atteignit une position d'où il allait faire sentir au *Scipion* la puissance de son artillerie. Il était alors 8ʰ 30ᵐ du soir. Le capitaine Grimouard n'en attendit pas l'effet ; il laissa arriver sur l'avant du vaisseau ennemi, lui envoya sa bordée de tribord à double projectile et revint immédiatement au vent pour éviter une bordée d'enfilade. Mais cette arrivée avait tellement rapproché les deux vaisseaux que, quand le *Scipion* revint au lof, il se trouva bord à bord et à tribord du LONDON. Le combat dura peu dans cette position ; quelque précipitées et meurtrières que fussent les décharges de la mousqueterie du vaisseau anglais, — il était presque impossible de se servir des canons — celles du *Scipion* l'étaient encore davantage et bientôt son adversaire réussit à se dégager. Le *Scipion* vint de suite sur bâbord, passa derrière le vaisseau anglais en lui envoyant une volée d'écharpe et continua de le canonner à bâbord. La *Sibylle* était à grande distance ; elle avait fait de la voile pour se faire poursuivre par le TORBAY, mais le capitaine anglais ne s'était pas laissé prendre à cette manœuvre et il s'était dirigé sur le lieu du combat. Lorsqu'il y arriva, le London avait cessé de tirer ; il venait de perdre sa vergue de petit hunier et l'oloffée subite qui avait été la conséquence de cette avarie avait mis toutes ses voiles sur le mât. Le capitaine Gidoin n'eut pas un instant la pensée que ce vaisseau pût être son compagnon de croisière et, dans le but d'être fixé sur le motif de son silence , il lui tira plusieurs coups de canon; revenant bientôt de son erreur, il dirigea son feu sur le *Scipion* qui gouvernait alors sur Saint-Domingue. Il était 10ʰ 30ᵐ. L'intention du capitaine Grimouard n'était pas de recommencer une nouvelle lutte; il se borna à échanger quelques bordées avec ce vaisseau qui, du reste, ne s'éloigna pas du London ; lorsque les principales avaries de celui-ci furent réparées, tous deux reprirent la chasse : ce fut inutile cette fois. Le *Scipion* entra dans la baie de Samana peu de temps après le lever du soleil. Au moment où il allait laisser tomber l'ancre dans le Port à l'Anglais, il toucha sur une roche dont la position n'était pas déterminée et il coula sur place; tout l'équipage fut sauvé. Le capitaine Grimouard avait été blessé au combat de la veille.

Le capitaine de Kergariou ne crut pas devoir s'approcher d'un champ de bataille sur lequel il ne pouvait trouver d'autre adversaire qu'un vaisseau ; il fit route pour le Cap Français et la *Sibylle* y entra sans autre rencontre.

Le *Palmier* qui était chargé de l'escorte du convoi avec 3 frégates eut une fin encore plus déplorable que celle du *Scipion.* A la suite d'un coup de vent qui dispersa son convoi, à une trentaine de lieues des Bermudes, une voie d'eau considérable se déclara à bord de ce vaisseau et, les pompes ne pouvant plus franchir, le capitaine Martelly Chautard l'abandonna et passa avec son équipage sur les navires qui étaient encore auprès de lui.

———

Au mois d'octobre, la corvette de 18ᵉ la *Sémillante*, capitaine chevalier d'Arraud, combattit, en vue de Madère, la corvette anglaise de même force MOLLY, et l'obligea à amener son pavillon, après une heure et demie de vigoureuse résistance.

La corvette la *Cérès* qui avait été capturée, au mois d'avril, après la bataille de la Dominique, fut prise, en décembre, par les frégates la *Nymphe* et la *Concorde*.

L'année se termina par la prise du vaisseau le *Solitaire* de 64ᵉ, que commandait le chevalier de Borda. Parti de la Martinique avec le vaisseau le *Triton*, les frégates la *Résolue*, la *Nymphe*, et la corvette la *Speedy* pour croiser devant la Barbade, le *Solitaire* se trouva, le 6 décembre au matin, après une nuit très-obscure, au milieu d'une division de 8 vaisseaux anglais sous les ordres du contre-amiral sir Richard Hughes. Le vaisseau français prit chasse; mais, à midi 30ᵐ, il fut joint par le RUBY de 72ᵉ, capitaine Collins, qu'il combattit jusqu'à 2ʰ; un second vaisseau arriva alors. Démâté de son mât d'artimon et désemparé dans toutes ses parties, le *Solitaire* succomba. Le RUBY portait des traces nombreuses de la résistance de son adversaire.

La corvette de 24ᵉ la *Speedy* fut aussi atteinte et eut le même sort que le *Solitaire*.

Dans les mers des Antilles, la campagne s'ouvrit par la prise de l'île anglaise de Saint-Christophe. A peine de retour de son expédition contre Saint-Eustache, le gouverneur général marquis de Bouillé se concerta avec le lieutenant général de Grasse pour diriger une attaque contre l'île anglaise de la Barbade (1). L'armée navale mit à la voile, le

---

(1) La Barbade est à une centaine de milles dans le S.-S.-E. de la Martinique.

17 décembre 1781, mais elle tenta vainement de remonter jusqu'à cette île : la force du vent et les avaries que firent les vaisseaux la forcèrent deux fois à relâcher. On renonça alors à l'attaque contre la Barbade, et Saint-Christophe fut choisie comme but de l'expédition (1). Le 5 janvier, 26 vaisseaux ayant à bord 6,000 hommes de troupes mirent à la voile. L'*Hector*, le *Palmier*, le *Conquérant* et le *Réfléchi* qui avaient le plus souffert dans les sorties du mois précédent restèrent au Fort-Royal ; le *Solitaire* avait été envoyé à Saint-Domingue. L'armée navale arriva, le 11, sur la rade de la Basse-Terre de Saint-Christophe. Elle était à peine mouillée qu'une députation des habitants les plus notables vint donner au commandant en chef l'assurance qu'ils ne prendraient aucune part à la lutte qui allait s'engager, et qu'ils conserveraient la plus stricte neutralité.

Les troupes expéditionnaires purent dès lors être mises à terre sans aucune opposition et marcher de suite sur le fort de Brimstone-hill, — montagne de soufre — dans lequel la garnison de la ville s'était renfermée. Brimstone-hill est une montagne escarpée que l'art et la nature ont fortifiée ; elle est voisine de la côte et distante de 9 milles et demi dans le N.-O. de la Basse-Terre. Un peu plus haut, toujours dans le N.-O., direction que la côte cesse alors de courir, se trouvent la petite ville et le mouillage de Sandy-point, — pointe sablonneuse — placés tous les deux sous l'artillerie du fort de Brimstone-hill. Cette considération, quoique ayant sa valeur, n'arrêta pas le gouverneur général. Les difficultés qui lui restaient à surmonter étaient telles, qu'il n'hésita pas à s'établir à la pointe Sandy d'où il pouvait avoir des communications faciles avec l'armée navale. La perte du transport qui portait l'ar-

---

(1) Saint-Christophe est à environ cinquante lieues dans le N.-N.-E. de la Martinique.

tillerie de siége retarda les opérations; deux batteries purent cependant bientôt ouvrir leur feu.

Dès que le vice-amiral Hood, qui avait remplacé l'amiral
Rodney dans le commandement des forces navales de l'Angleterre dans ces parages, apprit les projets des Français,
il appareilla de la Barbade et se dirigea sur Saint-Christophe avec 22 vaisseaux; le 25 au matin, il était en vue,
dans le Sud de cette île. L'apparition de l'armée anglaise
faillit occasionner la perte de l'*Isis*. Pressé d'avertir le
Généreux qui était à Nièves, petite île voisine et dépen-
dante de Saint-Christophe, le capitaine de cette frégate ne
prit pas toutes les précautions nécessaires pour atteindre
le mouillage et il s'échoua. L'*Isis* put être remise à flot le
lendemain, et elle rejoignit l'armée navale ainsi que le
vaisseau.

La rade de Sandy-point est incontestablement le meilleur
mouillage pour une escadre qui voudrait jeter des secours
dans le fort de Brimstone-hill; et comme cette fortification
était la plus considérable de l'île, le lieutenant général de
Grasse eut de suite la pensée que le commandant en chef
de l'armée anglaise allait conduire ses vaisseaux à cet
ancrage. Il vit promptement combien l'occupation de
cette position par l'armée ennemie pouvait avoir de conséquences fâcheuses pour le corps expéditionnaire qui
investissait ce fort. Non-seulement l'amiral anglais coupait ses communications avec la mer, mais il allait probablement lui susciter de nouveaux embarras en débar-
quant un corps de troupes capable, sinon de faire lever le
siége, du moins d'en faire ralentir et peut-être même suspendre les travaux. En présence de ces considérations, le
lieutenant général de Grasse n'hésita pas; et quoique la
distance à laquelle il était de Sandy-point ne fût pas grande,
il mit de suite sous voiles sans même attendre que l'amiral anglais eût marqué sa manœuvre et indiqué la route
qu'il comptait suivre et il se dirigea vers le N.-O. Il ne
tarda pas à s'apercevoir que le commandant de l'armée

anglaise n'avait pas l'intention qu'il lui avait prêtée. Arrivé à la hauteur de la pointe Sainte-Croix, la plus Sud de l'île, celui-ci serra la côte et il alla jeter l'ancre dans la grande baie des Salines, à 3 milles dans le S.-E. de la Basse-Terre. Ce fut en vain que le commandant en chef de l'armée française voulut influer sur cette détermination en faisant virer ses vaisseaux tout à la fois ; il était trop souventé : avec les vents d'E.-N.-E. qui régnaient, il ne lui était pas possible d'inquiéter l'ennemi. Aussi, celui-ci prit-il tranquillement son mouillage sur une ligne N.-N.-E. et S.-S.-O., la tête assez rapprochée de terre pour que le passage en dedans présentât de graves inconvénients. Le lieutenant général de Grasse continua la bordée de bâbord et fit canonner l'armée anglaise en passant, mais de loin ; le défilé terminé, il vira de bord lof pour lof par la contremarche ; il était alors 4^h du soir. Voici l'ordre dans lequel les Français étaient rangés :

Canons.		
74	Souverain. . . . . capitaine	chevalier de Glandevès.
	Hercule. . . . . —	Chadeau de Laclocheterie.
80	Languedoc. . . . . —	baron d'Arros d'Argelos.
	Duc-de-Bourgogne. . . . . —	de Champmartin.
	comte de Barras Saint-Laurent, lieuten. gén.	
74	Marseillais. . . . . capitaine	de Castellane Majastre.
64	Jason. . . . . —	chevalier Couëte de Villages.
74	Magnanime. . . . . —	comte Le Bègue.
	Zélé. . . . . —	chevalier de Gras-Préville.
64	Eveillé. . . . . —	Le Gardeur de Tilly.
80	Saint-Esprit. . . . . —	marquis de Chabert.
74	Sceptre. . . . . —	comte de Vaudreuil.
104	Ville-de-Paris. . . . . . . —	de Sainte-Césaire.
	comte de Grasse, lieutenant général.	
	César. . . . . capitaine	chevalier Coriolis d'Espinouse.
	Northumberland. . . . . —	marquis de Briqueville.
74	Diadême. . . . . —	chevalier de Monteclerc.
	Glorieux. . . . . —	vicomte d'Escars.
	Citoyen. . . . . —	d'Ethy.
	Scipion. . . . . —	Dassas.
64	Ardent. . . . . —	chevalier Charles-René Bernard de Marigny.
74	Neptune. . . . . —	Renaud d'Aleins.
80	Auguste. . . . . —	de Castellan.
	de Bougainville, chef d'escadre.	
74	Bourgogne. . . . . capitaine	chevalier de Charitte.
	Pluton. . . . . —	d'Albert de Rions.

64   *Caton*. . . . .   —   comte de Framond.
50   { *Sagittaire*. . . . .   —   de Montluc.
     { *Experiment* (1,. . . . . .   —   chevalier de Médine.

L'armée française res*ta* sous voiles toute la nuit. Le 26 au matin, le lieutenant général de Grasse gouverna sur l'armée anglaise et, à 8ʰ 55ᵐ, élongeant tribord amures sa ligne d'embossage qui était très-serrée, il la canonna sur toute sa longueur. Lorsque l'avant-garde eut dépassé le dernier vaisseau, le commandant en chef fit virer lof pour lof par la contre-marche. Quelques avaries obligèrent le *Souverain* à changer de poste; il se plaça derrière le *Languedoc*. A midi, l'armée française reprit les amures à tribord et la canonnade recommença à 2ʰ 15ᵐ, mais cette fois les efforts ne portèrent que sur l'extrémité Sud de la ligne ennemie qui était formée comme il suit :

Canons.
72   SAINT-ALBANS. . . . . . . capitaine Ingles.
82   ALCIDE. . . . .   —   Charles Thompson.
72   INTREPID. . . . .   —   Molloy.
82   { TORBAY. . . . .   —   John Gidoin.
     { PRINCESSA. . . . .   —   Charles Knatchbull.
                                Samuel Drake, contre-amiral.
108 PRINCE GEORGE. . . . . . capitaine James Williams.
82   AJAX. . . . .   —   N. Charrington.
72   PRINCE WILLIAM. . . . . .   —   Georges Wilkinson.
82   { SHREWSBURY. . . . .   —   John Knight.
     { INVINCIBLE. . . . .   —   Saxton.
100 BARFLEUR. . . . .   —   Hood.
                                Sir Samuel Hood, vice-amiral.
82   MONARCH. . . . . capitaine Francis Reynolds.
72   BELLIQUOUS. . . . .   —   lord Cranstoun.
     / CENTAUR. . . . .   —   John Inglefield.
     \ ALFRED. . . . .   —   William Bayne.
     \ RUSSELL. . . . .   —   Stanhope.
82   { RESOLUTION. . . . .   —   lord Robert Manners.
     / BEDFORD. . . . .   -   Edmund Affleck.
                                Graves, vice-amiral.
     \ CANADA. . . . . capitaine honorable William Cornwallis.
72   PRUDENT. . . . .   —   Andrew Barkley.
82   MONTAGU. . . . .   —   George Bowen.
72   AMERICA. . . . .   —   Samuel Thompson.

---

(1) M. de Lapeyrouse, *Hist. de la marine française*, fait erreur en citant l'*Hector*, le *Palmier* et le *Réfléchi*; j'ai déjà dit que ces vaisseaux étaient restés à la Martinique. Le vice-amiral Hood, qui prétend avoir compté 53 vaisseaux, fait également erreur lorsqu'il dit : *Je fus attaqué par toutes les forces françaises au nombre de 27 vaisseaux.*

Lorsque tous les vaisseaux eurent défilé devant la partie de la ligne sur laquelle l'attaque était dirigée, le lieutenant général de Grasse prit le large et il n'inquiéta pas davantage l'armée anglaise. Estimant que le séjour des Anglais à ce mouillage ne pouvait qu'être favorable aux arrivages d'Europe, il les y laissa tranquilles et se borna à les surveiller. Le vice-amiral Hood profita de la facilité qu'on lui donnait pour mettre des troupes à terre ; mais, repoussées par les Français, elles furent forcées de se rembarquer.

Cependant le siége du fort de Brimstone-hill traînait en longueur. La batterie basse du vaisseau le *Caton* fut débarquée. Grâce à la vigueur que cette augmentation d'artillerie permit d'imprimer aux opérations, le gouverneur capitula le 2 février au soir. Deux jours après, l'armée française se rendit à Nièves pour prendre des vivres qui lui étaient apportés par un convoi. La nouvelle de la prise du fort de Brimstone-hill arriva bientôt à la connaissance du vice-amiral Hood ; sa présence à Saint-Christophe devenait dès lors inutile. Profitant de l'éloignement de l'armée française, il appareilla pendant la nuit en coupant les câbles et laissant des fanaux sur les bouées pour n'être pas inquiété dans sa retraite.

Le lieutenant général de Grasse s'était mépris, on l'a vu, sur les intentions du vice-amiral Hood. Ce dernier espérait surprendre l'armée française au mouillage et, dès en partant de la Barbade, il avait communiqué son plan d'attaque aux capitaines sous ses ordres. Il comptait porter tous ses efforts sur la tête de la ligne française et faire virer ses vaisseaux vent arrière par la contre-marche à mesure qu'ils auraient tiré leur bordée. Cette attaque devait être répétée jusqu'à ce que tous les vaisseaux français eussent été réduits à l'impossibilité de combattre. Ce plan ne put être mis à exécution puisque les Français étaient sous voiles ; ce fut celui que suivit, par la force des circonstances, le lieutenant général de Grasse, mais seulement dans la seconde partie de son attaque car, le premier jour et le matin du deuxième, il avait rendu les chances égales en défilant sur toute la longueur de la ligne ennemie; il avait même engagé le combat avec désavantage parce que, arrivant par la pointe Sainte-Croix, les vaisseaux français avaient été canonnés longtemps avant de pouvoir faire usage de leur artillerie. La crainte de se souventer empêcha le lieutenant général de Grasse de poursuivre les Anglais; il laissa une forte garnison dans le fort de Brimstone-hill et retourna à la Martinique.

De nombreuses critiques s'élevèrent contre la tactique suivie par le lieutenant général de Grasse dans cette circonstance. S'il jugeait peu dangereuse l'attaque de l'île ou plutôt du fort de Brimstone-hill au moyen d'un débarquement effectué devant la ville, il eut peut-être raison d'appareiller; mais ne devait-il pas attendre, sinon avant de mettre sous voiles, du moins avant de faire le sacrifice des avantages que pouvait lui donner la position au vent, à savoir ce que l'ennemi voulait faire? S'il mit sous voiles parce qu'il voyait du désavantage à combattre à l'ancre, pourquoi du moment qu'il n'avait plus à redouter un débarquement à Sandy-point, n'attaqua-t-il pas plutôt et plus vigoureusement l'armée anglaise à laquelle il donna le temps de prendre telle position qu'elle avait jugée convenable? Doutait-il de ses forces et craignait-il que l'ennemi, sorti vainqueur de la lutte, ne reprît possession de l'île? Telles furent quelques-unes des questions qu'on posa après le combat naval de Saint-Christophe. Le lieutenant général de Grasse n'y répondit pas; mais une affaire autrement importante dut lui faire regretter, quelques mois plus tard, de n'avoir pas profité des chances qui lui avaient été offertes devant Saint-Christophe (1).

Le 20 janvier, pendant que le gouverneur général des

---

(1) Allusion à la bataille de la Dominique déjà relatée.

Antilles faisait le siége du fort de Brimstone-hill de Saint-Christophe, le lieutenant général de Grasse envoya le vaisseau le *Généreux*, capitaine vicomte d'Escars, s'emparer de la petite île de Nièves. Cette expédition n'offrit aucune difficulté.

Après la prise de Saint-Christophe, le lieutenant général de Grasse détacha une division sous le commandement du lieutenant général de Barras Saint-Laurent, pour attaquer l'île Montserrat. Cette île capitula le 22 février. Le comte de Barras retourna en France après cette expédition.

Presque en même temps que le gouverneur général des Antilles reprenait les colonies que les Anglais avaient enlevées aux Hollandais dans ces mers, le capitaine de vaisseau de Kersaint faisait éprouver à l'Angleterre des échecs semblables dans la Guyane. Cet officier supérieur était parti de Rochefort, le 8 octobre 1781, avec les frégates et les corvettes :

Canons.			
52	*Iphigénie*	qu'il commandait.	
26	*Aimable*	capitaine	chevalier de Suzannet.
22	*Chien-de-Chasse*	—	vicomte de Pluvinel.
20	*Rossignol.*	—	chev. Coëtnempren de Kersaint.
18	*David.*	—	chevalier Dombideau.

Après une relâche à Cayenne, la division se dirigea sur Démérari. 250 hommes de troupes furent mis à terre, le 22 janvier 1782, et arrivèrent devant la ville pendant la nuit. Ils n'éprouvèrent aucune résistance : le fort avait été évacué. Une capitulation fut conclue immédiatement.

Le 5 février, l'île Essequibo capitula et le 8, Berbice se rendit au capitaine de Suzannet.

Lorsque, à la fin du mois de juin, l'armée navale avait fait route pour les États-Unis d'Amérique, le lieutenant

général de Vaudreuil avait laissé le vaisseau de 74ᵉ le
Sceptre, capitaine Lapérouse, au Cap Français de Saint-
Domingue, et avait donné à cet officier la mission d'aller
détruire les établissements anglais de la baie d'Hudson.
Cette expédition offrait de grandes difficultés ; rien n'avait
été disposé pour naviguer dans ces parages ; on n'avait
même pas de cartes des côtes que le *Sceptre* allait visiter.
Une telle entreprise ne pouvait être mieux confiée qu'au
capitaine Lapérouse, car il montrait déjà pour les expéditions aventureuses, cette ardeur qui priva la France d'un
officier appelé à faire faire un grand pas à l'histoire de la
géographie.

Le *Sceptre* appareilla du Cap Français, le 31 mai, en
compagnie des frégates de 32ᵉ l'*Astrée* et l'*Engageante*,
capitaines chevalier de Langle et de Lajaille ; 300 soldats
avaient été embarqués sur ces bâtiments. Après une navigation fort pénible dans les glaces, la division arriva, le
8 août, devant le fort du Prince de Galles ; les troupes
furent mises à terre, le jour même. Le fort se rendit le
lendemain sans avoir fait aucune résistance : tous les magasins furent détruits. Le capitaine Lapérouse remit à la
voile, le 11, et se dirigea sur le fort York, centre des établissements anglais dans ces parages ; il y arriva le 20.
Mais avant de s'approcher de cette côte dangereuse et peu
connue, il fallut faire une exploration et sonder l'entrée de
la rivière Deshayes sur laquelle le fort était établi. Cette reconnaissance terminée, le débarquement fut effectué, le 21
au soir. Le peu de profondeur des eaux de la rivière arrêta
de bonne heure les embarcations, et les 250 hommes dont
se composait le détachement expéditionnaire marchèrent
l'espace d'un mille dans la vase. Obligés de faire un long
circuit à cause de la nature du terrain, il leur fallut deux
jours pour arriver au fort ; les portes en furent ouvertes à
la première sommation. Toutes les marchandises qui se
trouvaient à York furent brûlées, et l'expédition se rem-
barqua. La petite division française avait été plusieurs fois

compromise pendant son séjour sur cette côte ; le capitaine Lapérouse ne crut pas devoir l'y prolonger : il fit route pour l'Europe.

BATIMENTS PRIS, DÉTRUITS OU NAUFRAGÉS
pendant l'année 1782.

ANGLAIS.

Canons.		
110	VILLE DE PARIS *.	Brûlé en mer.
108	ROYAL GEORGE.	Sombré à Portsmouth.
74	GLORIEUX *. . . . . HECTOR *. . . . . RAMILIES.	Coulés en mer.
64	CENTAUR. . . . . LION.	Naufragé sur la côte d'Amérique.
50	HANNIBAL.	Pris par une division.
36	STAG. . . . . STᴬ MONICA.	Naufragée sur la côte d'Angleterre Naufragée sur l'île Tortola.
26	SPEEDY. . . . . SWIFT.	Prises par deux frégates.
22	CORMORANT.	Sombrée en mer.
20	CHASSEUR. . . . . ALLIGATOR.	Prises chacune par une frégate.
18	CÉRÈS *. . . . . MOLLY. . . . . CHACER.	Prise par deux frégates. Prise par une corvette.
16	POLECAT.	Prises par une frégate.
14	RACOON.	Prise par deux frégates.
	Corvette : ALLEGEANCE. . . .	Prise par une escadre.

FRANÇAIS.

Canons.		
110	Ville-de-Paris. . . . . . . Hector. . . . . Glorieux.	Pris à la bataille de la Dominique.
74	César. . . . . Magnifique. . . . . Palmier. . . . . Scipion. . . . . Orient. . . . . Solitaire. . . . . Ardent.	Brûlé après la bataille de la Dominique. Naufragé sur la côte d'Amérique. Coulé en mer. Naufragé à Saint-Domingue. Naufragé dans l'Inde. Pris par une division. Pris à la bataille de la Dominique.
64	Caton. . . . . Jason.	Pris par une division.
40	Aigle.	Prise par une division.
38	Hébé.	Prise par une frégate.
26	Aimable. . . . . Speedy *.	Prises par un vaisseau.
32	Cybèle, en flûte.	Naufragée en Amérique.
26	Necker —	Prise par un vaisseau.

$$
\begin{array}{l}
18 \left\{ \begin{array}{l} \textit{Cérès.} \dots \dots \dots \\ \textit{Espion.} \dots \dots \dots \\ \textit{Pigmy *.} \dots \dots \dots \end{array} \right.
\end{array}
$$

18 { *Cérès.* . . . . } Prises par une division.
{ *Espion.* . . . . }
{ *Pigmy* *. . . . .   Prise par deux vaisseaux.
16   *Aigle.* *. . . . . }
14   *Bonetta*. . . . . }   Prises par une corvette.
Corvette : *Expédition.* . . . .   Détruite à la côte.

* L'astérisque indique un bâtiment pris à la puissance ennemie.

RÉCAPITULATION.

		Pris.	Détruits ou naufragés.	Incendiés.	TOTAL.
ANGLAIS. . .	Vaisseaux.	1	6	1	8
	Frégates.	2	1	»	3
	Bâtiments de rangs inférieurs.	8	1	»	9
FRANÇAIS. .	Vaisseaux.	7	4	1	12
	Frégates.	5	1	»	6
	Bâtiments de rangs inférieurs.	6	1	»	7

ANNÉE 1783.

La bataille de la Dominique n'apporta aucune modification au projet d'expédition auquel l'armée navale des Antilles devait coopérer. Les alliés pouvaient disposer d'un nombre de vaisseaux assez considérable pour diriger une attaque contre la Jamaïque. On annonça donc des renforts et un corps de 24,000 hommes au lieutenant général de Vaudreuil, et on lui donna l'ordre de se tenir à une soixantaine de lieues au vent de la Barbade et d'y attendre ces renforts. Tel était le plan qu'arrêtaient les gouvernements de la France et de l'Espagne pendant que le conseil de guerre qui s'était réuni à Saint-Domingue après la bataille de la Dominique et dont j'ai déjà parlé décidait, sur les observations du chef d'escadre espagnol Solano, que la jonction des escadres aurait lieu à Porto Cabello, sur la côte ferme. Dès que les intentions du gouvernement furent connues, le gouverneur de Saint-Domingue expédia le brig de 14° le *Tarleton*, capitaine Lecamus, à Boston. Mais, le 3 janvier, le *Tarleton* eut un engagement avec un brig anglais et ce combat le mit dans la nécessité de relâcher au Port au Prince pour réparer quelques avaries ; il ne remit sous voiles que le 9 février. Ce jour-là même, il fut chassé et canonné par une frégate et un brig anglais, et fut forcé de chercher un abri sous les batteries de la côte. Ainsi retardé dans sa mission, le capitaine Lecamus arriva trop tard pour trouver l'armée du lieutenant général de Vaudreuil à Boston et même pour la rencontrer à la mer ; elle avait quitté ce port le 20 décembre pour se rendre dans le golfe avec un convoi portant 4,000 hommes des troupes du général de Rochambeau. Le commandant en chef de l'armée navale finit cependant par avoir connaissance des intentions des Cours de France et d'Espagne, et il fit route pour le Cap Français où il mouilla le 15 avril. Le *Duc-de-Bourgogne*, capitaine Champmartin, fut le seul vaisseau de l'armée qui ne rentra pas dans ce port : il s'était perdu dans le golfe sur le cap Ribero.

Pendant que, faute d'instructions précises, l'armée navale des Antilles courait ainsi les mers, le vice-amiral d'Estaing avait été nommé au commandement en chef de l'armée combinée qui devait agir contre la Jamaïque. Cet officier général s'était de suite rendu à Cadix où il avait trouvé des bâtiments généralement mal armés. A la date du 1er janvier, il leur manquait 2043 hommes. La réunion de ces vaisseaux à l'armée du lieutenant général de Vaudreuil et à ceux que le lieutenant général espagnol don Juan de Langara y Xuarte devait conduire au rendez-vous, allait porter l'armée combinée au chiffre énorme de 60 vaisseaux ; 17,000 hommes de troupes, dont 5,700 Espagnols étaient destinés à prendre passage sur les vaisseaux de Cadix. Si ces troupes ne suffisaient pas, les garnisons des différentes îles fourniraient le complément qui serait jugé nécessaire.

Le gouvernement anglais n'ignorait pas le but de tous ces préparatifs. Il avait arrêté que les 28 vaisseaux qui étaient en Amérique et 8 ou 10 autres qu'il expédierait d'Europe, attendraient le vice-amiral d'Estaing dans la mer des Antilles, tandis que le vice-amiral Hood, avec 13 vaisseaux de la Nouvelle-Angleterre et 6 ou 7 de la Jamaïque, croiserait devant le Cap Français, afin d'empêcher le lieutenant général de Vaudreuil d'atteindre le rendez-vous. Si le vice-amiral d'Estaing passait aux îles sans s'y arrêter, il devait être suivi par les deux armées anglaises réunies. 50 à 60 vaisseaux étaient ainsi destinés à soutenir les 12,000 hommes de troupes qu'on avait réunis à la Jamaïque.

Les préliminaires de paix entre la France et l'Espagne d'une part et l'Angleterre de l'autre, signés le 20 janvier, rendirent tous ces préparatifs inutiles. Le vice-amiral d'Estaing reçut l'ordre de renvoyer immédiatement en France les vaisseaux et les troupes qui étaient à Cadix. Le lieutenant général Lamotte-Piquet conduisit 9 vaisseaux et 4 frégates à Brest. Le capitaine de vaisseau comte de Flotte partit pour Toulon avec 12 vaisseaux, 3 frégates et 2 corvettes. Le capitaine Vialis de Fontbelle du *Réfléchi* fut chargé, avec l'*Éveillé*, d'accompagner les transports qui avaient reçu des vivres pour les Antilles.

Ainsi fut définitivement dissoute cette armée combinée qui entraîna les gouvernements de France et d'Espagne dans des dépenses énormes, que ne compensèrent certainement pas les quelques avantages qu'ils retirèrent de cet armement.

———

L'escadre de l'Inde quitta Trinquemalé, le 1er octobre, pour aller à Goudelour; le vaisseau le *Bizarre* dont le commandement avait été donné au capitaine Trehouret de

Pennelé, se perdit en se rendant à ce mouillage. Le chef d'escadre de Suffren ne fit qu'un court séjour sur cette rade ; les mauvais temps le forcèrent à quitter ces parages. Il se dirigea sur Sumatra et, le 1er novembre, il mouilla à Achem. Pendant cette relâche, il fut informé de l'arrivée à l'Ile de France des renforts que le lieutenant général de Bussy attendait pour prendre en personne la direction des affaires ; mais il apprit, en même temps, que hommes et bâtiments étaient dans l'état le plus déplorable. Le scorbut et une maladie épidémique qui régnait toujours, avaient décimé les équipages et les troupes passagères ; le général de Bussy était lui-même atteint de cette maladie. Les vaisseaux le *Hardi* et l'*Alexandre* ne pouvaient reprendre la mer de quelque temps. Le dernier, considéré comme un foyer d'infection, fut livré aux flammes. Quoi qu'il en fût, cette nouvelle fit hâter le départ et l'escadre mit sous voiles, le 20 décembre, pour aller s'établir en croisière sur la côte d'Orixa (1). Cette croisière de l'escadre de l'Inde sur la côte fut très-préjudiciable au commerce anglais. Un bâtiment de guerre fut aussi capturé et cela sans combat : c'était la frégate de 30e COVENTRY qui, croyant avoir rallié son escadre, mouilla de nuit au milieu des vaisseaux français, alors à l'ancre à l'embouchure du Gange. Ayant appris la mort d'Hyder Ali par son capitaine, le chef d'escadre de Suffren prit le parti de se rendre à Goudelour d'où il fit route pour Trinquemalé. Le 10 mars, le général de Bussy arriva dans ce port avec 3 vaisseaux, une frégate et un convoi.

Le lieutenant général de Bussy, nommé au commandement supérieur des forces de terre et de mer dans l'Inde, avait quitté la France, peu de mois après le départ de la division du commandant de Suffren, avec les vaisseaux le *Saint-Michel* et l'*Illustre*, la frégate la *Consolante* et quelques navires portant des troupes et des approvisionnements

---

(1) Partie Nord de la côte de Coromandel.

de toute espèce. Ces navires n'avaient qu'une partie des renforts qu'on envoyait dans l'Inde. Le reste devait suivre de près ; mais la seconde division, confiée au capitaine de Soulanges, fut prise ou dispersée, ainsi que je l'ai dit.— 23 avril 1782. — Arrivé à l'Ile de France sans encombre, le général de Bussy avait envoyé les vaisseaux, la frégate et le petit convoi rejoindre l'escadre, et il avait attendu l'arrivée du second convoi qui fut amené par le capitaine de Peynier. On doit se rappeler que la jonction des premiers vaisseaux avait eu lieu à Benticolo. Le départ tardif du commandant en chef des forces de terre et de mer tenait donc à la décision qu'il avait prise, mais aussi à la circonstance que voici. Le capitaine Boisgelin, de la corvette de 18ᶜ le *Chasseur*, expédié pour annoncer l'arrivée des renforts au chef d'escadre de Suffren et lui porter des instructions, ne l'avait pas trouvé à Achem. Informé de la direction que l'escadre avait prise, il s'était mis à sa recherche ; mais sa corvette avait été capturée par la frégate anglaise MEDEA. Les renseignements avaient dès lors manqué de part et d'autre. Ne revoyant pas le *Chasseur*, le commandant supérieur, qui avait pris le parti d'aller lui-même à la rencontre de l'escadre, s'était dirigé sur Achem ; et ayant appris, devant ce port, que l'escadre française ne s'y trouvait plus, il s'était rendu à Trinquemalé où il l'avait enfin jointe. L'escadre mit de suite à la voile et, le lendemain, les troupes apportées par le convoi furent mises à terre à Porto Novo. Cette opération terminée, les vaisseaux retournèrent à Trinquemalé, à l'exception du *Fendant*, du *Saint-Michel*, des frégates la *Cléopâtre* et la *Coventry* qui furent envoyés croiser devant Madras avec le capitaine de Peynier. Presque tous les vaisseaux furent carénés à Trinquemalé ; les gréments furent encore visités, car ils étaient en si mauvais état, qu'il était indispensable de faire ce travail à chaque relâche. Le manque absolu de mâtures consola un peu le commandant de l'escadre de la perte de l'*Orient* et du *Bizarre;* leurs mâts furent donnés aux vaisseaux qui en avaient le plus besoin.

Le jour même où l'escadre rentrait à Trinquemalé, l'escadre anglaise qu'on croyait toujours à Bombay où elle était allée se réparer pendant la mauvaise saison, avait été aperçue faisant route au Nord. Il était important d'en donner de suite avis au commandant de Peynier et au général de Bussy. Le lieutenant Villaret Joyeuse reçut cette mission avec la *Naïade*, mais il ne put la remplir : sa corvette fut capturée par un vaisseau anglais. La prise de ce bâtiment n'eut pas les conséquences qu'on pouvait redouter : le commandant de Peynier, heureusement inspiré, avait quitté sa croisière la veille du jour où le vice-amiral Hughes était arrivé à Madras, et il entra à Trinquemalé sans avoir eu connaissance de l'escadre ennemie.

Voici le plan général de campagne qui avait été tracé au lieutenant général de Bussy. « Si la Hollande, portaient « ses instructions, si la Hollande fait partir à une époque « convenable les 8 vaisseaux de 50° que la Compagnie « arme en ce moment, et qui sont destinés pour les Indes, « jamais l'escadre anglaise ne s'élèvera assez haut pour « pouvoir, sans un grand désavantage, se mesurer avec « les deux divisions combinées de France et de Hollande. »

« Si, par des circonstances qu'on ne peut prévoir, les « 8 vaisseaux hollandais ne sortaient pas du Texel, et que « les Anglais devinssent supérieurs, la division du Roi « n'en doit pas moins sortir de l'Ile de France ; c'est au « commandant de cette division à naviguer de manière à « éviter de combattre jusqu'à ce qu'elle ait débarqué ses « troupes sur quelque partie du continent; elle combattra « ensuite sans craindre qu'un revers maritime puisse ar- « rêter la révolution que l'armée du Roi doit opérer si elle « débarque dans l'Inde.

« Alors, rien ne peut plus s'opposer à ce que le comte « d'Orves (1) aille attaquer la division anglaise parce que,

---

(1) On ne doit pas oublier que ces instructions étaient écrites au commence-

« assuré des ports de Ceylan, lorsque les Anglais auront
« perdu Bombay, ils n'auront plus de retraite qu'à la côte
« Est, lorsque nous en aurons de tous genres. La division
« française ayant ainsi des ports de retraite, ne sera plus
« obligée, comme dans les guerres précédentes, d'employer
« six mois tous les ans pour aller se réparer aux îles.

« L'importance de Ceylan est telle que, si les troupes
« anglaises s'étaient emparées de cette île, ou si Hyder
« Ali ayant fait la paix, l'armée du continent s'en était
« rendue maîtresse, l'objet de la reprendre serait peut-être
« plus important que toutes les autres conquêtes par les-
« quelles on pourrait commencer la guerre de l'Inde. »

On a pu voir que, sans connaître ces instructions, le
chef d'escadre de Suffren avait rempli les intentions du
gouvernement. Mais la Hollande ne tint pas ses promesses;
non-seulement les vaisseaux du Texel ne parurent point,
mais pendant que la sollicitude de la France la portait à
employer une partie de ses forces navales à la conservation des colonies hollandaises, paisible spectateur de la lutte
entre l'escadre française et l'escadre anglaise, le commandant en chef de la division que nos alliés entretenaient
dans ces parages restait tranquille à Batavia, laissant
au bailli de Suffren le soin de défendre des possessions
dont le sort ne semblait l'intéresser que médiocrement.

La prise de Trinquemalé avait porté ses fruits. Tandis
que le vice-amiral Hughes s'était vu forcé de passer de
l'autre côté de la presqu'île de l'Inde pour visiter ses vaisseaux, le chef d'escadre de Suffren avait fait faire aux siens
dans ce port les réparations indispensables. Mais, s'il était
resté maître de la mer, l'arrivée des renforts envoyés au
lieutenant général de Bussy ne changea pas la face des
affaires sur terre. Le défaut d'entente entre le général Duchemin et Hyder Ali dont les troupes combattaient à côté

---

ment de **1782** et que le capitaine de vaisseau d'Orves commandait alors la division navale.

de celles de la France, ne cessa pas à la mort du général
français et du chef indien : l'insouciance du général de
Bussy égala certainement celle de son prédécesseur. Tous
deux, du reste, avaient pour excuse, si l'on peut en admettre, que l'état de leur santé les retenait en quelque
sorte forcément sous leur tente. Au lieu de s'améliorer,
les choses empirèrent et l'armée des alliés, obligée de se
retirer sous Goudelour, ne tarda pas à être dans la nécessité de demander un abri aux murailles de cette ville dont
les fortifications étaient insignifiantes et qui était sans munitions et sans vivres. Son ravitaillement devint même
bientôt impossible, car à l'investissement par terre se joignit le blocus par mer : informé de la situation, le vice-
amiral Hughes avait mouillé ses vaisseaux devant la ville.
Le sort de l'armée était donc entre les mains du chef d'escadre de Suffren que le général de Bussy tenait au courant
de la situation, en même temps qu'il le pressait de venir
à son secours. Dans cette circonstance, le commandant des
forces navales montra ce qu'il y avait d'énergie et de dévouement dans son âme. Il pressa les réparations et, quoiqu'il n'eût que 15 mauvais vaisseaux à opposer aux 18
anglais stationnés devant Goudelour, il mit à la voile après
avoir tenu aux capitaines de son armée le langage suivant en guise d'ordre du jour : « L'état critique où se
« trouvent les affaires du Roi exige que nous travaillions
« tous de concert. Loin de nous toute mésintelligence ca-
« pable de nuire au bien de la chose; montrons que l'hon-
« neur d'être Français vaut bien l'avantage dont se prévaut
« l'ennemi. L'armée, sous les murs de Goudelour (1), est
« perdue si nous n'allons à son secours. La gloire de la
« sauver nous est peut-être réservée ; nous devons du
« moins le tenter. Vous connaissez, messieurs, les nou-
« veaux ordres du roi; croyez qu'il ne faut pas moins que

---

(1) Elle n'était pas encore renfermée dans la place.

« cela pour m'empêcher de partager vos périls » (1). Voici
l'ordre auquel le chef d'escadre de Suffren faisait allusion :

« Considérant qu'il est impossible au commandant d'une
« armée navale de juger, pendant un combat, du mouve-
« ment de sa ligne et de celle de l'ennemi, tant à cause de
« la fumée du canon dont il est enveloppé, que par l'atten-
« tion qu'il est obligé de porter à la manœuvre particu-
« lière du vaisseau sur lequel son pavillon est arboré ;

« Considérant que les vaisseaux de tête distinguent dif-
« ficilement les signaux qui leur sont adressés du centre
« de la ligne, et que le moment de les exécuter est souvent
« passé lorsqu'ils les aperçoivent ;

« Je vous fais cette lettre pour vous dire que mon inten-
« tion est que, si dorénavant vous trouvez l'occasion de
« combattre mes ennemis, vous aurez à quitter le vaisseau
« sur lequel votre pavillon sera arboré et que vous passiez
« sur la frégate dont vous aurez fait le choix, d'où il vous
« sera plus facile d'observer la manœuvre des ennemis,
« d'indiquer celle que vous jugerez à propos de faire faire
« à l'armée navale dont je vous ai confié le commandement
« et d'en presser l'exécution. »

                              « Signé : Louis. »

Cet ordre était la conséquence d'une ordonnance royale
qui avait été promulguée après la bataille de la Dominique.

Oui, il y avait un grand dévouement, un amour de la
patrie plus grand encore chez le chef qui allait au devant
de l'ennemi avec des vaisseaux qui en étaient aux expé-
dients pour se procurer des mâts, des voiles et des cordages ; avec des vaisseaux qui faisaient tant d'eau que le
jeu des pompes ne pouvait être interrompu et dont les
équipages, attaqués par le scorbut, présentaient l'effectif strictement nécessaire, non pour combattre, mais pour
naviguer. Les vaisseaux de 74° avaient à peine 500 hommes,

---

(1) Cunat, *Hist. du bailli de Suffren.*

y compris les Caffres et les Lascars qu'il avait été possible
de recruter et les soldats qu'on avait embarqués au moment du départ, et il leur en revenait 734. Et cependant,
le vice-amiral anglais qui n'ignorait aucune de ces parti-
cularités ne crut pas devoir accepter le combat lorsque,
le 14 juillet, les Français se présentèrent devant Goudelour. Bien plus, quand il se décida à mettre sous voiles,
il manœuvra de telle sorte que les Français purent prendre,
le 17, le mouillage qu'il occupait devant la ville. Le commandant de l'armée navale en profita pour demander au
général de Bussy un complément d'équipages : 500 soldats
et 700 cipayes lui furent envoyés. Ce fut avec une semblable composition d'équipages que les vaisseaux appareillèrent le 18 et gouvernèrent sur les Anglais. Les variations
dans la force et dans la direction du vent s'opposèrent à la
rencontre des deux armées. Le lendemain, elles manœuvrèrent pour tâcher de gagner la position du vent ou pour
s'assurer cette position. Enfin, le 20, la brise s'étant fixée
à l'Ouest, l'armée française laissa porter sur celle des Anglais, disposée en bataille, bâbord amures et en panne
dans l'ordre suivant :

Canons.

82	DEFENCE.	capitaine	Newnham.
60	ISIS.	—	Christopher Halliday.
80	GIBRALTAR.	—	Thomas Hicks.
		sir Robert Bickerton, contre-amiral.
82	INFLEXIBLE.	capitaine	honorable J. Chetwind.
	EXETER.	—	John Smith.
64	WORCESTER.	—	Charles Hughes.
	AFRICA.	—	Robert Macdonall.
82	SULTAN.	—	Andrew Mitchell.
74	SUPERB.	—	Henry Newcome.
		sir Edward Hughes, vice-amiral.
70	MONARCA.	capitaine	John Gell.
	BURFORD.	—	Peter Rainier.
72	SCEPTRE.	—	Samuel Graves.
	MAGNANIME.	—	Thomas Mackensie.
64	EAGLE.	—	William Clarke.
82	HERO	—	Theophilus Jones.
		Richard King, commodore.
50	BRISTOL.	capitaine	James Burney.
72	MONMOUTH.	—	James Alms.
82	CUMBERLAND.	—	William Allen.

A 3ʰ 30ᵐ, l'armée française se trouvant à distance convenable, le chef d'escadre de Suffren fit serrer le vent bâbord amures, et le combat s'engagea sur toute la ligne dans l'ordre que voici. Conformément aux instructions qu'il avait reçues, le bailli de Suffren avait arboré son pavillon sur la frégate la *Cléopâtre*, capitaine de Rosily.

Canons.

64	*Sphinx.*	—	Duchilleau de Laroche.
	Brillant.	—	de Kersauson.
74	*Fendant.*	—	chevalier de Peynier (1).
50	*Flamand.*	—	Perrier de Salvert.
64	*Ajax.*	—	Dupas de Lamancelière.
50	*Hannibal.*	—	Pas de Beaulieu.
	Argonaute.	—	de Clavières.
74	*Héros.*	—	Moissac.
	Illustre.	—	comte de Bruyères.
60	*Saint-Michel.*	—	vicomte de Beaumont-Lemaître.
64	*Vengeur.*	—	de Cuverville.
	Sévère.	—	Maurville de Langle.
74	*Annibal.*	—	d'Aymar.
64	*Hardi.*	—	de Kerhué.
	Artésien.	—	de Vignes d'Arrac.

Frégates : *Consolante, Cléopâtre, Coventry.*

L'ardeur des états-majors et des équipages répondit à celle de leur chef d'escadre. Chacun combattit vaillamment à son poste et il n'y eut que des éloges à donner. Pressée de plus en plus par les Français qui tenaient à exécuter le signal, hissé en quelque sorte en permanence en tête de la mâture de la *Cléopâtre*, de combattre à demi-portée de fusil, l'armée anglaise arriva constamment, mais en faisant bonne contenance et peut-être dans le but d'éloigner l'armée française de Goudelour. La nuit fit cesser le combat après deux heures et demie de lutte acharnée. Toutefois,

---

(1) M. Cunat (a) dit que le capitaine de Saint-Félix qui, on doit se le rappeler, avait été remplacé dans son commandement après le combat du 3 septembre 1782, obtint de servir comme capitaine de pavillon sur le *Fendant*, et qu'il fut blessé au combat devant Goudelour. Il est fort possible que, désireux de se réhabiliter dans l'escadre, M. de Saint Félix ait obtenu de servir en sous-ordre sur un vaisseau ; mais ce ne dut être qu'en second et non comme capitaine de pavillon, puisque M. de Péynier n'était lui-même que capitaine de vaisseau.

(a) *Hist. du bailli de Suffren.*

les boulets français accompagnèrent les vaisseaux anglais tant que l'obscurité permit de les apercevoir.

Disons-le bien haut à la gloire du chef d'escadre de Suffren, à la gloire des capitaines, des officiers et des équipages de son armée, il était beau de marcher aussi bravement au combat dans des conditions pareilles à celles dans lesquelles se trouvait cette armée de l'Inde. Vaisseaux vieux, cassés et ne manœuvrant plus que difficilement; équipages épuisés et composés, dans un rapport assez considérable, d'Indiens et de soldats, en un mot d'hommes qui ne savaient rien des choses de la mer; bien plus qui, dès que la brise fraîchissait, étaient exposés à tous les inconvénients de la navigation; tels étaient les éléments que, amiral et capitaines avaient mis comme enjeu de la partie qui avait été engagée et qu'ils avaient certainement gagnée. Oui, je le répète, car on ne sait pas, lorsqu'on n'est pas marin, les difficultés qu'un capitaine doit vaincre pour organiser son équipage pour le combat, honneur à l'armée navale de l'Inde; honneur au chef qui sut empêcher qu'on ne ressentît dans cette partie du monde le contre-coup du désastre que la marine de la France avait éprouvé dans la mer des Antilles.

A part un vaisseau dont le capitaine se porta en aide à son chef de file, accidentellement placé dans une situation difficile, chacun se maintint au poste que son rang dans la ligne lui avait donné. Le choix que le *Héros* avait fait du SUPERB pour adversaire donna aux 7 vaisseaux qui le précédaient un antagoniste, et laissa même le chef de file de la colonne ennemie sans vis-à-vis. Mais bientôt les quatre premiers remontèrent la ligne, et le *Sphinx* quitta l'Isis pour se placer par le travers du DEFENCE.

Le *Brillant* remonta également d'un rang, après avoir envoyé sa bordée au GIBRALTAR et combattit l'Isis que le *Sphinx* venait d'abandonner.

Le *Fendant* s'adressa au GIBRALTAR après avoir eu l'INFLEXIBLE pour vis-à-vis. Il combattait depuis une heure lorsque le feu prit à sa hune d'artimon. Le *Flamand*, en s'interposant entre lui et l'ennemi, donna à son capitaine la possibilité de travailler exclusivement à éteindre l'incendie : on parvint à s'en rendre maître.

Le *Flamand* combattait l'INFLEXIBLE lorsque le feu se déclara à bord du *Fendant*. Son capitaine augmenta de suite de voiles et alla faire un abri à son chef de file qui put alors s'occuper de l'incendie ; mais le capitaine Perrier de Salvert perdit la vie par suite du noble empressement qu'il avait mis à venir en aide au commandant de sa division. Le lieutenant Trublet de la Villejégu le remplaça. La manœuvre du *Flamand* fit un vide dans lequel le GIBRALTAR voulut passer ; le *Flamand* l'en empêcha en se laissant culer (1).

Le mouvement en avant des quatre vaisseaux dont je viens de parler permit à l'EXETER de joindre son feu à celui du WORCESTER qui combattait l'*Ajax*. Ce vaisseau leur tint bravement tête, mais il perdit son capitaine dans cette lutte inégale.

L'*Hannibal* était par le travers de l'AFRICA.

L'*Argonaute* combattait le SULTAN.

Le *Héros*, quoique le pavillon de commandement ne flottât pas en tête de ses mâts, avait instinctivement choisi le SUPERB pour adversaire.

Dans la seconde partie de la ligne, 7 français seulement se trouvaient opposés à 9 vaisseaux anglais. L'*Illustre* était placé entre le MONARCA et le BURFORD.

Le *Saint-Michel* tenait le travers du SCEPTRE.

Le *Vengeur* avait le MAGNANIME pour adversaire.

Le *Sévère* échangea ses bordées avec l'EAGLE.

L'*Annibal* combattit le HERO.

Le *Hardi* tint tête au BRISTOL d'abord, puis ensuite au MONMOUTH.

---

(1) M. Trublet de la Villejégu dit, dans son *Journal de la campagne de l'Inde du bailli de Suffren*, que cette manœuvre pouvait avoir pour objet de remplir l'engagement que le capitaine Hicks, nouvellement arrivé d'Europe, avait pris d'enlever un vaisseau français au premier combat auquel il assisterait.

Enfin l'*Artésien* attaqua le CUMBERLAND.

Le commandant en chef comptant recommencer le combat le lendemain, les frégates reçurent l'ordre d'observer l'ennemi pendant la nuit. Mais les vaisseaux furent entraînés sous le vent de Pondichéry, et il mouilla dès qu'il fit jour. A midi, les Anglais furent aperçus à 15 milles dans le N.-E. Quoique les vents vinssent du large, ils ne jugèrent pas à propos d'approcher davantage : l'armée française mit sous voiles et les chassa jusqu'au 15 ; ce jour-là, elle les perdit de vue et retourna à Goudelour. Les troupes qui avaient été embarquées furent remises à terre ; on leur adjoignit même 1,200 hommes des vaisseaux. Le 27, la frégate anglaise MEDEA arriva à Goudelour en parlementaire. Le contre-amiral Hughes venait d'apprendre que les préliminaires de la paix avaient été signés et il faisait proposer une suspension d'armes au chef d'escadre de Suffren. Celui-ci y consentit. Le comité de Madras faisait les mêmes propositions à M. de Bussy qui les accepta également. Le 21 août, la frégate la *Surveillante* arriva de France avec la nouvelle officielle de la paix. Cette frégate apportait aussi au bailli de Suffren l'avis de sa nomination au grade de lieutenant général, par ordonnance du 8 février, et l'ordre de rentrer en Europe. Le capitaine de Peynier était désigné pour lui succéder dans le commandement des forces navales de la France dans l'Inde. Les vaisseaux le *Fendant*, l'*Argonaute*, le *Brillant*, le *Saint-Michel*, l'*Hannibal*, les frégates la *Bellone*, la *Surveillante* et la *Coventry* devaient composer sa division. Le 26 mars 1784, le lieutenant général bailli de Suffren mouilla à Toulon avec les vaisseaux qu'il ramenait en France. Jaloux de récompenser le héros de l'Inde, le marin auquel la France et la Hollande devaient la conservation de leurs possessions en Asie, Louis XVI créa pour le bailli de Suffren une quatrième charge de vice-amiral qui fut supprimée à sa mort.

Avant d'en finir avec la grande figure qui jeta tant

d'éclat sur ce règne, un mot sur la mort du bailli de Suffren, rapportée d'une manière si erronée par divers auteurs qui, généralement, l'ont attribuée à des excès de table. Je tiens de source certaine l'anecdote suivante (1). De retour à Paris, Suffren fut sollicité par un haut et puissant seigneur de la Cour de revenir sur le jugement qu'il avait porté sur un officier de l'escadre de l'Inde qui avait été démonté de son commandement après un combat. Suffren répondit, avec sa franchise habituelle, qu'il ne pouvait rien faire pour un .... Une provocation en duel fut la conséquence de cette réponse, et le héros que les boulets de l'ennemi avaient tant de fois respecté tomba sous le fer d'un compatriote (2).

———

Quelques combats particuliers furent livrés avant la signature ou la notification du traité de paix qui fut signé avec l'Angleterre au commencement de cette année. La frégate de 32ᵉ la *Sibylle*, capitaine comte de Kergariou-Locmaria, et la corvette de 14ᵉ le *Railleur*, capitaine Hébert-Duval, parties de Saint-Domingue, à la fin de décembre 1782, avec un convoi pour la Chesapeak, furent chassées, le 2 janvier 1783, en dehors des débouquements, par le vaisseau anglais de 60ᵉ Endymion et la frégate de 40 Magi-

———

(1) Le vice-amiral Hugon à qui madame Montbolon l'avait racontée.
(2) M. Léon Guérin, *Hist. marit. de la France*, dément aussi la version de la mort naturelle du bailli de Suffren et le fait tuer en duel. Seulement, il attribue ce duel à quelques paroles échangées dans un bal entre notre héros et un personnage qui donnait le bras à une dame que l'épée du bailli aurait heurtée. M. Guérin dit tenir ce détail du contre amiral Linois.
M. Jal, *Scènes de la vie maritime*, donne une version conforme à la mienne. D'après lui, l'adversaire de Suffren serait le prince de Mirepoix. Cette version vient d'un serviteur du bailli de Suffren.
Enfin, on lit dans le *Manuel des goutteux et des rhumatisans* d'Alphonse Leroy, Paris 1805, que notre héros mourut d'une saignée répétée au bras, opération faite contre l'avis de l'auteur qui était son médecin.
Je laisse le lecteur rechercher quelle est, de toutes ces variantes, la version à laquelle il doit s'arrêter. C'est là un travail biographique qui n'entre pas dans mon cadre.

CIENNE. Cette dernière se dirigea d'abord sur la corvette, à laquelle elle avait déjà envoyé deux volées lorsque le capitaine de Kergariou se porta en aide à sa conserve. La frégate anglaise avait pris beaucoup d'avance sur le vaisseau, qui était alors à grande distance. A 2ʰ de l'après-midi, la *Sibylle* était par le travers de la MAGICIENNE : le combat commença immédiatement. La frégate ennemie perdit de suite son mât d'artimon ; ce début était d'un heureux augure. Le capitaine de Kergariou ne put, toutefois, jouir qu'imparfaitement de cet avantage : frappé par une mitraille, il fut remplacé par le lieutenant de vaisseau Morel d'Escures, Loin d'être ralentie par cet événement malheureux, l'ardeur des Français alla toujours croissant, et la chute successive du grand mât et du mât de misaine de la MAGICIENNE témoigna de l'adresse de leurs canonniers. A 3ʰ, la frégate anglaise était rase comme un ponton (1). Malgré cet éclatant succès, le lieutenant Morel se vit dans la nécessité d'abandonner son ennemi vaincu ; le vaisseau approchait, et une lutte avec ce nouvel antagoniste était chose impossible, surtout dans l'état où était la *Sibylle*. Il la couvrit de toutes les voiles qu'elle pût encore porter et rallia le convoi. L'ENDYMION chassa la *Sibylle* jusqu'à 6ʰ, mais sans succès : cette frégate était du petit nombre de celles qui avaient été doublées en cuivre. La *Sibylle* avait éprouvé de grandes pertes ; un seul officier avait été respecté par les boulets de la MAGICIENNE.

La *Sibylle* portait 26   canons   de 12
                    et 6   —   de 6.
La MAGICIENNE avait 26   canons   de 18
                     6   —   de 9
              et 8 caronades de 24.

La *Sibylle* rejoignit son convoi au jour, mais le *Railleur* n'était plus en vue. Le 11, à 105 milles de l'embouchure

---

(1) Je regrette de ne pouvoir donner le nom du capitaine de la MAGICIENNE mes recherches, à cet effet, ont été vaines.

de la Chesapeak, par un grand vent de S.-O., deux bâtiments le chassèrent. Le capitaine Hébert laissa arriver vent
arrière et força de voiles. Joint et canonné à 3ʰ de l'après-
midi, par la frégate anglaise de 36ᶜ Cyclope, il amena son
pavillon.

La *Sibylle* avait à peine réparé les avaries qu'elle avait
éprouvées dans son combat avec la Magicienne que, le 6,
elle reçut un coup de vent pendant lequel elle démâta de
tous ses mâts, et fut obligée de jeter 12 canons à la mer. Le
convoi fut dispersé. Des mâts de fortune avaient été instal-
lés et la frégate française continuait sa route lorsque, le 22,
plusieurs voiles furent aperçues. Le désir de connaître
exactement sa position et probablement aussi l'espoir d'é-
chapper par la ruse à ces bâtiments, s'ils étaient ennemis,
déterminèrent le capitaine de Kergariou à avoir recours à
un subterfuge qui lui occasionna une cruelle mortification.
Il fit hisser le pavillon blanc au-dessous du pavillon de la
Grande-Bretagne (1), et plaça un yacht anglais dans les
grands haubans. La corvette de 20ᶜ Hussar, capitaine
Russell (2), se détacha et se dirigea sur la *Sibylle* qu'elle approcha à portée de voix ; puis, presque aussitôt, le capitaine
anglais manœuvra pour s'éloigner sans répondre aux questions qui lui avaient été adressées. Le but que se proposait
le capitaine de Kergariou était manqué ; il avait vraisem-
blablement été reconnu. Il fallait dès lors mettre la corvette
anglaise hors d'état de faire un signal et d'aller donner
l'éveil à ses compagnons. Dans ce but, il laissa arriver en
grand sur elle avec l'espoir de lui faire quelque grave avarie
en l'abordant. Le capitaine anglais réussit à éviter ce choc.

---

(1) Ce signal signifiait : *prise française*. Le capteur hisse toujours son pavillon au-dessus de celui du navire capturé.
(2) Le rapport du capitaine de Kergariou, déposé à l'amirauté de Tréguier, dit
que la corvette anglaise portait 20 canons, 4 obusiers de 18, probablement des
caronades, et 2 canons de 6.

La ruse étant inutile désormais, le capitaine de la *Sibylle* fit amener le pavillon anglais et ouvrir le feu sur le Hussar. Malheureusement, le yacht placé dans les haubans se trouva engagé, et les premiers coups de canon furent tirés avant qu'il fût enlevé. La corvette riposta par une bordée, et avec tant de succès, que ses boulets frappèrent au-dessous de la flottaison dans un moment où la frégate, qui n'était pas suffisamment appuyée, avait son flanc entièrement à découvert, et occasionnèrent plusieurs voies d'eau considérables. Dans un instant, les soutes à poudre furent inondées. Le Hussar se replia de suite sur un vaisseau qu'on distinguait alors parfaitement. Ce moment de répit permit au capitaine de Kergariou de faire travailler à boucher les trous de boulets. On ne put réussir à aveugler toutes les ouvertures et bientôt les pompes ne franchirent plus. On jeta encore 12 canons à la mer. Le vaisseau aperçu était le Centurion de 60ᶜ; il atteignit promptement la *Sibylle* et se plaça par sa hanche du vent. La frégate française n'avait d'autre poudre que celle qui était dans les pièces; elle amena son pavillon à la seconde volée du vaisseau; le Hussar s'était rapproché et lui avait aussi tiré quelques coups de canon. La corvette Harrier était alors également en position de combattre.

Le capitaine du Hussar, plus ancien de grade que celui du Centurion, revendiqua l'honneur de la victoire qu'il prétendit avoir remportée seul; et, taxant de mauvaise foi le capitaine de Kergariou qui, disait-il, avait combattu sous pavillon anglais, il brisa l'épée de cet officier et le relégua dans l'entrepont de la corvette, sous la garde d'une sentinelle, avec défense de communiquer avec qui que ce fût. Les autres officiers de la frégate furent aussi séquestrés dans cette partie du navire et mis à la ration de matelot; on ne leur donna pas un seul objet de literie pour se coucher. Les égards que le contre-amiral Digby témoigna plus tard au capitaine de la *Sibylle* constatent que la conduite de cet officier supérieur ne fut pas aussi déloyale que le capitaine Russell le prétendit. Que, dans l'état de détresse où se trouvait la *Sibylle*, le capitaine de Kergariou ait eu recours à la ruse pour cacher sa nationalité, cet officier n'aurait fait qu'user d'un moyen dont toutes les puissances font usage sur mer, en temps de guerre. Autre chose eût été de combattre sous pavillon étranger, comme cela fut pratiqué, à une époque postérieure, par plusieurs bâtiments anglais, ainsi que j'aurai occasion de le constater. Mais, tel ne fut pas le cas du capitaine de Kergariou. Je ne sache pas, en effet, qu'il puisse y avoir des doutes sur la nationalité d'un bâtiment qui a un pavillon flottant à la poupe et un second dans les haubans. D'ailleurs, celui qui resta déployé dans cette partie du grément de la *Sibylle* n'était pas, rigoureusement, le pavillon national de la Grande-Bretagne : c'était simplement un yacht.

Chassé par une escadre anglaise, le capitaine chevalier de l'Épine, de la corvette de 16ᶜ le *Dragon*, en croisière sur la côte Nord de Saint-Domingue, mouilla, le 22 janvier, au milieu des récifs qui bordent la côte dans cette partie de l'île. S'apercevant que cette détermination n'arrêtait pas les bâtiments ennemis, et que ceux-ci mettaient leurs embarcations à la mer, il fit évacuer la corvette. Après avoir, comme adieux, envoyé une volée à mitraille aux canots qui se dirigeaient de son côté, il mit le feu au *Dragon* qui sauta peu de temps après.

Le 17 février, les frégates la *Nymphe* de 36ᶜ et l'*Amphitrite* de 32, capitaines vicomte de Mortemart et de Saint-Ours, sorties de la Guadeloupe pour croiser au large des îles, aperçurent sous le vent qui soufflait du N.-E., un gros bâtiment qu'elles chassèrent : c'était le vaisseau anglais de 50ᶜ ARGO, capitaine Butchart, qui portait le gouverneur à Antigues; ce vaisseau fit vent arrière. Vers 11ʰ du matin, l'*Amphitrite* qui avait laissé la *Nymphe* loin derrière elle, se trouva en position d'envoyer les premiers boulets à l'ARGO; trois quarts d'heure plus tard, elle le canonnait vigoureusement par la hanche de tribord. L'ARGO embarda alors sur la droite, afin de pouvoir se servir de tous ses canons; mais, lançant sur le bord opposé, l'*Amphitrite* passa derrière lui, se plaça sous son autre hanche, le combattit dans cette position. Quoique la mer fût assez grosse pour que le vaisseau ne pût se servir de sa batterie basse, le capitaine Butchart continua le combat jusqu'à 5ʰ du soir; la *Nymphe* venait de rallier et avait pris poste par son travers. Démâté de son grand mât de hune et de sa grande vergue, l'ARGO amena son pavillon. L'*Amphitrite*, la *Nymphe* et leur prise se dirigèrent sur la Martinique. Le commandement de celle-ci avait été donné au lieutenant de vaisseau Rosalio; l'*Amphitrite* n'avait presque pas souffert et n'avait pas perdu un seul homme. Le 19, lorsque le jour parut, la petite division se trouva près d'un vaisseau anglais de 82ᶜ qui passa à contre-bord et envoya quelques boulets à l'*Amphitrite*; celle-ci riposta par une bordée. Ce vaisseau reçut aussi la volée de la *Nymphe* et de l'*Argo*. Deux nouveaux bâtiments ayant été aperçus sous le vent, les trois français prirent des routes différentes; la *Nymphe* se dirigea au Nord, l'*Amphitrite* courut au S.-E. : cette dernière frégate fut chassée par le vaisseau. La chute du petit mât de hune de l'*Amphitrite*, qui avait été endommagé au combat du 17, donna à ce vaisseau un avantage de marche bien marqué; cet événement malheureux eut lieu à 9ʰ du matin. Le capitaine de Saint-Ours prit le parti de courir largue, route qui le conduisait sur Porto-Rico : cette île fut aperçue dans la soirée. Cette allure rendit à l'*Amphitrite* l'avantage de la marche; le vaisseau leva la chasse et la frégate mouilla le lendemain sur la rade de Saint-Jean. Ce vaisseau était l'INVINCIBLE de 82ᶜ, capitaine Saxton; il faisait partie de l'escadre du contre-amiral Hood.

II. 16

La *Nymphe* entra au Port au Prince de Saint-Domingue.

L'*Argo* suivit l'Invincible pendant tout le temps que ce vaisseau poursuivit l'*Amphitrite*, et il arbora le pavillon de la Grande-Bretagne dès qu'il leva la chasse. Il ne m'est pas possible de dire comment ce vaisseau fut pris; on doit supposer que les Anglais laissés à bord s'en emparèrent après les premiers coups de canon tirés par l'Invincible.

Les vaisseaux le *Triton* de 64e, l'*Amphion* de 50 et la frégate de 32 la *Concorde*, capitaine chevalier du Clesmeur, se rendant de Saint-Domingue à la Martinique, furent chassés, dans le courant du mois de février, par 3 vaisseaux anglais et une corvette de l'escadre de l'amiral Pigot. Les deux vaisseaux parvinrent à faire perdre leurs traces; mais, jointe par le Magnifique de 80e, la *Concorde* amena son pavillon après la défense la plus honorable.

Le 12 février, le capitaine marquis de Grasse Briançon, de la corvette de 18e la *Coquette*, s'était emparé des îles Turques, dans les débouquements de Saint-Domingue. Le 14 mars, l'apparition d'une division anglaise força la *Coquette* à quitter le mouillage. Atteinte par le vaisseau Resistance, capitaine James King, elle amena son pavillon après avoir tiré une bordée. Le capitaine anglais rejoignit alors sa division qui se composait d'un autre vaisseau, de 2 frégates et de 2 corsaires. Les Anglais tentèrent de reprendre les îles Turques, en jetant quelques troupes à terre; mais ces détachements furent repoussés, et les bâtiments ennemis prirent le large.

J'ai déjà dit que l'escadre anglaise, qui était allée passer la mauvaise saison à Bombay, ayant été aperçue faisant route au Nord, le chef d'escadre de Suffren, alors à Trinquemalé, avait expédié immédiatement le lieutenant Villaret Joyeuse, auquel il avait donné le commandement de la corvette de 20ᵉ la *Naïade*, en prévenir le capitaine de Peynier qui avait été laissé en observation devant Madras avec 2 vaisseaux et 2 frégates, et lui porter l'ordre de rallier. Le capitaine Villaret devait aussi aller avertir le général de Bussy à Goudelour. Trois jours après son départ, le 11 avril, la *Naïade* fut chassée par le vaisseau de 72ᵉ SCEPTRE, capitaine Samuel Graves, et elle amena son pavillon après une canonnade qui ne dura pas moins de cinq heures ; elle avait perdu deux mâts de hune ; son gouvernail était brisé, et elle avait sept canons démontés.

BÂTIMENTS PRIS, DÉTRUITS OU NAUFRAGÉS
pendant l'année 1783.

ANGLAIS.

Canons.

74	SUPERB.	} Naufragés dans l'Inde.
50	CATON.	
36	PALLAS.	Naufragée sur la côte d'Amérique.
30	COVENTRY.	Prise par une escadre.

FRANÇAIS.

Canons.

74	*Duc-de-Bourgogne.*	Naufragé dans le golfe du Mexique.
64	*Bizarre.*	Naufragé dans l'Inde.
32	*Concorde.* *Sibylle.*	
20	*Naïade.*	} Prises chacune par un vaisseau.
18	*Coquette.* *Chasseur*.*	
16	*Dragon.*	Détruite à la côte.
14	*Railleur.*	Prise par un vaisseau.

* L'astérisque indique un bâtiment pris à l'ennemi.

RÉCAPITULATION.

	Pris.	Détruits ou naufragés.	Incendiés.	TOTAL.
ANGLAIS. , . Vaisseaux.	»	2	»	2
Frégates.	1	1	»	2
Bâtiments de rangs inférieurs.	»	»	»	»
FRANÇAIS. . Vaisseaux.	»	2	»	2
Frégates.	2	»	»	2
Bâtiments de rangs inférieurs.	4	1	»	5

RÉCAPITULATION GÉNÉRALE DES BATIMENTS PRIS, DÉTRUITS
OU NAUFRAGÉS DEPUIS 1778 JUSQU'A LA PAIX.

	Pris.	Détruits ou naufragés.	Incendiés.	TOTAL.
ANGLAIS. . . Vaisseaux.	5	14	1	20
Frégates.	17	12	1	50
Bâtiments de rangs inférieurs.	30	7	»	57
FRANÇAIS. . Vaisseaux.	10	6	4	20
Frégates.	24	7	3	54
Bâtiments de rangs inférieurs.	22	6	»	28

Et maintenant que j'ai mis sous les yeux du lecteur les
pièces qui permettent d'apprécier la part que prit la marine à cette guerre, que penser des marins de cette époque?
A qui attribuer le premier rang dans cette lutte de cinq
ans, qui fut si glorieuse pour la marine de la France (1)?

Est-ce au lieutenant général comte d'Orvilliers qui, le
premier, eut l'honneur de montrer aux Anglais que si un

---

(1) Ce parallèle ne s'étend qu'aux officiers généraux qui ont eu l'occasion
de combattre alors qu'ils commandaient en chef.

système de corruption peut ramollir les âmes, l'amour de
la patrie reprend bien vite son empire lorsque l'on fait
appel aux sentiments d'honneur qui ont toujours vibré dans
le cœur des Français, mais qui ne sut pas tirer des circonstances tout le parti qu'on pouvait désirer? A cet officier
général qui, le premier encore, comme commandant en
chef de l'armée navale combinée, eut le triste privilége de
pouvoir apprécier les effets d'une alliance maritime, et qui
fut la victime du mauvais vouloir de nos alliés?

Est-ce au vice-amiral comte d'Estaing, qui montra toujours un grand courage, mais qui ne sut jamais profiter des
avantages que la fortune lui faisait?

Ou bien au lieutenant général comte de Guichen, qui ne
se départit peut-être qu'une seule fois de sa prudence, et
cela dans une occasion où la prudence était de toute nécessité?

Est-ce au lieutenant général comte de Lamotte Picquet,
dont le roi ne sut pas utiliser les services de manière à lui
donner l'occasion d'employer ses connaissances, son ardeur
et son activité?

Ou au chef d'escadre chevalier de Ternay qui, pendant la
guerre précédente, et encore simple lieutenant de vaisseau,
avait laissé entrevoir, en sortant les vaisseaux de la Vilaine,
ce dont il serait capable un jour, mais qu'un simple engagement avec l'ennemi n'a pas suffisamment fait connaître?

Est-ce enfin au lieutenant général comte de Grasse, que
les circonstances servirent d'une manière si remarquable
jusqu'au jour où il eut à faire preuve de talents qu'il n'est
pas donné à tout le monde de posséder, et qui termina sa
carrière maritime par des récriminations au-dessous de la
dignité d'un chef placé aussi haut qu'il l'était?

Non. Sans chercher à affaiblir l'éclat plus ou moins
brillant attaché aux noms de tous ces officiers ; sans contester
la part qui leur revient dans le résultat obtenu, ce n'est à
aucun d'eux que doit appartenir l'honneur d'être placé en
tête des officiers généraux de cette époque. Le héros de la

guerre de 1778 est le chef d'escadre bailli de Suffren.
Abandonné à ses propres inspirations, et l'on peut dire à
ses propres moyens, il sut se créer des ressources, faire
vivre son escadre sans argent et la conduire, non pas une,
mais six fois au combat, et l'on peut ajouter sans trop d'exagération, à la victoire. Il sut dominer l'esprit frondeur et
indiscipliné de ses sous-ordres, et il ne craignit pas de
briser ceux qui eurent la prétention d'entraver ses projets.
Grâce à une activité incessante et à une énergie peu commune, il obtint des résultats sur lesquels nul n'eût osé
compter. Disons-le cependant, il faut prendre le chef
d'escadre de Suffren tel que l'ont fait les circonstances, et
ne pas chercher ce qu'il eût été dans une autre position.
Il faut voir le commandant en chef des forces navales de la
France dans l'Inde, à la tête d'abord de 5, puis de 10 et
enfin de 15 vaisseaux, et se demander comment il a rempli
la mission qui lui était confiée. Je n'hésite pas à le dire,
de tous les officiers généraux de l'époque, c'est le bailli de
Suffren qui comprit le mieux son rôle, et c'est à lui
qu'il faut attribuer la part la plus large des lauriers recueillis par la marine de Louis XVI.

Les batailles navales de la République et de l'Empire
forment un pendant bien triste à celles si belles et si glo-
rieuses qui ont été livrées sur le continent à la même
époque. Cependant, aujourd'hui qu'en France les yeux
sont tournés vers la marine, il devient nécessaire de rétablir sous leur véritable jour les faits tronqués, dénaturés
et parfois imaginaires qu'on a présentés aux lecteurs. Cette
tâche est pénible et difficile; aussi ai-je longtemps hésité
à consentir à la publication de ces notes, et ce n'est qu'a-
près de mûres réflexions que je me suis décidé à détruire
les illusions de cette partie de la population, fort nombreuse
en France, qui ne connaît qu'imparfaitement l'histoire de
la marine.

L'histoire maritime de la France se lie d'ailleurs essentiellement à celle de la Grande-Bretagne et, depuis longtemps
cette dernière a été écrite par deux auteurs. Tous les combats
racontés aujourd'hui l'ont donc été déjà en Angleterre (1) ;
mais ils ont été décrits d'après les rapports des amiraux
anglais, dans des vues, des intérêts entièrement anglais
et, il faut le dire, souvent avec une partialité qui demandait une rectification plus prompte. Pourquoi cette rectification s'est-elle fait tant attendre, alors qu'il ne s'agissait
plus de donner de la publicité à des faits malheureux qu'on
pouvait désirer voir tomber dans l'oubli, mais seulement
de diminuer l'impression fâcheuse produite par les relations anglaises? De rapporter avec sincérité des fautes
souvent grossies, des échecs mal expliqués, et enfin de
bien fixer les esprits sur les quelques faits glorieux pour
la marine de la France, qui ont été traités assez légèrement

(1) *The naval history of Great Britain from the declaration of war by
France in 1793, to the accession of George IV by* William James. London,
Richard Bentley, 1837. — *The naval history of Great Britain from the war
1793 to 1836, by* Edward Pelham Brenton, *captain in the royal navy.* London, Henry Colburn, 1837.

par les auteurs étrangers, quand encore ils ne les ont pas
passés sous silence?

La publication des documents authentiques est un devoir, aujourd'hui que l'on semble vouloir s'occuper de la
marine. Il ne suffit pas, en effet, de la montrer telle qu'elle
est, il faut encore dire ce qu'elle a été. Or, le meilleur
moyen de juger la valeur d'une institution, c'est de constater les résultats qu'elle a produits.

On sera peut-être surpris de ne trouver dans cet ouvrage aucun des combats qui ont, à si juste titre, illustré
les corsaires français. Ces combats étaient cependant, je
l'avoue, dignes à tous égards de figurer à côté de ceux des
bâtiments de l'État; mais c'eût été m'écarter du plan que
je me suis tracé. Mon but unique n'est pas de décrire des
batailles; j'ai voulu montrer le résultat obtenu par les divers systèmes d'organisation. Or, les armements en course
étaient entièrement en dehors des lois organisatrices de la
marine militaire.

Mais alors même que mon intention unique eût été de
relater des combats, je me fusse arrêté devant une impossibilité matérielle. Il n'existe au ministère de la marine
aucun document relatif aux corsaires. Aux termes des rè-
glements sur la course, les capitaines correspondaient avec
les préfets et avec les chefs maritimes qui rendaient ensuite compte au ministre. Les rapports des capitaines des
corsaires sont donc épars dans tous les ports de la France
et de ses colonies, et l'on comprend la difficulté de semblables recherches.

Après avoir donné la possibilité d'établir un jugement
raisonné sur la manière dont étaient armés les bâtiments
de l'époque (1), il n'est pas moins important de jeter un
coup d'œil sur la situation du matériel, et surtout sur le

_____

(1) Tome I. *Introduction.*

personnel. Cette dernière question a trop été laissée de côté, ce me semble. Il ne suffit pas d'avoir de bons bâtiments; il faut encore des officiers pour les commander et des matelots pour les manœuvrer. Il faut qu'on sache avec quels éléments la France entra dans la lice. Si une chose doit surprendre, c'est que les résultats n'aient pas encore été plus désastreux.

On peut, en effet, établir ce fait, qu'à l'époque à laquelle se rapporte cette étude, la marine anglaise avait, au personnel comme au matériel, une supériorité incontestable sur celle de la France. Et, par *supériorité matérielle*, je n'entends pas seulement un plus grand nombre de bâtiments de guerre, cette différence étant, chez nos voisins, la conséquence de la multiplicité de leurs possessions d'outre-mer, mais encore la manière dont ces bâtiments étaient chargés, mâtés, voilés et gréés (1). Il faut bien l'avouer, l'Angleterre marchait rapidement alors dans cette voie de progrès dans laquelle nous ne sommes entrés qu'à la paix, et à laquelle nous devons, comme puissance maritime, la place que nous occupons. Il suffit de connaître quelque peu un navire pour apprécier les causes de l'infériorité de marche qu'avaient les bâtiments de guerre français sur ceux de la Grande-Bretagne, et les difficultés qu'éprouvaient les premiers lorsqu'il fallait faire quelque manœuvre de force. D'un côté, l'on trouvait une répartition bien entendue des poids, des mâtures proportionnées, des voiles bien taillées et des cordages de bonne qualité. De l'autre, les bâtiments étaient surchargés; les mâts avaient

---

(1) Le P. Hoste ne disait pas sans raison, il y a bientôt deux cents ans : « Il « n'en est pas de même des engagements sur mer et des combats sur terre. « Une armée, quand elle est inférieure en force, se retranche, occupe des pos- « tes avantageux, se couvre par des bois et par des rivières, suppléant ainsi à « la force qui lui manque; mais sur mer, il ne peut y avoir d'autre avantage « que celui du vent, et le vent est chose trop inconstante pour qu'on y puisse « compter. Une flotte est comme une armée surprise en rase campagne, qui « n'aurait ni le temps ni le moyen de se retrancher. Je pense qu'il serait dif- « ficile à cette armée de prendre un bon parti, si elle était de beaucoup infé- « rieure à l'ennemi. »

une dimension telle, qu'il était souvent impossible de les changer à la mer ; les voiles étaient petites, échancrées et perdaient ainsi en surface toute cette toile qui était si nécessaire pour mouvoir avec vitesse les corps pesants auxquels elles étaient immédiatement appliquées. Et, si l'on se rappelle ces voiles, faites avec des toiles mal confectionnées, on se demandera, par la comparaison de ce qui se passe aujourd'hui, comment on pouvait les manier, et surtout quel usage elles pouvaient faire. Pour le grément, c'était peut-être pis encore : la pénurie des matières forçait d'employer toutes celles qu'on pouvait se procurer : aussi, du jour de la déclaration de guerre à la conclusion de la paix, ne cessa-t-on de se plaindre de la mauvaise qualité des cordages.

Si maintenant, avant de nous occuper de l'état-major, nous jetons un coup d'œil sur le reste du personnel, nous verrons des équipages composés d'hommes entièrement étrangers à la marine, qui, après un court séjour sur les rades, faisaient leur première campagne, et auxquels il manquait, par conséquent, la plus utile des qualités du navigateur : l'habitude de la mer. Que l'on complique cette situation de l'obligation d'un combat prochain, et l'on verra avec quels moyens la France lutta sur mer contre l'Angleterre. Et vraiment, lorsque l'on voit le temps qui est nécessaire aujourd'hui pour organiser un équipage, pour que chacun soit familiarisé avec toutes les parties du service auquel il est appelé à concourir pendant le combat, on peut se demander comment les choses se passaient à une époque où l'on ne savait pour ainsi dire pas ce que c'était qu'un rôle ; où chacun était censé arriver à bord avec les connaissances nécessaires à un marin, car on ne travaillait nullement à les acquérir. C'était souvent à la mer, et par un gros temps que, pour la première fois, un homme montait dans la mâture et, sous le feu de l'ennemi, qu'il manœuvrait un canon. Que l'on juge de la position des chefs, avec de pareils éléments ! N'y trouvera-t-on pas une des principales causes de leur manque de confiance, de leur hésitation et, par suite, de l'audace de nos ennemis qui n'ignoraient pas ces circonstances !

Le cadre que je me suis tracé ne me permet pas de m'étendre sur l'organisation de la marine. Je regrette que les auteurs qui en ont écrit l'histoire n'aient pas traité cette partie si importante, aux vices de laquelle je n'hésite pas à attribuer presque tous nos désastres. La subordination et la discipline ne sont pas choses tellement naturelles, que l'on puisse s'y plier à tous les âges, et je crois qu'il faut y avoir été habitué dès la plus tendre enfance. Il dut être fort difficile de façonner à la discipline et à la subordination un corps d'officiers composé de parties hétérogènes, ou d'individus entrant au service avec une opinion et des idées toutes formées.

Sous Louis XIV, époque de laquelle date réellement la marine militaire de la France, on n'était admis dans la marine qu'en produisant des titres de noblesse, et l'on sait ce qu'était alors la noblesse. Duquesne ne tarda pas à s'apercevoir et à se plaindre de la manière dont les capitaines et les officiers faisaient leur service, et du peu d'importance qu'ils attachaient aux évolutions. Ce grand amiral ne s'effraya pas des embarras que devait lui susciter la lutte qu'il allait engager contre le corps de la noblesse ; et, en démontrant au ministre la nécessité de l'étude des évolutions, il lui demanda l'autorisation de punir, de démonter même de leurs commandements les capitaines qui ne seraient pas attentifs à ses ordres.

Plus tard, les officiers bleus et ceux de la Compagnie des Indes furent des sujets d'envie et de haine pour ceux de la marine royale.

Louis XVI sentit qu'il fallait changer l'organisation de la marine, et il eut le courage et la force de faire ce que les ministres de Louis XV avaient vainement tenté. Le mode d'admission fut changé ; la roture ne fut plus exclue de la marine militaire ; les maîtres d'équipage et les pi-

lotes purent y être admis comme enseignes de vaisseau.
Cet essai ne fut pas heureux. Le bailli de Suffren ne
cessa de se plaindre du peu de connaissances et de l'indiscipline des officiers sous ses ordres.

La Révolution vint encore bouleverser ce qui avait été
fait, et l'émigration des officiers nobles et de ceux qui ne
voulaient pas admettre les idées du jour, mit la Convention
nationale dans l'obligation d'improviser des officiers. La
majeure partie appartenait à la marine du commerce. Ces
officiers, fort bons marins peut-être, mais non façonnés à la
discipline militaire, ne connaissaient aucunement la tactique navale, et ce fut souvent au moment du combat qu'ils
eurent à en appliquer une première fois les principes.
On conçoit combien leur tâche devenait difficile dans de
semblables moments. Mais avec l'épaulette arrivèrent parfois l'amour-propre ridicule et des prétentions plus ridicules encore ; et si, sous Louis XVI, la camaraderie qui
existait entre le chef et le subordonné portait celui-ci à dis-
cuter les ordres qui lui étaient donnés, à l'époque que l'on va
parcourir, les idées d'égalité et les prétentions à des connaissances qui ne sont pas toujours inséparables de la place ou
du rang, produisirent le même résultat. De là l'indiscipline
que les amiraux de la République ne cessèrent de signaler
au gouvernement. Cet esprit d'indépendance exista pendant
tout l'Empire.

Mais ce que je voudrais démontrer ne serait bien senti
que si l'on développait les vices d'organisation de ces diverses époques, et cela ne m'est pas possible. Je me borne
à recommander l'étude des décrets d'organisation aux personnes qui voudront connaître les causes de la décadence
de la marine militaire de la France depuis le règne de
Louis XIV.

Après avoir décrété que tous les citoyens étaient également admissibles aux emplois civils et militaires de la
marine, l'Assemblée nationale rendit le décret suivant, le
22 avril 1791 :

Art. 1er. Le corps de la marine est supprimé, et le mode de nomination pour la recréation de la marine sera fait, pour cette fois seulement, de la manière suivante.

Art. 2. Le corps de la marine française, entretenu par l'Etat, sera composé de 3 amiraux, 9 vice-amiraux, 18 contre-amiraux, 180 capitaines de vaisseau, 800 lieutenants de vaisseau et 200 enseignes de vaisseau.

Art. 3. Le nombre des enseignes de vaisseau non entretenus ne sera point limité.

Art. 4. Le nombre des aspirants entretenus sera fixé à 300.

Art. 6. La charge d'amiral de France est supprimée.

Art. 8. Les amiraux, vice-amiraux et contre-amiraux seront choisis par le roi, parmi les officiers généraux actuellement existants, et le tiers des places de contre-amiral sera laissé vacant, pour être rempli, au choix du roi, par les officiers actuellement capitaines de vaisseau.

Art. 9. Les 180 capitaines de vaisseau seront choisis parmi les capitaines de vaisseau actuels, les capitaines et directeurs de port, les majors de vaisseau, les lieutenants de vaisseau plus anciens dans ce grade que quelques-uns des majors des dernières promotions, et tous les officiers des classes qui seront dans le cas de concourir à cette formation ; ils seront choisis par le roi.

Le roi pourra accorder quatre de ces places à des marins des autres grades qui auraient rendu à l'État, pendant la guerre, des services distingués restés sans récompense.

Art. 11. Les lieutenants seront choisis parmi les lieutenants de vaisseau, lieutenants de port et sous-lieutenants actuels.

Art. 15. Le grade de sous-lieutenant est supprimé. La moitié des places d'enseigne entretenu sera donnée aux sous-lieutenants. Sur l'autre moitié, dix places seront réservées pour les maîtres entretenus, et le reste sera donné au concours qui aura lieu incessamment.

Art. 17. Le brevet d'enseigne de vaisseau non entretenu

sera donné, en ce moment, à tous les capitaines de navires
reçus pour le long cours.

Art. 19. Le titre d'aspirant entretenu sera donné aux
élèves et volontaires actuels qui n'ont pas trois années de
navigation; le surplus des places sera donné au concours.

Le 29 du même mois d'avril, l'Assemblée nationale décréta :

Art. 5. Tous les jeunes gens de quinze à vingt ans pourront être admis, après un examen, comme aspirants de
marine.

Art. 14. Le grade d'enseigne entretenu sera donné au
concours. Celui d'enseigne non entretenu sera donné à tous
les navigateurs qui, après six années de navigation, dont
un an au moins sur les vaisseaux de l'État, ou en qualité
d'officier sur un bâtiment uniquement armé en course,
auront satisfait à un examen public sur la théorie et la pratique de l'art maritime.

Art. 28. Le dixième des places d'enseigne entretenu
sera donné aux maîtres entretenus, moitié à l'ancienneté,
moitié au choix du roi, sans avoir égard à l'âge.

Art. 29. Les autres places d'enseigne entretenu seront
données au concours, par un examen sur toutes les branches
de mathématiques applicables à la marine et sur toutes les
parties de l'art maritime.

Art. 30. Seront admis à cet examen tous ceux qui, ayant
rempli les conditions prescrites pour le concours, n'auront
pas dépassé l'âge de trente ans.

Nul ne pourra être officier avant l'âge de dix-huit ans.

Art. 33. Tous les enseignes entretenus et non entretenus
pourront également prétendre au grade de lieutenant de
vaisseau, pourvu qu'ils n'aient pas plus de quarante ans.
Les cinq sixièmes des places vacantes seront accordés à
ceux d'entre eux qui auront le plus de temps de navigation,
en qualité d'enseigne, sur les vaisseaux de l'État; l'autre
sixième sera laissé au choix du roi, qui pourra le faire,
sans distinction d'âge, entre tous les enseignes qui auront

vingt-quatre mois de navigation sur les vaisseaux de l'État.

Art. 35. Les capitaines de vaisseau seront pris parmi les lieutenants de vaisseau, de la manière suivante : une moitié à l'ancienneté et l'autre moitié au chcix du roi, sans égard à l'âge.

Art. 36. Ce choix ne pourra porter que sur ceux qui auront au moins trois années de navigation dans ce grade.

Art. 37. Le grade de capitaine de vaisseau pourra aussi être donné aux enseignes de vaisseau non entretenus qui, ayant dépassé l'âge de quarante ans, auront huit années de navigation, dont deux sur les vaisseaux de l'État, et le reste comme capitaines de navires du commerce, et qui se seront distingués par leurs talents et par leur conduite.

Art. 40. Les contre-amiraux seront pris parmi les capitaines de vaisseau, un tiers à l'ancienneté et deux tiers au choix du roi. Ce choix ne pourra porter que sur ceux des capitaines de vaisseau qui auront au moins vingt-quatre mois de navigation dans ce grade.

Art. 41. Les contre-amiraux parviendront au grade de vice-amiral par ancienneté.

Art. 42. Les amiraux pourront être pris parmi les vice-amiraux et les contre-amiraux, et toujours au choix du roi (1.).

Art. 45. Le commandement des armées navales et des escadres composées d'au moins 9 vaisseaux de ligne, ne pourra être confié qu'à des amiraux, vice-amiraux ou con-tre-amiraux, mais indistinctement entre eux.

Art. 46. Les commandements de division seront confiés aux contre-amiraux et aux capitaines de vaisseau indistinc-tement ; et celui des vaisseaux de ligne, armés en guerre, à des capitaines de vaisseau.

Art. 47. Les commandants des frégates seront pris in-

---

(1) Les articles qui n'ont pas directement trait à la nomination ou à l'avan-cement des officiers n'ont pas été transcrits.

distinctement, soit parmi les capitaines, soit parmi les lieutenants de vaisseau.

Art. 48. Les autres bâtiments seront indistinctement commandés, soit par les lieutenants, soit par les enseignes de vaisseau entretenus ou non entretenus.

Les nouveaux élus furent bientôt les seuls officiers sur lesquels on put compter pour les armements, car l'émigration ne tarda pas à enlever ceux qui, par attachement à la famille déchue, ou qui, blessés de se voir préférer des officiers plus jeunes et, souvent aussi, de moins d'expérience qu'eux, ne voulurent pas servir la République. Les insurrections qui ne tardèrent pas à se manifester dans la flotte, forcèrent les autres à s'éloigner. Une revue, faite à Brest le 20 novembre 1791, constata l'absence de 30 capitaines de vaisseau, 20 majors, 160 lieutenants, et 49 sous-lieutenants de vaisseau; il en était de même dans les autres ports.

Le 21 juin 1792, l'Assemblée législative modifia l'article 40 du décret du 29 avril. Elle statua, que le choix du roi, pour la nomination de contre-amiraux, pourrait s'exercer, pour cette fois seulement, sur ceux des capitaines de vaisseau qui auraient plus de quatre années de commandement dans les grades de major et de lieutenant de vaisseau, plus de quinze années sur les vaisseaux de l'État et au moins trois ans de service pendant la guerre.

L'article 4 du titre II d'un autre décret, en date du 17 septembre 1792 portait : Les trois années de navigation, dans le grade de lieutenant de vaisseau, exigées par la loi du 29 avril pour être susceptible d'être nommé capitaine de vaisseau au choix du pouvoir exécutif, seront réduites à trente mois pendant la durée de la guerre actuelle.

Art. 6. La moitié des places de lieutenant vacantes, ou qui viendront à vaquer, seront dévolues de droit aux enseignes de vaisseau entretenus, par rang d'ancienneté, et sans avoir égard à l'âge, qui réuniront six années de ser-

vice à la mer sur les vaisseaux de l'État en qualité d'officier ou de premier maître ; la moitié de ce temps, ou une
moindre durée pourra être remplie par le commandement
des navires du commerce.

Art. 7. La moitié des places de lieutenant de vaisseau
sera donnée, au choix du pouvoir exécutif, aux enseignes
entretenus et non entretenus, aux anciens sous-lieutenants
de vaisseau et sous-lieutenants de port, aux officiers auxiliaires qui auront été embarqués en cette qualité sur les
vaisseaux de l'État, en temps de guerre et, de préférence,
à ceux qui se seront distingués par des actions d'éclat ;
enfin, aux premiers maîtres les plus distingués qui auront
satisfait aux conditions imposées par l'article précédent
aux enseignes de vaisseau entretenus.

Art. 12. Le quart des places d'enseigne de vaisseau entretenu qui, après le complétement du grade de lieutenant
de vaisseau, se trouveraient vacantes sera, suivant l'esprit
de l'article 16 du décret du 15 avril 1791, accordé aux
sous-lieutenants de vaisseau et de port.

Le dixième de ces places sera, conformément à l'article 27 de la même loi, accordé aux maîtres entretenus.

Le surplus des places, pour les porter à cent soixante,
sera, pour cette fois seulement, donné au choix du pouvoir exécutif, aux officiers auxiliaires, aux volontaires et
aux navigateurs de toute classe ayant au moins vingt ans
et pas plus de quarante, qui réuniront quatre années de
service à la mer sur les vaisseaux de l'État, en qualité
d'officiers, de pilotes, d'élèves ou de volontaires. Deux
années de ce temps pourront être remplacées par un temps
égal de commandement des navires de commerce. Quarante
places seront réservées pour le prochain concours.

Un second décret du 17 septembre 1792 portait :

Article 1. Les titres d'élèves et de volontaires de la marine demeurent supprimés ; les fonctions dont ces navigateurs étaient ci-devant chargés à bord des vaisseaux de
l'État, seront remplies par des aspirants de marine.

II.   17

Art. 3. Ne seront admis à servir comme aspirants de la marine sur les vaisseaux de l'État, que les sujets qui, au jugement de l'examinateur, auront répondu d'une manière satisfaisante sur les objets spécifiés par l'article 6 du titre II de la loi du 10 août 1791 relative aux écoles de marine.

Art. 5. Sont exceptés des dispositions de l'article 3 : 1° les aspirants actuellement entretenus auxquels il sera expédié des certificats sans qu'ils aient aucune nouvelle formalité à remplir ; 2° ceux des anciens élèves et volontaires de la marine qui n'ayant pas encore complété trois ans sur les vaisseaux de l'État, demanderont des certificats d'aspirants. Le ministre de la marine leur en expédiera sans qu'ils soient assujettis à passer un nouvel examen.

Art. 6. Le nombre des aspirants de la marine sera illimité ; ils n'auront aucun grade militaire, le seul objet de leur institution étant de procurer aux jeunes gens qui se destinent au service de la mer, les moyens de s'instruire et d'acquérir le temps de navigation nécessaire pour devenir officier.

Art. 7. Les aspirants seront divisés en trois classes.

Art. 11. Il ne sera embarqué en qualité d'aspirant, sur les vaisseaux de l'État, aucun sujet au-dessous de quinze ans et au-dessus de vingt-cinq.

La pénurie d'officiers devenait telle, qu'un décret du 18 septembre 1792 statua que tous officiers, soit auxiliaires, soit d'infanterie ou d'artillerie qui avaient obtenu de nouveaux grades à la mer, de leurs généraux ou capitaines, pendant la dernière guerre, jouiraient de suite des émoluments attachés aux dits grades et reprendraient leur ancienneté dans le grade auquel ils avaient été promus, à compter de la date de leur avancement et seraient même promus à des grades supérieurs, si leurs cadets y avaient déjà été promus, en reprenant également leur rang d'ancienneté parmi ces derniers.

Cet appel ne suffit pas ; il fallait cependant des officiers. Aussi, le 13 janvier 1793, la Convention nationale décréta :

Art. 3. Le ministre de la marine pourra choisir les contre-amiraux parmi tous les capitaines de vaisseau actuellement à leur poste, ou en activité de service, et nommés capitaines avant le 31 décembre dernier, le droit d'ancienneté
demeurant toujours réservé d'après les lois anciennes.

Art. 4. Le nombre des capitaines de vaisseau, antérieurs
à la formation du 1ᵉʳ janvier 1792, se trouvant réduit par
la désertion à un nombre de beaucoup inférieur à celui
des besoins de la République, le ministre de la marine est
autorisé à remplacer, en entier, la moitié des capitaines de
vaisseau à l'ancienneté.

Art. 5. Le ministre choisira la moitié des capitaines, indistinctement parmi tous les lieutenants de vaisseau, quel
que soit leur temps de navigation dans ce dernier grade,
et parmi les capitaines de commerce ayant cinq années de
commandement en course ou au long cours.

Art. 7. Le temps de navigation nécessaire pour l'admission au grade de lieutenant de vaisseau sera fixé à cinq
années, soit sur les vaisseaux de l'État, soit sur les navires de commerce. Les candidats devront avoir été reçus
capitaines au long cours ; avoir commandé deux ans en
cette qualité, ou navigué deux ans sur les vaisseaux de
l'État comme enseignes, officiers auxiliaires, entretenus ou
brevetés pour la campagne, ou comme maîtres pilotes.

Art. 10. Le nombre d'années de navigation exigées pour
le grade d'enseigne entretenu sera fixé à quatre, soit sur
les bâtiments de l'État, soit sur ceux du commerce indistinctement. Les candidats devront avoir servi sur les premiers comme officiers-mariniers ou comme maîtres pilotes ,
ou sur ceux du commerce, comme lieutenants, pendant
deux années. Pourront aussi être admis ceux des volontaires, élèves ou aspirants entretenus, ayant quatre ans de
navigation, dès qu'ils auront subi l'examen prescrit par les
lois précédentes.

Le 6 février 1793, la Convention nationale décréta que
les navigateurs qui, avant d'avoir servi sur les vaisseaux

de la République, avaient subi l'examen pour être admis au grade d'enseigne non entretenu, obtiendraient le brevet dudit grade, en justifiant qu'ils avaient atteint l'âge et le temps de service nécessaires avant le 1er janvier 1793.

Le 18 mars 1793 :

Que les citoyens qui, sur l'invitation du ministre de la marine, avaient été désignés par les marins de leurs départements respectifs comme les plus dignes d'être promus au grade de capitaine de vaisseau de la République, seraient admis à ce grade, pourvu qu'ils aient commandé plusieurs voyages, ou qu'ils soient déjà lieutenants de vaisseau, même de la dernière promotion, et qu'ils soient pourvus de certificats de civisme.

Le 9 juin :

Art. 1er. Les enseignes entretenus de la marine, actuellement employés sur les vaisseaux de la République, pourront être admis aux places de lieutenant qui sont au choix du ministre, en justifiant qu'ils sont âgés de vingt-cinq ans, qu'ils ont six années de navigation sur les vaisseaux de l'État et servi deux ans au moins comme volontaires de première classe.

Art. 2. Sera également admissible au grade de lieutenant de vaisseau tout navigateur qui sera reçu capitaine au long cours et justifiera qu'il a, après sa réception, navigué pendant trois ans au moins en qualité de second sur les navires de commerce.

Art. 3. Les enseignes non entretenus qui auront deux années de service comme volontaires de première classe, seront aussi admissibles au grade d'enseigne entretenu, et pourront en obtenir le brevet sans subir de nouveaux examens.

Le 28 juillet :

Art. 2. La Convention nationale autorise le ministre de la marine, et jusqu'à ce qu'il en soit autrement ordonné, à effectuer le remplacement des officiers généraux et des officiers des états-majors, en choisissant dans tous les

grades, et sans être astreint aux dispositions des lois précédentes sur le mode d'avancement et de remplacement.

Enfin, le 7 octobre, parut le décret dit d'*épurement*, et
dont les principaux articles étaient ainsi conçus :

Art. 4. Sur le compte qui sera rendu au ministre de la
marine du talent et du civisme de chacun des officiers de
marine, il présentera au comité de marine l'état des officiers et aspirants dont la conduite, le talent et le civisme
lui paraîtront suspects, et le comité en référera à la Convention nationale.

Art. 5. Indépendamment des informations qui pourront
être faites par le ministre de la marine, l'état des noms de
tous les officiers et aspirants composant la marine militaire
de la République sera affiché dans les endroits les plus
apparents de leur domicile.

Art. 6. Indépendamment de l'état des officiers affiché
dans leur domicile, la liste générale distribuée aux membres de la Convention nationale sera envoyée à la municipalité de chaque quartier.

Art. 7. Tous les habitants de la ville ou du bourg où les
noms de ces officiers et aspirants seront affichés, et ceux
de leur dernier domicile qui auront connaissance, soit de
leur incivisme, de leur incapacité ou de leur inconduite habituelle, sont invités, au nom du salut public, d'en faire
leur dénonciation par écrit, signée d'eux, à la municipalité
du lieu.

Art. 8. La municipalité recevra les dénonciations qui lui
seront faites pendant la huitaine qui suivra le jour où l'état
des officiers aura été affiché ; elle les fera passer, dans les
trois jours suivants, à la municipalité du chef-lieu du syn-
dicat, qui convoquera le conseil général de la commune et
tous les marins de son arrondissement pour statuer, de
concert, sur les dénonciations.

Art. 9. L'assemblée aura lieu le premier jour de repos
qui suivra la convocation ; les membres du conseil général
et les marins réunis donneront leur avis par appel no-

minal, soit à haute voix, soit au scrutin, et la décision sera prise à la majorité des suffrages.

Art. 10. Immédiatement après la clôture du procès-verbal, la municipalité en enverra une expédition au ministre de la marine qui destituera ceux contre lesquels les dénonciations se trouveront fondées.

Art. 11. Après cette réforme, le ministre de la marine procédera, sans délai, au remplacement des officiers destitués, émigrés, ou retirés de la marine.

Art. 12. Le ministre donnera l'ordre aux chefs et sous-chefs d'administration de la marine, de convoquer au chef-lieu du quartier les officiers de la marine militaire qui auront conservé la confiance publique, et les capitaines et officiers du commerce de leur arrondissement, susceptibles du grade d'enseigne de vaisseau et dont le civisme sera bien connu.

Art. 13. L'assemblée procédera en présence de deux officiers municipaux à la nomination des candidats parmi lesquels le ministre de la marine devra choisir les officiers de remplacement de tous les grades pour compléter l'armée navale.

Art. 14. Ce choix ne pourra tomber que sur ceux qui réuniront les conditions exigées par les lois des 6 février et 9 juin derniers sur l'organisation provisoire de la marine.

Art. 15. Le nombre des candidats à présenter par les assemblées d'arrondissement devra être triple pour chacun des grades indiqués par le ministre.

Art. 16. Le ministre pourra faire son choix pour les places vacantes, tant sur les candidats présentés par les assemblées d'arrondissement, que sur les officiers de la marine et aspirants actuellement en activité et qui n'ont cessé de mériter la confiance publique.

Art. 20. Il sera incessamment présenté à la Convention nationale une loi définitive sur l'admission aux différents grades de la marine.

Eh bien! avais-je tort? N'est-il pas surprenant que la

marine ait survécu à tant d'actes désorganisateurs promulgués comme décrets d'organisation? Décréter qu'on sera officier et même commandant des bâtiments de l'État sans avoir jamais fait et quelquefois même vu manœuvrer un canon; sans avoir jamais ouvert un ouvrage de tactique navale, ni pratiqué une évolution en escadre; qu'on est apte à commander un ou plusieurs bâtiments de guerre parce qu'on a conduit ou piloté un navire de commerce; qu'on a la science infuse parce qu'on a, ou mieux encore, parce qu'on est réputé avoir du civisme! N'est-ce pas là le comble de l'aveuglement! Il fallait, dira-t-on, des officiers quand même? Non! mieux valait désarmer les vaisseaux dans les ports, renoncer momentanément à avoir des escadres; mieux valait faire ce qu'on fit tardivement, mais qu'on fit quelques années plus tard, et décréter que le corps de la marine était supprimé. Ce décret mettait, il est vrai, l'existence de la marine en question, mais il n'aggravait pas la situation : c'était un coup de dé jeté avec la certitude de ne pas perdre et qui offrait la chance du gain. Le simple bon sens aurait dû indiquer, que si les institutions des peuples anciens pouvaient être imitées dans quelques-unes de leurs parties, elles ne pouvaient l'être dans toutes; et la marine était de ces dernières. Les perfectionnements apportés à l'art de la navigation et l'emploi de l'artillerie exigent des connaissances qui ne peuvent s'acquérir que par l'étude et par la pratique; et le courage, l'audace, vertus principales de ceux qui combattaient sur mer dans l'antiquité, ne sauraient suffire aujourd'hui. Ce courage, cette audace, on les trouva certainement chez bon nombre des nouveaux capitaines; ces officiers possédaient également les connaissances nécessaires pour conduire un navire d'un point à un autre. Mais on finit par s'apercevoir que ces qualités n'étaient pas les seules que le capitaine d'un vaisseau en escadre devait posséder et, d'un coup de plume, on mit à néant ce qu'on avait si imprudemment édifié.

Il n'est pas sans intérêt de jeter un coup d'œil rétrospec-

tif sur les causes de l'infériorité relative de la marine
militaire de la France sous la République, afin de restituer
à chacun la part de responsabilité qui lui revient. Certes,
je dirai avec tous les historiens, que l'émigration a été la
cause première de la désorganisation et de la décadence de
la marine; mais j'ajouterai que c'est moins à elle qu'au
gouvernement, qu'à l'absence complète du sens maritime
en France, qu'il faut attribuer les désastres de cette époque. On chercherait en vain dans les chroniques des autres
nations une ignorance des choses de la marine pareille à
celle dont ont fait preuve les diverses assemblées qui ont
gouverné la France à la fin du siècle dernier; jamais
l'histoire n'avait eu à dérouler des tableaux aussi sombres
que ceux que je vais placer sous les yeux du lecteur. Cette
ignorance n'a été surpassée que par l'abnégation que durent faire de leur réputation et de leur vie, les chefs qui reçurent la mission de conduire des escadres composées de
vaisseaux comme ceux que la France possédait alors et avec
le personnel que l'on connaît. Il n'est pas un capitaine appelé
au commandement d'un bâtiment, pas un officier général
désigné pour commander une escadre, qui n'ait senti le
poids de la responsabilité diminuer à mesure que les in-
stallations de son bâtiment ou des vaisseaux de son escadre
devenaient plus complètes et que l'instruction pratique de
tous, des officiers comme des matelots, devenait plus
solide. Combien cette responsabilité ne dut-elle pas rester
lourde! combien ne dut-elle pas paralyser les facultés des
chefs qui, au moment du combat, savaient ne disposer
d'aucun des éléments qui assurent la victoire! Il faut le
répéter et le répéter bien haut, tout en laissant à l'émigration la responsabilité qui lui incombe, le mode si peu
intelligent de recrutement des officiers et des matelots,
l'indifférence qu'on apporta à l'instruction pratique des
états-majors et des équipages; l'empressement fâcheux
que l'on mit à armer et à faire sortir des vaisseaux incapables, les uns de combattre, les autres de naviguer, de-

vaient nécessairement amener les catastrophes que le pays eut à déplorer, catastrophes trop nombreuses certainement, mais encore au-dessous de ce qu'on pouvait redouter, si l'on songe qu'à toutes ces causes de désastres, il faut ajouter l'insurrection, en quelque sorte permanente, qui régna à bord des bâtiments de la République pendant les premières années de la guerre.

ANNÉE 1791.

La guerre n'était pas encore déclarée. L'Assemblée législative n'avait pas pris l'importante détermination de répondre par une franche déclaration de guerre aux actes d'hostilité mal déguisée de l'Autriche. L'Angleterre continuait ses protestations, sinon amicales, du moins pacifiques. Et cependant, l'année n'était pas terminée, que les officiers de la marine de S. M. Britannique molestaient, violentaient même nos navires marchands, et cela quelquefois en présence de bâtiments de guerre français. Ce sans-gêne, pour ne pas caractériser autrement cette manière d'agir, donna lieu à une grave conflagration. C'est dans l'Inde qu'eut lieu cet épisode maritime, le premier dont j'ai à parler.

Ce premier épisode fut la conséquence de cet abus de la force dont les Anglais ont si souvent fait usage et contre lequel la nation française s'est si énergiquement soulevée il y a quelques années.

A la fin de l'année 1791, la France avait dans l'Inde les frégates la *Cybèle*, l'*Atalante* et la *Résolue*, placées sous les ordres du chef de division de Saint-Félix. Les forces navales de l'Angleterre, commandées par le commodore Cornwallis,

consistaient dans le vaisseau CROWN, les frégates PERSÉ-
VÉRANCE, PHOENIX, VESTALE, MINERVA, THAMES, les corvettes ATALANTE et ARIEL. Le commodore anglais, se servant du
prétexte de la guerre avec Typpo Saïb, et de la nécessité
d'empêcher les neutres de procurer des armes et des munitions à ce prince indien, avait ordonné de visiter tous
les navires du commerce. Le 23 octobre 1791, il fit appareiller de Tellichery, petit port sur la côte de Malabar, la
frégate de 40° PHOENIX, capitaine sir Richard Strachan et la
corvette de 20° ATALANTE, capitaine Foot, pour visiter un
navire français qui paraissait au large. La faiblesse de la
brise ne leur permit pas de le joindre ; elles le suivirent cependant et mouillèrent, trois jours après lui, sur la rade
du comptoir français de Mahé, situé à une trentaine de
milles au Nord de Tellichery. Un officier anglais se rendit
de suite à bord du navire français et demanda à voir les
expéditions. Le capitaine ayant refusé d'en donner connaissance, l'officier anglais fit appuyer sa demande par un
détachement de soldats. Les écoutilles furent ouvertes par
violence et le navire fut visité : on n'y trouva ni armes ni
munitions de guerre. Le commandant de Mahé s'étant plaint
de la conduite irrégulière du capitaine Foot, le commodore Cornwallis rejeta tous les torts sur l'officier qui avait
été envoyé à bord, lequel, assura-t-il, avait fait plus que ne
le portaient ses instructions ; il désapprouva sa conduite
et fit agréer ses excuses au commandant du comptoir.

Ces exigences des Anglais et la présence des corsaires
marattes firent sentir au chef de division de Saint-Félix la
nécessité de tenir une de ses frégates sur la côte de Malabar ; la *Résolue* de 32°, capitaine Callamand, y fut envoyée.

Cette frégate, partie de Mahé avec deux navires du commerce qu'elle escortait à Mangalore, passa devant Tellichery,
le 19 novembre de grand matin ; trois frégates étaient à
ce mouillage. La *Résolue* et les deux marchands hissèrent
leur pavillon ; les frégates qui étaient à l'ancre arborèrent
le pavillon anglais, et bientôt deux d'entre elles mirent

sous voiles et se dirigèrent sur la *Résolue*. A 2ʰ de l'après-midi, une d'elles tira un coup de canon auquel la frégate française répondit sans se déranger de sa route. Un quart d'heure après, la même frégate, qui était alors très-près, tira un second coup de canon; le capitaine Callamand en fit également tirer un second; mais voulant connaître le motif de ces avertissements, il mit en panne et fit signal aux deux navires de continuer leur route. Les frégates anglaises étaient la PERSEVERANCE et la PHOENIX, toutes les deux de 40 canons. Sir Richard Strachan qui commandait la seconde fit prévenir le capitaine Callamand qu'il avait ordre de visiter les deux marchands. La PHOENIX avait déjà mis deux canots à la mer; et pendant que l'un d'eux se rendait à bord de la *Résolue*, l'autre se dirigeait sur les navires qui faisaient toujours route; la frégate anglaise les invita à s'arrêter en tirant plusieurs coups de canons à boulets. Le capitaine Callamand répondit à cette agression en envoyant un boulet sur l'avant de la frégate PHOENIX et un second sur son arrière. Dans ce moment, le canot anglais accostait un des navires et la seconde frégate atteignait l'autre. Cet acte de violence mit fin aux pourparlers engagés entre les deux capitaines; celui de la *Résolue* ordonna de faire feu sur la PHOENIX, qui était du reste disposée au combat, car la riposte ne se fit pas attendre. La *Résolue* était placée par le travers de bâbord et sous le vent de la frégate anglaise; le combat continua dans cette position. La PERSEVERANCE ne resta pas spectatrice de la lutte dans laquelle sa compagne se trouvait engagée; elle se laissa culer, et dès qu'elle fut par le bossoir de tribord de la *Résolue*, elle joignit son feu à celui de sa conserve. La PHOENIX vint alors en grand sur bâbord, passa à poupe de la frégate française à laquelle elle envoya une bordée d'enfilade, et revenant immédiatement sur tribord, elle continua de la combattre par la hanche de bâbord. Les forces étaient trop disproportionnées pour que la *Résolue* pût lutter avec avantage; après vingt-cinq minutes de vigoureuse défense, elle avait son gouvernail brisé, son grément et sa voilure hâchés; la corne venait d'être coupée et le pavillon avait été entraîné dans sa chute; le capitaine Callamand avait reçu une blessure à la jambe et une autre à la tête. Résister plus longtemps à deux frégates, toutes les deux plus fortes que la sienne, était chose inutile : il fit hêler qu'il amenait.

Le capitaine Strachan fit dire au capitaine de la *Résolue* que, malgré l'avantage qu'il venait d'obtenir, il ne considérait pas la frégate française comme sa prise, et il lui envoya des ouvriers pour aider à réparer ses avaries. Le capitaine Strachan engageait enfin le capitaine Callamand à se rendre à Tellichery pour donner ensemble des explications sur ce conflit au commodore Cornwallis. Le capitaine français refusa de se rendre à cette invitation; il déclara qu'ayant amené, il se constituait prisonnier et qu'on pouvait le conduire où l'on jugerait convenable. Après six heures d'hésitation de la part de sir Richard Strachan, qui insistait pour que la *Résolue* rehissât son pavillon et fît route, la frégate française fut conduite par les Anglais à Tellichery. Le 20, elle fut appareillée par un officier et un équipage anglais et, accompagnée par la Perseverance, elle fut dirigée sur Mahé. Aussitôt qu'elle fut mouillée, les Anglais qui l'avaient conduite retournèrent à bord de leur frégate qui prit le large. Ce combat avait coûté la vie à 12 hommes de la *Résolue* qui avait en outre 56 blessés.

ANNÉE 1792

Ces actes d'agression ne furent pas les seuls que les Anglais commirent dans ces parages avant la déclaration de guerre. Le 4 janvier 1792, la frégate la *Cybèle*, montée [par le chef de division de Saint-Félix, fut rencontrée de nuit par la frégate anglaise MINERVA, commandée par le commodore Cornwallis, qui lui tira un coup de canon. Cet officier supérieur prétendit s'être mépris et donna pour excuse que, dans la position des Anglais vis-à-vis de Typpo Saïb, il devait visiter tous les navires qu'il rencontrait.

Le lendemain de cette affaire, jour de son arrivée à Mahé, le chef de division de Saint-Félix apprit le combat de la *Résolue*; il ordonna que le pavillon de cette frégate fût rehissé, fit des représentations très-vives au commodore anglais, et finit par le prévenir que, s'il persistait à visiter les navires français, il considérerait cette violation comme une déclaration de guerre, et que dès lors il repousserait la force par la force. Le commodore prétendit que, dans cette circonstance, le capitaine Callamand avait été l'agresseur.

La noble détermination du commandant des forces navales de la France dans les mers de l'Inde fut paralysée par un mouvement insurrectionnel des équipages de la *Cybèle* et de la *Résolue*; ils déclarèrent qu'ils ne se battraient que dans le cas où ils seraient attaqués. Celui de la *Résolue* prit l'initiative, et des menaces furent faites au commandant en chef, lorsqu'il se rendit à bord pour connaître les motifs du désordre. La position n'était plus tenable; le chef de division de Saint-Félix quitta ces parages, où le pavillon de la France était exposé à recevoir de nouvelles humiliations sans qu'il lui fût possible d'en tirer vengeance; et la présence de la *Résolue* dans ces mers ne pouvant être désormais qu'un sujet d'animosité entre les deux marines, il renvoya cette frégate en France.

Le commodore Cornwallis expédia un bâtiment en Europe pour rendre compte de ce conflit à son gouvernement. Le ministère anglais donna l'ordre de mettre le capitaine Strachan en jugement. Quel fut le résultat de cette prétendue satisfaction donnée au pavillon français? Je ne saurais le dire. Un blâme au plus; car on verra le capitaine Strachan souvent en scène dans le tableau que je vais essayer de reproduire (1).

L'Assemblée nationale confirma le chef de division de Saint-Félix dans le commandement de la division de l'Inde, et lui conféra le grade de contre-amiral. Cette commission lui fut remise par le capitaine Rosily, de la *Forte*, qui portait le gouverneur et les commissaires du gouvernement délégués aux îles de France et de la Réunion. Cette frégate repartit immédiatement avec l'*Atalante* pour escorter un convoi qui se rendait en France; la prévision d'une rupture prochaine avec l'Angleterre nécessitait cette mesure.

Jetons maintenant un coup d'œil sur l'Europe, et voyons quelle était l'attitude des divers États au moment où la révolution éclata en France. Cet examen est nécessaire pour bien comprendre les causes des nombreux armements qui ne tardèrent pas à être faits et les motifs qui poussèrent toutes les puissances à une guerre qui fut si glorieuse pour la France, mais, je le dis avec amertume, si désastreuse pour sa marine. Un historien célèbre trace ainsi la situation (2) : « Au milieu de l'année 1790, la révolution française commença d'attirer l'attention des souverains étrangers; son langage était si assuré, si ferme, il avait un caractère de généralité qui semblait si bien le rendre propre à plus d'un peuple, que les princes étrangers durent s'en effrayer. On avait pu croire jusque-là à une agitation passagère; mais les succès de l'Assemblée constituante, sa fermeté, sa constance inattendue et surtout l'avenir qu'elle se proposait et qu'elle proposait à toutes les nations, durent lui attirer plus de considération et de haine et lui mériter l'honneur d'occuper les cabinets. L'Europe, alors, était divisée en

---

(1) Brenton, *Naval history of Great Britain*, dit que la conduite du commodore Cornwallis fut approuvée.
(2) Thiers, *Histoire de la Révolution française*.

deux grandes ligues ennemies : la ligue anglo-prussienne
d'une part, et les Cours impériales de l'autre.

« Frédéric-Guillaume, roi de Prusse, avait abandonné
l'alliance de la France pour celle de l'Angleterre. Uni à
cette puissance, il avait formé cette fameuse ligue anglo-
prussienne qui tenta de si grandes choses et qui n'en exécuta aucune ; qui souleva la Suède, la Pologne, la Porte
contre la Russie et l'Autriche, abandonna tous ceux qu'elle
avait soulevés, et contribua même à les dépouiller en par-
tageant la Pologne.

« Le projet de l'Angleterre et de la Prusse réunies avait
été de ruiner la Russie et l'Autriche en suscitant contre elles
la Suède, la Pologne gémissant d'un premier partage, et la
Porte Ottomane courroucée des invasions russes. L'intention particulière de l'Angleterre, dans cette ligue, était de
se venger des secours fournis aux colonies américaines par
la France, sans lui déclarer la guerre. Elle en avait trouvé
le moyen en mettant aux prises les Turcs et les Russes.
La France ne pouvait demeurer neutre entre ces deux peuples, sans s'aliéner les Turcs qui comptaient sur elle, et
sans perdre ainsi sa domination commerciale dans le Levant. D'autre part, en participant à la guerre, elle perdait
l'alliance de la Russie, avec laquelle elle venait de conclure
un traité infiniment avantageux, qui lui assurait les bois
de construction et tous les objets que le Nord fournit
abondamment à la marine. Ainsi, dans les deux cas, la
France essuyait un dommage. En attendant, l'Angleterre
préparait ses forces et se disposait à les déployer au besoin.
D'ailleurs, voyant le désordre des finances sous les notables, le désordre populaire sous la Constituante, elle
croyait n'avoir pas besoin de la guerre, et l'on a pensé
qu'elle aimait encore mieux détruire la France par les
troubles intérieurs que par les armes.

« Cette ligue anglo-prussienne avait fait livrer quelques
batailles dont le succès fut balancé. Gustave de Suède
s'était tiré en héros d'une position où il s'était engagé en

aventurier. La Hollande insurgée avait été soumise au Stathouder par les intrigues anglaises et les armées prussiennes. L'habile Angleterre avait ainsi privé la France d'une alliée maritime. La Pologne achevait de se constituer et allait prendre les armes. La Turquie avait été battue par la Russie. En juillet 1790, la paix fut signée entre l'Autriche et la Prusse; en août, la Russie fit la sienne avec Gustave, et n'eut plus affaire qu'à la Pologne et aux Turcs. L'attention des puissances finissait donc par se diriger presque tout entière vers la France. Quelque temps auparavant, lorsque la ligue anglo-prussienne poursuivait secrètement la France, ainsi que l'Espagne sa constante alliée, quelques navires anglais furent saisis par les Espagnols. Les réclamations furent suivies d'un armement général dans les ports de l'Angleterre. Aussitôt l'Espagne demanda des secours à la France, et Louis XVI ordonna l'armement de 15 vaisseaux. On accusa l'Angleterre de vouloir, dans cette occasion, augmenter nos embarras. Les troubles intérieurs furent, en effet, plus grands au moment de l'armement général, et l'on ne put s'empêcher de voir une liaison entre les menaces de l'Angleterre et la renaissance du désordre. »

Cependant la Cour de Vienne, au mépris des traités, ne cessait d'accorder une protection ouverte aux Français qui refusaient de reconnaître l'ordre de choses établi en France. Elle formait un concert avec plusieurs puissances de l'Europe contre l'indépendance et la sûreté de la nation française. François Ier, roi de Hongrie et de Bohême, avait, par deux notes du 18 mars et du 7 avril 1792, refusé de renoncer à ce projet et, malgré la proposition qui lui avait été faite de réduire de part et d'autre à l'état de paix les troupes échelonnées sur les frontières, il continuait ses préparatifs hostiles. Il avait, en outre, attenté à la souveraineté de la nation française en déclarant vouloir maintenir les prétentions des princes allemands possessionnés en France, auxquels la nation française n'avait cessé d'offrir des indemnités. Il cherchait enfin à diviser les Français et à les armer les uns contre les autres, en offrant un appui aux mécontents. Son refus de répondre aux dernières dépêches du roi des Français ôtant tout espoir d'obtenir d'une manière amicale le redressement de ces griefs, le 20 avril, l'Assemblée législative lui déclara la guerre.

. La maison d'Autriche, entraînant la Prusse, la décida bientôt à marcher contre la France. La Russie s'était déclarée la première contre la Révolution et secondait les émigrés. La Suède, immobile, recevait encore les navires français dans ses ports. Le Danemark promettait une stricte neutralité. On pouvait se regarder comme en guerre avec la Cour de Turin. Le pape préparait ses foudres. L'Espagne, sans entrer ouvertement dans la coalition, ne semblait cependant pas disposée à exécuter le pacte de famille et à rendre à la France les secours qu'elle en avait reçus. Les États-Unis auraient peut-être voulu aider la France de leurs moyens, mais ces moyens étaient nuls à cause de leur éloignement. L'Angleterre s'engageait à la neutralité et en donnait de nouvelles assurances : elle faisait cependant des armements extraordinaires, et tout annonçait une rupture prochaine avec cette puissance. Certain, par l'expérience, qu'elle ferait sortir un nombre infini de corsaires et de bâtiments légers pour inquiéter le commerce aussitôt que les liaisons amicales seraient rompues, le ministère ordonna d'établir sur les côtes des croiseurs destinés à le protéger.

Le 25 juillet, parut le manifeste du duc de Brunswick.

Afin d'être prêt à repousser les attaques des puissances maritimes de la Méditerranée, le Conseil exécutif provisoire arrêta qu'il serait formé à Toulon une escadre de 9 vaisseaux : le commandement en fut donné au contre-amiral Truguet. Mais ce port n'en avait que cinq en état de prendre la mer; c'étaient :

Canons.
80   *Tonnant* . . . . capitaine Blanquet Duchayla.
Truguet, contre-amiral.

II.   18

	Commerce-de-Bordeaux. capitaine Saint-Julien.		
74	*Scipion*.	—	Degoy.
	Lys.	—	Brueys d'Aigalliers.
	Centaure.	—	Missiessy.

On leur adjoignit les frégates la *Sibylle*, la *Junon*, la *Minerve*, la *Modeste*, la *Vestale* et la *Fortunée*; les corvettes la *Badine*, la *Poulette*, la *Brune*, la *Belette*, la *Fauvette* et le *Rossignol*; les avisos le *Tarleton*, le *Hasard*, l'*Alerte* et le *Gerfaud*.

Brest expédia à Toulon les vaisseaux :

Canons.

80	*Languedoc*. . . . . capitaine Latouche-Tréville.		
	Vengeur.	—	Ledall-Kéréon.
74	*Orion*.	—	Vaultier.
	Entreprenant.	—	Thirat.

Avant l'arrivée des vaisseaux de l'Océan, le contre-amiral Truguet reçut l'ordre de se porter sur les côtes d'Italie et de s'y concerter avec le général Anselme, qui devait faire une diversion sur Nice pendant que le général en chef Montesquiou attaquerait la Savoie. En exécution de ces ordres, la division de Toulon mit à la voile; le 24 septembre, elle était devant Nice et s'y établissait en croisière. Cette ville et Villefranche qui la touche furent prises par l'armée française : la corvette sarde la CAROLINE, qui se trouvait dans ce dernier port, fut capturée et envoyée à Toulon. Sur ces entrefaites, un coup de vent d'Est força la division à prendre le large; 3 vaisseaux relâchèrent aux îles d'Hyères, près de Toulon et les deux autres au golfe Juan, qui se trouve au-dessous de Cannes. Le 11 octobre, ils étaient tous les cinq à Villefranche, où ils furent ralliés par ceux de Brest. Ils y prirent 1,000 hommes de troupes et firent route pour Oneille, petite ville du littoral du duché de Gênes, où ils arrivèrent le 26. Le contre-amiral Truguet envoya de suite sommer le commandant de cette place de se rendre. Des paysans, embusqués sur le rivage, firent feu sur l'embarcation et tuèrent l'enseigne de vaisseau d'Aubermesnil, aide-de-camp du commandant en chef, ainsi que cinq autres personnes; le capitaine de vaisseau

Duchayla et plusieurs matelots furent blessés. Cet attentat fut vengé par une canonnade terrible que les vaisseaux ouvrirent immédiatement sur la ville. Oneille fut livrée au pillage pendant deux jours, après lesquels les troupes furent rembarquées, leur nombre n'étant pas suffisant pour occuper la ville, et l'escadre retourna à Villefranche.

Ces diverses expéditions nécessitèrent l'envoi de nouvelles forces dans la Méditerranée. Les vaisseaux de 74° le *Patriote*, le *Léopard* et le *Duguay-Trouin*, ainsi que la frégate l'*Aréthuse* furent expédiés de Brest ; l'*Apollon* et le *Généreux* de 74° et la frégate l'*Hélène*, de Rochefort ; enfin le *Thémistocle* de 74° partit de Lorient.

———

Pendant que nos armées entraient dans les États de terre ferme du Piémont, le gouvernement songea à utiliser l'escadre de la Méditerranée, en la faisant participer à une attaque contre l'île de Sardaigne. Les troupes destinées à cette expédition se trouvant en Corse, le contre-amiral Truguet reçut l'ordre de réunir à Ajaccio tous les navires du commerce qu'il pourrait trouver, de s'y rendre de sa personne avec 4 vaisseaux et quelques frégates, et d'escorter ce convoi au mouillage de la petite île San Pietro, sur la côte S.-O. de la Sardaigne. En conséquence de ces instructions, le contre-amiral Truguet quitta Villefranche et se rendit à Ajaccio. La campagne commença mal. Le vaisseau le *Vengeur* toucha en entrant dans la vaste baie d'Ajaccio, et cela si rudement, que la voie d'eau qui en résulta nécessita l'échouage immédiat de ce vaisseau, qu'il ne fut plus possible de relever. Les troupes furent embarquées et, le 13 janvier 1793, la division et les transports jetèrent l'ancre sur la rade de San Pietro.

De son côté, le capitaine de vaisseau Latouche-Tréville avait reçu l'ordre de se rendre à Naples avec le reste de l'escadre, c'est-à-dire avec 10 vaisseaux et 2 frégates, pour demander satisfaction de l'insulte faite à la nation dans la personne du citoyen Semonville, son ambassadeur à Constantinople, qui était outragé de la manière la plus violente dans un mémoire du général Acton, ministre du roi de Naples. Cette réparation obtenue, le commandant Latouche devait rallier le contre-amiral Truguet en Sardaigne. Un retard dans l'arrivée de 2 bombardes, que le commandant Latouche considérait comme indispensables, fit perdre un temps précieux pour la saison ; l'escadre ne quitta la côte que le 10 décembre. Lorsque le 16, vers midi, elle parut à la hauteur de l'île d'Ischia, à l'entrée de la baie de Naples, un officier napolitain monta à bord du *Languedoc* et rappela au commandant Latouche que les traités s'opposaient à ce que plus de 6 bâtiments de guerre de la même nation mouillassent sur la rade ; il ajouta que le séjour d'une force plus considérable devant la ville pourrait être considéré comme un acte d'hostilité. Le commandant de l'escadre française répondit qu'il ne diviserait pas ses forces, qu'il allait jeter l'ancre devant le palais du roi, et que, si un seul coup de canon était tiré sur les vaisseaux de la République, il ne remettrait sous voiles qu'après avoir entièrement détruit la ville. L'escadre mouilla effectivement devant le palais sans aucune autre opposition, et le commandant Latouche demanda immédiatement la réparation qu'il devait exiger. Le général Acton proposa d'abord de soumettre l'affaire à l'arbitrage d'une troisième puissance : cette proposition fut repoussée. Enfin, après quelques hésitations, la Cour de Naples donna la satisfaction demandée. Vingt-quatre heures après, l'escadre appareillait pour la Sardaigne. Elle fut dispersée, pendant la nuit du 20 au 21, par un violent coup de vent d'O.-N.-O. et, au jour, les vaisseaux l'*Entreprenant*, le *Scipion* et une frégate étaient seuls réunis au *Languedoc*. Ce dernier démâta successivement de son mât de misaine, de son grand mât et du mât d'artimon ; il faisait eau de toutes parts. Le vent ayant passé au S.-O. dans la journée, le commandant Latouche ordonna au capitaine Degoy, du *Scipion*, d'aller apprendre au contre-amiral Truguet la dispersion de l'escadre et l'état dans lequel se trouvait le *Languedoc*. Il se fit ensuite donner par l'*Entreprenant* une remorque qui cassa presque aussitôt, et gouverna pour rentrer à Naples. Le vent augmenta encore pendant la nuit suivante. La position du *Languedoc* devenait fort critique, car la terre s'apercevait à la lueur des éclairs, mais pas assez distinctement pour être reconnue. Les embarras croissaient d'ailleurs à chaque instant par la rupture des pitons de bragues et des boucles des palans des canons. La barre du gouvernail cassa aussi. Enfin, après avoir passé, dans l'après-midi du 24, à un jet de pierre de l'île de Capri sur laquelle il s'était trouvé affalé, le *Languedoc* mouilla sur la rade de Naples avec le vaisseau et la frégate qui l'accompagnaient. Il reçut dans ce port tous les secours dont il avait besoin et, le 30 janvier, il put remettre sous voiles. Huit jours après, le commandant Latouche ralliait le contre-amiral Truguet au mouillage de San Pietro, où tous les vaisseaux avaient successivement jeté l'ancre.

La non-acceptation, par une partie de la population, de l'ordre de choses établi en France, donna lieu à quelques événements maritimes que je ne puis passer sous silence. Pendant quelque temps, il y eut dans la marine deux drapeaux qui combattirent l'un contre l'autre, comme si les embarras du pays n'étaient pas déjà assez grands, sans qu'il fallût encore les augmenter par des dissensions civiles qui ne faisaient que l'affaiblir. Ce mouvement réactionnaire des esprits ne tarda pas à traverser l'Océan, et le Conseil exécutif sentit la nécessité de remplacer les bâtiments stationnés aux Antilles et d'y envoyer de nouvelles troupes. Le général Rochambeau, nommé gouverneur général des îles du Vent, le général Collot, gouverneur de la Guadeloupe, et quatre commissaires civils, prirent passage sur la frégate la *Sémillante*, capitaine Bruix, qui avait mission d'escorter un convoi portant 2,000 hommes de troupes : cette frégate partit de Lorient le 10 août.

Une lettre, arrivée à la Guadeloupe dans les premiers jours de septembre, annonça que les Prussiens et les Autrichiens étaient entrés à Paris, et qu'une contre-révolution avait eu lieu en France. Au milieu de l'agitation occasionnée par cette nouvelle, répandue probablement à dessein, le capitaine Malleveault, de la frégate la *Calypso*, demanda au gouverneur d'arborer le pavillon blanc. Malgré son refus formel, un pavillon blanc fut hissé à bord de la frégate et salué de 21 coups de canon. Cet acte séduisit la population de la Guadeloupe; le gouverneur lui-même fut entraîné, et le pavillon blanc fut arboré dans l'île entière. La *Calypso* mit aussitôt à la voile pour porter cette nouvelle à la Martinique, qui suivit l'exemple de la Guadeloupe.

La *Sémillante* arriva sur ces entrefaites à la Martinique. Le 16 septembre, des députés du comité colonial se rendirent à bord et y ramenèrent un aide de camp du général Rochambeau qui avait été envoyé à terre avec des dépêches qu'il ne lui avait pas été permis de remettre. Le capitaine Malleveault signifia au chef de l'expédition, de la part du gouverneur Behague et du chef de division Rivière, qu'il eût à s'éloigner, s'il ne voulait pas être traité en ennemi. La partie n'était pas égale. La division navale de la Martinique se composait du vaisseau de 74ᵉ la *Ferme*, monté par le commandant; des frégates la *Calypso* et la *Didon*, capitaines Malleveault de Vaumorant et Villevielle; de la corvette le *Maréchal-de-Castries*, capitaine vicomte d'Aché, et du brig le *Ballon*, capitaine Robert Rougemont. La *Sémillante* et son convoi prirent le large, et lorsqu'il vit le pavillon blanc flotter également sur la Guadeloupe, le général Rochambeau obtint d'être conduit au Cap Français de Saint-Domingue.

La flûte la *Bienvenue*, capitaine Lacarrière, et deux transports chargés de troupes, se séparèrent du convoi et relâchèrent sur la rade de la Basse-Terre de l'île anglaise de Saint-Christophe. Ils se disposaient à continuer leur route pour Saint-Domingue lorsque, le 3 octobre dans l'après-midi, 3 bâtiments portant flamme et pavillon blancs furent aperçus au large : c'étaient la *Calypso*, le *Maréchal-de-Castries* et le *Ballon*. Après ce qui s'était passé à la Martinique, le capitaine Lacarrière s'attendit à être attaqué ; il demanda protection au gouverneur de l'île, qui l'engagea à arborer les couleurs de la Grande-Bretagne. Un officier de la flûte, envoyé le lendemain à bord de la *Calypso* qui se tenait à l'entrée de la rade, fut accablé d'injures et chargé de prévenir son capitaine qu'il eût à arborer le pavillon blanc, s'il ne voulait être coulé. Cette intimation répandit l'alarme à bord de la *Bienvenue* et des deux transports ; la majeure partie des équipages et des troupes qui, à la vérité étaient sans armes, se précipitèrent dans les canots ou se jetèrent à la nage pour gagner la terre. La *Calypso* ayant alors manœuvré pour atteindre le mouillage, la *Bienvenue* hissa le pavillon anglais. Cette détermination n'arrêta pas le capitaine Malleveault ; il prévint celui de la flûte que ce pavillon ne l'empêcherait pas de le couler, s'il n'obtempérait à l'invitation qui lui avait été faite. Dans l'après-midi, le capitaine Lacarrière descendit à terre pour conférer avec deux officiers de la frégate, qui lui dirent avoir l'ordre du roi de faire arborer le pavillon blanc à tous les bâtiments français : il s'y refusa positivement. Le 5, la *Calypso* et le *Ballon* se placèrent tribord et bâbord de la *Bienvenue* et firent d'ostensibles dispositions d'attaque. Le capitaine Lacarrière se décida à couper ses câbles et à s'échouer à la plage ; il descendit alors à terre avec les quelques hommes qui étaient restés à son bord.

Les menaces du capitaine Malleveault n'empêchèrent pas les équipages et les passagers des 3 bâtiments français de trouver un asile dans la forteresse de Brimstone ; ils furent renvoyés en France peu de temps après. La *Bienvenue* fut remise à flot et emmenée par la *Calypso* qui laissa les deux transports, mais entièrement vides.

Le *Moniteur* du samedi 12 janvier 1793 contenait l'article suivant : « Une frégate de la division que le perfide « Behague avait sous ses ordres, la *Calypso*, s'était empa- « rée, dans la baie de Saint-Christophe, d'un navire du « convoi du général Rochambeau. A cette nouvelle, le « gouverneur anglais de cette île envoya contre cette fré- « gate un vaisseau de guerre qui, malgré son pavillon « blanc, lui lâcha sa bordée et la fit amener. En vain le « capitaine de la *Calypso* répétait-il qu'il était Français; « que les deux rois n'étaient pas en guerre. Le gouverneur « lui fit répondre qu'il ne connaissait d'autre pavillon « français que celui aux trois couleurs, et que la frégate « ne pouvait être qu'un corsaire dont il devait s'emparer. « L'équipage de la *Calypso* fut fait prisonnier. »

Ce récit du *Moniteur* me paraît être un ampliation dé- naturée de l'événement du 4 octobre. Une brochure ayant pour titre : « *Mémoire pour le citoyen Malleveault détenu dans les prisons de la Force — 1793 —* » vient à l'appui de cette opinion. On y lit, en effet, que le général Behague partit de la Martinique, le 11 janvier 1793, avec le vais- seau la *Ferme*, la frégate la *Calypso*, le *Maréchal de Cas- tries* et l'aviso le *Coureur*, et qu'il se rendit à l'île de la Trinité deux mois avant la déclaration de guerre à l'Espa- gne, à laquelle il confia ces bâtiments en dépôt.

L'Assemblée nationale avait mis fin à ses travaux; le capitaine Lacrosse de la *Félicité* fut chargé d'aller en porter la nouvelle aux Antilles. Arrivé le 1er décembre devant Saint-Pierre de la Martinique, il y apprit l'insurrection de cette île et de la Guadeloupe, et la retraite du général Rochambeau. En envoyant ses paquets au gouverneur Be- hague, il lui écrivit pour tâcher de le ramener au parti de la République; mais, convaincu bientôt qu'il ne pouvait séjourner sans danger sur cette rade, il alla mouiller à Sainte-Lucie, la plus rapprochée des îles du Sud, qui était restée fidèle à la France. Les démarches du capitaine La- crosse eurent pour résultat de le faire déclarer aventurier sans titre et sans mission ; et, par arrêtés des 10 et 13 décembre, la Martinique et la Guadeloupe déclarèrent la guerre à la France.

Pendant son séjour à Sainte-Lucie, le capitaine Lacrosse apprit que la *Calypso* et la *Bienvenue*, nommée la *Royaliste* depuis son enlèvement, étaient parties pour la Guadeloupe. Sachant que le vaisseau la *Ferme* était hors d'état de prendre la mer, il forma le projet d'enlever la corvette le *Maréchal de Castries* qui était restée sur la rade de Saint-Pierre. L'enseigne de vaisseau Pelletier, chargé de cette entreprise, appareilla avec la goëlette la *Kettly* et arriva sur la rade de Saint-Pierre pendant la nuit du 29 décembre. Les renseignements qui avaient été donnés au capitaine Lacrosse étaient inexacts ; la *Kettly* reprit le large.

Le lendemain à 2ʰ du matin, le capitaine Pelletier chassa une goëlette qui arbora flamme et pavillon blancs. Après lui avoir envoyé une bordée, il l'aborda et l'enleva. Cette goëlette était la *Légère;* elle portait 6 pierriers et était commandée par l'aspirant Garnier.

Cependant, malgré les mesures sévères prises pour empêcher la circulation d'une adresse que le capitaine Lacrosse avait envoyée aux habitants des deux îles, le parti républicain augmentait chaque jour ; les marins de la division désertaient et tout faisait présager que le parti dominant ne tarderait pas à succomber. La ville de la Pointe-à-Pitre donna l'impulsion. Le 28 décembre, le pavillon tricolore fut arboré sur le fort de Fleur-d'épée et il flotta bientôt dans l'île entière. Le 24 janvier 1793, une commission générale extraordinaire des représentants élus par chaque quartier, requit le capitaine Lacrosse de remplir les fonctions de gouverneur général jusqu'à l'arrivée de celui qui avait été désigné par le gouvernement.

La Martinique se laissa entraîner par l'exemple de sa voisine. Les habitants des campagnes s'insurgèrent ; effrayés à l'annonce des forces que la métropole devait déployer contre eux, les planteurs abandonnèrent leurs habitations et se réfugièrent dans les îles voisines. Incapable de se maintenir dans cette fausse position, le gouverneur Behague partit le 11 janvier pour l'île de la Trinité espagnole, avec le chef de division Rivière et tous les bâtiments sous ses ordres. Le jour même, le pavillon tricolore fut arboré à la Martinique qui, le 28, nomma aussi le capitaine Lacrosse son gouverneur provisoire.

Prévenu de ce qui se passait aux îles du Vent, le général Rochambeau avait quitté Saint-Domingue; il arriva le 28 janvier à la Guadeloupe sur le brig le *Lutin;* et, après y avoir fait reconnaître le général Collot, il se rendit à la Martinique.

ANNÉE 1793.

Le 10 août 1792, l'Angleterre avait rappelé son ambassadeur à Paris, et elle ne souffrait celui de la République à Londres, que comme envoyé de la royauté renversée. Toutes ces subtilités diplomatiques n'avaient d'autre but que de satisfaire aux convenances à l'égard du roi renfermé au Temple, et en même temps de différer les hostilités. Le ministre Pitt se plaignait de ce que la France menaçait les alliés de l'Angleterre, attaquait même ses intérêts, et en preuve, il citait la Hollande. Le grief principal allégué était l'ouverture de l'Escaut, mesure que les Français avaient prise en entrant dans les Pays-Bas. Le second grief était le décret du 15 décembre, par lequel la Convention nationale promettait secours et assistance à tous les peuples qui secoueraient le joug de la tyrannie. Pitt se plaignait enfin des menaces et des déclamations continuelles qui partaient des Jacobins contre les gouvernements.

Cependant le procès du mois de janvier 1793 précipita les événements; le gouvernement anglais lança une loi inquisitoriale contre les Français qui voyageaient en Angleterre; des préparatifs et des proclamations annoncèrent une guerre imminente. On excita la populace de Londres; on réveilla cette aveugle passion qui, en Angleterre, faisait regarder une guerre contre la France comme un grand service national; on mit enfin embargo sur des navires chargés de grains qui se trouvaient dans ses ports; et à la nouvelle du 21 janvier, l'ambassadeur français, que jusque-là on avait refusé en quelque sorte de reconnaître, reçut l'ordre de sortir sous huit jours du royaume.

Ne voulant pas laisser impunie la violation de ses liaisons de bon voisinage et du droit des nations, le Conseil exécutif provisoire ordonna d'arrêter les navires anglais, russes, hollandais, prussiens et autrichiens qui se trouvaient dans les ports de la République.

Cette situation des affaires politiques fit modifier les ordres donnés au contre-amiral Truguet qui dut, non-seulement se rendre directement à Brest, mais encore renoncer à ses opérations en Sardaigne, dans le cas où elles ne seraient pas entièrement terminées. Mais, soit qu'il n'eût pas reçu ces nouvelles instructions, soit que le besoin pressant de vivres l'eût forcé de prendre cette détermination, le contre-amiral Truguet mouilla à Toulon.

La nouvelle impétuosité révolutionnaire déconcerta la neutralité calculée des puissances que l'Angleterre travaillait à soulever contre la France. Le Stathouder de la Hollande se défiant toujours de son peuple et n'ayant d'autre appui que les escadres anglaises, lui avait donné toute espèce de satisfaction et témoignait par une foule de démonstrations hostiles, sa malveillance pour la France. Les Espagnols avaient été peu émus de la révolution et c'étaient moins des raisons de sûreté et de politique que des raisons de parenté qui indisposaient le cabinet de Madrid contre la République française. Au moment du jugement définitif de Louis XVI, il offrit la reconnaissance politique de la République et sa médiation auprès de toutes les puissances, si on laissait la vie sauve au monarque détrôné; depuis ce temps, sa disposition à la guerre n'était plus douteuse. La Catalogne se remplissait de troupes; dans les ports, on armait avec activité.

Au milieu de la conjuration générale, le Danemark et la Suède gardaient seuls une sage réserve. Le gouvernement français avait parfaitement jugé ces dispositions générales et l'impatience qui le caractérisait dans ce moment ne lui permettait pas d'attendre les déclarations de guerre, mais le portait au contraire à les provoquer. Depuis le 10 août 1792, il n'avait cessé de demander à être reconnu; après le 21 janvier, il mit toutes les considérations de côté, et il était décidé à une guerre universelle. Voyant que les hostilités cachées n'étaient pas moins dangereuses que les hostilités ouvertes, il se hâta de mettre ses ennemis en demeure de se déclarer. La Convention nationale ordonna un rapport sur la conduite du gouvernement anglais envers la France; sur les intrigues du Stathouder et des Provinces-Unies et, le 1er février, il déclara solennellement la guerre à l'Angleterre et à la Hollande.

Il fallait, dès lors, songer à mettre les colonies en état de défense et à renforcer les stations navales. Des ordres furent donnés dans tous les ports de l'Océan pour l'affrétement des navires nécessaires au transport des troupes, des armes et des munitions; et, afin que l'ennemi ne pût pas empêcher leur réunion à Brest, on fit sortir toutes les frégates et tous les avisos qui étaient armés. Mais les Anglais avaient déjà des croiseurs sur les côtes de France et plusieurs frégates furent obligées de chercher dans les ports un refuge contre les forces supérieures qu'elles rencontraient. Le ministère fit alors sortir de Brest une division de 2 vaisseaux et de 4 frégates, sous les ordres du capitaine de vaisseau Duval, dont la mission protectrice fut toutefois un moment retardée par les troubles des départements de l'Ouest. Au mois de mars, le contre-amiral Landais sortit également de Toulon avec 5 vaisseaux pour assurer la navigation et protéger le transport des subsistances attendues de Gênes et aussi l'arrivage des navires venant des colonies.

Voici du reste comment étaient réparties les forces navales de la République. La division de Saint-Domingue était composée de 3 vaisseaux, 7 frégates, 7 corvettes ou avisos. La Martinique avait 5 frégates. 2 avisos stationnaient à Cayenne. Il y avait dans l'Inde 4 frégates et un aviso. La division de Brest était de 7 vaisseaux et 5 frégates. 4 frégates et 4 avisos croisaient sur la côte de la Vendée; 2 frégates et 7 avisos, dans la Manche. La rade de Cherbourg était défendue par un vaisseau et 8 canonnières. Celle de l'île d'Aix, par 3 vaisseaux. Un vaisseau, 4 frégates et une corvette croisaient sur la côte d'Italie. Il y avait 3 frégates et 2 corvettes dans le Levant. 6 frégates et 12 avisos étaient employés à divers services dans la Méditerranée. Enfin, Toulon avait 17 vaisseaux, 3 frégates et plusieurs avisos prêts à prendre la mer au premier ordre.

L'Angleterre avait accueilli avec faveur les ouvertures qui lui avaient été faites au sujet des secours à envoyer aux Vendéens. La nécessité de surveiller cette partie du littoral et aussi de protéger la réunion des navires destinés à approvisionner les colonies, détermina le gouvernement à donner au vice-amiral Morard de Galle l'ordre de sortir de Brest, le 8 mars, et d'aller croiser dans le golfe de Gascogne avec 3 vaisseaux et 7 frégates. Peu de jours après, ces vaisseaux furent dispersés par un coup de vent qui leur occasionna des avaries assez graves pour nécessiter leur rentrée au port; ils étaient tous de retour le 19.

Ce même coup de vent fit rentrer la division du commandant Duval qui avait été tué par la rupture d'une manœuvre.

Ces premières sorties purent faire présager l'esprit d'insubordination et d'indépendance qui allait se répandre à bord des bâtiments ; les matelots commentaient les ordres qu'on leur donnait, et ce fut dans un moment critique où les siens n'étaient pas assez promptement exécutés, que le capitaine Duval du *Tourville*, se portant de sa personne sur le lieu du danger, fut tué par une manœuvre qui, en se détendant, l'abattit sur le pont.

Au milieu du mois de mars, le capitaine de vaisseau Villaret Joyeuse alla mouiller dans la baie de Quiberon avec deux vaisseaux, afin d'empêcher les Anglais d'établir des communications avec les campagnes du Morbihan et de la Loire-Inférieure qui étaient en pleine insurrection. Ces forces furent bientôt jugées insuffisantes ; il fallait d'ailleurs assurer l'arrivée des convois. Brest, Lorient et Rochefort reçurent l'ordre d'armer tous les bâtiments en état de prendre la mer et de les envoyer à Quiberon. L'importance de ce commandement devint telle que, le 22 mai, le vice-amiral Morard de Galle en fut de nouveau chargé. Le 1er août, croisant avec 19 vaisseaux et plusieurs frégates à 12 milles dans le O.-S.-O. de l'île de Groix, il eut connaissance d'une armée anglaise de 17 vaisseaux et 9 frégates ; le vent soufflait du O.-S.-O.

La nécessité dans laquelle s'était tout d'abord trouvée l'Angleterre d'envoyer des bâtiments dans ses colonies, l'avait empêchée d'avoir une escadre prête à prendre la mer pendant que les vaisseaux français se réunissaient à Quiberon. L'amiral Howe n'avait pu mettre à la voile de Sainte-Hélène que le 14 juillet, avec les vaisseaux qui venaient d'être signalés au commandant en chef de l'armée française et qui étaient :

Canons.

110	QUEEN CHARLOTTE	capitaine Roger Curtis.
		lord Richard Howe, amiral.
	ROYAL GEORGE	capitaine William Domett.
		sir Alexander Hood, vice-amiral.
108	ROYAL SOVEREIGN	capitaine Henry Nichols.
		Thomas Graves, vice-amiral.
	LONDON	capitaine Richard Goodwin Keats.

	CUMBERLAND.	— Thomas Louis.
		John Macbride, contre-amiral.
	MONTAGU.	capitaine James Montagu.
	RAMILIES.	— Henry Harvey.
82	AUDACIOUS.	— William Parker.
	BRUNSWICK.	— John Harvey.
	GANGES.	— Pye Molloy.
	SUFFOLK.	— Peter Rainier.
	MAJESTIC.	— Charles Cotton.
	EDGAR.	— Albermale Bertie.
	VETERAN.	— Edmund Nugent.
72	SCEPTRE.	— Richard Dacres.
	SAMPSON.	— Robert Montagu.
	INTREPID.	— honorable Charles Carpenter.

Frégates : HEBE, LATONA, SOUTHAMPTON, PHAETON, INCONSTANT, PHOENIX, LAPWING, PEGASUS, NIGER.

2 brigs, 2 cutters et un lougre.

Le lendemain, le vent augmenta beaucoup et la mer devint très-grosse. Le vice-amiral Morard de Galle ne voulant pas engager le combat dans des circonstances aussi défavorables, avec des vaisseaux nouvellement armés, fit route pour Belle-Isle et mouilla le 4 au soir sur la rade du Palais.

La baie de Quiberon continua d'être le rendez-vous des vaisseaux des ports de l'Océan; et dans les premiers jours de septembre, l'armée navale comptait les 22 vaisseaux et les 13 frégates que voici :

Canons.

	Terrible.	capitaine Bonnefoux.
		Morard de Galle, vice-amiral.
110	*Côte-d'Or.*	capitaine Du Plessis-Grenédan.
		Landais, contre-amiral.
	Bretagne.	capitaine Richery.
		Lelarge, contre-amiral.
	Auguste.	capitaine Kerguelen, contre-amiral.
80	*Indomptable.*	— Bruix.
	Juste.	— Terrasson.
	Trajan.	— Villaret Joyeuse (Louis).
	Tigre.	— Vanstabel.
	Audacieux.	— Bouvet (Joseph-François).
	Téméraire.	— Dorré.
	Suffren.	— Obet.
74	*Impétueux.*	— Levêque (Jean).
	Aquilon.	— Henry (Jean-Baptiste).
	Northumberland.	— Thomas.
	Jean Bart.	— Coetnempren.
	Tourville.	— Langlois.
	Achille.	— Bertrand Keranguen.

Frégates : *Proserpine, Pomone, Uranie, Carmagnole, Galathée, Engageante, Insurgente, Gracieuse, Sémillante, Andromaque,
Médée, Bellone, Hermione.*

La double mission de cette armée navale, chargée de
protéger la rentrée des convois et de surveiller les côtes
des départements insurgés, rendait la position du commandant en chef fort difficile ; il ne lui était en effet pas possible de remplir ses instructions sans morceler son armée,
chose au moins imprudente en présence de forces aussi
considérables que l'étaient celles des Anglais. Le but fut
donc en partie manqué ; les vaisseaux passaient quelques
jours à la voile et revenaient prendre leur mouillage ; les
frégates seules faisaient un service actif en convoyant les
navires du commerce.

Le rassemblement de ces vaisseaux n'avait pas eu lieu
sans de grandes difficultés ; aux embarras matériels de
l'armement s'était jointe l'indiscipline des matelots. De
grands retards avaient été occasionnés par leur absence
du bord qu'ils quittaient aussitôt la revue passée, pour n'y
plus paraître que ramenés par les municipalités. A Brest,
les équipages de plusieurs vaisseaux avaient refusé de
sortir, prétextant qu'en les faisant appareiller, on n'avait
d'autre but que de les faire prendre par les Anglais. L'insurrection ne tarda pas à se montrer menaçante dans toute
l'armée navale ; une partie des manœuvres dormantes du
vaisseau le *Northumberland* furent coupées pendant la nuit
du 6 août. Les actes d'insubordination auxquels se livraient les équipages pouvaient être attribués à plusieurs
causes. La majeure partie des hommes était sans vête-
ments et souffrait horriblement à bord des bâtiments. Les
équipages avaient en outre peu de confiance dans leurs
chefs, et les officiers n'en avaient pas davantage les uns à
l'égard des autres. Les officiers de l'ancienne marine ne

cachaient pas si bien leur morgue et leur dépit qu'ils ne les laissassent apercevoir de temps à autre. Ceux de la marine du commerce en étaient irrités, et ces deux partis dans les états-majors n'attendaient qu'une occasion pour éclater. Enfin, la station de Quiberon était assez mal choisie ; car, bien que les communications avec la terre fussent aussi rares que possible, les équipages y étaient exposés à toutes sortes de séductions. Le commandant en chef crut devoir représenter au Comité de salut public combien, avec de semblables éléments, il lui était difficile de lutter con-tre l'armée anglaise ; ses vaisseaux commençaient d'ail-leurs à être à court de vivres. Se rendant l'interprète des réclamations des équipages, il demanda à rentrer à Brest : il reçut l'ordre de continuer sa croisière. Incapable de se faire obéir et ayant perdu la confiance de l'armée, il de-manda alors à être remplacé : il ne l'obtint pas davantage. Le vice-amiral Morard de Galle parvint cependant à calmer quelque peu l'effervescence des esprits en formant un conseil composé d'un officier et d'un marin de chaque bâtiment. Ce conseil fut unanime à demander la rentrée de l'armée navale au port de Brest. Il fut en même temps dé-cidé, qu'en attendant des ordres, l'armée mettrait à la voile pour escorter un convoi qui était en relâche depuis quel-ques jours dans le Morbihan. La frégate la *Bellone* qui l'accompagnait s'était échouée sur des roches en entrant. Il eût peut-être été possible de la relever si l'équipage, moins une quarantaine d'hommes, n'eût refusé d'exécuter les ordres qui lui étaient donnés. L'appareillage eut lieu le 19 ; le 26, l'armée reprenait son mouillage à Belle-Isle pour faire des vivres qui venaient de lui être envoyés. Enfin, le député Tréhouart, envoyé pour prendre connais-sance du véritable état des choses, ayant reconnu que le salut de l'armée dépendait de sa prompte rentrée à Brest, donna l'ordre d'appareiller ; elle mouilla sur cette rade dans la nuit du 28 septembre. Toute communication des vaisseaux entre eux et avec la terre fut interdite, et le représentant du peuple procéda immédiatement à une enquête sur les faits graves qui venaient de se passer. Ces faits motivèrent l'arrestation et la destitution de plusieurs officiers et marins. Le vice-amiral Morard de Galle et les contre-amiraux Lelarge et Kerguelen furent destitués, ainsi que le capitaine Boissauveur. Le premier fut mis en état d'arrestation et y resta dix-huit mois. Les capitaines Thomas, Du Plessis-Grenédan et Coetnempren furent traduits devant le tribunal révolutionnaire. Les capitaines Bonnefoux et Richery furent également mis en état d'arrestation. Le même arrêté élevait le capitaine Villaret Joyeuse au grade de contre-amiral, et le nommait au commandement de l'armée navale.

Le mois de septembre fut encore marqué par la perte de la frégate l'*Hermione* qui, le 20, se jeta sur la roche appelée le *Four*, vis-à-vis le Croisic.

Le 8 avril, l'aviso le *Sans-Souci* s'était déjà perdu sur cette roche.

Pendant que les armées de la République envahissaient la Belgique et se portaient sur la Hollande, une escadrille, composée de la corvette de 20° l'*Ariel*, des avisos l'*Éveillé*, le *Fanfaron*, l'*Entreprise* et deux chaloupes-canonnières, était chargée, sous la direction du lieutenant de vaisseau Moultson, de seconder les opérations sur le littoral. Au mois de mars, cette petite division fut bloquée dans l'Escaut par une division anglo-hollandaise de 3 vaisseaux rasés, 11 frégates, 6 brigs, 8 cutters, 7 bombardes et 5 chaloupes-canonnières ; plusieurs de ces bâtiments entrèrent dans le fleuve. Le 20, la chaloupe-canonnière française la *Sainte-Lucie*, capitaine Castagnier, fut attaquée pendant la nuit par 20 embarcations, et enlevée sous le fort Lillo qui ne tira pas un seul coup de canon pour la soutenir. Le capitaine Castagnier était dans ce moment en mission auprès du commandant en chef de l'armée de terre. Après l'évacuation d'Anvers, l'*Ariel* et le *Fanfaron* furent coulés dans l'Escaut. Les agrès et l'artillerie qui en avaient été préalablement enlevés, furent dirigés sur Bruges par les canaux : les habitants de cette ville s'en emparèrent.

Une division composée des vaisseaux de 74° le *Tigre*, le *Jean Bart*, le *Tourville*, l'*Impétueux*, l'*Aquilon* et la *Révolution ;* des frégates l'*Insurgente*, la *Sémillante* et des brigs le *Ballon* et l'*Espiègle*, sortit de Brest, le 16 novembre, sous le commandement du contre-amiral Vanstabel, pour croiser à l'ouvert de la Manche, afin d'intercepter un convoi qu'on savait devoir partir des ports de l'Angleterre pour Toulon, sous l'escorte de 5 vaisseaux aux ordres de l'amiral sir John Jervis. Le 18, vers 10ʰ du matin, 38 voiles furent aperçues dans le N.-O. ; le vent soufflait alors bon frais du S.-S.-E. Les frégates reconnurent 26 vaisseaux ; c'était l'escadre de l'amiral Howe, qui était sortie de Torbay avec celle destinée à croiser sur les côtes de France. Le contre-amiral Vanstabel fit signal de louvoyer en route libre pour s'élever au vent, mais sans perdre le *Tigre* de vue. La *Sémillante*, capitaine Lemancq, qui avait une marche bien inférieure à celle des vaisseaux, fut gagnée par une frégate anglaise qui l'eût infailliblement séparée de sa division, si le commandant en chef, rendant sa manœuvre indépendante, n'eût laissé arriver pour la soutenir ; il obligea ainsi la frégate ennemie à cesser sa poursuite. Elle ne rallia cependant son armée qu'après avoir lancé quelques boulets au *Tigre* et au *Jean Bart*.

Le temps fut à grains pendant la nuit et les bâtiments de la division se séparèrent ; au jour, le *Jean Bart* et l'*Aquilon* étaient seuls avec le *Tigre*. Le contre-amiral Vanstabel attendit le reste de sa division pendant quelques jours, puis fit route pour Brest, où il mouilla le 2 décembre. Il y trouva le *Tourville*, la *Révolution*, les deux frégates et le *Ballon*.

Le 19 novembre au matin, l'*Espiègle*, capitaine Bazile

Biller, avait rallié le vaisseau l'*Impétueux*, mais ils se perdirent encore de vue pendant la nuit du 22 qui fut très-mauvaise. Ce même jour, l'*Espiègle* fut chassé par une frégate anglaise qui ne put l'atteindre. Le 24 au matin, le capitaine Biller aperçut l'armée anglaise à petite distance sous le vent; 2 frégates s'en détachèrent et, à 9ʰ 30ᵐ, elles purent lui envoyer quelques volées. Une demi-heure après, il faisait calme; le brig en profita pour s'éloigner à l'aide de ses avirons. Favorisé ensuite par de légères fraîcheurs et l'obscurité de la nuit, il parvint à se soustraire à la poursuite de ces frégates. Le 29, l'île d'Ouessant fut aperçue dans le N.-E.; mais plusieurs voiles étaient également en vue, et les 2 frégates anglaises Nʏᴍᴘʜᴇ et Cɪʀᴄᴇ, placées directement de l'avant, virèrent de bord pour reconnaître l'*Espiègle* qui prit aussitôt chasse à l'Ouest, quoique les deux frégates eussent arboré le pavillon français. Le vent était au S.-E. A 11ʰ 15ᵐ, les frégates canonnaient vigoureusement le brig auquel, depuis plus de deux heures, elles envoyaient des boulets. Vingt minutes plus tard, l'*Espiègle* amenait son pavillon. Il fut conduit à Plymouth par la Nʏᴍᴘʜᴇ.

Si la France perdit un brig de guerre, l'Angleterre se vit enlever 17 navires du commerce par la division dont ce brig faisait partie.

Disons, pour terminer, que l'*Impétueux* mouilla le 11 décembre sur la rade de Brest.

Le vaisseau le *Léopard*, qui faisait partie de l'escadre du commandant Latouche-Tréville, était déjà au mouillage de l'île San Pietro, lorsque le contre-amiral Truguet y arriva (1). Séparé pendant le coup de vent du 21 décembre, le capitaine Grammont avait fait route pour le rendez-vous dé-

----

(1) V. page 275.

signé, et il avait de suite sommé l'île de se rendre. Les
Français en avaient pris possession le 2 janvier 1793. Secondé par les habitants de cette île, le contre-amiral Truguet fit répandre des proclamations en Sardaigne, offrant
partout l'appui et la protection de la République française.
Le 23, la division jeta l'ancre dans le golfe de Cagliari,
et un parlementaire fut envoyé au gouverneur. Ici, comme
à Oneille, le canot qui le portait fut reçu à coups de fusil
et le commandant en chef se vit dans la nécessité de châtier la ville par une canonnade et un bombardement de
vingt-quatre heures. Obligé dès lors de déployer toutes ses
forces, il prit le parti d'attendre un convoi qui devait lui
être amené par le vaisseau le *Commerce-de-Bordeaux*,
et qui portait un corps de 2,700 volontaires. Ces troupes,
jointes à celles qui avaient été prises en Corse, aux soldats de la garnison des vaisseaux et aux matelots dont on
pouvait disposer, formaient un corps assez considérable
pour que le commandant en chef pût concevoir l'espoir
de terminer heureusement une expédition qui, depuis trois
mois, était traversée par une foule d'intrigues et contrariée
par une série de mauvais temps. Mais le convoi, dispersé
par un coup de vent, avait été obligé de chercher un abri
dans les ports de la Corse, et ce retard aggravait la position de l'escadre dont les équipages, accablés de privations, avaient jusque-là supporté toutes les fatigues avec
courage. Enfin, le 2 février, le *Commerce-de-Bordeaux* et
son convoi mouillèrent sur la rade de San Pietro, où arrivèrent aussi successivement, ainsi que je l'ai déjà dit, les
vaisseaux qui avaient été détachés avec le commandant
Latouche-Tréville.

Cagliari, ville principale de la Sardaigne, s'élève au fond
du vaste golfe auquel elle a donné son nom, et à l'extrémité
méridionale de l'île. Un petit promontoire, portant le nom
de cap Saint-Élie, et courant du Nord au Sud, partage
le golfe en deux mouillages distincts : celui de l'Ouest est
la rade de Cagliari ; l'autre a été nommé baie Quartu. La

rade proprement dite est protégée par le fort Saint-Ignace, construit sur le cap Saint-Élie. Le lazaret est au pied de ce fort. Ce promontoire peut être considéré comme le prolongement du versant méridional du mont Urpino qui domine la ville du côté de l'Est. Plusieurs mamelons assez élevés la surplombent aussi au Nord, côté où se trouve la fortification principale, le château Michele. Une espèce d'étang, peu avancé dans les terres, rend le débarquement difficile dans la baie Quartu.

Le contre-amiral Truguet concerta immédiatement son plan d'attaque avec le général Casabianca qui commandait les troupes. 4,400 soldats ou volontaires devaient débarquer dans la baie Quartu, à 4 milles de la ville et attaquer le mont Urpino par l'Est, pendant que 700 soldats de la garnison des vaisseaux débarqueraient dans l'Ouest, protégés par un vaisseau chargé d'éteindre le feu du fort Saint-Ignace qui pouvait contrarier cette attaque. Un second vaisseau devait foudroyer une caserne établie au lazaret, et balayer le chemin de communication de la ville avec les hauteurs ; enfin, quatre autres vaisseaux, embossés parallèlement au rivage, et les bombardes avaient mission de dissiper tous les rassemblements.

Le mauvais temps retarda l'exécution de ce plan jusqu'au 11 février. Ce jour-là, le *Tonnant*, le *Centaure* et l'*Apollon* allèrent mouiller sur la rade. La *Junon*, l'*Aréthuse* et la *Vestale* s'échelonnèrent le long de la plage. Le *Duguay-Trouin*, le *Tricolore*, le *Thémistocle* et le *Léopard* se rapprochèrent aussi de la ville. Le capitaine Latouche-Tréville, qui venait d'être élevé au grade de contre-amiral, fut chargé de l'attaque par mer avec le *Languedoc*, l'*Entreprenant*, le *Scipion* et le *Patriote*. Ces dispositions prirent trois jours. Les troupes furent ensuite mises à terre avec 16 canons, sans autre opposition que celle qui fut faite par une tour du cap Saint-Élie dont le *Patriote* eut bientôt raison. Le 15 au matin, les vaisseaux et les bombardes commencèrent leur feu et les troupes se mirent en marche. Vingt-quatre heures après, elles étaient en pleine déroute, sans avoir vu l'ennemi, par l'effet d'une panique, et se précipitaient vers le rivage en demandant à grands cris à se rembarquer. Mais il ventait alors grande brise du S.-E., vent qui soulève toujours la mer dans la rade de Cagliari et les communications avec la terre n'étaient pas possibles. Pendant deux jours, l'escadre, ou du moins les vaisseaux qui étaient sur la rade de Cagliari furent en perdition, et pendant ces deux jours, le corps d'armée expéditionnaire qui était sur la plage, sans être aucunement inquiété par l'ennemi, refusa d'en bouger et ne cessa de demander à retourner à bord. Le 18, le vent diminua un peu et passa à l'Ouest. Le *Léopard*, la *Junon* et l'*Aréthuse* avaient été obligés de couper leur mâture; le premier était échoué. Presque tous les bâtiments, tant de l'escadre que du convoi, avaient perdu leurs embarcations et deux transports avaient été jetés à la côte. Les troupes et l'artillerie furent rembarquées le 20.

Il ne fallait plus songer à une entreprise commencée sous d'aussi malheureux auspices; tout projet ultérieur dut même être abandonné. Le coup de vent du 21 décembre avait d'ailleurs fait modifier les instructions en vertu desquelles le contre-amiral Truguet devait châtier, en passant, le pape et le sacré collége, et les ramener aux sentiments de respect dus à la République française, et se porter ensuite sur Livourne pour tirer vengeance des outrages faits à la France par le grand-duc qui venait d'autoriser l'établissement d'une espèce d'arsenal russe dans ce port. Les volontaires furent mis sur le *Languedoc*, l'*Entreprenant* et le *Thémistocle*, et ces vaisseaux rentrèrent à Toulon après les avoir déposés dans le golfe Juan. Le reste des troupes partit sur les transports qui furent suivis successivement par toutes les frégates et les vaisseaux de l'escadre, moins 6 qui restèrent avec le commandant en chef pour mettre l'île San-Pietro et la presqu'île d'Antiocco en état de défense convenable, et relever le *Léopard*. Ce vais-

seau, qui avait été canonné jusqu'au 19, s'était tellement
envasé, qu'il ne fut pas possible de le remettre à flot. On
enleva son matériel, et lorsque cette opération fut terminée,
sa coque fut livrée aux flammes. Ralliant alors les 6
vaisseaux qui étaient sur le point de manquer de vivres,
le contre-amiral Truguet fit route pour Toulon où il mouilla
le 8 mars,

Les relations de bonne amitié avec l'Angleterre et avec
l'Espagne avaient cessé d'exister. Cette dernière puissance
réunissait dans le port de Carthagène une armée navale
dont la première opération fut la prise de l'île San-Pietro
et de la presqu'île d'Antiocco, qui entraîna la perte des
2 frégates françaises la *Richmond* et l'*Hélène*, alors stationnées dans ces parages. La première fut incendiée.

La ville de Lyon s'était soulevée contre la Convention
nationale et les principales villes du Midi n'avaient pas
tardé à suivre son exemple. A Marseille, à Toulon, à Bordeaux, à Nîmes, à Montauban, les royalistes s'étaient emparés du mouvement, et avaient organisé des corps de fé-
déralistes qui devaient se joindre à ceux de Lyon. Détaché
avec un corps de l'armée des Alpes, le général Carteaux
avait reçu l'ordre de marcher sur Marseille et il y était entré à la suite d'un engagement assez vif. Cet événement en
décida un autre, le plus funeste qui eût encore affligé la
République. Les Jacobins de Toulon, réunis à la Municipalité, étaient en opposition constante avec les officiers de la
marine; ils ne cessaient de se plaindre de la lenteur avec
laquelle on réparait les vaisseaux de l'escadre, de leur im-
mobilité dans le port, et ils demandaient à grands cris la
punition de ceux auxquels ils attribuaient le mauvais succès de l'expédition de Sardaigne. Les républicains modérés
leur répondaient que les vieux officiers étaient seuls capables
de commander les escadres; que les vaisseaux ne pouvaient
pas être réparés plus promptement; que les faire sortir

contre les escadres anglaises et espagnoles réunies serait
fort imprudent. Les modérés l'emportèrent dans les sections. Une foule d'agents secrets, intriguant pour le compte
des émigrés et des Anglais, s'introduisirent bientôt dans
Toulon, et conduisirent les habitants plus loin qu'ils ne se
proposaient d'aller. Ces agents s'étaient assurés que les
escadres coalisées seraient prêtes à se présenter au premier
mier signal. Au moment où le général Carteaux entrait
dans Marseille, on fit aux sections la honteuse proposition
de recevoir les Anglais qui prendraient la place en dépôt
au nom de Louis XVII. Les sections déclarèrent qu'il était
préférable d'avoir recours à la générosité des ennemis que
de se soumettre à la tyrannie des habitants. La marine in-
dignée envoya une députation aux sections pour s'opposer
à l'infamie qui se préparait. Mais les contre-révolutionnai-
res repoussèrent les réclamations de la marine, et firent
accepter la proposition. Aussitôt on donna le signal aux
Anglais qui croisaient entre Toulon et Marseille; et le
contre-amiral de Trogoff, qui avait momentanément remplacé le contre-amiral Truguet dans le commandement de
l'escadre, se mettant à la tête de ceux qui invoquaient l'assistance des Anglais, les appela en arborant le pavillon
blanc. Le capitaine Saint-Julien, déclarant Trogoff traître
à la patrie, hissa le pavillon de commandement : deux
vaisseaux seulement se réunirent au sien.

Telle est la version accréditée ; je l'ai empruntée à un
ouvrage intitulé : *la Révolution de Toulon en 1793*, par le
baron Gauthier de Brécy ; je n'ai eu entre les mains aucune pièce qui puisse donner un caractère authentique aux
paroles de cet écrivain. M. Léon Guérin, dans son *Histoire
de la marine contemporaine*, dit que ni la signature ni l'ad-
hésion du contre-amiral de Trogoff ne se trouvent sur aucun
des actes qui amenèrent et sanctionnèrent la remise de la
ville de Toulon aux Anglais. J'ai pu si souvent constater
l'inexactitude des récits de cette époque, que j'accepte
avec bonheur et que je m'empresse de reproduire cette

réhabilitation d'un officier général de la marine. M. Guérin ajoute que l'armée de Carteaux venait d'entrer à Marseille lorsque le chevalier d'Imbert, capitaine de l'*Apollon*, président du comité général des sections réuni aux trois corps administratifs, lança une proclamation dans laquelle il annonçait que Toulon avait proclamé Louis XVII. Ce manifeste fut envoyé, non à Trogoff, mais au capitaine Saint-Julien qui, profitant d'une prétendue indisposition de cet officier général qu'on retenait probablement de force à terre, avait arboré le pavillon de commandement sur le *Commerce-de-Bordeaux*. Le nouveau commandant en chef ne mit aucun obstacle à la libre communication du comité avec l'armée anglaise. Mais de graves dissentiments d'opinion s'étant manifestés à bord des vaisseaux, Saint-Julien se laissa entraîner vers l'opinion républicaine. Le capitaine Van Kempen de la *Perle*, refusa seul de reconnaître le commandant Saint-Julien; et, lorsque ce dernier officier se rangea au parti républicain, suivant les prescriptions réactionnaires du comité général, il arbora le pavillon amiral et fit signal de ralliement à tous les vaisseaux. L'escadre anglaise était signalée et l'amiral Hood avait demandé que l'on mouillât les vaisseaux français en petite rade. Le *Généreux* et le *Scipion* commencèrent le mouvement, et 16 vaisseaux passèrent de la grande dans la petite rade. Le *Commerce-de-Bordeaux* et le *Duguay-Trouin* restèrent seuls à leur premier mouillage. Lorsque l'escadre anglaise parut à la hauteur du cap Sepet, le capitaine Saint-Julien abandonna son vaisseau; l'équipage de la *Topaze*, moins un officier et huit hommes, le suivit.

Le vice-amiral Hood, qui avait longtemps hésité, parut enfin le 28 août et, sous prétexte de prendre le port en dépôt, il le reçut pour l'incendier ou pour le détruire. L'armée espagnole, forte de 17 vaisseaux, entra quelques heures après (1). 1,500 Anglais avaient pris possession du

---

(1) L'historien anglais James dit que les deux armées entrèrent en même

fort Lamalgue pendant la nuit. Voici la composition de l'armée anglaise :

Canons.

110	VICTORY.	capitaine John Knight.
		lord Hood, vice-amiral.
	BRITANNIA.	capitaine John Halloway.
		William Hotham, vice-amiral.
108	WINDSOR CASTLE.	capitaine sir Thomas Byard.
		Philip Cosby, vice-amiral.
	PRINCESS ROYAL.	capitaine Child Purvis.
		Charles Goodall, contre-amiral.
	SAINT GEORGE.	capitaine Thomas Foley.
		John Gell, contre-amiral.
	ALCIDE.	capitaine Robert Linzee.
82	TERRIBLE.	— Skeffington Lutwidge.
	EGMONT.	— Archibald Dickson.
	ROBUST.	— honor. George Keith Elphinstone.
	COURAGEUX.	— honorable William Waldegrave.
	BEDFORD.	— Robert Mann.
	BERWICK.	— sir John Collins.
	CAPTAIN.	— Samuel Reeve.
	FORTITUDE.	— William Young.
	LEVIATHAN.	— honorable Seymour Conway.
	COLOSSUS.	— Morice Pole.
	ILLUSTRIOUS.	— Lenox Frederick.
72	AGAMEMNON.	— Horatio Nelson.
	ARDENT.	— Manners Sutton.
	DIADEM.	— Andrew Sutherland.
	INTREPID.	— honorable Charles Carpenter.

L'escadre française était composée des vaisseaux, frégates et corvettes :

Canons.

120	Commerce-de-Paris.	capitaine Pasquier.
		comte de Trogoff Kerlessy, contre-amiral.
80	Tonnant.	capitaine Amiel.
74	Apollon.	— Imbert (Thomas).
	Centaure.	— Causse (Joseph).
	Commerce-de-Bordeaux.	— Saint-Julien.
	Destin.	— Eyraud.
	Duguay-Trouin.	— Cosmao Kerjulien.
	Entreprenant.	— Boubennec.
	Généreux.	— Cazotte.
	Héros.	— Héraud.
	Heureux.	— Gavoty.
	Tricolore.	— Pourquier.
	Orion.	— Puren Keraudren.
	Patriote.	— Bouvet (Pierre).

temps. M. Pons, dans ses *Mémoires pour servir à l'histoire de la ville de Toulon en 1793*, dit : « L'escadre anglaise vint mouiller dans la rade et y fut bientôt suivie par la flotte espagnole qui avait été appelée par les signaux des Anglais. »

74	Pompée.	—	Poulain.
	Scipion.	—	Degoy de Bègues.
	Thémistocle.	—	Duhamel du Désert.
	Suffisant.	—	Racord.
40	Aréthuse.	—	Duchesne Goët.
	Perle.	—	Van Kempen.
	Topaze.	—	Gassin.
32	Aurore.	—	Jonquier.
	Alceste.	—	Marquezy (Thomas).
	Sérieuse.	—	Mauric.
26	Poulette.	—	Fargharson Stuart.
20	Mulet.	—	Maureau (André).
14	Tarleton.	—	Maselet.

Il y avait en outre dans le port : 1 vaisseau de 120 canons; 7 de 74; 3 frégates de 36 et 3 de 32.

En construction : 1 vaisseau de 74 canons et 1 frégate de 40.

Je n'entrerai pas dans les détails de la prise de Toulon par l'armée de la République ; je me bornerai à dire que, d'après le rapport de Barrère à la Convention nationale, le résultat réel, positif, de la convention conclue entre le comité de Toulon et le vice-amiral Hood, fut qu'en se retirant, le 18 décembre, les Anglais et les Espagnols emmenèrent 4 vaisseaux et 15 frégates, corvettes ou brigs, et brûlèrent 9 vaisseaux et 5 frégates. Ce fut le capitaine Sidney Smith qui fut chargé de cette dernière opération.

Le document suivant, publié en Angleterre, est d'accord avec le rapport du conventionnel Barrère :

BATIMENTS BRULÉS A TOULON.

Triomphant, *Duguay-Trouin*, *Commerce-de-Bordeaux*, *Destin*, *Tricolore*, *Suffisant*, *Centaure*, *Dictateur*, *Thémistocle*, *Héros*, *Sérieuse*, *Iphigénie*, *Montréal*, *Iris*, *Caroline*, *Auguste*, *Alerte*.

EMMENÉS PAR LE VICE-AMIRAL HOOD.

Commerce-de-Paris, *Pompée*, *Puissant*, *Aréthuse*, *Topaze*, *Perle*, *Aurore*, *Alceste*, *Lutine*. *Poulette*, *Belette*, *Prosélyte*, *Mulet*, *Sincère*, *Amulette*, *Tarleton*.

Les bâtiments pris à Toulon furent considérés comme

faisant partie des escadres des alliés, et pendant tout le temps que dura la campagne, ils ne cessèrent de porter le pavillon blanc. Ils furent ensuite envoyés en Angleterre en deux divisions ; la première y arriva en mars, l'autre en septembre 1794. L'artillerie du *Patriote*, de l'*Entreprenant*, de l'*Orion* et de l'*Apollon* avait été enlevée, et ces vaisseaux, auxquels on avait adjoint la gabare le *Pluvier*, emportèrent 5 à 6,000 marins qui inquiétaient l'amiral anglais et les sections ; ils arborèrent le pavillon de parlementaire. Au lieu de se rendre en Angleterre, ainsi que cela leur avait été prescrit, les capitaines des deux premiers firent route pour Brest ; le troisième entra à Rochefort, l'autre à Lorient. La gabare mouilla aussi à Lorient. Le *Scipion* ne sortit pas de la Méditerranée ; le 26 novembre 1793, il avait brûlé à Livourne.

Les résultats des combats particuliers qui eurent lieu pendant cette année furent à peu près balancés.

Le capitaine Leissegues de l'aviso de 10ᵉ le *Goëland*, se rendant du Cap Français de Saint-Domingue à Jérémie pour y chercher un convoi, aperçut, le 26 avril au jour, à l'entrée de cette baie, la frégate anglaise de 40ᵉ PENELOPE, et fit de suite route sur la terre dans l'espoir d'y trouver un abri. Chassé par la frégate, il commença à recevoir ses premiers boulets vers 7ʰ. Tous efforts pour échapper à un aussi redoutable adversaire furent inutiles ; à 9ʰ, la frégate n'était plus qu'à une portée de fusil : l'aviso riposta alors, mais la lutte ne pouvait être de longue durée. Criblé et coulant bas d'eau, le *Goëland* amena son pavillon. Il fut conduit à la Jamaïque.

Au nombre des croiseurs et des convoyeurs dont les nombreux corsaires génois et piémontais avaient nécessité la sortie, se trouvaient le vaisseau de 74ᵉ le *Thémistocle*, ca-

pitaine Duhamel du Désert, et la frégate la *Modeste* qui se
tenaient entre Gênes et Livourne. Ces deux bâtiments
avaient quitté ce dernier mouillage, le 3 mai, avec 17 navires chargés de blé pour différents ports de France et
se trouvaient à 6 milles d'Oneille, par une faible brise
de S.-E., lorsque 5 corsaires sortirent de ce port et chassèrent le convoi. Poursuivis aussitôt, ces navires mouillèrent sous les batteries et furent abandonnés de leurs équipages qui descendirent à terre. A 9ʰ du matin, le *Thémistocle* laissa tomber l'ancre aussi près d'eux que le fond
put le lui permettre et, pendant une heure, il les canonna
ainsi que les batteries. La mer était malheureusement fort
houleuse et le feu du vaisseau produisait peu d'effet, tandis que les batteries qui tiraient sur lui à boulets rouges
lui faisaient beaucoup de mal. Le vent mollissant d'ailleurs
d'une manière sensible, le capitaine Duhamel craignit de
ne pouvoir se relever de la côte, et il appareilla à 10ʰ pour
rejoindre son convoi qui avait continué sa route sous la
conduite de la *Modeste*.

***

Le 17 mai, la frégate de 40ᶜ la *Concorde*, capitaine Vandongen, qui faisait partie de la division de Saint-Domingue,
chassa, à quelques milles dans l'Ouest de cette île, la
frégate anglaise de 32ᶜ Hyena, capitaine Hargood, qui
amena son pavillon après avoir tiré quelques coups de
canon.

***

Le même jour à 1ʰ du matin, le capitaine Gaillard, de
la frégate de 36ᶜ la *Sémillante*, en croisière à une centaine
de lieues dans le N.-O. de la Corogne, courant la bordée du Nord avec des vents d'E.-N.-E., aperçut sous le vent
un bâtiment qui avait les amures à l'autre bord ; il vira
pour suivre ses mouvements. Au jour, il reconnut une frégate anglaise : c'était la Venus de 40ᶜ, capitaine Jonathan

Faulknor. A 6ʰ, les deux frégates engagèrent le combat à la distance d'un demi-câble. Trois quarts d'heure après, le capitaine Gaillard, frappé d'une balle qui l'étendit roide mort, fut remplacé par son second, le lieutenant de vaisseau Belleville. Celui-ci avait à peine pris le commandement qu'il fut tué également. L'enseigne de vaisseau Garreau qui lui succéda s'approcha davantage et passa sous le vent de la frégate ennemie. Il lança alors sur bâbord pour aborder son adversaire; mais la Venus ayant loffé en même temps se trouva sur son avant et parvint à s'éloigner assez pour faire discontinuer le combat. La *Sémillante*, dont le grément et la voilure étaient fort endommagés, ne put la poursuivre et elle fit route pour Brest.

La *Sémillante* avait   26 canons de 12,
                        6   — de 6.
          et   4 caronades de 36.

La Venus   —   26 canons de 12,
                        6   — de 6.
          et   8 caronades de 18.

Le capitaine Mullon de la frégate de 36ᶜ la *Cléopâtre* (1), en croisière à l'entrée de la Manche, aperçut, le 17 juin au jour, la frégate anglaise de 44° Nymphe, capitaine Edward Pellew, qu'il attendit en diminuant de voiles. A 6ʰ, les deux frégates étaient à portée de voix sans s'être encore tiré un seul coup de canon. Le capitaine Mullon héla alors la Nymphe, dont l'équipage poussa trois hourrah auxquels les Français répondirent par le cri de *Vive la Nation!* Le feu commença de suite et devint terrible. Placées par le travers l'une de l'autre, les deux frégates combattirent vent arrière pendant une demi-heure; la *Cléopâtre* vint en-

---

(1) Je n'ai pu me procurer le rapport officiel de ce combat. Je le donne d'après l'historien anglais James.

suite un peu du bord opposé à la frégate anglaise qui imita
sa manœuvre. Dans ce moment, le mât d'artimon de la
première s'abattit. Cette avarie neutralisant une partie de
son artillerie, le capitaine Mullon revint en grand sur l'autre bord et engagea son beaupré entre le grand mât et le
mât de misaine de la Nymphe. Mais avant que l'équipage
eût pu sauter à bord, le bout-dehors de beaupré cassa et
les deux frégates s'élongèrent en sens opposé; le feu reprit avec une nouvelle vigueur. Cinquante-cinq minutes
après le commencement du combat, la *Cléopâtre* succom-
bait et amenait son pavillon.

Le capitaine Mullon avait perdu la vie. Blessé mortellement et n'ayant plus que quelques moments d'existence,
il saisit un papier qu'il croyait être ses instructions et le
mit en pièces.

L'Angleterre ayant déjà une frégate de ce nom, donna à
sa prise celui de l'Oiseau.

La *Cléopâtre* portait 26 canons de 12,
                         et 10   —   de 6.
La Nymphe   —   26 canons de 12,
                         10   —   de 9,
                  et   8 caronades de 24.

J'ai dit ailleurs (1) que j'aurais l'occasion de relater
quelques exemples de forfanterie des Anglais ; cette occasion se présente dès le commencement de la guerre.

Le capitaine Bompard, de la frégate de 34ᶜ l'*Embuscade*,
de retour à New-York, capitale de l'État de ce nom des
États-Unis d'Amérique, après une croisière pendant laquelle il avait capturé une soixantaine de navires, aperçut au
large une frégate qu'il crut française et à bord de laquelle il
envoya un officier. C'était la frégate anglaise de 40ᶜ Boston,

---

(1) Combat de la *Surveillante* et de la Quebec, 1779.

capitaine George Courtenay. En l'approchant, l'officier français eut des soupçons sur sa nationalité et il ne l'accosta qu'après qu'un bateau pilote, qui se trouvait à portée de voix, lui eût assuré qu'il n'y avait que des Français à bord. Afin d'induire en erreur les Américains et les Français, le capitaine Courtenay avait en effet réuni sur la dunette de la frégate toutes les personnes de l'équipage qui parlaient français, et le bateau pilote, en passant le long de son bord, avait été trompé. L'embarcation française accosta donc la frégate : son équipage fut fait prisonnier.

La présence de la Boston, dans ces parages, était ce que l'on pourrait appeler en français une fanfaronnade. A la suite d'une fête qui lui avait été donnée à Halifax, le capitaine Courtenay avait promis d'y amener l'*Embuscade* et il s'était immédiatement dirigé sur New-York, où il savait la trouver. Le capitaine anglais fit part à l'officier français du vif désir qu'il avait de combattre la frégate française, et il chargea un pilote d'aller porter à son capitaine un défi par lequel il lui faisait savoir qu'il l'attendrait pendant trois jours. Le pilote remplit scrupuleusement son message et, probablement sur la recommandation du capitaine anglais, il l'afficha dans un café.

Quelque puérile que fût une semblable provocation, qui pouvait coûter la vie à une foule de braves, elle frappa au cœur l'équipage de la frégate française. Après avoir pris l'avis des officiers de son état-major, le capitaine Bompard mit à la voile pour entrer en lice ; c'était le 30 juillet. La Boston était alors à quelques milles de Long-island. Les deux frégates s'aperçurent réciproquement pendant la nuit.

Au jour, elles étaient par le travers l'une de l'autre, l'*Embuscade* au vent, à portée de canon et à bâbord de la Boston qui ouvrit le feu par une bordée entière. Les deux frégates mirent le grand hunier sur le mât. Le combat durait depuis deux heures, et le feu avait une telle vivacité qu'on eût cru qu'il ne faisait que commencer, lorsque la frégate

II.   20

anglaise, dont la muraille présentait de larges ouvertures, orienta et prit chasse en serrant le vent. C'était un commencement de défaite; mais cela ne suffisait pas à l'équipage de l'*Embuscade* qui voulait que son adversaire inconsidéré lui restât comme gage de son triomphe. Le capitaine Bompard le poursuivit donc; mais sa frégate avait elle-même de grandes avaries dans sa mâture, et sa marche ne répondit pas à l'ardeur de son équipage. La Boston s'éloignait toujours. Après une heure et demie, la chasse fut levée et la frégate française rentra à New-York aux acclamations de la population qui s'était portée sur l'île Jersey pour y être témoin de cette lutte.

Les pertes éprouvées par la Boston étaient considérables, et le capitaine Courtenay avait payé de sa vie l'imprudente provocation à laquelle il s'était laissé entraîner.

L'*Embuscade* portait 26   canons   de 12,
　　　　　　　　　　　　　 6   —   de 6
　　　　　　　　et   2 caronades de 36.
La Boston 　　　—   26 canons   de 12,
　　　　　　　　　　　　　 6   —   de 6
　　　　　　　　et   8 caronades de 12.

En commémoration de ce combat dont ils avaient été les témoins, les habitants de New-York offrirent au capitaine Bompard une médaille en or, dont l'effigie représentait la *Liberté* assise sur l'*Embuscade*. Elle tenait une pique d'une main, et de l'autre elle foudroyait la frégate anglaise qui fuyait devant elle ; sur le revers on lisait : *Par les habitants de New-York au citoyen Bompard pour sa brave conduite, etc., etc.*

Le lougre le *Hoock* de 18ᶜ, capitaine Pitot, se trouvant, le matin du 5 septembre, à 21 milles environ dans l'Ouest de l'île d'Ouessant, aperçut devant lui le cutter anglais de 12ᶜ Hope qui courait à contre-bord. Ils commencèrent à se canonner aussitôt que leurs boulets purent porter et,

en passant sur l'avant du lougre, l'Anglais lui envoya une
volée qui cribla ses voiles; l'élongeant ensuite, il alla se
placer sous le vent. Le pont du *Hoock* était encombré de
débris, sa vergue de grand hunier était en outre tombée
de manière à engager la batterie. Le cutter anglais, voulant profiter de cette circonstance, envoya vent devant
pour passer sur l'arrière du lougre, mais une prompte détermination prise par le capitaine Pitot fit manquer cette
manœuvre. Au moment où le Hope envoyait vent devant,
son beaupré se trouva engagé dans les grands haubans du
Hoock qui avait laissé arriver en grand. Après avoir balayé
le pont du cutter par une décharge de mousqueterie, les
Français sautèrent à bord : sept hommes seulement restèrent sur le lougre avec le capitaine pour les manœuvres
indispensables. La résistance des Anglais fut opiniâtre et
le combat corps à corps dura une demi-heure avant que
le capitaine anglais se rendît. Le Hope fut conduit à Brest.

    Le *Hoock* avait 16 canons de 8
                et   2 caronades du même calibre.
    Le Hope   —   12 caronades de 8, 6 et 4.

Le capitaine Brice, du côtre de 10° le *Dragon*, se trouvant, dans la soirée du 4 octobre, à 30 milles de l'embouchure de la Gironde avec des vents d'Ouest, aperçut un
lougre de 12ᶜ sur lequel il laissa porter et qu'il atteignit
à 6ʰ. Sans que ni l'un ni l'autre eussent arboré leur pavillon, ces deux bâtiments engagèrent une escarmouche
que la nuit interrompit presque aussitôt et ils se perdirent
de vue. La précipitation avec laquelle cet inconnu s'était
retiré du feu dès que cela lui avait été possible, fit regretter
au capitaine Brice d'avoir perdu ses traces. Sa disparition
presque subite lui fit soupçonner que, pour s'éloigner plus
promptement, il avait laissé porter, et il arriva lui-même
de deux quarts. A 9ʰ, il était à portée de voix de ce lougre
avec lequel il engagea une nouvelle canonnade; trois bor-

dées à mitraille le firent encore battre en retraite et la nuit était si obscure qu'il parvint à se dérober une seconde fois aux coups du *Dragon*. Celui-ci continua sa route.

Le 5 octobre au matin, une division anglo-espagnole sous les ordres du contre-amiral anglais John Gell et du chef d'escadre espagnol Moreno, parut devant Gênes où se trouvait la frégate la *Modeste*, capitaine Giloux. Cette division comptait 3 vaisseaux anglais, 3 espagnols et 5 brigs des deux nations. Le vaisseau français de 74ᵉ le *Scipion*, capitaine Degoy, en faisait aussi partie; ce vaisseau portait le pavillon blanc (1). Vers midi, le Bedfort de 82ᵉ, capitaine Robert Mann, entra dans la rade et mouilla par le travers de la frégate française et presque à la toucher. Confiant dans la neutralité du port de Gênes, le capitaine Giloux ne dérangea pas l'équipage qui dînait dans ce moment. Le vaisseau anglais était à peine mouillé que ses embarcations, chargées de monde, abordèrent la *Modeste*; et bien qu'on ne leur opposât aucune résistance, les Anglais massacrèrent sans pitié tous les hommes qu'ils rencontrèrent. Surpris ainsi sans défense, les Français se jetèrent à la nage; mais, poursuivis par les embarcations ennemies, ils se virent enlever ce dernier espoir de salut. Une centaine d'hommes seulement échappèrent à ce massacre: on ne compta cependant qu'une quarantaine de tués.

Le même attentat fut commis à bord de deux tartanes françaises qui étaient sur rade.

Ces actes d'hostilité, dans un port dont la neutralité était reconnue, donnèrent lieu à une plainte de la part des représentants du peuple délégués par la Convention nationale près de l'armée d'Italie. Cependant, quoique les batteries eussent reçu l'ordre de s'opposer à la sortie du vaisseau anglais, la frégate la *Modeste* fut emmenée par lui, pendant

----

(1) Ce vaisseau était un de ceux qui avaient été pris à Toulon.

la nuit du 10, sans le plus léger empêchement de la part du gouverneur de la place.

Cette complaisance ou cette faiblesse des autorités de Gênes ne fut pas oubliée; et lorsque, en juin 1796, le Piémont fit un traité de paix avec la France, 2 millions de francs furent demandés comme indemnité de la prise de la frégate la *Modeste*.

Aussitôt que le lieutenant de vaisseau Eydoux, commandant la frégate l'*Impérieuse* (1), qui se trouvait alors dans le port de la Spezzia, eut connaissance de la violation commise à Gênes sur la frégate la *Modeste*, il ne se considéra plus à l'abri des attaques de l'ennemi dans le port neutre où était sa frégate et il mit sous voiles. Il était à peine dehors qu'il fut chassé par plusieurs vaisseaux et se vit obligé de rentrer. Il fit de suite mettre à terre tous les objets d'armement et les vivres de l'*Impérieuse* et il coula sa frégate par un petit fond sous la forteresse. Cette opération était à peine terminée que le vaisseau anglais de 82° CAPTAIN, capitaine Samuel Reeve, et le trois-ponts espagnol SALVADOR DI MUNDO, mouillèrent sur la rade. Les capitaines de ces deux vaisseaux travaillèrent, non-seulement à relever l'*Impérieuse*, mais ils enlevèrent tous les vivres et les agrès déposés à terre et ils sortirent sans la plus légère opposition.

Cela se passait le 12 octobre.

La frégate l'*Impérieuse* prit le nom d'UNITÉ dans la marine anglaise.

Deux frégates stationnées à Cherbourg appareillaient alternativement pour croiser au large et rentraient au port aussitôt qu'elles avaient fait quelque prise. L'une d'elles, la

---

(1) Le capitaine Dehos, qui la commandait, venait d'être destitué pour cause d'incivisme.

Réunion de 40°, sortie le 18 octobre, aperçut le lendemain, dans l'Est, un bâtiment que le capitaine Déniau reconnut être une frégate anglaise. C'était en effet la CRESCENT de 44°, capitaine James Saumarez. Le vent était très-faible du S.-S.-E. A 10ʰ 30ᵐ du matin, la tour de Barfleur restant à 6 milles dans le Sud, la frégate anglaise fut en position de tirer les premiers boulets à la *Réunion* qui courait comme elle bâbord amures. Toutes deux étaient préparées au combat; aussi l'action s'engagea-t-elle de la manière la plus vive. Après trois quarts d'heure, la corne et la vergue de misaine de la *Réunion* étaient brisées et tombaient sur le pont; la drisse du grand hunier était coupée et la vergue portait sur le chouque. De son côté, la CRESCENT avait sa vergue de grand hunier coupée en deux et son petit mât de hune cassé au ras du chouque. Malgré ces avaries, la frégate anglaise parvint plusieurs fois à prendre son adversaire d'enfilade. A 11ʰ 15ᵐ, la brise en passant au O.-N.-O., plaça la *Réunion* au vent. Les avaries de la frégate française étaient de nature à ne pas lui permettre de se maintenir le cap au Sud, ainsi que le désirait son capitaine; elle arriva vent arrière, s'exposant ainsi au feu d'écharpe de la CRESCENT qui fut si bien dirigé, que le pavillon de la frégate française était amené avant que sa manœuvre eût pu indiquer quelle avait été l'intention de son capitaine. Il était alors midi. Une seconde frégate anglaise, la CIRCE de 32°, arrivait de l'Est sous toutes voiles; elle prit une partie de l'équipage de la *Réunion*.

La *Réunion* portait 26 canons de 18
                    10   —   de 6
                et 4 caronades de 36.
La CRESCENT —   26 canons de 18
                10   —   de 9
            et 8 caronades de 18.

La frégate de 40° l'*Uranie*, capitaine Tartu, l'une de

celles qui croisaient dans le golfe de Gascogne, s'empara, vers le milieu du mois d'octobre, de la corvette espagnole ALCOUDIA de 16° qui amena aux premiers coups de canon. La majeure partie de son équipage ayant été prise à bord de la frégate, cette augmentation de personnel obligea le capitaine Tartu à faire route pour rentrer à Brest. Il n'était plus qu'à quelques milles dans le Sud de l'île d'Ouessant, avec une jolie brise d'Ouest lorsque, le 24 octobre à 8ʰ du matin, il aperçut dans le N.-N.-E. un fort bâtiment courant au S.-S.-O. Il tint le plus près bâbord amures et il lui fut bientôt possible de reconnaître un bâtiment de guerre : c'était la frégate anglaise de 32° THAMES, capitaine James Cotes, qui se rendait à Gibraltar. A 10ʰ 30ᵐ, les deux frégates étaient à portée de canon et, en laissant un peu arriver, l'*Uranie* put envoyer sa bordée de bâbord. La frégate anglaise riposta de suite, et laissant arriver à son tour, elle passa à poupe de l'*Uranie* et prit poste par son travers de tribord. Le combat continua dans cette position ; mais après trois quarts d'heure, le feu de la frégate anglaise diminua d'une manière sensible. C'est qu'alors sa muraille portait de nombreuses traces de la justesse du tir des canonniers français et les pièces de sa batterie étaient en grande partie hors de service. Le capitaine Cotes ne laissa pas longtemps l'*Uranie* jouir d'un semblable avantage. Lançant sur bâbord et passant de nouveau à poupe de la frégate française, il alla prendre de ce bord le poste qu'il avait occupé de l'autre côté. Le feu de la THAMES reprit alors toute sa vigueur ; mais bientôt on vit tomber sa vergue de grand hunier et peu après, celles du petit hunier et du perroquet de fougue. Ces avaries devaient faire pressentir la fin prochaine de la lutte et l'équipage de l'*Uranie* redoubla d'ardeur. Dans ce moment, le capitaine Tartu eut une jambe emportée par un boulet : le lieutenant Wibert le remplaça dans le commandement. Le capitaine Cotes profita de la stupeur qui résulta de cet événement pour s'éloigner. Quoique entièrement dégréée, l'*U*-

ranie devait avoir encore un avantage de marche sur son adversaire. Le lieutenant Wibert craignit cependant que, dans le cas où il lui faudrait engager une nouvelle lutte, les prisonniers espagnols ne profitassent de l'affaiblissement de l'équipage pour se soulever; l'armement des prises faites depuis le commencement de la croisière lui avait déjà enlevé une soixantaine d'hommes. Convaincu d'ailleurs que la frégate anglaise ne tarderait pas à être aperçue par quelque croiseur français, il abandonna son ennemi à moitié vaincu et fit route pour Rochefort.

L'*Uranie* portait 26   canons   de 12
                       10   —   de 6
               et   4 caronades de 36.
La Thames   —   26   canons   de 12
               et   6   —   de 6.

Le lieutenant Wibert ne s'était pas trompé; la Thames n'échappa à l'*Uranie* que pour être amarinée par une autre frégate française. Ces deux frégates s'étaient à peine perdues de vue, que la première fut chassée par la *Carmagnole* de 38°, capitaine Allemand (Zacharie). Une bordée suffit pour faire amener la frégate anglaise qui était hors d'état de recommencer un nouveau combat. La *Carmagnole* entra à Brest avec sa prise à la remorque (1).

Afin d'éterniser dans la marine le nom du capitaine de

---

(1) Je lis dans une note du *Précis sur la vie et les campagnes du vice-amiral Martin*, donnée par M. Pouget comme extraite de l'*Histoire de Rochefort*, que, le 2 brumaire an II (23 octobre 1793), la frégate la *Cléopâtre*, attaquée par deux frégates anglaises, allait succomber si l'*Uranie*, qui rentrait à Rochefort, ne fût arrivée à temps pour l'assister; et que les frégates ennemies capturées furent conduites dans la Charente. Cette version est erronée. Si j'ai emprunté à l'historien anglais James, généralement bien informé, le récit du combat de la *Cléopâtre*, lequel eut lieu le 17 juin et non le 2 brumaire (23 octobre), j'ai eu entre les mains le rapport qui constate que le combat de l'*Uranie* fut isolé; qu'elle ne combattit qu'une seule frégate anglaise; que ce fut la *Carmagnole* qui fit amener cette dernière et la conduisit à Brest. L'*Uranie* avait pris la route de Rochefort.

l'*Uranie,* qui mourut le lendemain du combat, cette frégate fut nommée la *Tartu.*

Les frégates de 32e la *Melpomène,* la *Minerve* et la *Fortunée,* capitaines Gay, Allemand (Zacharie) et Maistral (Désiré), et le brig de 18e la *Flèche,* capitaine Allemand (Joseph), se rendant de Tunis en Corse, furent chassés, le 22 novembre, par le vaisseau anglais AGAMEMNON de 72e, capitaine Horatio Nelson, qui croisait sur la côte occidentale de la Sardaigne, A 8^h 15^m du matin, la *Melpomène* qui était de l'arrière fut jointe et engagea le combat. La *Minerve* laissa aussitôt arriver pour la soutenir ; mais le vaisseau anglais ne l'attendit pas ; il s'éloigna avant que cette frégate fût en position de lui envoyer des boulets. La *Melpomène* se rendit à Bastia ; les deux autres frégates et le brig entrèrent à Saint-Florent.

Le 25 novembre le capitaine Riouffe de la frégate de 36e l'*Inconstante,* parti du Port-au-Prince de Saint-Domingue avec deux navires qu'il conduisait au port du Petit Trou aperçut deux navires par le travers de la petite Goave ; il était alors 1^h du matin. Le capitaine Riouffe s'en inquiéta peu d'abord ; persuadé, on ne sait trop pourquoi, que c'étaient des navires du commerce, il ne fit aucune disposition de combat et il s'écoula quelque temps avant qu'il donnât l'ordre de faire lever l'équipage. Cette mesure était indispensable, car les câbles, montés des deux bords dans la batterie, avaient été relevés sur les canons pour la nuit (1). Vers 1^h 30^m on put, de l'*Inconstante,* hêler ces

---

(1) L'emploi des câbles en chanvre est devenu si rare dans la marine, qu'il n'est pas hors de propos de rappeler comment on s'en servait. Les câbles, sortis de la cale, étaient élongés dans la batterie lorsqu'on approchait du mouillage ; on appelait cela *prendre la bitture.* Quand on naviguait dans des parages où il pouvait devenir nécessaire de laisser tomber une ancre au fond, la bitture restait prise et, au moment du coucher de l'équipage, on relevait le câble sur les canons ou on l'accrochait aux barrots.

bâtiments. Cela était presque inutile, car la nuit était belle et la lune qui éclairait l'horizon permettait de distinguer le pavillon de la Grande-Bretagne flottant à leur corne; c'étaient les frégates anglaises de 40° PENELOPE et IPHIGE-NIA, capitaines Samuel Rowley et Patrick Sainclair. Celles-ci avaient également reconnu le pavillon de la République, car elles hêlèrent de l'amener. Le capitaine Riouffe laissa de suite arriver vent arrière, et engagea avec les frégates ennemies une canonnade de chasse et de retraite qu'il fit bientôt cesser en ordonnant d'amener le pavillon. Dans ce moment l'IPHIGENIA fut découverte par tribord. L'officier de la batterie n'ayant pas encore été prévenu de ce qui se passait sur le pont, commanda de tirer sur elle. La frégate anglaise riposta par une bordée qui fut funeste au capitaine de l'*Inconstante* : il tomba grièvement blessé. Le feu cessa dès qu'on sut dans la batterie que le pavillon était amené. Un officier de la PENELOPE était déjà à bord et prenait possession de la frégate française qu'il conduisit à la Jamaïque. Le capitaine Riouffe y mourut de ses blessures.

L'*Inconstante* avait 26 canons de 12,
6   —   de 6
et 4 caronades de 36.

La PENELOPE et l'IPHIGENIA portaient
chacune 26 canons de 12,
6   —   de 6
et 8 caronades de 18.

Noirmoutiers était au pouvoir des royalistes depuis le 12 octobre. Cette île avait une importance trop grande, par suite de sa position sur la côte de la Vendée, pour que le gouvernement ne tentât pas promptement de la reprendre. Le capitaine Pitot, de la frégate la *Nymphe*, reçut l'ordre d'aller l'attaquer avec la corvette le *Fabius*, capitaine Lecour, l'aviso la *Cousine*, capitaine Villedieu, et la canonnière l'*Ile-d'Yeu*, capitaine Bertrand. Ces bâtiments appareillèrent de Quiberon, le 30 décembre, avec des vents de S.-O., et eurent à soutenir le feu des batteries de l'île dès qu'ils en furent à portée. Leurs canons répondirent toutes les fois que la route suivie le permit. Malheureusement la brise, devenue très-faible, nécessita l'emploi des embarcations avant que la petite division eût pu atteindre son mouillage, et la frégate, qui avait perdu sa vergue de grand hunier, fut portée à la côte par le courant. Les batteries dirigèrent alors exclusivement sur elle leur feu, partagé jusqu'alors entre tous les bâtiments. La *Nymphe* ne put être relevée, même après la prise de Noirmoutiers qui rentra le 4 janvier sous la dépendance de la République.

Le conseil martial, chargé d'examiner la conduite du lieutenant de vaisseau Pitot, déclara qu'il n'y avait pas lieu à accusation contre cet officier.

Dans le courant de cette année, la corvette la *Céleste*, se rendant du Havre à Toulon, s'empara du brig anglais de 18° Scout.

Le 20 septembre, un décret avait frappé de réquisition tous les objets propres à la construction des navires, à leur armement et à leur équipement. Là ne s'arrêtèrent pas les mesures que crut devoir prendre le gouvernement républicain en faveur de la marine de l'État. La pénurie des navires de transport n'ayant pas tardé à se faire sentir, une loi du 4 octobre mit tous les navires du commerce en réquisition, en laissant à la marine le soin de choisir ceux qui pourraient lui convenir. Cette mesure était la conséquence de la guerre générale qui suivit la révolution; elle assurait une ressource immense à la République.

Cette réquisition fut suspendue par arrêté du 17 fructidor an II (3 septembre 1794).—Mais, peu de temps après, le motif qui l'avait fait établir détermina l'arrêté du Comité de salut public du 19 vendémiaire an III (10 octobre 1794), portant que les navires jugés indispensablement nécessaires au service de la marine, continueraient d'être traités conformément à la loi du 4 octobre 1793. Cet arrêté ne fut définitivement abrogé que le 1er avril 1795.

Le 13 avril, l'île de Tabago, la plus Sud du groupe des Antilles, fut attaquée par une division aux ordres du contre-amiral anglais Gardner et capitula.

Le 14 mai, les petites îles Saint-Pierre et Miquelon, auprès de Terre-Neuve, furent surprises sans défense par la division du vice-amiral anglais King.

Le 21 août, ce fut la ville de Pondichéry, chef-lieu des établissements français de l'Inde, qui fut prise.

Peu de jours après la déclaration de guerre à l'Angleterre, le capitaine de vaisseau Sercey (Pierre), qui fut presque aussitôt promu au grade de contre-amiral, partit de Brest pour Saint-Domingue avec les vaisseaux de 74° l'*Éole* et l'*America*; il avait mission de prendre sous son escorte les navires du commerce qui seraient prêts à effectuer leur retour en France. Mais lorsque ceux-ci furent réunis sur la rade du Cap Français, les Commissaires civils Polverel et Santhonax, qui étaient arrivés sur la frégate la *Galathée*, capitaine Cambis, suspendirent leur départ jusqu'à l'arrivée des nouveaux bâtiments de guerre destinés à former la station. Le commerce, mécontent à juste titre du retard apporté au départ d'un convoi d'une grande valeur, fit des représentations au gouverneur Galbaud, récemment arrivé aussi sur la frégate la *Concorde*. Malgré les pressantes sollicitations de ce général, et celles d'un

» conseil composé des principales autorités de l'île et des
» contre-amiraux Sercey et Cambis (1), les commissaires
» persistèrent à retenir le convoi. On devait craindre cepen-
» dant que l'ennemi n'arrivât dans ces parages avec des
» forces capables de le bloquer et même de l'enlever, car
» aucune mesure n'avait encore été prise pour la défense du
Cap Français. L'*America*, la frégate l'*Astrée*, les avisos
l'*Expédition*, l'*Actif* et le *Serin* étaient au Port-au-Prince;
les deux contre-amiraux, mouillés sur la rade du Cap Français avec le *Jupiter*, l'*Éole*, la *Concorde* et la flûte la *Normande*, avaient défense de faire aucun mouvement. Les
capitaines des navires de commerce se virent bientôt dans
l'obligation de vendre une partie de leur cargaison pour
subvenir à leurs dépenses.

Les choses étaient dans cet état lorsque les commissaires civils firent arrêter le gouverneur.

En arrivant dans la colonie, cet officier général avait
trouvé le caractère des deux commissaires si peu respecté,
qu'il avait cru pouvoir se soustraire à leur autorité. Il
avait débuté par des mesures violentes qui n'eurent pas
l'assentiment public. Les commissaires voulurent alors faire
sentir la supériorité de leurs pouvoirs en défendant aux
habitants d'obéir à ses injonctions. Ils déversèrent sur lui
tous les dégoûts possibles et finirent par lui retirer son
commandement et par le séquestrer à bord de la *Normande*.
Les autres bâtiments de guerre étaient remplis d'hommes
ardents qui y étaient également détenus prisonniers; la
présence d'une victime aussi marquante électrisa toutes
les haines. Leur vive expansion et le désir de la vengeance
firent croire au général Galbaud qu'il pourrait briser par
la force le joug sous lequel il avait fléchi. Il monta la tête
aux marins des équipages et l'insurrection n'attendit plus

---

(1) Ce dernier avait été promu depuis son arrivée à Saint-Domingue et avait
pris le commandement de la division, à la place du contre-amiral Grimouard qui
était retourné en France.

qu'un prétexte pour éclater. L'occasion ne tarda pas à se présenter.

Des bruits, vrais ou faux, de destitution des principaux officiers de marine de la division, se propagèrent. Ils répandirent une grande émotion parmi les équipages dont l'esprit fut bientôt porté jusqu'à l'exaltation en faveur de leurs chefs. Des luttes eurent lieu à terre entre des hommes de couleur et les marins qui y étaient sans cesse insultés. Les officiers eux-mêmes n'étaient pas à l'abri des menaces de la populace ni de ses attaques. Et cependant, loin de tenir compte des plaintes incessantes qui leur étaient portées par la marine, les commissaires prenaient à l'égard des états-majors et des équipages les mesures les plus vexatoires.

Le 20 juin, le général Galbaud publia une proclamation contre les commissaires civils et se rendit à bord de tous les bâtiments de la division. L'insurrection des équipages fut bientôt à son comble. Le contre-amiral Sercey fut consigné dans sa chambre par celui de l'*Éole*. Ceux du *Jupiter*, de la *Concorde* et de la *Normande* agirent de la même manière à l'égard du contre-amiral Cambis et des capitaines. Il n'y eut plus qu'une autorité sur la rade, celle du général Galbaud. Dans l'après-midi, les navires du commerce furent retirés de dessous les batteries ; ceux de guerre s'embossèrent, et leurs équipages effectuèrent un débarquement sous la conduite de leur nouveau chef. Le lendemain, le général Galbaud attaqua l'hôtel du gouvernement où les commissaires s'étaient retirés. On se battit toute la journée et le jour suivant. Les hommes de couleur, dévoués aux commissaires, avaient été appelés à leur secours. Au milieu du désastre, ce parti foudroyé par les batteries de l'arsenal, parut un moment faiblir. Un ressentiment féroce suggéra alors aux deux commissaires l'idée la plus désastreuse. La chaîne des noirs fut rompue, les portes des prisons furent ouvertes ; tous les ouvriers, tous les esclaves furent armés. Bientôt alors tout ne fut plus que sang et carnage ; le pil-

lage devint général et l'incendie éclata sur tous les points
de la ville. Le parti du général Galbaud finit par plier.
Forcé de battre en retraite le 23, il se replia sur le port
où tout était confusion. Les vieillards, les femmes et les en-
fants que le fer et les flammes avaient épargnés, se précipitèrent sur ses pas et se jetèrent dans des embarcations,
incapables de les contenir tous : un grand nombre de ces
malheureux périrent dans les flots. En un instant, les vaisseaux furent encombrés de ceux qui avaient échappé à ce
dernier désastre. Le général se rendit à bord du *Jupiter*,
et tint sous les canons de ce vaisseau la ville et l'arsenal
dont il avait eu la précaution de faire enclouer les pièces.
Mais si sa personne était hors de danger, les vaisseaux ne
l'étaient pas ; on y éprouvait les inquiétudes les plus graves, car on savait que l'ordre avait été donné de faire feu
sur tous les bâtiments de la rade.

Sur ces entrefaites, le contre-amiral Sercey reçut une
députation des négociants qui le faisaient prier d'appareiller avec le convoi. Il se rendit à leurs instances, et le 24,
il mit à la voile, sauvant ainsi d'une destruction à peu près
certaine, tous les navires du commerce qui se trouvaient
sur la rade du Cap Français. Le lendemain, le général Galbaud donna l'ordre aux autres bâtiments de guerre d'appareiller aussi. Le capitaine Vandongen, de la *Concorde*, qui
s'y refusa fut suspendu de ses fonctions par son équipage ;
la frégate mit sous voiles avec le *Jupiter*. Quelques jours
après, ce vaisseau à bord duquel était toujours l'ex-gouver-
neur de Saint-Domingue, rencontra l'*Éole* et son convoi et
fit route avec eux pour les États-Unis ; mais ils se séparèrent
bientôt. Les chefs du mouvement de la *Concorde* n'avaient
pas tardé à se trouver dans le plus grand embarras. Dans
la précipitation du départ, ils n'avaient pas considéré les
besoins de la frégate à bord de laquelle il ne se trouvait
qu'une douzaine de barriques d'eau. Le capitaine Vandongen fut prié de reprendre le commandement. Le premier
soin de cet officier fut de se diriger vers un port dans le-

quel il pourrait faire de l'eau. Le Port-de-Paix, sur la côte Nord de Saint-Domingue, fut choisi comme le plus rapproché; mais la *Concorde* en fut repoussée à coups de canon et elle entra au Môle Saint-Nicolas, à quelques milles dans l'Ouest du premier. Là aussi on avait reçu l'ordre de faire feu sur les bâtiments de guerre et le commandant de la place prévint le capitaine Vandongen qu'il exécuterait cet ordre s'il ne partait pas le lendemain. Au jour, la frégate était sous voiles et, le 7 juillet, elle mouillait sur la rade d'Hampton dans l'état de Norfolk des États-Unis. L'*Éole* y arriva le même jour avec son convoi; le *Jupiter* s'y trouvait déjà.

Sur l'invitation du chargé d'affaires de la République française, ces trois bâtiments se rendirent à New-York. L'équipage du *Jupiter* y fut renouvelé en entier. Le contre-amiral Cambis obtint de rester à terre et le commandement de ce vaisseau fut donné au capitaine Bompard de l'*Embuscade*.

Les navires partis de Saint-Domingue furent immédiatement dispersés dans différents ports afin de pouvoir s'approvisionner plus facilement; et, en attendant qu'un convoi de farine qu'il avait ordre d'expédier en France fût rassemblé, le chargé d'affaires de la France ordonna au contre-amiral Sercey d'aller attaquer les îles Saint-Pierre et Miquelon, dont les Anglais s'étaient emparés le 14 mai. Cet officier général mit à la voile, le 9 octobre, avec les vaisseaux l'*Éole* et le *Jupiter*, les frégates la *Concorde*, la *Précieuse* et l'aviso le *Cerf*. Quelques jours après, l'équipage du *Jupiter* déclara au capitaine Bompard que l'ordre du représentant de la République était un non-sens et l'obligea à faire route pour France. Cet exemple ne tarda pas à séduire ceux de l'*Éole* et des deux frégates dont les capitaines furent également obligés de se diriger vers la France. Le *Cerf* reçut la mission d'aller annoncer cette détermination au chargé d'affaires. Séparés par le mauvais temps à la hauteur des Açores, les deux vaisseaux et les frégates arrivèrent à Brest isolément dans les premiers jours du mois de novembre.

BATIMENTS PRIS, DÉTRUITS OU NAUFRAGÉS
pendant l'année 1793.

ANGLAIS.

Canons.		
74	SCIPION*.	Brûlé à Livourne.
40	THAMES. . . . . }	Prises chacune par une frégate.
24	HYOENA. . . . . }	
	AMPHITRITE.	Naufragée dans la Méditerranée.
18	SCOUT.	Pris par une corvette.
	PIGMY.	Naufragé sur les côtes d'Angleterre.
14	ADVICE.	— dans la baie de Honduras.
	ALERTE.	Pris par les Français.
12	HOPE.	— par un lougre.
4	VIPER. . . . . }	— aux Îles d'Hyères.
	VIGILANT *. . . . . }	

FRANÇAIS.

Canons.		
120	Commerce-de-Paris. . . . }	Pris à Toulon.
80	Triomphant. . . . . . . }	
	Commerce-de-Bordeaux.	
	Centaure.	
	Destin.	
	Duguay-Trouin.	
	Héros.	Détruits à Toulon.
	Dictateur.	
74	Suffisant.	
	Thémistocle.	
	Tricolore.	
	Léopard.	Naufragé à Cagliari.
	Pompée.	
	Puissant.	
	Scipion.	Pris à Toulon.
	Aréthuse.	
40	Perle.	
	Réunion.	Prise par une frégate.
38	Impérieuse.	— par un vaisseau.
	Fine.	Naufragée sur la côte d'Amérique.
36	Sérieuse.	Détruite à Toulon.
	Cléopâtre.	Prise par une frégate.
	Inconstante.	— par deux frégates.
34	Iphigénie.	Détruite à Toulon.
	Modeste.	Prise par une division.
	Richmond.	Brûlée en Sardaigne.
	Hélène.	Prise en Sardaigne.
2	Bellone.	Naufragée à Quiberon.
	Hermione.	— au Croisic.
	Nymphe.	— à Noirmoutiers.

II   21

52	*Alceste.* . . . . *Sultane.* . . . . *Topaze.* . . . . *Lutine.* . . . . *Sensible.* . . . . *Aurore.*	} Prises à Toulon.
	Victorieuse. . . . . . . *Iris.* . . . . *Montréal.* . . . . *Victoire.*	} Détruites à Toulon.
24	*Prosélyte.* . . . . *Belette.* . . . . *Poulette.*	} Prises à Toulon.
	Caroline. . . . . *Auguste.*	} Détruites à Toulon.
	Blonde.	Prise par deux frégates.
20	*Mulet.*	Prise à Toulon.
	Ariel.	Détruite dans l'Escaut.
	Convention Nationale. . .	Prise par une escadre.
18	*Prompte.* . . . . *Éclair.*	} Prises chacune par une frégate.
	Alerte.	Détruite à Toulon.
	Sincère. . . . . *Amulette.*	} Prises à Toulon.
16	*Espiègle.*	} Pris chacun par une frégate.
14	*Curieux.*	
	Tarleton.	— à Toulon.
12	*Lutin.*	— par un brig.

* L'astérisque indique un bâtiment pris à l'ennemi.

RÉCAPITULATION.

		Pris.	Détruits ou naufragés.	Incendiés.	TOTAL.
ANGLAIS . . .	Vaisseaux	»	»	1	1
	Frégates	2	1	»	3
	Bâtiments de rangs inférieurs . .	4	3	»	7
FRANÇAIS . .	Vaisseaux	5	10	»	15
	Frégates	14	11	»	25
	Bâtiments de rangs inférieurs	14	4	»	18

ANNÉE 1794.

Une division sous les ordres du capitaine de vaisseau Desgarceaux, composée des frégates l'*Engageante* de 36° qu'il commandait, la *Résolue* de 36, capitaine Puillon Villéon, la *Pomone* de 44, capitaine Pevrieu, et de la corvette de 20° la *Babet*, capitaine Belhomme, en croisière à l'ouvert de la Manche, se trouva, le 25 avril, en présence de 5 frégates qui furent aperçues dans le O.-N.-O et qui la chassèrent. A 5ʰ 30ᵐ de l'après-midi, ces frégates hissèrent le pavillon anglais et quelques-unes l'appuyèrent d'une bordée entière; c'étaient la Flora de 42°, capitaine sir John Borlase Warren qui commandait la division; l'Arethusa de 44, capitaine sir Edward Pelew; la Melampus et la Concorde de 42, capitaines Thomas Wells et sir Richard Strachan, et la Nymphe de 44, capitaine George Murray. Après plusieurs virements de bord, les Anglais se trouvèrent au vent dans l'ordre ci-dessus et, vers 6ʰ, ils engagèrent le combat. L'*Engageante* était chef de file de la division française, la *Pomone* suivait et la *Babet* fermait la marche. Signal fut fait à la *Résolue* qui se tenait par la hanche de dessous le vent de l'*Engageante* de rentrer dans la ligne; son capitaine n'exécuta pas cet ordre et se borna à envoyer des boulets à la Flora, adversaire de l'*Engageante*, lorsque sa position lui permettait de découvrir la frégate ennemie, et à l'Arethusa qui était la seconde dans la ligne anglaise. D'après la disposition des combattants, la *Pomone* était par le travers de la Melampus, la *Babet* prêtait le flanc à la Concorde; la Nymphe n'avait pas d'adversaire. Les deux divisions couraient bâbord amures au plus près. Au moment où, un peu avant 8ʰ, le commandant Desgarceaux réitérait de vive voix au capitaine Villéon l'ordre de se mettre en ligne, il eut la tête emportée par un boulet. Le lieutenant de vaisseau Lemaître le remplaça et prévint le capitaine de la *Résolue* de cet événement : il reçut de lui l'ordre de forcer de voiles et de gagner la terre, manœuvre que fit de suite aussi le nouveau commandant de la division.

La *Pomone* imita la manœuvre de ses deux compagnes, mais son infériorité de marche ne lui permit pas de les suivre. Les frégates MELAMPUS et NYMPHE s'étaient jointes à la FLORA pour poursuivre les deux frégates françaises; l'ARETHUSA et la CONCORDE s'attachèrent à la *Pomone*. La première prit poste au vent, l'autre se plaça du bord opposé. A 8ʰ 30ᵐ, la frégate française fut démâtée de son mât d'artimon; peu de temps après, sa vergue de misaine fut coupée en deux et, à 9ʰ moins un quart, son grand mât s'abattit. Les dégâts n'étaient pas moins grands dans la batterie. Blessé dès le commencement du combat, le capitaine Pevrieu héla, à 9ʰ 30ᵐ, qu'il se rendait. Le petit mât de hune tombait en ce moment.

La *Babet* ne put lutter longtemps; restée de l'arrière par suite de la chute de son petit mât de hune, elle fut criblée et, la première, elle amena son pavillon.

Le capitaine de la CONCORDE avait abandonné la *Pomone* à l'ARETHUSA, dès qu'il avait jugé sa coopération inutile, pour se joindre à la chasse que les autres frégates donnaient à l'*Engageante* et à la *Résolue*. Il les dépassa facilement et, à 11ʰ 30ᵐ, il était par le travers du vent de l'*Engageante*. La *Résolue* lui tira quelques coups de canon et, laissant sa compagne engagée, elle continua sa route et parvint à faire perdre ses traces. Le combat se soutint avec ardeur entre les deux frégates. A 1ʰ 30ᵐ, la CONCORDE laissa arriver pour passer sur l'arrière de la frégate française : celle-ci neutralisa cette manœuvre en arrivant aussi. La frégate anglaise revint alors au vent et reçut de l'avant une bordée d'écharpe de son adversaire qui imita ce mouvement. Le capitaine Strachan réussit enfin à passer à tribord et continua le combat dans cette position. La chute des trois mâts de hune de l'*Engageante*, le triste état du reste de sa mâture et la masse d'eau qui entrait par de nombreux trous de boulets ne le ralentirent pas. Cependant, à 2ʰ 30ᵐ, toutes les munitions se trouvant épuisées, il fallut amener le pavillon si noblement défendu. Il fut salué par la chute instantanée des bas mâts.

La *Pomone* portait 28 canons de 18
12 — de 8
et 4 caronades de 36.

La *Résolue* et l'*Engageante*
avaient chacune 26 canons de 12
6 — de 6
et 4 caronades de 36.

La *Babet* était armée de 20 canons de 6.

L'ARETHUSA avait 28 canons de 18
2 — de 9
et 14 caronades de 32.

La FLORA — 26 canons de 18
10 — de 9
et 6 caronades de 1S.

La MELAMPUS — 26 canons de 18
2 — de 12
6 — de 9
et 8 caronades de 32.

La CONCORDE — 26 canons de 12
4 — de 6
et 12 caronades de 24.

La NYMPHE — 26 canons de 12
10 — de 6
et 8 caronades de 24.

Le gouvernement révolutionnaire faisait d'incroyables efforts et déployait une activité extraordinaire pour donner à la France une armée navale sur l'Océan. Il fallait d'autant plus d'énergie pour relever la marine, qu'elle venait de faire des pertes immenses à Toulon. La trahison, en livrant ce port aux Anglais, avait causé la destruction d'une partie des forces maritimes de la République. La Convention nationale chargea deux de ses membres, Jean Bon Saint-André et Prieur de la Marne, de surveiller les armements du port de Brest.

La famine pesait alors sur tous les départements ; la misère du peuple était grande, ses souffrances excesssives. Cet état de choses pouvait accroître les mécontentements.

Justement inquiète de cette situation calamiteuse, la Convention nationale avait ordonné au citoyen Genêt, son représentant aux États-Unis, de rassembler dans la baie de la Chesapeak de l'État de Virginie, le plus grand nombre de navires possible, et de les charger de farine. Le contre-amiral Vanstabel, sorti de Brest le 24 décembre 1793 avec une division, devait les prendre sous son escorte. 4 autres vaisseaux, 2 frégates et une corvette avaient accompagné le contre-amiral Vanstabel en dehors du golfe et s'étaient ensuite établis en croisière dans le Sud de l'Irlande. Dans la nuit du 31 décembre, cette dernière division avait reçu un coup de vent qui l'avait forcée de rentrer.

Bien que la corvette le *Brutus*, arrivée le 26 janvier aux États-Unis, eût annoncé au chargé d'affaires de la France ''apparition prochaine du contre-amiral Vanstabel, le convoi n'était pas encore prêt le 12 février lorsque, après une traversée de quarante-sept jours, la division française mouilla dans la Chesapeak. Ce fut le 11 avril seulement que le contre-amiral Vanstabel put mettre à la voile avec un convoi de 130 navires, escorté par les vaisseaux le *Tigre* et le *Jean Bart*, les frégates la *Sémillante*, l'*Embuscade*, la *Charente* et l'*Astrée*.

Le représentant Genêt avait annoncé à la Convention nationale qu'il expédierait une partie du convoi sous l'escorte de la frégate l'*Astrée* et de la gabare la *Normande* aussitôt que cela lui serait possible. On devait dès lors présumer que ces navires seraient en route avant l'arrivée du contre-amiral Vanstabel en Amérique, et il était urgent de protéger leur atterrage. Les vaisseaux le *Sans-Pareil* de 86e, l'*Audacieux*, le *Patriote*, le *Téméraire* et le *Trajan* de 78 ; les frégates la *Galathée* et l'*Unité* et la corvette le *Maire Guitton* sortirent de Brest, à cet effet, le 10 avril, sous le commandement du contre-amiral Nielly, dont le pavillon flottait sur le *Sans-Pareil*. Une division légère, composée de la frégate l'*Atalante*, de la corvette la *Levrette* et du brig l'*Épervier*, fut aussi envoyée à leur rencontre.

Cependant, ce convoi si impatiemment attendu en France, les Anglais le convoitaient, et des forces formidables avaient été disposées sur plusieurs points pour l'intercepter. Le jour de son départ d'Amérique, sa marche, la force de son escorte, celle des vaisseaux envoyés à sa rencontre, tout était connu en Angleterre. La saison des gros vents était passée. Le convoi retardé, soit par la lenteur, soit par l'incurie des agents de la République en Amérique, soit par les entraves qu'il avait rencontrées, ne pouvait plus arriver à l'époque favorable à laquelle il était attendu, et la division du contre-amiral Nielly devenait insuffisante pour le défendre.

Le Comité de salut public comprit qu'il fallait à tout prix assurer les subsistances du peuple, et il ordonna au contre-amiral Villaret de sortir avec l'armée navale de Brest. Le représentant Jean Bon Saint-André fut embarqué sur le vaisseau amiral.

Voici comment, quelques jours auparavant, le 11 mai 1794, ce représentant dépeignait la situation de la marine dans une lettre au Comité de salut public : « La loi du « 26 brumaire a besoin de développements ; je l'ai senti, « surtout au moment de la sortie de l'escadre où il importe « de mettre de l'ensemble dans toutes les parties du ser- « vice et de prévenir les divisions qui ont trop souvent « déshonoré la marine française. L'esprit d'isolement n'en « est pas si entièrement banni qu'il ne faille encore le

« brider avec soin, et il est même d'autant plus dangereux,
« qu'il affecte de se reproduire sous la livrée de la liberté.
« Il ne serait plus temps de mettre un frein à l'amour-
« propre qui ne veut point reconnaître d'unité dans les
« mouvements, quand il aurait occasionné de grands mal-
« heurs. C'est ce qui m'a déterminé à faire sur-le-champ
« une loi qui, en principe rigoureux, ne peut être faite
« que par la Convention nationale ; mais le rapport du
« délit à la peine est ici d'une telle évidence, et les dispo-
« sitions de mon arrêté sont d'une nécessité si indispensa-
« ble, que je ne balance pas à croire qu'il sera approuvé
« par vous et que vous en demanderez sur-le-champ la
« sanction à la Convention nationale. Il ne faut pas qu'au
« moment d'une action, les généraux de la République
« soient abandonnés comme l'ont été les Conflans, les
« d'Estaing et tant d'autres. Le général vous répond sur
« sa tête de l'exécution de vos ordres, c'est la règle.
« Mais sa responsabilité disparaît, si la loi ne lui garantit
« pas l'obéissance des instruments que vous mettez dans
« sa main (1). »

Le 16 mai, l'armée mit sous voiles composée comme il
suit :

Canons.
124	*Montagne* (2)........	capitaine Bazire.
		Villaret Joyeuse, contre-amiral.
		Delmotte, contre-amiral, major-général.
	Terrible.	capitaine Leroy.
		Bouvet, François, contre-amiral.
114	*Révolutionnaire* (3)....	capitaine Vandongen.
	Républicain (4).	— Longer.
	Indomptable.	— Lamesle.
86	*Jacobin* (5)	— Gassin.

----

(1) L'arrêté dont il est question fut sanctionné par le Comité de salut public
le 3 messidor (21 juin), et a eu force de loi, dans la marine, jusqu'au 10 février 1843.
(2) Primitivement les *États-de-Bourgogne*, puis la *Côte-d'Or*.
(3) D'abord la *Bretagne*.
(4) L'ancien *Royal-Louis*.
(5) D'abord l'*Auguste*.

	Juste (1).	capitaine	Blavet.
	Scipion (2).	—	Huguet.
	Achille.	—	Lavillesgris.
	America.	—	Lhéritier.
	Convention (3).	—	Allary.
	Entreprenant.	—	Lefranck.
	Eole.	—	Bertrand Keranguen.
	Gasparin (4).	—	Tardy.
	Jemmapes.	—	Desmartis.
78	*Impétueux*.	—	Douville.
	Montagnard.	—	Bompard.
	Montblanc.	—	Thevenard (Alexandre).
	Mucius.	—	Larréguy.
	Neptune.	—	Tiphaine.
	Northumberland.	—	Etienne.
	Pelletier (5).	—	Berrade.
	Tourville.	—	Langlois.
	Tyrannicide.	—	Dordelin (Joseph).
	Vengeur.	—	Renaudin (Jean).

Frégates : *Brutus* (6), *Insurgente, Seine, Proserpine, Tamise, Gentille, Précieuse, Bellone.*

Corvettes et brigs : *Surprise, Société Populaire, Diligente, Courrier, Jean Bart, Mutine, Naïade, Furet.*

L'instruction des équipages, à cette époque, était loin de répondre à leur patriotisme ; une foule d'hommes allaient à la mer pour la première fois. De plus, les artilleurs de la marine avaient été débarqués à la suite de l'insurrection de Quiberon, et avaient été remplacés par des soldats de l'armée de terre qui appartenaient, soit à la première réquisition, soit à la dernière levée opérée par la Convention. Aussi, le contre-amiral Villaret avait-il reçu l'ordre de transformer sa marche en un cours d'enseignement pratique, qui devait profiter en même temps aux capitaines, dont plusieurs naviguaient en escadre pour la première fois.

Le 19, la corvette le *Maire Guitton*, qui avait été capturée quatre jours auparavant par les Anglais, fut prise

---

(1) Les *Deux-Frères.*
(2) Le *Saint-Esprit.*
(3) Le *Sceptre.*
(4) L'*Apollon.*
(5) Le *Séduisant.*
(6) L'ancien *Diadème* qui avait été rasé.

ainsi que le convoi qu'elle escortait; la *Mutine* fut adjointe
à l'escorte. Ce même jour, l'armée navale fut ralliée par
le vaisseau le *Patriote*, capitaine Lucadou, séparé depuis
la nuit du 11 de la division du contre-amiral Nielly. La
veille, ce vaisseau avait fait amener la frégate anglaise de
40ᵉ Castor, capitaine Thomas Trowbridge.

Lorsque l'époque présumée du passage du convoi fut arrivée, le commandant en chef se dirigea vers le rendez-
vous assigné à toutes les divisions; il y était le 21 mai. Trois
jours après, la frégate la *Galathée*, de la division Nielly,
escortant quelques prises, fut rencontrée par l'armée navale. Le contre-amiral Villaret garda cette frégate et la
remplaça par la corvette la *Société Populaire* et la frégate
hollandaise la *Vigilante*, prise le 21 par la *Proserpine*. Le
28, à 8ʰ du matin, l'armée de la République courant au
N.-N.-E. sur trois colonnes, l'armée anglaise fut aperçue
dans le N.-E.; le vent soufflait frais du S.-S.-O. A 9ʰ, le
contre-amiral Villaret signala l'ordre de bataille, les amures
à bâbord. La force du vent et l'état de la mer rendirent
cette évolution difficile et, à midi, la ligne n'était pas encore formée; le signal fut répété à 2ʰ. Enfin, à 2ʰ 45ᵐ,
voulant établir sa ligne, alors complétement en désordre,
le commandant en chef fit prendre les amures à tribord.
A 3ʰ 15ᵐ, il vira de nouveau lof pour lof.

L'armée anglaise avait appareillé, le 2 mai, de la rade
de Sainte-Hélène avec un nombreux convoi pour les Indes.
L'amiral Howe, qui la commandait, s'était séparé du convoi à la hauteur du cap Lizard, et avait chargé le contre-
amiral Montagu de l'escorter avec 6 vaisseaux et 2 frégates
jusqu'au delà du golfe; le capitaine Rainier devait alors le
conduire à sa destination avec un vaisseau et 5 frégates. La
division du contre-amiral Montagu avait ordre de rester
ensuite en croisière sur la route présumée des navires
français attendus d'Amérique. Lord Howe, qui avait été
informé du point de croisière de l'armée française, avait
pris cette direction et, le 28 au matin, il en eut connais-

sance. La sienne comptait 26 vaisseaux, 7 frégates, un brig, 2 cutters et 2 brûlots.

Canons.

110	QUEEN CHARLOTTE.	capitaine sir Roger Curtis.
		lord Richard Howe, amiral.
	ROYAL SOVEREIGN.	capitaine Henri Nichols,
		Thomas Graves, vice-amiral.
	ROYAL GEORGE.	capitaine William Domett.
		sir Alexander Hood, vice-amiral.
108	IMPREGNABLE.	capitaine Blagden Westcost.
		Benjamin Caldwell, contre-amiral.
	BARFLEUR.	capitaine Cuthberg Collingwood.
		George Bowyer, contre-amiral.
	QUEEN.	capitaine John Hull.
		Alan Gardner, contre-amiral.
	GLORY.	capitaine John Elphinstone.
80	CÆSAR.	— Pye Molloy.
	GIBRALTAR.	— Thomas Mackensie.
	BELLEROPHON.	— William Hope.
		Thomas Pasley, contre-amiral.
28	LEVIATHAN.	capitaine lord Hughes Seymour.
	RUSSEL.	— Willet Payne.
	MARLBOROUGH.	— honorable Cranfield Berkeley.
	DEFENCE.	— James Gambier.
	TREMENDOUS.	— James Pigott.
	INVINCIBLE.	— honorable Thomas Pakenham.
	CULLODEN.	— Isaac Shomberg.
	BRUNSWICK.	— John Harvey.
	VALIANT.	— Thomas Pringle.
	ORION.	— Thomas Duckworth.
	RAMILIES.	— Henry Harvey.
	ALFRED.	— John Bazely.
	MONTAGU.	— James Montagu.
	MAJESTIC.	— Charles Cutton.
	THUNDERER.	— Albemarle Bertie.
	AUDACIOUS.	— William Parker.

Frégates : PHAETON, LATONA, NIGER, SOUTHAMPTON, VENUS, AQUILON, PEGASUS.
Brig : KINGSFISHER.
Cutters : RATTLER, RANGER.

L'armée anglaise qui courait au S.-E. prit les amures à bâbord lorsque, à 2ʰ 45ᵐ, celle des Français se forma tribord amures.

On a prétendu que le contre-amiral Villaret Joyeuse, cédant à l'influence du représentant Jean Bon Saint-André, offrit immédiatement la bataille. Les documents officiels démentent cette assertion. L'armée anglaise se trouvait sur le passage du convoi d'Amérique ; en livrant bataille en cet endroit, on aurait commis la faute de la forcer d'y séjourner. Or le commandant en; chef et le représentant du peuple n'eurent garde de se laisser aller à une semblable erreur. Ils manœuvrèrent pour attirer les Anglais dans une autre direction. Le but de cette tactique ressort évidemment du rapport que Jean Bon Saint-André adressa, le 13 juin, au Comité de salut public. « Le salut du convoi « étant l'objet de notre mission, disait-il, nous jugeâmes « que, dans notre position, ce que nous avions de mieux à « faire, était d'éloigner l'ennemi de la route qu'il devait « suivre. Nous calculâmes qu'en prenant la bordée du « large, le convoi passerait à environ vingt-cinq lieues « dans le Sud des deux armées. La justesse de cette « combinaison a été prouvée par l'événement. » On peut même se demander si le commandant en chef laissa arriver pour se rapprocher de l'armée ennemie. Le procès-verbal rédigé par les officiers du *Vengeur* le dit positivement. Un historien anglais (1) tient le même langage. Cependant Jean Bon Saint-André, qui suit si exactement le mouvement des deux armées dans son *Journal sommaire*, Jean Bon Saint-André ne parle pas de cette manœuvre. « Nous « courions vent arrière dans l'espoir de rencontrer au Nord « la division du contre-amiral Nielly, dit le représentant « du peuple, lorsque les frégates de l'avant signalèrent « une flotte. Nous reconnûmes bientôt que c'était l'armée « anglaise, forte de 36 voiles, courant au plus près du « vent, les amures à tribord. Aussitôt qu'elle nous eut « aperçus, elle manœuvra pour se former en ligne de ba-« taille. L'armée française se forma également dans l'ordre « renversé, les amures à bâbord. » Enfin, le contre-amiral Villaret dit dans son rapport : « Mon premier soin, après « avoir reconnu la force de l'armée anglaise, fut de former « l'ordre de bataille sur la ligne du plus près, bâbord

---

(1) William James, *The naval history of Great Britain.*

« amures. » Les journaux de bord de l'armée, parfaitement d'accord avec les assertions du représentant et du commandant en chef, démentent d'ailleurs la version accréditée et le rapport du capitaine du *Vengeur*. Ces journaux constatent que l'armée française courait au N.-N.-E. sur trois colonnes, avec des vents de Sud, lorsque l'armée ennemie fut aperçue dans le Nord. Ce n'est donc pas lorsqu'elle fut signalée que les Français laissèrent arriver. Loin de là, les mêmes journaux s'accordent à dire que le commandant en chef ordonna presque aussitôt de se former en bataille bâbord amures et que l'armée courut vers l'Ouest. Il est vrai que, dans l'après-midi, elle vira de bord, mais pour prendre le plus près, ce qui la fit gouverner au S.-E. ou à l'E.-S.-E. Elle suivit cette route toute la nuit. Il semble donc bien avéré que le contre-amiral Villaret ne manœuvra pas pour offrir immédiatement le combat.

Le vent avait beaucoup augmenté et la mer était devenue fort grosse. L'amiral Howe forma une division légère de 5 vaisseaux dont il donna le commandement au contre-amiral Pasley avec ordre d'attaquer l'arrière-garde française ; il signala ensuite une chasse générale. Vers 3ʰ 30ᵐ, il fit rallier ses vaisseaux, laissant la division légère seule continuer la chasse. A 4ʰ, le *Révolutionnaire* reçut l'ordre de prendre la queue de la ligne qui s'étendait beaucoup ; les vaisseaux de tête diminuèrent de voiles ; les deux armées étaient alors bâbord amures. A 6ʰ, le BELLEROPHON était assez près du *Révolutionnaire* pour engager le combat ; cinq quarts d'heure après, il était obligé de se retirer du feu ; mais le RUSSEL, le MARLBOROUGH et le THUNDERER étaient alors en position de continuer le combat avec le vaisseau français ; placé au vent, celui-ci ne pouvait se servir de sa batterie basse. Le *Révolutionnaire* eut sa vergue de misaine et celle du grand hunier coupées. A 7ʰ 30ᵐ, le commandant en chef ayant fait signal de forcer de voiles, ce vaisseau resta de l'arrière et il tomba sous le vent ; le LEVIATHAN et l'AUDACIOUS se joignirent aux vaisseaux qui le

combattaient déjà. A 9ʰ 30ᵐ, le capitaine Vandongen fut
tué et remplacé par le troisième lieutenant Renaudeau;
le premier lieutenant avait reçu une blessure grave; le
deuxième avait été tué. Accablé par le nombre, le *Révolutionnaire* allait probablement succomber, si l'amiral Howe
n'eût fait, à ce moment, le signal de ralliement. Le lieutenant Renaudeau, blessé dès qu'il parut sur le pont, avait
remis le commandement au lieutenant Dorré. Cet officier
fit gouverner de suite à l'E.-N.-E.; le feu avait entièrement cessé à 10ʰ. Le *Révolutionnaire* démâta de son mât
de misaine et de son grand mât pendant la nuit. Le jour
suivant, il rencontra l'*Audacieux* et la frégate l'*Unité* de la
division du contre-amiral Nielly; le vaisseau le prit à la
remorque et ils mouillèrent, le 8 juin, sur la rade de l'île
d'Aix. Le vaisseau anglais Audacious, qui avait été fort
maltraité, fit route pour Plymouth. Rencontré par la frégate de 36° la *Bellone*, il fut canonné pendant une demi-
heure et put ensuite continuer sa route.

Les deux armées coururent tribord amures toute la nuit.
Le 29 au matin, elles étaient distantes d'environ 6 milles,
celle de la République toujours au vent qui était encore
très-frais du S.-S.-O. L'armée anglaise ayant viré à 7ʰ 30ᵐ,
son avant-garde fut canonnée par l'arrière-garde française,
mais à une distance telle, qu'elle ne riposta pas. A 8ʰ,
l'armée française prit aussi les amures à bâbord par un
virement successif et vent arrière et, à 9ʰ 15ᵐ, le commandant en chef signala à l'avant-garde de serrer l'ennemi au feu. Le *Montagnard*, qui tenait la tête de la ligne,
laissa arriver ainsi que les vaisseaux qui le suivaient et,
trois quarts d'heure après, il commença le feu. Le combat
devint bientôt très-vif sur ce point. Mais pendant que chacun des vaisseaux de cette avant-garde combattait deux
et jusqu'à trois vaisseaux ennemis, le commandant en chef
maintenait le reste de son armée fort loin au vent, sans
paraître trop s'inquiéter du résultat de cette lutte inégale.
Vers midi cependant, le *Montagnard* demanda à être retiré

du feu. L'amiral anglais, qui ne semble pas avoir tiré tout le parti possible du mode d'attaque des Français, fit, en ce moment, signal de virer de bord. Ce signal ne fut sans doute pas aperçu, car peu de vaisseaux virèrent de suite; il est vrai que plusieurs avaient éprouvé des avaries assez graves pour n'exécuter cette manœuvre qu'avec difficulté. Quoi qu'il en soit, la ligne anglaise se trouva dès lors complétement déformée. Le contre-amiral Villaret jugea le moment favorable pour faire donner le corps de bataille ainsi que l'arrière-garde et laissa arriver de manière à croiser la route des Anglais. Ainsi, pendant que l'avant-garde gouvernait au O.-N.-O., au plus près du vent, et l'armée anglaise à l'E.-S.-E., à peu près sans ordre, les deux dernières escadres de l'armée française prenaient une direction qui devait être le Nord ou le N.-N.-O., courant obliquement sur l'ennemi. Il s'ensuivit une vigoureuse canonnade à contre-bord. Bientôt, l'avant-garde française se trouva seule sur le champ de bataille où elle avait combattu, puisque l'ennemi suivait une route diamétralement opposée à la sienne ; elle ne reçut cependant qu'à 2ʰ 30ᵐ l'ordre de virer pour se rapprocher du reste de l'armée et le signal lui enjoignait de le faire vent devant par la contre-marche. L'exécution de cet ordre n'était pas possible. Le *Montagnard* demandait une remorque et les autres vaisseaux de l'avant-garde avaient leur grément et leurs voiles trop endommagés pour réussir à virer vent devant. Les deux armées courant l'une sur l'autre, se rencontrèrent promptement, et aucune des deux ne se dérangeant de sa route, les vaisseaux se mêlèrent. Le vaisseau amiral anglais Queen Charlotte passa derrière l'*Éole*, sixième vaisseau de queue, prit les mêmes amures que lui et le combattit au vent. Le Bellerophon s'adressa au *Terrible* qui avait démâté de son petit mât de hune et sur l'avant duquel il avait passé ; ce vaisseau, par suite de la position sous le vent du *Tyrannicide* et de l'*Indomptable*, était de fait le serre-file de la ligne. Donnant dans le même créneau, le Leviathan prit poste au

vent des deux vaisseaux souventés. L'ORION et le BARFLEUR
passèrent entre le *Tyrannicide* et l'*Indomptable* et portèrent
principalement leurs coups sur le dernier. « Mais, dit le
contre-amiral Villaret dans son rapport, les Anglais trouvèrent une résistance qui doit immortaliser Dordelin et La-
mesle. » Dès que le commandant en chef s'aperçut de la
position fâcheuse de son arrière-garde, il signala de virer
vent devant par la contre-marche pour aller la dégager.
Il était 4ʰ. Les vaisseaux tardant à répondre à ce signal
qui demandait une exécution immédiate, le contre-amiral
Villaret prit l'initiative à 4ʰ 45ᵐ et, ordonnant de se placer
par rang de vitesse, il se mit à la tête de la colonne. Tous
virèrent plus ou moins tard, à l'exception du *Montagnard*
qui continua vers l'Ouest. L'amiral anglais n'attendit pas
leur arrivée; il rallia ses vaisseaux. Les deux armées se
canonnèrent encore quelque temps et le feu cessa entièrement à 5ʰ. Les Français qui avaient perdu l'avantage
du vent reprirent les amures à bâbord et chacun travailla
à réparer ses avaries. L'*Indomptable* en avait de considérables dans toutes ses parties. Le *Tyrannicide* et lui
n'avaient plus que leurs bas mâts. Le *Brutus* prit l'*Indomptable* à la remorque et le conduisit à Brest; le *Mont-
blanc* les escorta. Du côté des Anglais, les vaisseaux QUEEN,
ROYAL GEORGE, SOVEREIGN et INVINCIBLE avaient le plus
souffert.

Le *Montagnard* avait eu tout d'abord sa vergue de petit
hunier coupée. A 1ʰ, le vaisseau qu'il combattait se retira
et le laissa réparer le désordre de son grément qui était
haché. Lorsque, plus tard, le commandant en chef ordonna
de virer, le capitaine Bompard signala ne pouvoir le faire
et demanda une remorque. La mâture du *Montagnard* était
tellement transpercée par les boulets, qu'il n'osa changer
d'amures dans la crainte de la voir s'abattre; il travailla
à l'assujettir et vira à 4ʰ. La frégate la *Seine*, qui s'était approchée de lui lorsqu'il avait signalé des avaries, le prit à
la remorque. Une brume très-épaisse ne permettait plus

d'apercevoir l'armée (1); quelques vaisseaux se voyaient dans le lointain, mais il était impossible de distinguer à laquelle des deux nations ils appartenaient. Le capitaine Bompard envoya la *Seine* les reconnaître; le capitaine Cornic (Yves), de retour à 2ʰ du matin, déclara que cela ne lui avait pas été possible. La brume continua toute la journée; au jour, il n'y avait plus un seul bâtiment en vue. Le capitaine Bompard gagna alors le rendez-vous indiqué dans ses instructions et il y rencontra le contre-amiral Vanstabel qui lui donna l'ordre de le suivre.

La plupart des historiens qui ont rapporté le combat naval du 29 mai (9 prairial) ont attribué à l'inexpérience et au manque de connaissances tactiques de quelques capitaines la non-exécution du signal de virer de bord fait par le commandant en chef. Si l'on tient compte de la manière dont se faisaient les promotions à cette époque, et qu'on jette les yeux sur les états de services des officiers auxquels était confié le commandement des vaisseaux de la principale armée navale de la République, nul doute qu'on ne soit autorisé à penser que, dans cette occasion, plusieurs durent n'être pas à la hauteur de la position que les circonstances leur avaient faite. Il serait injuste, toutefois, de ne pas admettre que des signaux non répétés, ou au moins répétés d'une manière imparfaite, purent ne pas être aperçus. Cela ayant eu lieu dans l'armée anglaise, cette hypothèse n'est pas inadmissible en faveur des capitaines français.

Toujours observé par les Anglais, le contre-amiral Villaret continua de courir au N.-O. Le 30, le convoi d'Amérique passa sur le lieu même du combat. Ce jour-là, le contre-amiral Nielly rallia avec le *Sans-Pareil*, capitaine Courand, le *Trajan*, capitaine Dumoutier, et le *Téméraire*, capitaine Morel (Henry). Le vaisseau de 78ᵉ le *Trente-et-un-*

---

(1) Aucun autre rapport que celui du *Montagnard* ne fait mention de ce brouillard le jour même du combat.

Mai (1), capitaine Ganteaume (Honoré) se joignit également à l'armée, ce qui la porta à 26 vaisseaux. L'amiral Howe pouvait en mettre 25 en ligne.

Une brume très-épaisse enveloppa les deux armées pendant trente-six heures et, durant ce temps, elles ne s'aperçurent qu'à de rares intervalles; le ciel ne redevint clair que le 1ᵉʳ juin (13 prairial). L'armée anglaise avait conservé le vent qui soufflait du Sud au S.-S.-E. et, ainsi que celle de la République, elle courait bâbord amures. Le contre-amiral Nielly porta son pavillon sur le *Républicain*, et plusieurs changements furent prescrits dans l'ordre de bataille qui fut établi comme il suit : *Convention, Gasparin, America, Téméraire, Terrible, Impétueux, Mucius, Éole, Tourville, Trajan, Tyrannicide, Juste, Montagne, Jacobin, Achille, Vengeur, Northumberland, Patriote, Entreprenant, Neptune, Jemmapes, Trente-et-un-Mai, Républicain, Sans-Pareil, Scipion, Pelletier.* L'amiral Howe intervertit aussi l'ordre de ses vaisseaux et les rangea ainsi : Cæsar, Bellerophon, Leviathan, Russel, Royal Sovereign, Marlborough, Defence, Impregnable, Tremendous, Barfleur, Invincible, Culloden, Gibraltar, Queen Charlotte, Brunswick, Valiant, Orion, Queen, Ramilies, Alfred, Montagu, Royal Georges, Majestic, Glory, Thunderer. Après quelques manœuvres préparatoires, l'armée anglaise laissa porter tout à la fois, à 8ʰ du matin, sur celle de la République, alors en panne, et chaque vaisseau ennemi se dirigea sur celui qui lui correspondait dans la ligne française. L'amiral Howe avait signalé qu'il se portait sur le centre avec l'intention de couper la ligne; mais il laissait chaque capitaine libre d'attaquer, comme il l'entendrait, le vaisseau français qui lui correspondait. Tous étaient sous les huniers. A 8ʰ 45ᵐ, — 9ʰ 24ᵐ suivant la relation anglaise, — les vaisseaux de tête de l'armée française ouvrirent le feu, à grande distance; les Anglais ne ripostèrent

_____

(1) L'ancien *Orion.*

BATAILLE DU 13 PRAIRIAL

Plan dressé par le ;
major général de l'armée

1 Eole
2 Tourville
3 Trajan
4 Tyrannicide
5 Jacobin
6 Patriote

7 Trente et un Mai
8 Républicain
9 Entreprenant
10 Montagne
11 Terrible
12 Neptune

13 Téméraire
14 Pelletier
15 Gasparin
16 Convention
17 Scipion

LÉGENDE

Vaisseaux français
Vaisseaux anglais
Vaisseaux démâtés
Frégates

Sud
Ouest
Nord
Est

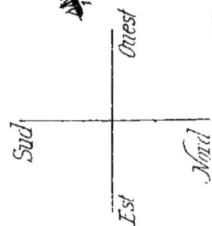

qu'un quart d'heure plus tard. L'obliquité de la ligne ennemie ne permit pas que l'attaque fût instantanée. La plupart des vaisseaux anglais restèrent au vent ; quelques-uns
cependant traversèrent la ligne, et ces derniers dirigèrent
de préférence leurs coups sur ceux des vaisseaux français
qui étaient déjà attaqués de l'autre bord. Une fumée épaisse
enveloppa bientôt les combattants et jeta dans leurs rangs
la confusion la plus grande. Français et Anglais étaient
confondus et, pendant près de deux heures, chacun fut
libre de ses mouvements. L'effrayante canonnade qui avait
ainsi voilé la lumière se ralentit naturellement beaucoup, ou
du moins elle ne fut plus concentrée sur un espace aussi
restreint qu'au commencement de la bataille. La fumée se
dissipa peu à peu, et l'on put enfin se reconnaître. Il pouvait
alors être 10ʰ du matin. Quelle ne dut pas être la surprise
du commandant en chef lorsque, à cette heure, le nuage de
fumée qui enveloppait la *Montagne* venant à se dissiper, il
se vit seul, sans aucun des vaisseaux de son armée devant
ni derrière lui, à l'exception du *Terrible* démâté de son
grand mât et de son mât d'artimon (1). Bientôt cependant
il en aperçut quelques-uns sous le vent, à 6 milles environ,
et il leur fit signal de virer vent devant. Ce signal ne fut
probablement pas aperçu ; toujours est-il qu'il ne fut pas
exécuté. Le vaisseau amiral ne pouvait pourtant pas rester
isolé. Persuadé que l'armée entière était souventée et que,
seul, le vaisseau la *Montagne* s'était maintenu à son poste,
à midi, le commandant en chef donna à son capitaine de
pavillon l'ordre de laisser arriver sur les vaisseaux signalés. Il ne lui vint pas à l'idée que d'autres vaisseaux
pussent être au vent du sien ou, du moins, il estima que,

---

(1) Ce sont les propres expressions du commandant en chef ; et pourtant un
plan dressé par le major général de l'armée, aussitôt que la fumée fut dissipée,
place le *Téméraire* et le *Terrible* devant la *Montagne* ; l'*Entreprenant*, le
Neptune et le *Scipion*, dans ses eaux ; le *Trente-et-un-Mai* et le *Républicain*
un peu au vent et de l'arrière. Ce plan constate aussi une grande exagération
dans l'appréciation des distances.

s'il y en avait, il leur serait toujours facile de le rallier
sous le vent. Cette appréciation de la situation, quelle que
fût sa valeur, eut le résultat le plus funeste. L'armée n'é-
tait pas en entier sous le vent de la *Montagne*; 10 vaisseaux
étaient au vent et, chose assez étrange mais qu'il n'était guère
possible de prévoir, ces vaisseaux étaient précisément ceux
qui avaient le plus souffert. Ils ne tardèrent pas à être signalés; tous étaient plus ou moins désemparés, plus ou
moins incapables de se mouvoir. Quelques-uns avaient
une voile, la civadière. Ceux qui n'avaient même plus cette
ressource, incapables de faire tourner leur avant dans la
direction du vaisseau amiral, étaient comme cloués à leur
place. Plusieurs combattaient encore. Le commandant en
chef comprit qu'il ne pourrait se porter trop promptement
au secours de ces vaisseaux, et il ordonna de suite à ceux qui
l'entouraient de virer de bord. Cet ordre ne fut exécuté que
partiellement; quelques capitaines prétendirent ne l'avoir
pas vu, d'autres, n'avoir pu y donner suite à cause de l'état
de leur propre vaisseau. Ce mouvement procura à plusieurs
vaisseaux des deux armées l'occasion d'échanger quelques
bordées et il eut pour résultat de dégager le *Républicain*,
le *Mucius*, le *Scipion* et le *Jemmapes*. Mais ces 4 vaisseaux
bénéficièrent seuls de la manœuvre de leur armée; les
6 autres, plus maltraités qu'eux, étaient plus au vent,
pêle-mêle avec les Anglais, et ne purent être atteints à la
bordée. Le commandant en chef se borna à donner l'ordre
aux frégates et aux corvettes d'aller les dégager en les
prenant à la remorque : les unes et les autres répondirent
qu'il n'y avait pas un seul Français dans le groupe des vaisseaux démâtés. Le fait est qu'il n'y avait pas un seul pavillon tricolore arboré ; mais cela n'était pas un preuve, et nul
n'aurait contesté aux frégates et aux corvettes, autrement
qu'avec le canon, le droit de délivrer, de reprendre un
vaisseau français amené, les couleurs de la Grande-Bretagne eussent-elles flotté à sa poupe. Le commandant en
chef n'insista pas. Seulement, peu confiant dans le rapport

qui lui avait été fait, et voulant donner aux vaisseaux qui manquaient le temps de rallier, il mit en panne et y resta jusqu'à 8ʰ du soir sans être aucunement inquiété par l'ennemi. Aucun vaisseau français n'ayant paru, il fit alors route au N.-O. avec 19 vaisseaux et en abandonna 6 sur lesquels 3 seulement avaient été amarinés.

Cet exposé succinct ne pouvant donner qu'une idée incomplète de cette bataille, je vais suivre isolément la manœuvre de chacun des vaisseaux. Ce travail présente quelques difficultés, parce que M. James (1), auquel j'ai parfois recours pour les détails et, d'après lui probablement, quelques historiens français ont donné à l'armée française un ordre de bataille erroné. Il en résulte que l'historien de la marine de la Grande-Bretagne cite souvent à tort tel vaisseau français comme ayant été l'adversaire d'un vaisseau anglais. Sans trop oser me flatter de n'avoir pas commis quelques erreurs, j'ai l'espoir d'être aussi près que possible de la vérité. Mais avant d'entrer dans ces détails, je vais essayer d'expliquer comment l'armée de la République se trouva morcelée dès le commencement de la bataille.

Pour qui connaît les difficultés de l'ordre de marche sur une ligne de relèvement, il est évident que tous les vaisseaux anglais ne durent pas se trouver, en même temps, en position d'engager le combat. Dans le nombre de ceux qui coupèrent la ligne, quelques-uns combattirent le vaisseau français sur l'arrière duquel ils avaient passé, tandis que d'autres doublèrent ce vaisseau et en attaquèrent un autre que celui qui correspondait à leur numéro d'ordre. Quelques-uns des vaisseaux de la République restèrent ainsi sans adversaire direct et se trouvèrent bientôt dans l'obligation de faire une arrivée pour ne pas tomber sur leur chef de file dont les avaries retardaient incessamment la marche. La ligne dut donc se trouver tout d'abord rom-

(1) *The naval history of Great Britain.*

pue, brisée dans toute son étendue et, au milieu de la confusion toujours croissante qu'occasionnait l'épaisse fumée qui enveloppait les deux armées, chacun chercha un chef de file, un guide qui pût lui indiquer les mouvements de la tête de la colonne. On peut admettre que les vaisseaux qui avaient passé sous le vent de la ligne se suivirent, sans trop savoir où ils allaient, sans s'inquiéter qui les dirigeait et sans se préoccuper davantage de la canonnade qui grondait toujours non loin d'eux, mais en se ralentissant cependant. On peut donc supposer que si quelques capitaines s'éloignèrent sciemment du théâtre du combat, d'autres prirent, de bonne foi, une direction qu'ils croyaient suivie par l'armée entière. Les vaisseaux qui couraient ainsi n'ayant pris qu'une part très-secondaire à la bataille durent s'éloigner promptement de leurs compagnons, dégréés déjà, et tenant le plus près du vent. On ne saurait expliquer autrement la présence sous le vent des vaisseaux appartenant aux trois escadres de l'armée française, et non à l'avant-garde seulement, ainsi que l'écrivit le représentant Jean Bon Saint-André, et que d'autres l'ont répété après lui. L'inspection du plan qui fut dressé à 10ʰ du matin par le major général de l'armée et la liste des vaisseaux qui furent pris ou délivrés établit suffisamment cette vérité, qu'on se battit sur toutes les parties de la ligne et que quelques vaisseaux isolés, ne comprenant pas bien leur rôle, laissèrent seuls arriver sans y être forcés.

Le Cæsar, chef de file de l'armée ennemie, commença le feu à 8ʰ 45ᵐ. Il s'était placé par la hanche du vent de la *Convention* qu'il combattit, à portée de pistolet, sans grand effet; en manœuvrant pour prendre ce poste, le vaisseau anglais avait été canonné par le *Gasparin* que le Bellerophon combattait au vent et à grande distance. Ce dernier vaisseau, démâté de ses mâts de hune, fut retiré du feu par la frégate Latona. Le contre-amiral Pasley avait reçu une blessure assez grave pour être obligé de quitter le pont. Quant au vaisseau la *Convention*, enveloppé bientôt dans un nuage de fumée qui lui fit perdre l'armée de vue, il vira vent arrière, passa sous le vent du LEVIATHAN, lui envoya sa bordée et prit le plus près sur l'autre bord. A 3ʰ il rallia le commandant en chef. Le *Gasparin* imita en tous points sa manœuvre.

Au moment où les deux vaisseaux de tête ouvraient le feu, l'*America* était attaqué par le LEVIATHAN. Celui-ci, après une heure d'engagement, le démâta de son mât de misaine qui tomba sur tribord. Entraîné sous le vent, l'*America* reçut pendant quelques instants l'appui du *Gasparin* et de la *Convention* dont les capitaines ne jugèrent pas toutefois devoir s'arrêter. Le capitaine Lhéritier dut donc continuer un combat désavantageux auquel prirent plus ou moins part les vaisseaux ennemis qui sillonnaient la ligne, et il ne lui fut pas possible d'imiter la manœuvre de la *Montagne*. A 2ʰ, son grand mât tomba sur l'arrière et entraîna le mât d'artimon dans sa chute. L'*America* fut abandonné dans cet état ; le capitaine du *Pelletier* qui passa près de lui, refusa de le prendre à la remorque. Le répit laissé à l'*America* ne fut pas de longue durée. Attaqué de nouveau sans pouvoir riposter, dans la crainte de mettre le feu aux voiles qui pendaient le long des murailles, le capitaine Lhéritier fit amener le pavillon. L'*America* fut amariné par le RUSSEL. Plus tard, le capitaine du ROYAL SOVEREIGN, ignorant ce qui s'était passé, lança quelques boulets au vaisseau français dont le pavillon était cependant déjà amené ; et se prévalant des quelques coups de canon qu'il avait tirés, il envoya amariner une seconde fois l'*America* et renvoya l'équipage que le capitaine du RUSSEL avait placé sur ce vaisseau. Le LEVIATHAN n'avait pas d'avarie grave.

Le *Téméraire* fut attaqué par le RUSSEL ; à 10ʰ, le vaisseau anglais perdit son petit mât de hune. L'ordre d'arriver, donné alors par le commandant en chef, fit cesser le combat. Le RUSSEL imita la manœuvre du *Téméraire*, mais n'ayant pu le suivre, il s'attacha à d'autres adversaires.

Le *Terrible* se trouva opposé au ROYAL SOVEREIGN, trois ponts comme lui, et portant aussi le pavillon d'officier général. Le combat commença à grande distance. On eût dit que c'était en hésitant que le vaisseau anglais venait présenter un défi à son redoutable adversaire; mais bientôt, impatients de se mesurer de plus près, les deux capitaines se rapprochèrent. A 10ʰ, le *Terrible* fut démâté de son grand mât et du mât d'artimon, et arriva vent arrière. Le ROYAL SOVEREIGN le suivit, car son capitaine ne pouvait abandonner une entreprise qui ne semblait pas devoir présenter désormais de grandes difficultés; il y renonça cependant bientôt pour s'attacher à la *Montagne*, qu'il ne combattit du reste que fort peu de temps. La frégate la *Galathée* prit alors le *Terrible* à la remorque et imita la manœuvre de la *Montagne*, lorsque ce vaisseau se rapprocha de ceux qui avaient été aperçus sous le vent. A 6ʰ, le *Pelletier* remplaça la *Galathée*. Le contre-amiral Graves avait été grièvement blessé dès le commencement de l'action.

L'*Impétueux* fut combattu à tribord par le MARLBOROUGH qui avait traversé la ligne derrière lui et s'était placé par son travers. A 10ʰ 15ᵐ, le feu prit à son petit hunier; la chute du mât de hune dans la mer fit heureusement cesser les craintes occasionnées par cet événement; le capitaine Douville, dangereusement blessé, venait de remettre le commandement au lieutenant Lacoste. Ce dernier eut presque aussitôt la mâchoire fracassée et fut remplacé par le lieutenant de vaisseau Teillard. Cet officier avait à peine pris son nouveau poste, que le mât de misaine s'abattit en arrière sur le pont à tribord. Privé des voiles de l'avant, l'*Impétueux* ne gouverna plus et il tomba en grand sur son adversaire. Le *Mucius* qui suivait l'*Impétueux*, arrêté dans sa marche par ces deux vaisseaux qu'il n'eut pas le temps d'éviter, aborda le MARLBOROUGH par la hanche de tribord et lui abattit son mât d'artimon (1), mais il démâta en même temps de tous ses mâts. Le Marlborough fut dégagé par la frégate Aquilon. Vers 1ʰ 15ᵐ, le lieutenant Teillard aperçut l'armée à 4 milles sous le vent. On l'a déjà dit, l'*Impétueux* n'avait plus de voiles de l'avant ; son gouvernail était brisé ; il fallut renoncer à se diriger de ce côté.

Le *Gasparin* et la *Convention* passèrent auprès de lui, et bien que ces vaisseaux n'eussent pas d'avaries apparentes, ils continuèrent leur route sans lui donner aucun secours ; leurs capitaines alléguèrent l'obligation d'exécuter le signal de ralliement fait par la *Montagne*. Enveloppé par plusieurs vaisseaux ennemis et coulant bas d'eau l'*Impétueux* amena son pavillon à 3ʰ 30ᵐ et fut amariné par le Russel (2).

Le Defence coupa la ligne sur l'arrière du *Mucius*, le combattit par le travers et perdit de suite son grand mât et son mât d'artimon. Malheureusement, dans ce moment, le *Mucius* abordait le Marlborough, et le capitaine Larréguy dut abandonner son adversaire à l'*Éole*. Rasé lui-même comme un ponton par suite de cet abordage, le *Mucius* se trouva seul lorsque le vaisseau anglais eut été retiré du feu. Attaqué plus tard par le Russel, le capitaine Larréguy fit amener le pavillon.

L'*Éole*, sur l'avant duquel le Defence avait coupé la ligne, malgré la vive canonnade qu'il avait dirigée sur le vaisseau anglais pendant que celui-ci lui présentait l'avant, l'*Éole* remplaçant le *Mucius* ne put empêcher la frégate Phaeton de dégager ce vaisseau. Le capitaine Bertrand Keranguen reçut, dès le commencement de la bataille, une blessure dont il mourut quatre jours après et, à 11ʰ, il fut remplacé par le lieutenant Benoist. L'*Éole* laissa alors arriver, et après avoir canonné le Leviathan en passant, il

---

(1) C'est probablement par erreur que M. James, l'historien de la marine anglaise, dit que l'abordage eut lieu par l'avant. Il est difficile de concevoir qu'en passant sous le vent, un vaisseau aborde par l'avant un bâtiment placé devant lui dans la ligne.

(2) Ce vaisseau brûla le 29 août, dans le port de Portsmouth.

rallia les vaisseaux souventés dont il devint le chef de file. Plus tard, il exécuta l'ordre de virer donné par le commandant en chef qu'il venait d'apercevoir sous le vent.

Le *Tourville*, le *Trajan* et le *Tyrannicide* furent peu vigoureusement attaqués et ne combattirent qu'accidentellement. S'attachant à suivre chacun son chef de file, leurs capitaines allèrent former sous le vent ce groupe vers lequel le commandant en chef se dirigea plus tard. Le *Trajan* avait le *Tyrannicide* à la remorque depuis le 29 juin.

Après avoir combattu la *Montagne* et le *Jacobin*, le vaisseau anglais du commandant en chef QUEEN CHARLOTTE, qui avait perdu ses deux mâts et vergues de hune, se porta par le travers de dessous le vent du *Juste*, attaqué déjà à bâbord par l'INVINCIBLE et à tribord par le GIBRALTAR. Dès le commencement de l'action, le capitaine Blavet reçut une blessure qui le força de quitter le pont à 10^h; il remit le commandement au lieutenant de vaisseau Cambernon. Dans cette lutte inégale, le *Juste* fut entièrement démâté; son grand mât et son mât d'artimon furent abattus sur la dunette; le mât de misaine tomba sur le pont à bâbord. La batterie des gaillards se trouva ainsi engagée dans toute sa longueur; la deuxième batterie était déjà presque complétement désemparée. Les adversaires du vaisseau français n'étaient du reste guère en meilleur état; le vaisseau amiral avait perdu son dernier mât de hune; le GIBRALTAR était rasé de tous ses mâts. Le *Juste* se dégagea à l'aide de sa civadière et d'un foc hissé sur un bout-dehors et, en passant derrière le vaisseau de l'amiral anglais, il lui envoya, comme adieux, une bordée entière en poupe. Le capitaine Blavet était remonté sur le pont après un premier pansement, mais il se vit dans la nécessité de descendre de nouveau dans sa chambre. A $4^h 30^m$, entouré par plusieurs vaisseaux ennemis, le *Juste* amena son pavillon et fut amariné.

Il était $9^h 30^m$ lorsque le QUEEN CHARLOTTE qui, depuis quelque temps déjà, était le point de mire des canons de

tous les vaisseaux du centre, coupa la ligne derrière la
Montagne en lui envoyant une désastreuse bordée d'enfilade. La manœuvre de ce vaisseau était parfaitement indiquée par sa manière de gouverner : elle ne pouvait
laisser de doutes sur son intention de traverser la ligne.
Le capitaine Bazire crut pouvoir l'en empêcher en mettant
son grand hunier et son perroquet de fougue sur le mât.
De son côté, le capitaine Gassin du *Jacobin*, matelot d'arrière du vaisseau amiral, dans le but aussi d'empêcher le
QUEEN CHARLOTTE de passer devant lui, força de voiles en
même temps que le vaisseau amiral en diminua. Il en résulta que les deux vaisseaux se trouvèrent tout à coup l'un
sur l'autre et que, pour éviter un abordage, le capitaine
Gassin dut faire une légère arrivée et sortir de la ligne.
Quelque fâcheuse que fût cette détermination, elle était
devenue indispensable par la manœuvre de la *Montagne* ;
elle eut même, dans cette circonstance, le résultat heureux
de contrarier beaucoup le capitaine du QUEEN CHARLOTTE,
car, après avoir dépassé la *Montagne*, il trouva sous
son beaupré un autre vaisseau qui lui rendit largement
les coups qu'il avait portés au commandant en chef de
l'armée française. Le capitaine Curtis prit le seul parti
qui lui restât ; il loffa en grand et se trouva pris entre
deux vaisseaux qui le canonnèrent vigoureusement. Malheureusement, le capitaine du *Jacobin* ne sut pas conserver cet avantage ; il fit de la voile et, sans motif ap-
préciable, il s'éloigna en remontant la ligne. Plus tard, il
suivit les vaisseaux qui allèrent s'établir sous le vent. Le
QUEEN CHARLOTTE fit comme le *Jacobin*; il remonta la ligne. Le capitaine Bazire avait été une des premières victimes des bordées destructives de ce vaisseau. La *Montagne*
eut ensuite à combattre le ROYAL SOVEREIGN, puis le VA-
LIANT. Vers 10ʰ, après quelque répit qui permit à la fumée
de se dissiper, le commandant en chef s'apercevant que
la *Montagne* était isolée, laissa arriver sur un groupe de
vaisseaux qui fut signalé sous le vent. Chemin faisant, la

Montagne eut occasion d'envoyer | au MARLBOROUGH une bordée qui occasionna une blessure au capitaine Berkeley. Quelque temps après, le vaisseau amiral vira avec ceux qu'il avait ralliés pour se rapprocher d'autres vaisseaux aperçus au vent.

Le BRUNSWICK voulut profiter du mouvement du *Jacobin* pour couper la ligne sur l'arrière de ce vaisseau; mais il en fut empêché par l'*Achille* qui força de voiles et boucha le créneau. Cette manœuvre valut à l'*Achille* quelques boulets qui ne lui étaient pas destinés; mais distrait par le *Vengeur*, le BRUNSWICK cessa de s'occuper de lui; il eut alors à combattre le VALIANT et le RAMILIES. La voilure et le grément de l'*Achille* étaient dans un délabrement tel, que tous les vaisseaux de l'arrière-garde le dépassèrent. A midi 15ᵐ, son grand mât et son mât d'artimon s'abattirent sur tribord et il arriva vent arrière. Presque tous ses sabords étaient couverts par des débris de mâture, par des voiles et par des cordages. Plusieurs vaisseaux ennemis suivirent l'*Achille* et continuèrent à le canonner. A 2ʰ, il perdit son mât de misaine. Privé de tous ses mâts et par suite de ses voiles, le vaisseau n'était plus appuyé; il roulait beaucoup et il fallut fermer les sabords de la batterie basse pour empêcher l'eau d'y entrer. A 3ʰ, le pavillon de l'*Achille* fut amené. Les vaisseaux qui le combattaient s'étant alors éloignés sans l'amariner, le capitaine Lavillesgris fit établir la voile de civadière pour rallier l'armée qu'il venait d'apercevoir à 4 ou 5 milles sous le vent. 2 vaisseaux démâtés furent pris à la remorque auprès de lui par des frégates; une corvette sembla disposée à lui rendre le même service, mais quelques boulets lancés par des vaisseaux ennemis la firent s'éloigner, et à 4ʰ 30ᵐ, l'*Achille* fut amariné par le RAMILIES.

Forcé de renoncer à traverser la ligne sur l'avant de l'*Achille*, le capitaine du BRUNSWICK voulut passer sur l'arrière de ce vaisseau, mais il rencontra un nouvel obstacle. Dès que le capitaine Renaudin, du *Vengeur*, eut aperçu sa manœuvre, il augmenta de voiles pour lui barrer le passage et il l'obligea de loffer en grand. Les deux vaisseaux étaient alors si rapprochés que l'Anglais tomba sur le Français et l'aborda de long en long. En partie dégréés par cet abordage, ils furent entraînés hors de la ligne et alors s'engagea une lutte qui devint terrible. L'*Achille* prêta un moment assistance au *Vengeur*, mais la fumée le lui fit perdre de vue. Vers midi, après un combat de trois heures, les deux vaisseaux se dégagèrent. Le capitaine Harvey qui venait de recevoir sa troisième blessure, remit le commandement à son second. Le BRUNSWICK avait perdu son mât d'artimon ; son beaupré et son mât de misaine étaient coupés de manière à ne pouvoir être maintenus debout. Le RAMILIES, qui venait d'arriver à son aide, laissa les 2 vaisseaux s'éloigner l'un de l'autre, et lorsqu'ils furent suffisamment distants pour que ses mouvements ne fussent pas gênés, il ouvrit sur le *Vengeur* un feu d'autant plus vif que, n'ayant pas d'avaries, il était entièrement maître de ses mouvements. Il l'abandonna totalement démâté, mais fort endommagé lui-même dans toutes ses parties. Le *Vengeur* avait reçu un grand nombre de boulets à la flottaison et presque tous ses mantelets de sabord étaient brisés. Réduit à l'état de ponton, il était ballotté par la mer et embarquait de l'eau par toutes ces ouvertures ; il s'affaissait d'une manière sensible sous cette surcharge, malgré les efforts de l'équipage à pomper. L'eau gagna les soutes à poudres et il devint dès lors impossible de continuer le feu ; le pavillon n'en fut pas moins maintenu flottant. Le *Trente-et-un-mai* s'approcha pour dégager le *Vengeur;* mais assailli par plusieurs vaisseaux ennemis, il s'éloigna. Le danger que courait le vaisseau français devint bientôt imminent pour tout le monde, et les Anglais émus à la pensée de l'affreuse catastrophe qui menaçait son équipage, cessèrent de tirer sur lui et lui envoyèrent leurs embarcations. Toutes furent promptement remplies ; malheureusement, elles n'étaient pas assez nombreuses pour contenir tout l'équipage. Il n'y avait du reste pas de temps à perdre : ces embarcations étaient à peine débordées, que le *Vengeur* disparut avec les malheureuses victimes qui étaient restées à bord. Quelques hommes revinrent sur l'eau et s'accrochèrent les uns à des mâts, les autres à des débris ; 250 furent recueillis par les canots de l'ALFRED, du CULLODEN et par le cutter RATTLER.

Le récit qu'on vient de lire du combat du vaisseau le *Vengeur* diffère sur bien des points des relations qui ont été données de cet émouvant épisode de la bataille du 13 prairial. Je l'ai écrit, après avoir consulté plusieurs versions anglaises, ayant sous les yeux un document d'une grande valeur historique, le *Procès-verbal de l'événement du vaisseau de la République le Vengeur* (1). Il m'a semblé qu'on pouvait, sans aucun inconvénient, présenter les faits tels qu'ils se sont passés, et qu'il n'était plus nécessaire, aujourd'hui, d'entourer la belle lutte du *Vengeur* de cette auréole quelque peu fantastique d'héroïsme dont, en l'an II de la République, et au commencement d'une guerre, on s'était servi pour enflammer les esprits et détourner les regards du reste du tableau. Voici le document dont j'ai parlé.

Procès-verbal de l'événement du vaisseau le *Vengeur*.

———

Aujourd'hui premier messidor, an second de la République une et indivisible, nous soussignés, capitaine, officiers, sous-chef civil et autres personnes de l'équipage du vaisseau le *Vengeur du peuple*, coulé bas le treize prairial dernier, nous trouvant prisonniers de guerre au cautionnement de Tavinstock, en Angleterre, assemblés pour rédiger le récit des événements qui ont précédé et entraîné la perte dudit vaisseau le *Vengeur du peuple*, faisant partie de l'escadre aux ordres du contre-amiral Villaret, y avons procédé ainsi qu'il suit.

———

(1) *Dépôt des cartes et plans du ministère de la marine.*

Nous trouvant, le 9 dudit mois de prairial par la latitude de 47° 27' Nord et par la longitude de 17° 28' Ouest du méridien de Paris, les vents de la partie du Sud, naviguant sur trois colonnes, à 8ʰ du matin, les frégates françaises à la découverte signalèrent l'armée ennemie composée de 36 voiles : 26 vaisseaux de ligne dont 7 à trois ponts, 1 de 50ᵉ servant d'hôpital, 4 frégates, 3 corvettes et 2 brûlots, le tout anglais. Sur-le-champ, le général, pour mieux reconnaître l'ennemi, fit arriver l'armée française, en conservant toujours l'ordre des trois colonnes. Lorsque nous fûmes à environ deux lieues de l'armée anglaise, le signal fut fait de former l'ordre de bataille dans l'ordre naturel, en se formant sur la colonne du centre. L'expérience de notre marine ne répondait pas, selon nous, à la bonne volonté de plusieurs officiers ; nous eûmes la douleur de voir que cette manœuvre ne put être exécutée. Cependant, 4 vaisseaux et 4 frégates détachés de l'armée anglaise serraient le vent et paraissaient vouloir attaquer la queue de la nôtre. Alors, le général Villaret se voyant pressé, et mécontent sans doute d'éprouver ces difficultés, donna l'ordre à chacun des vaisseaux de prendre rang sans avoir égard à son poste, et au vaisseau le *Révolutionnaire* d'aller à la queue. A 8ʰ du soir, celui-ci et deux ou trois autres se trouvèrent engagés. Nous fûmes témoins du combat jusqu'à 10ʰ ; il nous parut ne pas leur être avantageux. L'escadre ne donna point de secours à ces vaisseaux et continua toujours sa route, alors à l'Est, courant même bordée que l'ennemi à vue. Au jour, nous n'avons plus aperçu les vaisseaux de notre arrière-garde.

Le lendemain 10, sur les 9ʰ du matin, ventant grand frais, toujours du Sud, l'ennemi vira de bord vent devant par la contre-marche et porta de nouveau sur la queue de l'armée républicaine en cherchant à gagner le vent. Nous exécutâmes la même manœuvre lof pour lof et reçûmes l'ordre de nous disposer à l'attaque. Les vaisseaux de la tête des deux flottes se joignirent bientôt et le **combat** commença. Mais l'avantage n'était pas égal ; l'ennemi pouvait se servir de sa batterie basse et nous, au vent, la bande de son côté, l'eau s'élevant au-dessus des sabords, nous étions dans l'impossibilité d'en faire usage. Cet inconvénient néanmoins n'était pas capable de déconcerter des républicains ; le feu fut très-vif et se soutint avec la même ardeur jusqu'à midi. Les Anglais apercevant un peu de désordre dans la queue de notre armée, voulurent en profiter. La tête de leur ligne vira lof pour lof par la contre-marche en prolongeant notre armée sous le vent ; ils maltraitèrent plusieurs de nos vaisseaux, et le *Vengeur du peuple*, pour empêcher de couper la ligne, reçut le feu de 10 des leurs. Il fallut faire la même manœuvre que l'ennemi et le général français donna l'ordre, d'abord à la tête de l'armée, de virer vent devant par la contre-marche. Cette évolution ne paraissait pas s'exécuter, nous ne savons pourquoi. Il fit signal pour savoir si on ne le pouvait pas : il n'y eut point de réponse. Il donna l'ordre de virer lof pour lof et ne fut pas plus heureux. L'instant était critique, et, dans cette circonstance pressante, le chef de l'armée dut s'irriter de trouver tant d'obstacles. Son génie sut les surmonter, car nous ne pouvons nous empêcher de dire avec la sincérité qui dicte cet écrit, que le citoyen Villaret a montré dans cette crise tout le talent d'un général et qu'il a justifié la confiance des braves républicains qu'il commandait. Il donna l'ordre enfin de virer de la même manière, tout à la fois, sans avoir égard au rang. Cette manœuvre réussit et, dans un quart d'heure, l'ordre de bataille fut formé d'une manière satisfaisante. Nous nous trouvâmes sous le vent, position plus favorable. Le vaisseau le *Vengeur du peuple* par hasard, ou peut-être par la promptitude de son évolution, était à la tête de la colonne, chef de file du commandant. Il se battit contre deux vaisseaux à trois ponts et aurait été très-maltraité si les vaisseaux la *Montagne* et le *Scipion* ne fussent venus à son secours. La *Montagne* seconda ses efforts contre l'ennemi, et ils le canonnèrent ensemble pendant une heure et demie. Mais le *Scipion* eut la précaution de se mettre à couvert du *Vengeur du Peuple* et lui coupa son grand étai et les bras de misaine. Sur les observations qui lui furent faites par le général et par nous, qu'il n'était pas à son poste, il alla le prendre. Presque au même instant, tous les vaisseaux ennemis se trouvèrent en pelotons ; ils étaient confondus ; le désordre paraissait même être parmi eux, et certes nous pouvons dire que les Français auraient pu en tirer parti. Mais ils étaient trop affalés sous le vent et s'éloignèrent.

Le 11, dans la matinée, l'ennemi parut à trois lieues et demie ou environ, courant la même bordée que l'armée française. Nous l'observâmes autant que put le permettre un brouillard très-épais et bientôt, la brume ayant augmenté, nous le perdîmes tout à fait de vue.

Le 12, la brume était si épaisse, qu'à peine apercevait-on un vaisseau à portée de pistolet.

Le 13, le vent petit frais de la partie du S.-E. Sur les 8ʰ du matin, le temps s'était éclairci, l'armée ennemie parut au vent à la distance de deux lieues ; elle ne tarda pas à arriver sur nous en dépendant. L'ordre de serrer la ligne et de se préparer au combat fut donné à l'armée française et aussitôt exécuté. Nous allions à petite voile ; l'ennemi forçait davantage et en prolongeant notre colonne ; le combat s'engagea. Le *Vengeur du Peuple* avait essuyé le feu de 2 vaisseaux dont un à trois ponts, lorsqu'un troisième vint pour lui couper la ligne : il fallait l'en empêcher. En conséquence, nous forçâmes de voiles et vînmes du lof. Cette manœuvre aurait réussi, et le feu terrible de nos batteries que notre équipage servait avec un courage et une ardeur incroyables aurait criblé le vaisseau ennemi, lorsqu'une circonstance imprévue rendit nos efforts infructueux. Ce vaisseau s'obstinant à vouloir couper chemin, le *Vengeur du Peuple*, déterminé à ne pas le souffrir, tenta l'abordage. Il y parvint ; mais en élongeant, il se trouva accroché par

II.   **23**

l'ancre de l'ennemi. Il lui envoya d'abord toute sa bordée
et ne put ensuite lui tirer que quelques coups de canon
de l'arrière et de l'avant, parce qu'il n'y avait pas entre
les deux vaisseaux assez d'espace pour passer les écouvillons
en bois. L'Anglais, au contraire, avec des écouvillons en
corde, avait l'avantage de pouvoir se servir de tous ses
canons. Dans ce moment, nous donnâmes l'ordre à un détachement de sauter à l'abordage. Tout était disposé pour
l'exécution ; mais il fallut bientôt renoncer à ce projet :
nous aperçûmes deux vaisseaux ennemis, dont un à trois
ponts, qui arrivaient sur l'autre bord ; chacun alla reprèn-
dre son poste dans les batteries, et le feu recommença. L'é-
quipage, encouragé par les officiers, soutint ce nouveau
choc avec une intrépidité vraiment républicaine ; nous reçûmes plusieurs bordées à couler bas. De ce côté, l'ennemi
nous abandonnait, lorsque la verge de l'ancre du vaisseau
avec lequel nous étions abordés depuis plus de deux heures
cassa. Le trois-ponts le voyant s'éloigner vira de bord, revint sur nous et nous tira deux autres bordées qui démâ-
tèrent le *Vengeur du Peuple* de tous ses mâts, excepté celui
d'artimon qui ne tomba qu'une demi-heure après. Nous
ne pûmes lui riposter parce que l'eau avait subitement
pénétré dans les soutes et que l'équipage se disposait à
pomper et à puiser.

L'ennemi se trouvait de nouveau en désordre et confondu
avec quelques-uns de nos vaisseaux qu'il avait engagés.
L'armée française était sous le vent et avait 2 vaisseaux
qui, au contraire, le tenaient et s'éloignaient beaucoup.
Nous avions l'espoir qu'elle viendrait, sinon pour recommencer le combat, au moins qu'elle en ferait la feinte pour
obliger les Anglais à abandonner nos vaisseaux démâtés et
deux des leurs dont ils ne pouvaient pas s'occuper. Nous
n'eûmes pas cette consolation : des raisons, majeures sans
doute, y mirent obstacle. Mais nos frégates, où étaient-
elles ? Vinrent-elles nous donner des secours ? Nous n'en
reçûmes aucun, et nous n'en pouvons deviner la cause.

Le vaisseau le *Vengeur du Peuple* approchait sensiblement cependant du moment où la mer allait l'engloutir. Le danger s'accroissait de la manière la plus alarmante malgré les efforts de l'équipage à pomper et à puiser. Nous vîmes sortir du groupe ennemi deux de nos vaisseaux dont un, le *Trente-et-un-Mai*, venait de passer près de nous. Il fit naître parmi nous quelques espérances de salut, mais elles furent bientôt évanouies. Il se disposait à nous prendre à la remorque, lorsque les Anglais se débrouillèrent et le forcèrent à s'éloigner en chassant de notre côté. L'eau avait gagné l'entrepont. Nous avions jeté plusieurs canons à la mer. La partie de notre équipage qui connaissait le danger répandait l'alarme. Ces mêmes hommes, que tous les efforts de l'ennemi n'avaient pas effrayés, frémirent à l'aspect du malheur dont ils étaient menacés. Nous étions tous épuisés de fatigue. Les pavillons étaient amarrés en berne. Plusieurs vaisseaux anglais ayant mis leurs canots à la mer, les pompes et les seaux furent bientôt abandonnés. Ces embarcations arrivées le long du bord reçurent tous ceux qui les premiers purent s'y jeter. À peine étaient-elles débordées, que le plus affreux spectacle s'offrit à nos regards. Ceux de nos camarades qui étaient restés à bord du *Vengeur du Peuple*, les mains levées au ciel, imploraient en poussant des cris lamentables, des secours qu'ils ne pouvaient plus espérer. Bientôt disparurent et le vaisseau et les malheureuses victimes qu'il contenait. Au milieu de l'horreur que nous inspirait à tous ce tableau déchirant, nous ne pûmes nous défendre d'un sentiment mêlé d'admiration et de douleur. Nous entendîmes, en nous éloignant, quelques-uns de nos camarades former encore des vœux pour leur patrie; les derniers cris de ces malheureux furent ceux de: *Vive la République !* ils moururent en les prononçant. Plusieurs revinrent sur l'eau, les uns sur des planches, d'autres sur des mâts ou des débris du vaisseau. Ils furent sauvés par un cutter, une chaloupe et quelques canots, et conduits à bord des vaisseaux anglais.

Nous nous sommes occupés, depuis cette malheureuse journée, à connaître le nombre des hommes échappés au péril, et d'après nos différentes demandes verbales et par écrit, nous avons reconnu qu'il s'était sauvé la quantité de 367 personnes, nous compris. En sorte que de 723 qui composaient notre équipage avant le premier combat, il s'en est perdu 356, desquels il y a eu, suivant ce que nous pouvons en juger, 250 tués ou blessés.

En foi de quoi nous avons dressé le présent procès-verbal pour valoir et servir ce que de raison.

Fait au cautionnement de Tavinstock, en Angleterre, les jour et an susdits.

(Suivent les signatures.) (1)

Ce n'est pas sans surprise qu'on lit dans l'ouvrage remarquable, sinon impartial, de M. William James (2) le passage suivant que je transcris textuellement : « Parmi les 30 ou 40 hommes qui n'avaient pas reçu de blessures, il s'en trouva sans doute quelques-uns qui, ainsi que les matelots anglais ont l'habitude de le faire dans de semblables circonstances désespérées, se précipitèrent à la cambuse pour y chercher de l'ardeur. Ainsi inspirés, il n'est pas extraordinaire que, lorsque le vaisseau s'engloutit dans les eaux, quelques-uns aient crié : *Vive la nation! Vive la République!* ou que l'un d'eux, plus furieusement patriote que le reste de ses compagnons avinés, ait, dans ce moment pénible pour les spectateurs — et nous croyons qu'il est arrivé quelque chose comme cela — fait ondoyer le pavillon aux trois couleurs, sous lequel il avait si noblement combattu. » (3)

---

(1) Renaudin, Jean Hugine, Louis Rousseau, Pelet, Trouvée, Lussot, etc.
(2) *The naval history of Great Britain.*
(3) Among the 30 or 40 unhurt by wounds, doubtless there were several who, as British sailors frequently do in similar cases of despair, had flown to the spirit-room for relief. Thus inspired, it is not extraordinary that, when the ship was going down, some of them should exclaim : « *Vive la nation! Vive*

Oui, et quoi qu'en dise le capitaine Brenton (1), il y a quelque chose de vrai dans le rapport qui fut fait à la Convention nationale, car on a pu lire ce passage dans le procès-verbal que j'ai rapporté, et dont cet officier n'avait probablement pas eu connaissance. « Au milieu de l'horreur que nous inspirait à tous ce tableau déchirant, nous ne pouvions nous défendre d'un sentiment mêlé d'admiration et de douleur. Nous entendions, en nous éloignant, quelques-uns de nos camarades former encore des vœux pour leur patrie; les derniers cris de ces infortunés furent ceux de *Vive la République!* Ils moururent en les prononçant. »

Plus crédule que l'historien anglais, j'admets sans hésiter qu'à cette époque où les Français donnèrent tant de preuves d'héroïsme et de dévouement à la République, il put se trouver des marins qui, après avoir un instant frémi à l'idée du danger qui les menaçait, n'eurent pas besoin d'avoir recours aux spécifiques de la cambuse pour retrouver de l'énergie, et qui, dans ce moment désastreux, oubliant parents, amis, famille, ne songèrent qu'à la mère-patrie pour laquelle ils adressaient des vœux à l'Être suprême.

Le *Northumberland* eut un moment le VALIANT pour adversaire; mais le capitaine Étienne ayant laissé arriver, le VALIANT coupa la ligne sur l'avant du vaisseau français, se porta sur l'*Achille* et l'abandonna au QUEEN qui lui abattit tous ses mâts. Ce fut en vain que le *Northumberland* essaya de rallier l'amiral. Entièrement isolé, le capitaine Étienne amena son pavillon.

Le *Patriote* fut attaqué par l'ORION qui le combattit par le travers et au vent, et se retira après avoir perdu son

---

la *République!* » or that one, more furiously patriotic than the rest of his drunken companions should, at this painful moment to the spectators — and something of the kind we believe did happen — wave to and fro the tri-coloured flag, under which he had so nobly fought.

(1) There was no cry of « *Vive la nation!* » so falsely stated in the Convention.— Il n'y eut pas un cri de *Vive la nation!* ainsi qu'on l'a dit faussement à la Convention. — *The naval history of Great Britain.*

grand mât de hune, sa grande vergue et sa vergue de
grand hunier. Plusieurs autres vaisseaux, et notamment
le QUEEN, combattirent encore le *Patriote* dont le capitaine
crut devoir rallier ceux de son armée qui formaient une
nouvelle ligne sous le vent. Le grand nombre des malades
du *Patriote* força le capitaine Lucadou à agir ainsi.

L'*Entreprenant* fut engagé par l'ALFRED et laissa arriver
pour se former sous le vent avec les vaisseaux qui s'y
trouvaient déjà.

Le *Neptune* n'eut à combattre que le MONTAGU dont le
capitaine fut tué. Le vaisseau français suivit ceux qui se
formaient sous le vent.

Le QUEEN, qui avait déjà reçu quelques avaries en cherchant un adversaire, s'arrêta au *Jemmapes* par la hanche
de tribord duquel il prit position. Il fut reçu par ce vaisseau comme il l'avait été par le *Northumberland*, avec
beaucoup de vigueur, et perdit son grand mât, son mât
d'artimon et son petit mât de hune. Quant au vaisseau
français dont la mâture entière avait été abattue, il laissa
arriver sur la *Montagne* qui se dirigeait de son côté; mais
avant de quitter le QUEEN, il lui abattit encore son mât de
perroquet de fougue; une frégate le prit à la remorque. Le
capitaine Desmartis avait été tué. J'ai dit que le commandant
en chef avait viré de bord pour aller secourir les vaisseaux
qu'il avait aperçus au vent. Le *Jemmapes* fut le premier
que cette manœuvre préserva d'une capture certaine.

Le *Trente-et-un-Mai* combattit auprès du *Républicain*,
et aussi heureux que lui, il put se dégager sous quelques
lambeaux de voilure.

Le ROYAL GEORGE passa entre le *Sans-Pareil* et le *Républicain*, fut rudement canonné par ces deux vaisseaux et
prit position par le bossoir de tribord du dernier. Bientôt
son grand mât de hune, son mât de perroquet de fougue et
son mât de misaine furent abattus sur tribord. Le GLORY
vint en aide à son compatriote en attaquant le *Républicain*,
et le démâtant de son grand mât et de son mât d'artimon,

il le mit dans l'impossibilité de s'occuper davantage du
Royal George. La chute des deux mâts de derrière fit, en
effet, abattre le *Républicain* sur tribord, et le contre-
amiral Nielly se replia sur les vaisseaux qui étaient sous
le vent. Ses deux adversaires étaient hors d'état de l'inquiéter désormais.

Le *Sans-Pareil* eut le Majestic pour premier vis-à-vis
du côté du vent; le Glory, qui avait contourné la colonne
par la queue, lui présenta bientôt après le travers sous
le vent. Vers 10ʰ, le mât d'artimon du *Sans-Pareil* s'a-
battit sur le couronnement et, un quart d'heure après,
le mât de misaine sur l'arrière à bâbord. Ce dernier défonça le pont, engagea la batterie haute et encombra celle
des gaillards, de manière à en rendre l'usage impossible.
Devenu serre-file par suite de la manœuvre du *Scipion* et
du *Pelletier* qui avaient laissé arriver, le *Sans-Pareil* fut
canonné, de tous les bords, par les vaisseaux anglais qui
doublaient la ligne par cette extrémité. A 11ʰ, son grand
mât fut abattu sur le gaillard d'avant à tribord. Dans cette
situation critique, le *Républicain*, quoique grandement
compromis lui-même, lui prêta seul assistance. Jugé alors
incapable de se mouvoir, il fut abandonné par l'ennemi
à 1ʰ 30ᵐ, et il resta ainsi battu par la lame, et les sabords
fermés, car les roulis étaient si forts qu'il embarquait de
l'eau de toutes parts. Le capitaine Courand ne put réussir
à faire gouverner le *Sans-Pareil*, et il lui fut dès lors impossible de rallier l'armée qui était à environ trois milles
sous le vent. Entouré de nouveau par l'ennemi, il fit amener le pavillon à 2ʰ 30ᵐ.

Le *Pelletier* reçut la bordée de quelques-uns des vaisseaux anglais qui doublèrent l'armée française, par la
queue, et enveloppé bientôt dans une épaisse fumée qui
ne lui permit plus de distinguer ses amis de l'ennemi,
le capitaine Berrade courut bâbord amures pendant trois
quarts d'heure, sans s'inquiéter aucunement de ce qui se
passait à côté de lui et sans se préoccuper le moins du

monde de l'état de quelques vaisseaux qu'il distingua
et reconnut très-bien. Il refusa même à l'*America*, entièrement démâté, la remorque que le capitaine de ce
vaisseau lui demanda, prétendant que les avaries de sa
voilure ne lui permettaient pas de se rendre à son désir.
Il se dirigea alors sur le gros de l'armée qu'il aperçut sous
le vent, et le commandant en chef lui fit prendre le *Terrible*
à la remorque.

Le *Scipion*, serre-file de la ligne, commença à tirer à
9ʰ 45ᵐ, et il échangea des bordées avec des vaisseaux ennemis dont plusieurs passèrent sur son arrière. Cette canonnade, presque continue, n'avait pas lieu sans que le vaisseau français n'éprouvât de nombreuses avaries. Son grand
mât fut d'abord abattu; un quart d'heure après, c'était le
mât d'artimon et bientôt le mât de misaine qui tombaient.
Le pont se trouva ainsi couvert de débris de mâture, de
voiles et de cordages. Les canons avaient disparu sous ces
décombres. La fumée qui enveloppa les deux armées le fit
abandonner dans cet état. Le capitaine Huguet en profita
pour mâter un bout-dehors sur l'avant, et au moyen d'un
foc et de deux bonnettes, il parvint à faire arriver le vaisseau vent arrière pour rallier l'armée qu'il avait aperçue
sous le vent. Cette route le fit passer près du *Vengeur* qui
lui demanda la remorque : dans l'état du *Scipion* c'était
chose impossible. Ce vaisseau reçut encore la bordée de
3 vaisseaux ennemis et, à 7ʰ, il fut pris à la remorque par
la frégate la *Proserpine*; une demi-heure après, il avait
rallié l'armée.

J'ai déjà dit qu'à 8ʰ du soir, le contre-amiral Villaret avait
fait route au N.-O. avec 19 vaisseaux et les frégates; trois
quarts d'heure plus tard, les deux armées étaient hors de
vue. Le commandant en chef laissait sur le champ de bataille le *Juste*, l'*Achille*, l'*America*, le *Northumberland*,
l'*Impétueux* et le *Sans-Pareil*; les trois premiers avaient
seuls été amarinés. Le *Vengeur* avait coulé. Le rapport
anglais déclare qu'il avait non-seulement été impossible à

l'amiral Howe de prendre immédiatement possession de ces vaisseaux, mais encore qu'il lui eût été fort difficile de dégager les siens si le commandant en chef de l'armée française avait fait un retour offensif. Ce ne fut, en effet, que le 3 au soir qu'il put faire route pour l'Angleterre, et son armée n'arriva que le 12 à Spithead.

Le 3, le commandant en chef de l'armée française apprit d'un brig détaché par le contre-amiral Vanstabel, que le convoi d'Amérique ne tarderait pas à arriver dans ces parages. Les frégates la *Précieuse*, la *Galathée* et ce brig furent expédiés à cet officier général pour lui donner connaissance de la bataille qui venait d'être livrée. Le lendemain, l'armée avait, tant bien que mal, réparé ses avaries. Il ne pouvait y avoir désormais de doutes sur le sort des vaisseaux qui manquaient; mais on pouvait supposer que l'état dans lequel ils avaient été laissés sur le champ de bataille ne leur aurait pas permis de faire route et qu'on avait la chance de les y trouver encore. Le contre-amiral Villaret eut l'idée de se porter de nouveau vers le lieu de la bataille, et fit débattre cette question dans un conseil de guerre. Dans ce moment, les découvertes signalèrent une escadre anglaise dans le Sud. Le représentant Jean Bon Saint-André opposa la raison d'un homme d'État à l'ardeur des officiers : « Si en provoquant un nouveau combat, leur dit-il, vous entraînez la destruction complète de l'armée navale, qui protégera le convoi de grains (1)? » L'escadre signalée était celle du contre-amiral anglais Montagu. Cet officier général était retourné en Angleterre, après avoir croisé devant Ouessant jusqu'au 25 mai. Mais la prise du convoi de grains était chose trop importante pour que le gouvernement anglais renonçât à l'espoir de

_____

(1) Il n'est pas fait mention de ce conseil de guerre dans les rapports que j'ai eus entre les mains. Je répète ce qui a été écrit. Le journal nautique de la *Montagne* constate cependant que les contre-amiraux Bouvet et Nielly furent appelés le 4 à bord de ce vaisseau.

s'en emparer. Le 2 juin, le contre-amiral Montagu avait de nouveau reçu l'ordre de sortir avec un renfort de 4 vaisseaux, ce qui porta son escadre à 9 vaisseaux et 2 frégates. Les 19 vaisseaux français, dont 5 étaient traînés à la remorque, et sur ce nombre, 2 entièrement démâtés, n'étaient qu'à 51 milles de Brest lorsque l'escadre anglaise fut signalée; le vent soufflait alors faiblement du N.-O. L'armée de la République laissa porter sur l'escadre anglaise. Mais celle-ci ayant fait elle-même vent arrière, le contre-amiral Villaret craignit avec raison de se souventer, et il fit lever la chasse à 6ʰ du soir. Le 11, tous les vaisseaux mouillèrent sur la rade de Bertheaume. Le convoi d'Amérique arriva le lendemain à ce mouillage, ainsi que le *Montagnard* et la *Seine*. Vaisseaux et navires du commerce entrèrent ensemble à Brest, où l'arrivée des grains fit momentanément oublier le désastre du 1ᵉʳ juin.

J'ai dit que le convoi avait passé sur le champ de bataille deux jours après que les deux armées s'en étaient éloignées. Parti le 11 mai de la Chesapeak, le contre-amiral Vanstabel s'était dirigé sur les Açores et, en vue de ces îles, il avait expédié l'*Éveillée* à la recherche de la division qui lui avait été annoncée devoir le rejoindre. Le 29, des détonations précipitées d'artillerie et, plus tard, des vents de Nord, déterminèrent le capitaine de cette corvette à faire route pour Rochefort où il mouilla le 5 juin au matin. L'*Éveillée* précédait le convoi, de l'avance qu'un bâtiment isolé peut prendre sur un grand nombre de navires du commerce réunis, dans un trajet d'environ 360 lieues. Il est donc probable que le convoi d'Amérique eût tombé au milieu de l'armée anglaise, si celle-ci n'eût été attirée au large.

Je terminerai ce qui a rapport à la bataille du 1ᵉʳ juin, dite du 13 prairial, en rappelant que, sur la motion de Barrère, la Convention décréta que l'armée navale de Brest avait bien mérité de la patrie, et qu'un modèle du vaisseau le *Vengeur* serait suspendu aux voûtes du Panthéon.

Malgré cette déclaration de la Convention, les capitaines de cette armée navale furent mis en jugement. Le capitaine de vaisseau Gassin du *Jacobin*, après une détention préventive de vingt-deux mois, fut condamné à trois mois de suspension sans solde. Les capitaines Tardy du *Gasparin*, Langlois du *Tourville*, Berrade du *Pelletier*, Lucadou du *Patriote*, Allary de la *Convention* et Dumoutier du *Trajan* furent destitués. Le capitaine et les officiers du *Révolutionnaire*, qui avaient été mis en prison à leur arrivée en France, et tous les autres capitaines, furent acquittés.

Le contre-amiral Nielly sortit le 12 septembre, avec une des divisions de l'armée navale de Brest, pour intercepter les convois qu'on savait être attendus en Angleterre. Cette division était composée des vaisseaux :

Canons.			
	Zélé.	capitaine	Porlodec.
			Nielly, contre-amiral.
	Nestor.	capitaine	Monnier.
78	*Marat* (1).	—	Lefranck.
	Jean Bart.	—	Pillet.
	Droits de l'Homme. . . .	—	Trinqualéon.
	Tigre.		Marlagne.

des frégates : la *Fraternité* (2), la *Surveillante*, la *Précieuse*, et du côtre : le *Courrier-de-Nantes*.

La *Fraternité* et la *Surveillante* rentrèrent le 20. La première avait démâté de son petit mât de hune et craqué son beaupré. L'autre, à laquelle un coup de mer avait occasionné de graves avaries, se laissa souventer. Elle fut poursuivie par plusieurs vaisseaux anglais et obligée de chercher un refuge dans le port. Le contre-amiral Nielly renvoya le côtre pour demander d'autres frégates. Le 3 octobre, il fut rallié par la *Dryade*, la *Gentille*, la *Cocarde*, la *Tribune* et la corvette la *Jacobine*. Contrariée par une série de mauvais temps et des brumes, cette division

---

(1) L'ancien *Lion*.
(2) Primitivement l'*Aglaé*.

rentra à Brest deux jours après, sans avoir rencontré aucun navire et avec des avaries plus ou moins graves.

Le contre-amiral Nielly sortit de nouveau le 22 octobre; il avait porté son pavillon sur le *Tigre*. Les vaisseaux de 78° le *Caton* et le *Pelletier* (1), capitaines Donat et Raillard, avaient remplacé le *Zélé* et le *Nestor*. A quelques jours de là, le *Caton* démâta de son petit mât de hune, cassa ses barres de perroquet et fut renvoyé à Lorient.

Surprise, le 31 vers 4ʰ du matin, par les vaisseaux anglais de 82° GANGES et MONTAGU, la corvette la *Jacobine*, capitaine Dandicolle, qui s'était écartée de la division, amena son pavillon après avoir vainement essayé de leur échapper. Le cap Finistère restait à 120 lieues dans l'Est.

Le 6 novembre, la division courant au Sud par une jolie brise de O.-N.-O., eut connaissance, à 2ʰ 15ᵐ du matin, de 2 bâtiments dans le S.-S.-O. Le contre-amiral Nielly les fit chasser et la division française prit comme eux les amures à bâbord. Lorsqu'il fit jour, on reconnut 2 vaisseaux anglais : c'étaient l'ALEXANDER, capitaine Rodney Bligh, et le CANADA, capitaine Powell Hamilton, tous les deux de 82°; ils retournaient en Angleterre après avoir escorté à la hauteur du cap Saint-Vincent un convoi pour Gibraltar et pour l'Amérique. A 6ʰ 45ᵐ, les vaisseaux français se formèrent en ligne de bataille, le *Tigre* en tête, et aussitôt, le *Marat*, les *Droits de l'Homme* et le *Jean Bart* reçurent l'ordre de doubler l'ennemi au vent pour le mettre entre deux feux. A 8ʰ 15ᵐ, le *Tigre* était en position d'envoyer quelques boulets à l'ALEXANDER; mais ce vaisseau ne pouvant échapper à ceux qui étaient au vent, le contre-amiral Nielly ne s'arrêta pas à le combattre et, suivi du *Pelletier*, il poursuivit le second qui courait un peu au large. A 8ʰ 30ᵐ, quelques boulets furent échangés entre le *Tigre* et le CANADA qui s'éloignait toujours. Le vent mollis-

---

(1) L'ancien *Séduisant*.

sant beaucoup, les 2 vaisseaux français levèrent la chasse et rallièrent le reste de la division. Moins heureux que son compagnon, l'ALEXANDER fut joint à 11ʰ 30ᵐ par les *Droits de l'Homme* qui engagea le combat au vent, à portée de pistolet et, peu de temps après, par le *Marat* qui se plaça sous sa hanche, du bord opposé. Le vaisseau les *Droits de l'Homme* ayant eu sa vergue de petit hunier coupée après une demi-heure, ne put se maintenir au poste qu'il occupait ; le *Jean Bart* le remplaça. A midi 15ᵐ, le *Marat* passa derrière le vaisseau anglais et lui envoya une bordée d'enfilade : le *Jean Bart* le canonnait alors par le bossoir. L'A-LEXANDER ne pouvait résister longtemps à une pareille attaque ; à 1ʰ 25ᵐ, il amena son pavillon. Dès que le *Tigre* eut rallié, il le prit à la remorque, car les vaisseaux qui l'avaient combattu avaient trop souffert pour le faire. Le *Pelletier* en fut chargé le lendemain, et la division fit route pour Brest, où elle arriva avec sa prise dont l'avarie principale consistait dans la perte de sa grande vergue.

Le CANADA, qui n'eut à soutenir qu'une canonnade de peu d'effet, gagna un port d'Angleterre.

———

A la fin de cette année, le gouvernement donna l'ordre au contre-amiral Renaudin de partir de Brest avec 6 vaisseaux, 3 frégates et une corvette pour porter des projectiles à Toulon. Le vice-amiral Villaret, qui avait conservé le commandement de l'armée navale, devait escorter cette division en dehors du golfe de Gascogne, croiser ensuite pendant quinze jours dans ces parages et, avant de rentrer, détacher 6 vaisseaux et 3 frégates à la Guadeloupe et à Saint-Domingue. La pénurie en vivres et en approvisionnements était telle à Brest, en ce moment que, pour armer complétement les vaisseaux et les frégates en partance et pour donner six mois de vivres à ceux qui allaient aux Antilles, il fallut dégarnir les autres. Parmi ces derniers, plusieurs durent sortir n'ayant que pour quinze jours de vivres. La plupart avaient des

mâts jumelés et les coques étaient généralement hors d'état
de résister à un mauvais temps. L'armée avait essayé plusieurs fois de sortir. Le 24 décembre, le vice-amiral Villaret
fit de nouveau à l'armée le signal d'appareiller ; il ventait
grand frais du N.-E. Cette fois encore elle resta au mouillage ; le signal de mettre sous voiles n'avait cependant pas
été annulé. Un incident malheureux marqua cette dernière
tentative d'appareillage. Le vaisseau de 110ᵉ le *Républicain*
chassa sur ses ancres pendant qu'il virait et, dérivant sur
la roche dite la Cormorandière, il laissa tomber deux ancres. Le capitaine Longer appareilla à 2ʰ 30ᵐ ; mais, ne
se voyant pas suivi, il mouilla dans le goulet. L'ancre était
à peine au fond que, sur les observations du pilote, il
donna l'ordre de la lever. Pendant qu'on y travaillait, le
câble cassa et, avant que les voiles fussent établies, le *Républicain* fut porté sur la roche Mingan ; il était alors 5ʰ 30ᵐ
du soir. Quelque moyen qu'on employât pour le retirer, le
vaisseau ne bougea pas. Bientôt il commença à talonner ; et
l'eau entra dès lors rapidement dans la cale ; la batterie haute
et celle des gaillards furent jetées à la mer. Le vaisseau étant
échoué par l'arrière, l'eau se porta de l'avant et cette partie
s'enfonça incessamment. Toutes les embarcations étaient
déjà brisées ou emportées. La violence du vent empêcha de
porter des secours au *Républicain* avant le lendemain. Le
vaisseau le *Fougueux*, capitaine Labrier, arrivé l'avant-
veille de Rochefort et mouillé à Camaret, lui envoya ses
embarcations à 9ʰ, et parvint à sauver la majeure partie de
l'équipage ; dix hommes seuls se noyèrent.

Le *Redoutable*, qui cassa ses câbles, se tira d'affaire plus
heureusement que le *Républicain ;* il put prendre le large.
La frégate la *Vertu* reçut l'ordre de le suivre.

Enfin, le 29 dans l'après-midi, l'armée navale, forte de
35 vaisseaux, outre les frégates et les corvettes, mit à la
voile et alla mouiller à Camaret pour attendre quelques
retardataires ; elle fit route définitivement le lendemain.

Le jour où le vaisseau le *Républicain* se perdait dans le goulet de Brest, un désastre semblable avait lieu sur la rade de Cherbourg : la corvette de 20° la *Sérieuse*, jetée à la côte, y avait été défoncée.

Le contre-amiral Martin (1), qui commandait l'escadre de Toulon, se disposait à sortir avec 7 vaisseaux et quelques frégates destinés à porter des troupes en Corse et à escorter 15 navires chargés d'approvisionnements pour cette île, lorsque la nouvelle de la prise de Bastia par les Anglais vint changer la destination de cette division. Le 6 juin dans l'après-midi, cet officier général, auprès duquel on avait placé le représentant du peuple Salicetti, mit sous voiles avec la division ci-dessous, pour aller croiser sur la côte.

Canons.			
124	*Sans-Culottes* (2)	capitaine	Lapalisse.
			Martin (Pierre), contre-amiral.
86	*Tonnant*	capitaine	Cosmao Kerjulien.
	Généreux	—	Louis.
	Censeur	—	Benoist.
78	*Heureux*	—	Lacaille.
	Timoléon (3)	—	Khrom.
	Duquesne	—	Allemand (Zacharie).

Frégates : *Junon*, *Friponne*, *Sérieuse*, *Boudeuse*.
Corvettes : *Badine*, *Alerte*.
Goëlettes : *Surveillante* et *Jacobin*.

Le vent était à l'Ouest, petit frais, et une division anglaise de dix voiles était en vue dans le Sud, courant bâbord amures. Les Français se formèrent en bataille, les

----

(1) M. Pouget, *Précis historique de la vie et des campagnes du vice-amiral Martin*, dit que les opérations de l'escadre de la Méditerranée sont racontées d'une manière très-inexacte dans toutes les relations; et, expliquant la cause de ces inexactitudes par la disparition des rapports du vice-amiral Martin, il déclare pouvoir réparer ces erreurs, étant possesseur des journaux de bord et de la correspondance officielle de cet officier général. Ce que dit M. Pouget de la disparition des rapports est exact. Mais les journaux du *Sans-Culottes* existent au ministère de la marine, et c'est à eux et à quelques rapports de capitaines que j'ai emprunté les faits dont on trouvera ici le récit.

(2) L'ancien *Dauphin Royal*.
(3) Primitivement la *Commune de Bordeaux*.

amures à tribord. Cette bordée devait leur faire promptement rencontrer l'ennemi ; mais celui-ci ne jugea pas à propos de venir davantage à leur rencontre, et lorsqu'il fut à 9 milles environ, il vira de bord. Le lendemain il était hors de vue.

Le 8, devant Fréjus, un bâtiment fut signalé sous la terre. Trompé par le pavillon qui flottait à la corne des vaisseaux français, il les approcha sans défiance ; lorsqu'il reconnut son erreur, il était trop tard pour qu'il pût échapper à ceux qui le chassaient. Ce bâtiment était la frégate de 36° l'ALCESTE, prise par les Anglais dans le port de Toulon, et donnée par eux à la Sardaigne. La *Boudeuse* de 32°, capitaine Charbonnier, la joignit la première et eut avec elle un engagement assez vif, à 6 milles au vent de la division. Le combat durait depuis deux heures, lorsque le *Tonnant* arriva à portée de combattre. Au troisième coup de canon qu'il tira, la frégate sarde amena son pavillon. La *Boudeuse* avait beaucoup souffert : son grément était haché et son grand mât était assez endommagé pour qu'il fût nécessaire de la renvoyer à Toulon. L'ALCESTE, qui avait été expédiée de Bastia par l'amiral Hood pour se réunir à l'escadre de blocus, n'avait aucune avarie sérieuse et fut gardée dans la division.

Le même jour, le brig anglais EXPEDITION de 14°, se rendant de Bastia à Livourne, fut pris par la frégate la *Sérieuse* et conduit à Nice par l'*Alceste*.

Dès que l'amiral Hood apprit la sortie de la division française, il appareilla de Corse avec les 13 vaisseaux et les 4 frégates que voici :

Canons.

110	VICTORY.	capitaine John Inglefield.
		lord Hood, amiral.
	BRITANNIA.	capitaine John Halloway.
		William Hotham, vice-amiral.
108	PRINCESS ROYAL.	capitaine John Child Purvis.
		Cranston Goodall, vice-amiral.
	WINDSOR CASTLE.	capitaine sir Thomas Byard.
		Philip Crosby, vice-amiral.
	SAINT GEORGE.	capitaine Thomas Foley.
		sir Hyde Parker, contre-amiral.

82	ALCIDE.	capitaine John Woodley.
		Robert Linzee, contre-amiral.
	TERRIBLE.	capitaine George Campbell.
		Skeffington Lutwidge, contre-amiral.
	EGMONT.	capitaine John Sutton.
		Archibald Dickson, contre-amiral (1).
	BEDFORD.	capitaine Robert Mann.
	CAPTAIN.	— Samuel Reeve.
	FORTITUDE.	— William Young.
	ILLUSTRIOUS.	— Thomas Lennox Frederick.
	BERWICK.	— William Shield.

Frégates : ROMULUS, JUNO, MELEAGER, DIDO.

Le 10 au soir, les découvertes de la division française, alors à une trentaine de milles dans le Sud de Nice, signalèrent l'escadre anglaise. Le contre-amiral Martin ne crut pas devoir combattre des forces aussi disproportionnées, et il alla mouiller au golfe Juan, dans le département du Var. En approchant de terre, la brise manqua entièrement, et les vaisseaux entrèrent remorqués par leurs canots. Cette circonstance donna à l'escadre anglaise le temps de s'approcher, et la frégate DIDO, qui le fit un peu trop, fut reçue par plusieurs décharges d'artillerie qui lui firent prendre le large. L'amiral Hood retourna en Corse avec 2 vaisseaux et laissa le soin du blocus au vice-amiral Hotham. La division française s'embossa ; mais la présence de l'escadre anglaise nécessita une augmentation de précautions. On établit plusieurs batteries à terre, et les îles Sainte-Marguerite et Honorat furent fortifiées. Plusieurs tartanes armées de canons prirent poste en tête de la ligne ; aidées par les chaloupes de la division, elles devaient couler ou détourner les brûlots que l'ennemi pourrait tenter de lancer. Ces dispositions étaient à peine achevées que le commandant en chef reçut l'ordre de ramener la division à Toulon. La présence continuelle de l'escadre anglaise, la faiblesse et la constance des vents d'Ouest l'en empêchèrent.

---

(1) Le grand nombre d'officiers généraux de cette escadre était la conséquence de la promotion qui venait d'être faite à l'occasion de l'occupation de Toulon.

Le 3 août, 17 vaisseaux espagnols se réunirent aux Anglais.

Bloquée par des forces aussi considérables, qui cependant n'osaient faire aucune tentative, la division française prolongea son séjour au golfe Juan. Cette circonstance ne manqua pas d'être un point de mire pour la malveillance. Les soupçons les plus injurieux planèrent sur le contre-amiral Martin qui, depuis le départ de Salicetti pour l'armée d'Italie, ne cessait de demander le prompt envoi d'un autre représentant du peuple, dont la présence pourrait calmer l'agitation des esprits. Enfin, après avoir occupé l'escadre anglaise pendant cinq mois, la division française sortit du golfe Juan à la faveur d'un coup de vent et elle mouilla à Toulon le 2 novembre.

Nous avons vu partir successivement de l'Inde les frégates qui formaient la division française dans ces parages : la *Cybèle* seule y était restée. Depuis la déclaration de guerre, une autre frégate, la *Prudente*, y avait été envoyée. Ces deux frégates et les nombreux corsaires qu'avait armés l'île de France, faisaient un tort considérable au commerce anglais. Résolu de mettre un terme à ces calamités, le gouverneur des possessions anglaises arma une division destinée à tenir ces hardis navigateurs bloqués dans leurs ports, et à réduire ainsi à la famine la colonie de l'île de France qui n'était approvisionnée que par eux.

Des vaisseaux avaient été armés à Madras et à Bombay ; ils devaient se réunir aux forces que l'on attendait d'Europe. Déjà le commodore Newcome avait été détaché avec une division envoyée au-devant d'un convoi attendu d'Angleterre, pendant que les vaisseaux de 60ᵉ CENTURION, capitaine Samuel Osborne, et DIOMEDES, capitaine Mathew Smith, s'établissaient en croisière devant l'île de France. La position de cette colonie ne tarda pas à devenir critique. Le conseil colonial s'assembla et décida que, malgré la disproportion des forces et les conséquences qui pouvaient en résulter, le capitaine Renaud sortirait avec la frégate de 36ᶜ la *Prudente* qu'il commandait, la *Cybèle* de 40ᵉ, capitaine Tréhoüart (Pierre), et le brig de 14ᵉ le *Coureur* (1), capitaine Garreau, pour aller combattre les deux vaisseaux anglais et les obliger à lever le blocus. Le corsaire de 20ᵈ la *Rosalie* et l'aviso le *Sans-Culottes* leur furent adjoints. Cette mission fut acceptée avec joie par la division française, et il n'y eut pas un habitant de l'île qui n'enviât le sort des marins. Les équipages étaient faibles ; il fallait les compléter. De nombreuses demandes d'embarquement furent adressées au gouverneur, qui se vit dans la nécessité d'en accorder un bon nombre. La garnison elle-même voulut prendre part au combat qui allait en quelque sorte décider du sort de l'île : 150 soldats furent répartis sur les frégates.

Sortie le 19 octobre, ce ne fut que trois jours après que la division française aperçut les croiseurs ennemis, à une vingtaine de milles au vent de l'île. Le CENTURION et le DIOMEDES laissèrent aussitôt arriver et, à 3ʰ 30ᵐ de l'après-midi, ils se trouvèrent à portée de pistolet, le premier par le travers de la *Prudente*, l'autre à côté de la *Cybèle*, placée dans les eaux de sa conserve, et toutes les deux au plus près du vent. Les avisos prirent poste par la hanche des Anglais. Un combat acharné eut lieu alors entre ces bâtiments ; mais après une heure, et quoique le CENTURION eût déjà de nombreuses avaries, le capitaine Renaud sentit qu'il ne pouvait prolonger la lutte dans cette position. Rétablissant sa misaine et ses perroquets qui avaient été cargués dès le commencement du combat, il dépassa son adversaire et vira de bord sur son avant en lui envoyant sa bordée. Il fit signal à la *Cybèle* d'imiter cette manœuvre ; mais cet ordre ne put être exécuté : fortement avariée dans sa mâture et dans son gréement, cette frégate était pour ainsi dire clouée à la place où elle se trouvait. La

_____

(1) L'ancien *Duc-de-Chartres*.

brise, d'ailleurs très-faible jusqu'à ce moment, était complétement tombée, et il lui fallut soutenir seule le feu du Diomedes et du Centurion. Le capitaine Tréhoüart fut du reste
admirablement soutenu par le brig le *Coureur*, dont le capitaine déploya l'audace la plus grande dans ce combat. Ce fut
inutilement que les signaux d'arriver et de se retirer du feu
furent faits à la *Cybèle*; elle ne put y réussir. A 5ʰ, le Centurion perdit ses deux mâts de hune. Une légère fraîcheur
s'étant élevée dans ce moment, la *Cybèle* put en profiter
pour se rapprocher de la *Prudente* qui, de son côté, revenait
sur les vaisseaux ennemis. Le grand mât de la première
s'abattit dans ce moment. Le Diomedes voulut la suivre,
mais ses avaries l'en empêchèrent. La *Prudente* prit alors
sa conserve à la remorque et la petite division rentra
triomphante au port, aux acclamations des habitants qui
couvraient le rivage.

Le résultat de cette brillante affaire fut tel qu'on l'avait
espéré. Le Centurion qui, outre ses deux mâts de hune,
avait perdu son mât d'artimon, et le Diomedes, levèrent le
blocus pour aller se réparer dans leurs ports, et les subsistances purent arriver à l'île de France.

La *Prudente*	portait	28 canons	de 18
	— et	8 —	de 8
La *Cybèle*	—	28 canons	de 18
	et	12 —	de 8
Le Centurion	avait	22 canons	de 24
	—	22 —	de 12
	—	6 —	de 6
	—	4 caronades	de 24
	— et	6 —	de 12
Le Diomedes	—	22 canons	de 18
	—	22 —	de 12
	—	6 —	de 6
	— et	10 caronades	de 18

La Corse paraissait peu soucieuse des événements qu
se passaient en France, et elle resta calme jusqu'au moment où il fut question d'organiser une garde nationale ;
les désordres allèrent croissant lorsqu'il fallut nommer
les municipalités. Le lieutenant général Paoli qui commandait cette île, accusé d'avoir fait échouer l'expédition de
Sardaigne, avait été cité à la barre de la Convention. Ap-
pelant, en quelque sorte, de cet arrêt, il avait convoqué
une consulte générale des députés des communes et s'était
ainsi séparé de fait de la France. Déclaré traître à la patrie et abandonné bientôt d'une partie des habitants, il
avait imploré l'assistance du vice-amiral anglais Hood qui
était alors à Toulon. Celui-ci s'était d'abord borné à faire
croiser quelques bâtiments autour de l'île et à donner de
la poudre et des munitions aux insurgés ; mais au commencement de l'année 1794, cinq régiments anglais furent débarqués dans le Nord auprès de Saint-Florent,
et pour leur début, ils durent attaquer cette ville. La
Minerve et la *Fortunée*, arrivées sur cette rade à la fin de
l'année précédente, y avaient été retenues par l'autorité
locale et leurs équipages avaient été mis à terre pour renforcer la garnison. La sortie de ces frégates étant devenue
impossible, car une forte division ennemie les surveillait,
on crut les soustraire à une capture certaine en les échouant
à la côte. Lorsque, après six jours de résistance, la ville
de Saint-Florent fut abandonnée par sa garnison qui se
replia sur Calvi, le capitaine Maistral (Désiré) livra la
Fortunée aux flammes. Les Anglais réussirent à remettre la
Minerve à flot, et cette frégate prit le nom de San Fiorenzo
dans la marine anglaise. Les équipages des deux frégates
ne s'arrêtèrent pas à Calvi ; ils furent dirigés sur Bastia et
partagèrent les dangers et les privations de la garnison de
cette place jusqu'à la capitulation du 21 mai. La corvette
la *Flèche* fut prise dans ce port.

Le 11 janvier, le capitaine Gay, de la frégate de 32° la
Melpomène, aperçut, non loin de Calvi, la frégate la *Mi-*

gnonne chassée par 2 frégates anglaises et un vaisseau ; il se rapprocha d'elle pour la soutenir. A 11^h 45^m, les frégates ennemies se trouvèrent en position d'envoyer des boulets à cet audacieux auxiliaire, et bientôt la canonnade devint très-vive entre ces trois frégates. Je ne compte pas la *Mignonne*, car son capitaine, oublieux de ce que celui de la *Melpomène* venait de faire pour lui, s'éloignait sous toutes voiles en couvrant cependant la mer de ses boulets. La proximité de la côte arrêta les frégates anglaises ; à 3^h, elles rallièrent le vaisseau qui n'avait pu s'approcher assez pour prendre part à l'engagement. La *Melpomène* avait ses bas mâts criblés, ainsi que son petit mât de hune ; son corps portait aussi des traces nombreuses de boulets. Prise de calme sous la terre, elle fut remorquée à Calvi par des embarcations du pays. Calvi fut la dernière place qui arrêta les Anglais ; elle ne se rendit qu'au commencement du mois d'août. La *Melpomène* et la *Mignonne* devinrent la propriété des vainqueurs.

Dès le 14 juin, les Corses s'étaient déclarés séparés de la France et avaient reçu sir Robert Elliot comme vice-roi de la Grande-Bretagne. Disons de suite que la bonne intelligence ne fut pas de longue durée entre les Corses et les Anglais. L'orgueil britannique ne pouvait sympathiser avec le caractère ardent et les habitudes de ces montagnards. Le nombre des partisans de la France augmenta de jour en jour, et une expédition partie de Livourne s'empara de Bastia le 21 octobre 1796 ; quelques jours après, les Anglais avaient évacué l'île entière et la Corse était redevenue française.

———

Les combats particuliers, assez nombreux cette année, ne furent pas généralement avantageux à la France.

Le capitaine Biller, de la corvette de 18^c la *Trompeuse*, se trouvant, le 13 janvier à 8^h du matin, à 200 milles dans l'Ouest des Sorlingues, îles situées à la pointe S.-O. de l'Angleterre, aperçut un bâtiment sur lequel il se dirigea pour le reconnaître : ce bâtiment était une frégate anglaise. Il ventait bon frais et la mer était grosse. Quoique la corvette eût promptement pris chasse, elle fut atteinte après cinq heures de poursuite et son pavillon fut amené à la première bordée qui lui fut tirée.

Prenant en considération l'état de la mer qui ne permettait pas de se servir de la batterie de la *Trompeuse*, le conseil martial chargé d'examiner la conduite du capitaine Biller le déclara non coupable et le déchargea de toute accusation.

Un convoi d'une trentaine de navires se rendant de la rade de Cannes à Marseille et à Arles sous l'escorte de la frégate la *Vestale*, capitaine Foucaud, de la corvette de 30° la *Badine*, capitaine Laindet Lalonde et de deux petits avisos, se vit dans la nécessité de chercher un refuge à Saint-Tropez pour échapper à la poursuite de 3 vaisseaux anglais et une frégate qui étaient signalés. On était au 15 février. En entrant dans la baie, la *Badine* se jeta sur le plateau de roches dites les Sardinaux placées à sa pointe Nord, et elle fut canonnée pendant une demi-heure par un des vaisseaux et la frégate. Parvenue à se remettre à flot, elle entra à Saint-Tropez avec la *Vestale* qui lui avait prêté l'assistance de ses canons ; le convoi et le reste de l'escorte y étaient déjà. Aucun bâtiment n'éprouva d'avaries, pas même la *Badine* par suite de son échouage.

Un convoi parti du Havre, le 1er mars, sous l'escorte des chaloupes-canonnières de 3 canons de 24 l'*Etna*, capitaine Giffard, la *Foudre*, la *Terrible*, la *Tempête* et la *Fulminante* ; du lougre de 7° la *Citoyenne* ; de l'aviso l'*Année* et de la bombarde la *Salamandre* qui portait 10 canons de 8 et 2 mortiers, fut chassé le lendemain par un brig anglais de 16° qu'on supposa être le VIPER (1). Il ventait bon frais de O.-N.-O. Le capitaine Giffard, qui commandait, fit signal de forcer les voiles. Laissée beaucoup de l'arrière, la *Salamandre* fut jointe et attaquée à 6ʰ du soir. Le capitaine Leguillon, jeune, accueillit le brig ennemi avec une vigueur telle que, se méprenant probablement sur la force réelle de la bombarde, l'anglais se retira après un combat de cinq quarts d'heure. Les canonnières ne furent d'aucune utilité à la *Salamandre;* la mer était trop grosse pour qu'elles pussent se servir de leur artillerie.

———

Les côtres le *Requin*, capitaine Morel (Dominique), le *Souffleur* et le *Poisson-Volant*, se rendant de Boulogne à Dunkerque, furent chassés, le 30 avril, par deux frégates, un brig et un cutter anglais. Quoique la petite escadrille française se fût approchée de terre, les deux avisos ennemis l'attaquèrent par le travers du fort Sangatte. S'apercevant bientôt que l'intention des frégates était de lui barrer le passage, le capitaine Morel fit signal de relâcher à Calais, où les 3 côtres entrèrent en échangeant des boulets avec les Anglais qui les accompagnèrent jusqu'à l'entrée des jetées.

———

Le capitaine Durand Linois de la frégate de 36° l'*Atalante*, sorti de Brest avec la corvette la *Levrette* et le brig l'*Épervier* pour se porter à la rencontre du convoi de grains attendu des États-Unis d'Amérique, aperçut, le 5 mai vers midi, 28 voiles dans le N.-E. ; le vent soufflait du N.-N.-E. Deux bâtiments se détachèrent du groupe et chassèrent les Français. Le petit mât de perroquet de l'*Atalante* venait d'être dépassé, afin de ne pas fatiguer le mât de hune éclaté au-dessus du chouque. Le capitaine Linois

———

(1) Ce brig et la corvette l'*Amaranthe* avaient été pris, le 23 janvier, par la frégate anglaise FLORA.

signala liberté de manœuvre à la *Levrette* qui fit vent arrière; le brig s'était séparé l'avant-veille pendant un coup de vent. Les deux chasseurs étaient les vaisseaux anglais SAINT ALBANS de 72ᶜ, capitaine James Vashon, et SWIFTSURE de 82, capitaine Charles Boynes. Le premier s'attacha à la poursuite de la *Levrette*; l'autre échangea des boulets à toute volée avec l'*Atalante* jusqu'à la nuit. Une chasse de trente heures diminua à peine la distance qui séparait les deux derniers bâtiments, car la brise était très-faible. Le 7, elle varia et, vers 3ʰ du matin, l'*Atalante*, encore sous le vent, se trouva par le travers du SWIFTSURE qui la canonna dès lors avec plus d'efficacité. Il manquait 26 hommes à la frégate. Son équipage, composé d'ailleurs en grande partie de jeunes gens qui allaient au feu pour la première fois, fut peu rassuré par cette canonnade nocturne. Beaucoup abandonnèrent leur poste, et les exhortations ne furent pas suffisantes pour les y ramener. Cependant le vaisseau ne discontinuant pas son feu, l'*Atalante* fut bientôt mise dans l'impossibilité de manœuvrer. L'eau entrait en telle abondance dans la cale, que le capitaine Linois fit amener le pavillon à 4ʰ 15ᵐ.

Le jugement que subit le capitaine Linois constata que l'équipage de l'*Atalante* avait passé deux jours et deux nuits aux postes de combat, et qu'au moment où le feu avait commencé, on manœuvrait les avirons depuis près de seize heures; que le pavillon n'avait été amené que lorsqu'on jugea le maintien de la frégate à flot impossible et qu'on ne dut plus compter sur la coopération d'un équipage harassé de fatigue. Aussi le capitaine de l'*Atalante* fut-il acquitté, malgré l'arrêté de la Convention en vertu duquel il devait être condamné à mort pour s'être rendu.

L'*Atalante* prit rang parmi les frégates anglaises sous le nom de l'ESPION.

L'*Atalante* portait 26 canons   de 12
        —   6 —   de 6
     — et 4 caronades de 36

Le Swiftsure avait 28 canons   de 32
        —   30   —   de 24
        —   16   —   de 9
        — et 8 caronades de 32

Le capitaine Aucan, de la corvette de 22e le *Maire-Guitton*, détaché de la division aux ordres du contre-amiral Nielly pour escorter quelques prises, aperçut, le 15 mai pendant la nuit, 5 bâtiments qui ne répondirent pas aux signaux de la corvette. Signal de liberté de manœuvre fut immédiatement fait aux prises, mais c'est à peine si elles purent profiter de la faculté qui leur était laissée, tant la brise était faible. Le jour, en se faisant, permit de distinguer une division anglaise; ses boulets atteignaient déjà la corvette. Le capitaine Aucan n'essaya pas de résister; il tira quelques coups de canon et fit amener le pavillon. Le *Maire-Guitton* fut amariné par la frégate Hebe. Le convoi fut capturé.

Quelques jours après, le *Maire-Guitton* et son convoi furent rencontrés et délivrés par l'armée navale du contre-amiral Villaret. Cet officier général enleva l'artillerie de la corvette, mit les malades des vaisseaux à son bord et l'expédia à Lorient.

Le capitaine Bouyer, de la corvette de 20e le *Républicain*, sorti de Brest avec des dépêches pour le commandant en chef de l'armée de l'Océan, rencontra, le 24 mai, la corvette de 12e l'*Inconnue* dont le capitaine avait la même mission; ils naviguèrent de conserve. Le soir même, un grand nombre de voiles furent aperçues. Les renseignements obtenus de quelques navires du commerce et la position de ces voiles pouvaient faire supposer aux deux capitaines que c'étaient les vaisseaux du contre-amiral Villaret. Dans cette confiance, ils se dirigèrent vers eux. Il venta bon frais pendant la nuit qui fut en outre très-obscure; les deux corvettes se perdirent de vue. Au jour, le capitaine Bouyer reconnut son erreur; les voiles aperçues appartenaient bien à une armée navale, mais c'était à celle des Anglais. Chassé par plusieurs vaisseaux et frégates qui faisaient pleuvoir sur lui les boulets, le capitaine du *Républicain* sentit l'inutilité de la résistance et amena son pavillon. Le *Républicain* fut livré aux flammes.

Un autre bâtiment brûlait à petite distance : c'était l'*Inconnue* qui, elle aussi, était victime de la trop grande confiance de son capitaine.

L'enseigne de vaisseau Bouyer fut acquitté par le conseil martial qui fut chargé de prononcer sur sa conduite. Un arrêt analogue fut probablement rendu en faveur du capitaine de l'*Inconnue*.

L'ex-frégate anglaise de 40ᵉ *Castor*, capitaine Thomas Trowbridge, prise sans combat, le 10 mai, par le vaisseau de 78ᵉ le *Patriote* de la division du contre-amiral Nielly, se sépara le 25 pendant une chasse; le commandement en avait été donné au lieutenant de vaisseau Lhuillier. La mauvaise composition et la faiblesse de son équipage décidèrent cet officier à faire route pour Brest. Le 29, il aperçut derrière lui un bâtiment qu'il supposa être une découverte de l'armée française; il continua sa route, mais en faisant des signaux de reconnaissance. Ce bâtiment n'y répondit pas : c'était, en effet, la frégate anglaise de 36ᵉ CARYSFORT, capitaine Francis Laforey. Grâce à la supériorité de sa marche, celle-ci atteignit facilement le travers de la frégate française. Le combat s'engagea alors avec la plus grande vivacité; malheureusement, la faiblesse numérique de l'équipage du *Castor* ne lui permit pas de le continuer longtemps ainsi; la batterie des gaillards n'avait même pu être armée. Sa mâture fut criblée sans que ses canonniers inexpérimentés eussent réussi à occasionner l'avarie la plus légère à la frégate anglaise. Pour comble d'infor-

tune, le feu prit aux porte-haubans d'artimon. Le service
de l'artillerie qui allait se ralentissant incessamment, souffrit encore de cet événement. Le lieutenant Lhuillier fit
amener le pavillon.

Traduit devant un conseil martial, le lieutenant de vaisseau Lhuillier fut acquitté.

Quelques jours plus tard, une des frégates de la division du contre-amiral Nielly s'empara du cutter anglais
CROCODILE.

Après que les Anglais se furent rendus maîtres du petit
port de Bastia, situé sur la côte orientale de l'île de Corse,
ils en expédièrent les habitants à Toulon sur deux parle-
mentaires auxquels le commandant de l'escadre stationnée
dans ce port ne voulut pas accorder l'entrée, et qu'il fit
conduire aux îles d'Hyères par la frégate de 32ᵉ l'*Iphigénie*,
capitaine Gouet. Cette frégate faisant route pour rentrer à
Toulon rencontra, pendant la nuit du 3 juin, une frégate
anglaise qui la héla et qui reçut une volée pour toute réponse. Cette frégate ne resta pas muette à cette agression
et un feu très-nourri s'ensuivit de part et d'autre. Après
une demi-heure, la frégate ennemie se retira en faisant des
signaux qui, dénotant la présence de l'escadre anglaise,
empêchèrent le capitaine Gouet de la poursuivre. Au jour,
il aperçut en effet 8 voiles dans le Sud et retourna aux îles
d'Hyères. L'*Iphigénie* remit sous voiles le lendemain. Elle
avait eu un mât et une vergue de hune fortement endommagés dans son engagement avec la frégate anglaise. Ce
mât s'abattit dans la traversée d'Hyères à Toulon où elle
entra avec une division envoyée à sa rencontre.

Pendant cette même nuit du 3 juin, la corvette la *Liberté*, capitaine Saunier, sortie pour observer l'armée an-

glaise qui croisait devant Toulon, essuya le feu de 3 vaisseaux auxquels elle n'échappa que par la supériorité de sa marche.

Le capitaine Rondeau, de la frégate de 32ᵉ la *Sibylle*, était depuis plusieurs jours sur la rade de Miconi de l'archipel du Levant avec 3 navires du commerce qu'il accompagnait à Candie lorsque, le 17 juin, un convoi anglais escorté par un vaisseau et trois frégates parut au large. Le vaisseau, qui était le ROMNEY de 60ᵉ, capitaine honorable William Paget, entra dans la rade et mouilla par le travers de la frégate française. Dès que l'ancre fut au fond, le capitaine anglais fit engager le capitaine français à arborer le pavillon blanc et à ne pas tenter une résistance que la disproportion des forces rendrait inutile. Ce dernier répondit ne pouvoir arborer un pavillon qui n'était pas celui de la République. Soupçonnant les intentions du capitaine Paget, les Primats de Miconi avaient de suite envoyé rappeler la neutralité de l'île. Loin d'avoir égard à leurs observations, le capitaine anglais retint leur envoyé à son bord, et passant des menaces à l'exécution, le ROMNEY ouvrit son feu sur la *Sibylle* qui lui riposta immédiatement. L'action fut très-chaude pendant une heure et demie; mais après ce temps, l'équipage de la frégate se jeta dans les embarcations ou à la nage et gagna la terre; 38 hommes seulement restèrent à bord. Ne voulant pas compromettre plus longtemps les jours de ces quelques braves qui, seuls, avaient compris leur devoir, le capitaine Rondeau fit amener le pavillon. Le capitaine Paget emmena la *Sibylle* et les navires du commerce; mais leurs équipages, y compris le capitaine Rondeau, furent mis à terre avant le départ.

La *Sibylle* portait 26 canons   de 12
                       4   —   de 6
          et 2 caronades de 36

Le Romney avait	22	canons	de 24
	22	—	de 12
	6	—	de 6
	4	caronades	de 24
et	6	—	de 12

Le 14 juillet, le capitaine Lhermite (Pierre), de la frégate la *Seine*, en croisière sur la côte d'Irlande, s'empara de la corvette anglaise de 20ᵉ LEVRETTE qui revenait de la Jamaïque.

Le 23 août, les capitaines Magendie, de la corvette de 12ᵉ l'*Espion* et Passard de l'*Alerte*, de même force, se trouvant vers 9ʰ du matin à quelques milles dans le Sud de Brest, entendirent des coups de canon qui les firent rallier la terre. La brume qui avait régné jusqu'alors s'étant dissipée à 11ʰ, ils aperçurent une frégate française poursuivie par 6 frégates anglaises. Le vent soufflait de l'Est. Chassées à leur tour par les deux frégates FLORA de 42ᵉ que montait le commodore sir Borlase Warren et ARETHUSA de 44, capitaine sir Edward Pelew, les deux corvettes allèrent mouiller sous les batteries d'Audierne. Le capitaine Magendie fit aussitôt porter une ancre à jet dans la direction de la terre, et le temps lui manquant pour lever celle qui était au fond, il coupa son câble et vira sur l'ancre à jet. Mais celle-ci ne tint pas et, entraîné par le courant, l'*Espion* fut jeté sur la roche appelée la Gamelle. A 3ʰ, les frégates anglaises ouvrirent leur feu sur les deux corvettes qui y répondirent avec vigueur, la position de l'*Espion* lui permettant fort heureusement de se servir de sa batterie. La mer était belle et le tir sur un bâtiment immobile était facile ; le grand mât et le mât d'artimon de cette corvette furent bientôt abattus ; sa muraille portait aussi de nombreuses traces de boulets. A 7ʰ, elle tomba sur le côté ; une partie de ses canons étant déjà démontés, le capitaine Magendie la fit évacuer. Cette détermination n'arrêta pas le feu des frégates; elles continuèrent à tirer à mitraille sur les canots qui, pavillon déployé, emportaient l'équipage à terre. Le commodore Warren voulut plus tard faire incendier l'*Espion*, mais il ne put y réussir. A la nuit, le capitaine Magendie retourna à bord et parvint à relever la corvette qu'il mouilla dans la baie d'Audierne.

L'*Alerte* se jeta aussi sur la Gamelle d'où il ne put être retiré. Le lieutenant de vaisseau Passard fut déclaré non coupable.

Chassé, le 23 août, par la division du commodore anglais sir Borlase Warren, le capitaine Papin (Jacques), de la frégate de 36° la *Volontaire*, qui croisait devant Brest avec le brig le *Lazouski* (1), prit la bordée de terre; la brise soufflait du N.-E. Les chasseurs se divisèrent de manière à enceindre la *Volontaire* dans un demi-cercle. Cette disposition l'empêchant de doubler les Penmarks, rochers situés près de la côte entre Brest et Lorient, le capitaine Papin mouilla, à 2ʰ de l'après-midi, entre la pointe à laquelle ces rochers ont donné leur nom et Audierne. Les frégates Artois de 44°, capitaine Edmund Nagle, Diamond de 48, capitaine sir Sidney Smith, Galathæa de 40, capitaine sir Richard Goodwin Keats et Diana de 48, capitaine Jonathan Faulknor, le suivirent, mais elles ne mouillèrent pas; elles défilèrent successivement devant la *Volontaire* en lui envoyant leur bordée. Cette attaque durait depuis deux heures, et rien n'annonçait qu'une autre cause que la nuit dût y mettre un terme, lorsque le capitaine Papin, dans le but de prendre une position plus favorable, coupa ses câbles et s'échoua à la côte, le travers au large. La canonnade continua jusqu'à 4ʰ 15ᵐ; l'état de la marée décida alors le commodore anglais à s'éloigner.

---

(1) L'ancien *Espoir*.

La *Volontaire* échappait à l'ennemi, mais sa position était loin d'être rassurante; elle était échouée sur des roches et ne tarda pas à faire de l'eau; bientôt les pompes ne franchirent plus. Désespérant de relever la frégate dont le commandement lui était confié, le capitaine Papin ordonna de débarquer les vivres et les approvisionnements et, cette opération terminée, il fit descendre l'équipage à terre.

Le *Lazouski* avait pris une direction différente et n'avait pas été poursuivi.

Le jury, chargé d'examiner la conduite du capitaine Papin, déclara cet officier non coupable.

————————

Le 10 septembre à 4ʰ du matin, le capitaine Collinet, du côtre la *Surprise*, courant bâbord amures avec une belle brise de N.-N.-E., dans les parages d'Ouessant, aperçut devant lui et au vent plusieurs bâtiments dont 2 lui appuyèrent la chasse; il arriva vent arrière. Le jour, en se faisant, permit au capitaine de la *Surprise* de reconnaître 2 frégates anglaises dans les bâtiments qui le chassaient: c'étaient la PALLAS et l'AQUILON. La défense n'était pas possible. Après un échange de quelques coups de canon, le pavillon du côtre fut amené.

Le jury qui examina la conduite de l'enseigne de vaisseau Collinet déclara qu'il n'y avait pas lieu de poursuivre.

————————

Le capitaine Thevenard (Alexandre), de la frégate de 44ᵉ la *Révolutionnaire*, se rendant du Havre à Brest, fut chassé pendant la nuit du 21 octobre, et à quelques milles de l'île d'Ouessant, par les frégates anglaises ARETHUSA, DIAMOND de 48ᵉ, capitaines sir Edward Pelew et sir Sidney Smith, ARTOIS de 44, capitaine Edmund Nagle et GALATHÆA de 40, capitaine Richard Goodwin Keats. La brise était faible du N.-E. Dès que le jour parut, une canonnade de chasse et de retraite s'établit entre la *Révolutionnaire* et l'ARTOIS;

mais lorsque le vaisseau rasé anglais fut à distance convenable, le capitaine Thevenard lança subitement au vent et lui envoya une bordée entière. Cette manœuvre, qui fut sans résultat, permit à l'ARTOIS d'atteindre le travers de dessous le vent de la *Révolutionnaire.* Le combat continua dans cette position. Une demi-heure plus tard, la DIAMOND arriva, suivie de près par les 2 autres frégates. Le capitaine Thevenard dut céder à la force : à 10ʰ 30ᵐ, il fit amener le pavillon. La *Révolutionnaire* avait perdu ses vergues de grand hunier et de perroquet de fougue.

Le jury déclara qu'il n'y avait pas lieu à accusation contre le lieutenant de vaisseau Thevenard.

———

Lorsque, le 1ᵉʳ février 1793, la guerre avait été déclarée à l'Angleterre et à la Hollande, la France était en possession des colonies qui lui avaient été reconnues par le traité de paix de 1783. C'étaient, dans l'Amérique du Nord, les deux petites îles Saint-Pierre et Miquelon sur la côte de Terre-Neuve; aux Antilles, les îles de la Martinique, les Saintes, la Guadeloupe, la Désirade, Sainte-Lucie, Tabago, Marie Galante, une partie de Saint-Martin et de Saint-Domingue; la Guyane, dans l'Amérique du Sud. En Afrique, Saint-Louis et l'île de Gorée. Aux Indes, Pondichéry, Chandernagor, Karikal, Yanaon, Mahé, les îles de France et de Bourbon (1) et Foulpointe à Madagascar.

J'ai dit comment les troubles de la Vendée, en obligeant le gouvernement à tenir un grand nombre de bâtiments sur la côte occidentale de la France, avaient momentanément empêché d'envoyer des secours aux colonies. Aussi, dès le 14 avril 1793, les Anglais s'emparaient-ils de Tabago. Dans l'Inde, on avait promptement appris la déclaration de guerre par l'isthme de Suez; et avant qu'on

(1) Aujourd'hui la Réunion.

II.   25

eût pu prendre aucune mesure, Chandernagor, Karikal, Yanaon, Mahé étaient au pouvoir des Anglais. Au mois d'août, ils s'étaient emparés de Pondichéry. Les îles de Saint-Pierre et Miquelon avaient aussi été prises.

Les colonies des Antilles se trouvèrent bientôt dans la position la plus critique; elles étaient dans un état de pénurie affligeant, et les gouverneurs ne conservant plus qu'une ombre d'autorité, elles tombèrent dans l'anarchie la plus complète. Des planteurs de la Martinique et de la Guadeloupe députèrent vers les Anglais et promirent de livrer ces îles à la première expédition qui se présenterait. Le pavillon blanc flotta de nouveau sur certains quartiers de la Martinique et les deux partis se faisaient une guerre à mort, lorsqu'une division anglaise de 8 vaisseaux et plusieurs frégates, sous le commandement du contre-amiral Gardner, se présenta, le 11 janvier 1793, devant le Fort-Royal, et fit un débarquement. Les passions et les haines s'éteignirent un instant. Culbutées sur tous les points, les colonnes d'Anglo-émigrés se rembarquèrent.

Une députation de propriétaires de la Martinique avait déjà demandé l'intervention du chef de division Rivière qui s'était retiré à l'île espagnole de la Trinité avec les bâtiments sous ses ordres. Un conseil avait été tenu à cet effet, dans les premiers jours d'avril, et il avait été convenu que le pavillon espagnol flotterait à côté de celui de la France sur tous les forts de l'île, dans le cas où l'on parviendrait à rétablir l'ordre. Mais ce ne fut que longtemps après que le gouvernement espagnol consentit à accorder la protection qui lui était demandée; et lorsque le chef de division Barella se présenta devant la Martinique, l'amiral anglais Jervis venait de s'en rendre maître.

Humiliée de l'échec qu'elle avait reçu, l'Angleterre avait envoyé des forces assez considérables pour le réparer. Une expédition commandée par l'amiral Jervis était partie d'Europe, et avait paru, le 4 février 1794, devant la Martinique. Le 22 mai, après trente-deux jours de bombarde-

ment, le général Rochambeau avait capitulé dans le fort
Bourbon, seul point de l'île qui ne fût pas au pouvoir de
l'ennemi.

Le 4 avril, l'île de Sainte-Lucie capitulait aussi.

Les Anglais se dirigèrent ensuite sur la Guadeloupe et,
chemin faisant, ils s'emparèrent des Saintes. Le 11, ils
firent un débarquement dans la baie de la Pointe-à-Pître,
et ayant réussi à faire abandonner toutes les positions en
passant la garnison de la batterie de Fleur-d'Épée par les
armes (1), ils furent bientôt maîtres de la Grande-Terre.
Le 21, le général Collot signa la capitulation de la Guadeloupe et de ses dépendances. Toutes les possessions françaises des îles du Vent tombèrent ainsi en un mois au
pouvoir des Anglais.

L'Angleterre ne vit pas sans orgueil le succès qu'elle
venait d'obtenir dans les Antilles. Maîtresse de presque
toute la partie française de Saint-Domingue que ses trames
et ses séductions lui avaient soumise, elle caressait l'idée
d'enlever pour toujours cette précieuse colonie à la France.
Souveraine absolue des îles du Vent, elle se flattait que
l'hydre toujours renaissante des passions ne permettrait
pas de longtemps à la France de la troubler dans la possession de ces îles. La Martinique, que le dévouement d'une
faible, mais influente partie des habitants lui rendait précieuse, obtint ses libéralités intéressées. La Guadeloupe,
au contraire, qui n'avait pas perdu le souvenir des incen-
dies et des dévastations des Anglais, fut traitée avec la
plus grande rigueur.

———

La nouvelle des événements qui viennent d'être relatés
n'était pas encore parvenue en France lorsque, vers la fin
du mois d'avril, le capitaine de vaisseau Leissegues partit
de Rochefort avec les frégates la *Pique* et la *Thétis*, le

———

(1) Bryan Edwards. *History of the British colonies in the West Indies.*

côtre le *Cerf-volant*, les flûtes le *Marsouin* et la *Prévoyante*
qui portaient 800 hommes destinés à renforcer les garnisons des Antilles. Les généraux nommés au commandement de ces colonies et les délégués de la Convention
nationale avaient pris passage sur ces bâtiments. Le commandant Leissegues n'apprit la prise de la Martinique et
de la Guadeloupe qu'en arrivant en vue de cette dernière
île ; bientôt il sut que toutes les colonies françaises étaient
au pouvoir des Anglais. Le projet de reprendre la Guadeloupe fut de suite arrêté ; le 3 juin, la division jeta l'ancre
dans la baie de la Pointe-à-Pître.

La colonie de la Guadeloupe est, on le sait, partagée en
deux parties par un petit bras de mer qui porte le nom de
rivière Salée ; l'île la plus occidentale est la Guadeloupe
proprement dite ; l'autre se nomme la Grande-Terre. C'est
sur cette dernière, et à l'entrée méridionale de la rivière
Salée, que se trouve la ville de la Pointe-à-Pître. Un enfoncement assez considérable entre les deux îles forme la
baie à laquelle la ville a donné son nom. Resserrée vers
le fond, cette baie offre un bon ancrage abrité par un vaste
banc et de nombreux îlots généralement placés du côté de
la Guadeloupe. Le principal, l'îlot à Cochons, qui est aussi
le plus rapproché de la Grande-Terre, marque la limite
Sud de la rade. Devant la ville, la profondeur des eaux
varie entre 3 et 7 mètres. La passe, située dans l'Est de
cet îlot, est défendue par la batterie de Fleur-d'Épée qui
bat également un enfoncement de la côte dit la Grande-
Baie. Cette batterie, établie à peu près à mi-distance de la
ville et du bourg du Gozier, de l'autre côté de la Grande-
Baie, est à environ 2 milles de chacun de ces points.

Le soir même de l'arrivée, les troupes furent mises à
terre, ainsi que les marins qui purent leur être adjoints
sans trop affaiblir les équipages, et pendant la nuit du 6,
ce petit corps d'armée, dirigé par les généraux Cartier et
Rouyer, enleva d'assaut la batterie de Fleur-d'Épée défendue par 900 hommes et 17 pièces de canon. Étonnés de tant

d'audace, les Anglais abandonnèrent toutes les positions qu'ils occupaient de ce côté de la ville; ils ne s'arrêtèrent même pas à la Pointe-à-Pître. Les Français l'occupèrent immédiatement, et la division put alors entrer dans ce qu'on appelle le port, c'est-à-dire dans la partie de la rade la plus rapprochée de la ville; elle s'empara de 87 navires qui s'y trouvaient.

Menacés d'être chassés de l'île, les Anglais ne tardèrent pas à paraître avec des forces considérables. L'amiral Jervis arriva, le lendemain, avec 6 vaisseaux, 12 frégates ou corvettes, 5 canonnières, 16 transports, et débarqua au Gozier un corps de 3,500 hommes. Le commandant Leissegues avait pris les dispositions les plus actives pour empêcher l'ennemi d'entrer dans la rade; 2 transports avaient été coulés dans la passe qui y conduit, et une partie des canons des frégates avaient été mis à terre pour établir des batteries sur la plage; le service en était confié à des marins et à des officiers de marine. Les Anglais marchèrent d'abord sur Fleur-d'Épée, mais ils ne furent pas tentés d'imiter la manière de faire des Français. Ils construisirent des batteries, en tout 30 canons ou mortiers, sur le morne Mascotte qui domine cette fortification, et ils l'attaquèrent de ce bord pendant que leurs canonnières la canonnaient du côté de la mer. Ce fut en vain que la garnison de Fleur-d'Épée voulut débusquer l'ennemi de cette position : deux fois elle fut repoussée. Les Anglais avaient aussi établi une batterie de mortiers en face de la ville et les bombes dévastaient la Pointe-à-Pître, en même temps que les boulets détruisaient les revêtements de Fleur-d'Épée. La consternation se répandit promptement parmi les habitants, et les frégates ne furent préservées de l'incendie qui ne tarda pas à se déclarer dans plusieurs quartiers, que grâce à la précaution qui avait été prise de couvrir leur pont de matelas et de leur faire un rempart avec les navires du commerce.

Le bombardement durait depuis un mois, et la fièvre

jaune faisait d'affreux ravages dans les rangs de la petite
armée française. Le commissaire du gouvernement Chré-
tien et le général Cartier en avaient été les victimes; le
général Rouyer avait été tué. Bien décidés cependant à
empêcher les Anglais de rentrer en possession de cette
partie de l'île, les commandants de terre et de mer con-
vinrent que, dans le cas où il y aurait absolue nécessité
d'abandonner la ville, ils se retireraient sur le morne du
Gouvernement, qui reçut plus tard le nom de Morne de la
Victoire. Ce point fut fortifié avec des canons pris à bord
des frégates, et le capitaine de vaisseau Merlet reçut le
commandement de ce poste important; le capitaine de
vaisseau Escubar fut chargé de diriger les batteries qu'on
plaça dans les avenues de la ville; celles-ci étaient servies
par des marins. Tous les officiers de la division furent
répartis dans ces différents postes.

Exaspérés qu'une poignée de Français abandonnés à
eux-mêmes, exténués par les maladies et resserrés dans
une ville ouverte, fût sourde à toutes leurs propositions, les
Anglais voulurent en finir par une attaque décisive. Dans
la nuit du 1er au 2 juillet, après avoir fait feu de toutes
leurs batteries pendant huit heures consécutives, ils dirigèrent deux colonnes de 1,000 hommes chacune sur la
Pointe-à-Pître. Les avant-postes furent enlevés et la garnison se replia sur le morne du Gouvernement. Massés autour de ce poste, les Anglais n'attendaient que le jour pour
l'enlever. Mais dès qu'il parut, les braves qui le défendaient foudroyèrent les colonnes ennemies qu'une des frégates canonnait aussi à bout portant. La poudre cependant
commençait à manquer et il devenait impossible de tenir
longtemps désormais, lorsque une canonnière qui dirigeait
ses coups sur la partie de la ville où était l'ennemi, mit le
feu à une maison dont on avait fait un magasin à poudre.
L'explosion qui en résulta tua aux Anglais beaucoup de
monde, et fut le signal de leur déroute. Reprenant alors
l'offensive, les Français les poursuivirent la baïonnette

dans les reins et les forcèrent de se retirer dans leurs re-
tranchements avec perte de 800 hommes et de toute leur
artillerie (1).

Pendant trois mois, les Anglais ne discontinuèrent pas
leurs attaques et ne cessèrent de faire jouer les bombes,
et cela impunément parce que, sur le point de manquer de
munitions, le commandant français les gardait pour le cas
d'une attaque décisive. Pendant ce temps, la fièvre mois-
sonnait les soldats et les marins qu'épargnaient les boulets ennemis, et la garnison s'affaiblissait de jour en
jour ; le général Aubert avait succombé. Des bataillons
d'hommes de couleur furent organisés pour remplir ces
vides ; et lorsque la mauvaise saison fut passée, le capitaine
d'artillerie Pelardy, nommé par le commissaire du gouvernement Victor Hugues, général de division et commandant
en chef de la force armée, secondé par le chef de bataillon
Boudet, nommé général de brigade, crut pouvoir tenter
l'expulsion complète des Anglais.

Le premier acte offensif eut lieu contre le Petit-Bourg,
principal magasin du camp Berville où s'étaient réfugiés
les Anglais. Des canots furent disposés pour transporter
les troupes destinées à cette expédition qui devait se faire
de nuit ; des canonnières chargées de couper les communications de l'escadre anglaise avec le camp avaient l'ordre
de les soutenir. Cette entreprise fut couronnée de succès ;
le Petit-Bourg fut enlevé. Le 29 octobre, le général Gra-
ham capitula et 1,400 Anglais prisonniers furent renvoyés
sur leur escadre, abandonnant, outre 38 bouches à feu,
2,000 fusils, une quantité considérable de munitions, de
vivres et 800 émigrés qui avaient combattu dans leurs
rangs. Ces infortunés subirent la peine que la loi pronon-
çait contre eux.

Délivré de toute crainte dans cette partie de l'île, le gé-

---

(1) Les Anglais n'avouèrent que la perte d'un général, un capitaine de vaisseau, un colonel, 23 officiers et 475 hommes pris, tués ou blessés.

géral en chef marcha sur la Basse-Terre. A son approche, les troupes ennemies abandonnèrent toutes les positions qu'elles occupaient, mais en les dévastant ; elles évacuèrent également la ville de la Basse-Terre. Le général Prescott détruisit les magasins, l'arsenal et les batteries, et se renferma dans le fort Saint-Charles avec 860 hommes. Le général Pelardy arriva devant ce fort, le 14 novembre, et commença les travaux de siége. Ils étaient terminés et les batteries allaient être démasquées, quand les Anglais, ne jugeant pas à propos de soutenir une attaque générale, évacuèrent le fort dans la nuit du 10 décembre et se réfugièrent à bord de 7 vaisseaux et 4 frégates qui étaient mouillés depuis quelques jours sur la rade. Les Français entrèrent à 3ʰ du matin dans le fort Saint-Charles où ils trouvèrent 73 pièces de canons en bon état, 75 milliers de poudre, 2,000 boulets, 854 fusils et beaucoup de vivres. Cette retraite les rendit maîtres de la colonie.

Pendant la durée de ce siége, 40 hommes de Marie-Galante, réfugiés à la Pointe-à-Pitre, se firent débarquer dans leur île par des pirogues et en reprirent possession.

Ainsi, après avoir lutté pendant huit mois et demi contre 8,000 Anglais, soutenus par une forte division navale, 2,200 hommes, soldats, marins et hommes de couleur, dont les deux tiers périrent par le fer ou par les maladies, rendirent à la République les colonies de la Guadeloupe et de Marie-Galante.

———

Une division composée du vaisseau rasé l'*Experiment*, des frégates la *Vengeance* et la *Félicité*; des brigs la *Mutine* et l'*Épervier*, partit de Brest, le 28 septembre, sous le commandement du capitaine de vaisseau Allemand (Zacharie), et se porta sur la côte de Guinée où elle détruisit tous les comptoirs anglais et ruina l'établissement de Sierra-Leone. Une des frégates remonta la rivière jusqu'à l'île Banca, dont le fort fut abandonné après deux jours de dé·

fense. Quand elle eut démoli toutes les fortifications, brisé les canons, pris les marchandises de la Compagnie anglaise et détruit 110 navires anglais, espagnols ou portugais, la division retourna en France.

BATIMENTS PRIS, DÉTRUITS OU NAUFRAGÉS
pendant l'année 1794.

ANGLAIS.

Canons.		
82	IMPÉTUEUX *.	Brûlé par accident.
	ALEXANDER.	Pris par une division.
72	ARDENT.	Brûlé par accident.
	CONVERT.	Naufragée sur le Grand Caïman.
32	CASTOR.	Prise par une frégate.
	DAPHNE.	— par une armée.
28	ROSE.	Naufragée à la Jamaïque.
24	MOSELLE *.	Prise.
20	LEVRETTE *.	— par une frégate.
18	AMPHITRITE.	Naufragée dans la Méditerranée.
	ALERT.	
	HOUND.	Pris chacun par une frégate.
16	ESPION *.	
	PYLADES.	Naufragé à Shetland.
	SCOUT.	Pris par une frégate.
	ACTIF *.	Sombré.
	EXPEDITION.	
14	SPEEDY.	Pris par des divisions.
	RANGER.	
6	SPITFIRE.	Sombré à Saint-Domingue.
Cutter : CROCODILE.		Pris par une division.

FRANÇAIS.

114	*Républicain.*	Naufragé sur la roche Mingan.
86	*Sans-Pareil.*	
	Juste.	
	America.	Pris au combat du 1er juin.
	Impétueux.	
78	*Achille.*	
	Northumberland.	
	Vengeur.	Coulé pendant le combat du 1er juin.
44	*Pomone.*	Prise par une division.
	Révolutionnaire.	Détruite à la côte.
42	*Minerve.*	Prise à Saint-Florent.
40	*Castor *.*	— par une frégate.
	Volontaire.	Détruite à la côte.
36	*Fortunée.*	Prise à Saint-Florent.
	Engageante.	— par une division.
	Atalante.	— chacune par un vaisseau.
32	*Sibylle.*	
	Melpomène.	— à Calvi.

28	Bienvenue.	— par une division.
	Mignonne.	— à Calvi.
	Revenge *.	— par une frégate.
24	Jacobine.	— par deux vaisseaux.
22	Sans-Culottes.	— par une frégate.
20	Babet.	— par une division.
	Sérieuse.	Naufragée à Cherbourg.
	Républicain.	Détruite à la mer.
	Révolutionnaire.	Prise par une frégate.
18	Trompeuse..	— par une corvette.
	Vipère. . . . . }	— chacune par une frégate.
	Moselle. . . . . }	
	Flèche.	— à Bastia.
	Alerte.	Détruit à Douarnenez.
16	Avenger *. . . . . }	Pris par une escadre.
	Guadeloupe. . . . . . . }	
	Liberté. . . . . }	— par une frégate.
	Actif. . . . . }	
	Sirène.	— par deux vaisseaux.
	Reprisal *.	— par une escadre.
14	Narcisse.	— par une frégate.
	Quartidi.	— par une division.
12	Espiègle. . . . . }	— chacun par une frégate.
	Vengeur. . . . . }	
	Inconnue..	Brûlée par l'ennemi.
	Corvette : Amaranthe. . .	Prise par une frégate.

* L'astérisque indique un bâtiment pris à l'ennemi.

RÉCAPITULATION.

		Pris.	Détruits ou naufragés.	Incendiés.	TOTAL.
ANGLAIS. .	Vaisseaux.	1	»	2	3
	Frégates.	2	2	»	4
	Bâtiments de rangs in-férieurs.	10	4	»	14
FRANÇAIS. .	Vaisseaux.	6	2	»	8
	Frégates.	10	3	»	13
	Bâtiments de rangs in-férieurs..	19	4.	»	23

ANNÉE 1795.

—

On a vu que, malgré les efforts de la Convention nationale et ceux de ses représentants qui déployaient dans les ports et à bord même des bâtiments l'activité la plus grande, le résultat obtenu dans les essais de réorganisation du personnel et surtout de l'état-major de la flotte pouvaient être considérés comme nuls. Certes, il y aurait injustice à attribuer tous les désastres maritimes de l'année 1794 aux officiers auxquels on avait confié le commandement des bâtiments et principalement le commandement des vaisseaux de la République; on ne saurait cependant méconnaître que des fautes furent commises, fautes auxquelles quelques-uns de ces désastres peuvent être attribués. Aussi reconnut-on bientôt que le dernier mot n'était pas dit en matière d'organisation; qu'une réforme était nécessaire, non telle qu'on l'avait entendue jusqu'alors, mais une réforme faite avec mesure et discernement. Consulté à ce sujet, le vice-amiral Villaret écrivit, le 27 mars 1795, la lettre suivante que je transcris textuellement :

Au citoyen Dalbarade, commissaire de la marine et des colonies.

« Citoyen commissaire,

« C'est bien à juste titre que tu te récries sur l'incapa-
« cité des commandants de convoi; tu aurais pu étendre
« tes plaintes beaucoup plus loin. Quant à moi, je tranche
« le mot; ignorance, intrigues, prétentions, apathie pour
« le service, basses jalousie, ambition de grade, non pour
« avoir occasion de se distinguer, mais bien parce que
« l'emploi donne plus d'argent, voilà malheureusement le
« tableau trop fidèle des dix-neuf vingtièmes des officiers.

« Tu n'ignores pas sans doute que les meilleurs marins des
« différentes places de commerce se tinrent retirés derrière
« le rideau dans le commencement de la révolution et qu'il
« s'en présenta au contraire une foule qui, ne pouvant
« s'employer au commerce, parce qu'ils n'avaient d'autre
« talent que le verbiage du patriotisme, à la faveur du-
« quel ils avaient séduit les sociétés populaires dont ils
« étaient membres, obtinrent les premiers emplois. Les
« capitaines expérimentés, que je suis bien loin d'excuser
« parce qu'ils sont véritablement coupables d'égoïsme, s'ils
« ne le sont d'incivisme, ces hommes, dis-je, qui auraient
« pu servir efficacement la République par leurs talents
« et leurs connaissances, se sont constamment refusés de-
« puis à prendre la mer et, par un amour-propre inexcu-
« sable, préfèrent encore aujourd'hui le service de la garde
« nationale à celui de la mer où, disent-ils, ils seraient
« obligés de servir sous des capitaines auxquels ils ont
« souvent refusé le commandement d'un quart.

« Voilà la vraie cause du petit nombre d'hommes instruits
« qu'a fournis la marine du commerce ; voilà par consé-
« quent la cause des fréquents accidents qu'éprouve la
« marine de la République qu'il est véritablement temps
« d'épurer. Puisque la justice et par conséquent les talents
« sont à l'ordre du jour, et que la France entière est au-
« jourd'hui bien convaincue que le patriotisme, qui est bien
« une des vertus les plus essentielles des agents du gouver-
« nement, n'est cependant pas la seule, comme on le préten-
« dait autrefois, qu'on doive exiger dans les commandants
« de nos armées et de nos flottes, tu es sans doute en droit
« d'exiger de moi, d'après cet exposé, des notes qui puis-
« sent te mettre à même de créer un corps de marine qui
« puisse seconder les hautes vues qu'a la Convention sur
« cette partie des forces de la République. Mais, mes apos-
« tilles et les retraites que je solliciterais ne pourraient-
« elles pas être taxées d'arbitraire, puisque je ne pourrais
« alléguer que mon opinion, le défaut d'éducation et le peu

« de moral de la plupart de ces commandants qui ne le sont
« qu'en dépit de la nature, qui paraît leur avoir refusé
« l'énergie, l'activité et les connaissances indispensables à
« l'homme destiné à commander à ses semblables (1).

« Signé Villaret. »

Quelques mois plus tard, après le combat de Groix, cet
officier général écrivait au ministre de la marine : « L'in-
« subordination de plusieurs capitaines, l'ignorance ex-
« trême de quelques autres rendirent nulles toutes mes
« mesures, et mon cœur fut navré des malheurs que je pré-
« sageai dès ce moment. »

Presque à la même époque, le représentant Letourneur
(de la Manche), qui venait d'assister au combat du cap
Nolis dans la Méditerranée, faisait entendre les mêmes
plaintes. « Les équipages, écrivait-il, se sont conduits avec
« une intrépidité peu commune, et je suis convaincu que
« ce revers dont ils ont été à portée d'apprécier eux-mêmes
« les causes, ne fera qu'ajouter à leur énergie. Il y a beau-
« coup de bonne volonté parmi les officiers; mais je ne
« puis vous dissimuler qu'elle n'est soutenue ni par l'ex-
« périence ni par une capacité suffisante, au moins chez
« la plupart (2). »

La lettre suivante du vice-amiral Villaret achèvera de
peindre la situation : « On s'est adressé aux sociétés popu-
« laires pour qu'elles désignent les hommes qui réunissent
« les connaissances de la marine au patriotisme. Les socié-
« tés populaires ont cru qu'il suffisait à un homme d'avoir
« beaucoup navigué pour être marin, si d'ailleurs il était
« patriote. Elles n'ont pas réfléchi que le patriotisme seul
« ne conduit pas les vaisseaux. On a donc donné des
« grades à des hommes qui n'ont dans la marine d'autre

---

(1) *Archives du ministère de la marine.*
(2) *Archives du ministère de la marine.*

« mérite que celui d'avoir été beaucoup à la mer, sans
« songer que tel homme est souvent dans un navire comme
« un ballot. Aussi la routine de ces hommes s'est-elle
« trouvée déconcertée au premier événement imprévu. Ce
« n'est pas toujours, il faut bien le dire, le plus instruit et
« le plus patriote en même temps qui a obtenu les suffrages
« dans les sociétés, mais souvent le plus intrigant et le
« plus faux ; celui qui, avec de l'effronterie et un peu de
« babil, a su en imposer à la majorité. On est tombé dans
« un autre inconvénient. Sur une apparence d'activité que
« produit l'effervescence de l'âge, on a donné des grades
« à des jeunes gens sans connaissances, sans talents, sans
« expérience et sans examen. Il a semblé, sans doute, que
« les pilotes de l'ancienne marine étaient faits pour aspirer
« à tous les grades ; aussi sont-ils tous placés. Eh bien !
« le mérite de la très-grande majorité d'entre eux se borne
« à estimer la route, à faire le point et à pointer la carte
« d'une manière routinière. Beaucoup n'ont jamais été à
« portée de mettre à exécution la partie brillante du ma-
« rin, la manœuvre, qui déjoue les dispositions de l'en-
« nemi et donne l'avantage à forces égales. Qu'ont de
« commun avec l'art du marin, les canonniers, les voiliers,
« les calfats, les charpentiers et on pourrait dire les maîtres
« d'équipage dont la majeure partie savent à peine lire et
« écrire, quelques-uns pas du tout ! Il y en a cependant
« qui ont obtenu des grades d'officiers et même de ca-
« pitaines (1). »

Ces lettres viennent surabondamment corroborer ce que
j'ai dit plus haut (2).

Le Directoire ne tarda pas à partager l'opinion du vice-
amiral Villaret et à voir que la cause première de la défaite

---

(1) *Dépôt des cartes et plans de la marine.*
(2) Il faut cependant se tenir en garde contre les appréciations du citoyen Letourneur. Les rapports du contre-amiral Martin constatent qu'il exaltait sans
cesse le dévouement et la discipline des équipages, quoique témoin de leur
insouciance et de leur indiscipline.

des escadres de la République tenait à l'organisation de la marine. Jusqu'à ce jour, tous les postes avaient été occupés par des hommes choisis par les sociétés populaires ; la désorganisation était à son comble dans les arsenaux. La tâche n'était pas facile ; il fallait faire le sacrifice de toute considération personnelle, anéantir d'anciennes prétentions et trouver des hommes de génie, de probité et d'expérience. Il n'était guère possible d'arriver du premier coup au meilleur choix ; il fallait se réserver la faculté de prendre de bons officiers alors absents des ports et éloignés depuis longtemps de la surveillance de chefs capables de les juger. Au commencement de l'an IV, la Convention nationale décréta plusieurs lois relatives à la marine, et le 3 brumaire (25 octobre 1795), le Directoire lança le décret d'organisation suivant :

Art. 1. Il y aura dans la marine militaire deux classes d'aspirants.

Art. 2. Seront admis dans la seconde classe, les jeunes gens âgés de douze ans au moins et de dix-huit ans au plus qui, ayant six mois de navigation, auront satisfait à un examen sur l'arithmétique.

Art. 3. Seront admis à la première classe, les jeunes gens âgés de quinze à vingt et un ans qui, ayant vingt-quatre mois de navigation, dont six sur les bâtiments de la République, auront répondu d'une manière satisfaisante à un examen sur la géométrie, la théorie du pilotage, les éléments de tactique et la manœuvre des gréments.

Art. 4. Le nombre des aspirants entretenus sera constamment de deux cents.

Art. 5. Les grades des officiers de la marine sont : enseigne de vaisseau ; lieutenant de vaisseau ; capitaine de frégate ; capitaine de vaisseau ; chef de division ; contre-amiral et vice-amiral.

Art. 6. Le grade d'enseigne de vaisseau sera conféré aux navigateurs de l'âge de dix-huit à vingt-huit ans qui, ayant quarante-huit mois effectifs de navigation , répondront le mieux à l'examen sur la géométrie, la théorie du pilotage, les éléments de tactique et la manœuvre des gréments, ainsi que sur toutes les manœuvres, mouvements et évolutions des bâtiments naviguant seuls, et sur la pratique du canonnage.

Art. 7. Le grade de lieutenant de vaisseau sera conféré aux enseignes de vaisseau les plus anciens dans ce grade et qui, étant âgés de vingt-six ans au moins, et ayant soixante mois effectifs de navigation, auront en outre satisfait à un examen sur l'abattage des vaisseaux en quille, sur l'arrimage et les moyens de rétablir ou de conserver dans la navigation l'assiette et les tirants d'eau les plus avantageux; sur l'exécution des signaux ou tactique navale; sur les dispositions avant, pendant et après le combat; sur les lois de police ou de discipline militaire et celles pénales pour la marine.

Art. 8. Les places de capitaines de frégate, capitaines de vaisseau, et chefs de division seront données à des officiers du grade immédiatement inférieur à celui à occuper, la moitié à l'ancienneté, et l'autre moité au choix du Directoire exécutif.

Le même jour, 3 brumaire an IV, le Directoire exécutif rendit cet autre décret concernant les officiers de vaisseau.

Art. 1. Le corps actuel des officiers de vaisseau est supprimé.

Art. 2. Il sera créé un corps d'officiers de marine ainsi composé : 8 vice-amiraux; 16 contre-amiraux; 50 chefs de division; 100 capitaines de vaisseau; 180 capitaines de frégate; 400 lieutenants de vaisseau; 600 enseignes de vaisseau.

Art. 3. Le titre d'amiral n'est que temporaire; il sera conféré à tout officier général commandant une armée navale de quinze vaisseaux et au-dessus, et seulement pendant la durée de la campagne.

Art. 4. Il sera nommé de suite 5 vice-amiraux, 12 contre-amiraux, 40 chefs de division, 80 capitaines de vaisseau,

140 capitaines de frégate. Le nombre des lieutenants et des enseignes de vaisseau sera complété.

Art. 5. Les vice-amiraux et contre-amiraux seront choisis parmi les officiers généraux actuels de la marine et les capitaines de vaisseau de première classe.

Les chefs de division, parmi tous les capitaines de vaisseau actuels.

Les capitaines de vaisseau, parmi les capitaines de frégate et les lieutenants de vaisseau actuels et parmi les capitaines de commerce qui, ayant commandé pendant trente-six mois, soit au long cours, soit en course, ont en outre servi en qualité d'officiers sur les vaisseaux de guerre de l'État, depuis la révolution.

Les capitaines de frégate seront choisis parmi les lieutenants et enseignes de vaisseau entretenus et non entretenus, actuellement au service, et parmi les capitaines de commerce qui ont commandé pendant vingt-quatre mois, soit au long cours, soit en course (1).

Art. 8. Les vice-amiraux, pour le complément de l'article 2, seront choisis parmi les contre-amiraux en activité de service et parmi les généraux de la marine qui n'auront pas participé à la première formation.

Les contre-amiraux seront choisis parmi les contre-amiraux et les chefs de division qui n'auront pas été l'objet du premier choix.

Les chefs de division seront choisis parmi les capitaines de vaisseau en activité de service et parmi ceux qui n'auront pas été placés lors du premier choix.

Les capitaines de vaisseau seront choisis parmi les capitaines de frégate et parmi les lieutenants de vaisseau qui n'auront pas participé à la première formation.

Les capitaines de frégate seront choisis parmi les lieutenants de vaisseau en activité de service et parmi les

---

(1) Je répète que les articles qui n'ont pas directement trait à la nomination ou à l'avancement des officiers n'ont pas été transcrits.

enseignes de vaisseau entretenus et non entretenus qui n'auront pas été nommés lors du premier choix.

Le nombre des lieutenants de vaisseau sera complété, s'il y a lieu, en nommant de la manière ci-dessus indiquée, à la moitié des places vacantes, ceux des lieutenants et enseignes actuellement au service qui n'auront pas participé à la première formation, et en donnant l'autre moitié aux enseignes de vaisseau d'après leur ancienneté de service.

Art. 13. Après le complément, les remplacements, s'il y a lieu, se feront de la manière suivante : la moitié des places dans tous les grades sera donnée, à l'ancienneté, aux officiers du grade immédiatement inférieur ; l'autre moitié sera au choix du Directoire exécutif, pour ceux qui auront exercé les fonctions de ce grade pendant neuf mois au moins.

Les neuf dixièmes des places d'enseigne de vaisseau seront donnés au concours, d'après les lois, et le Directoire exécutif pourra disposer du dixième restant en faveur des maîtres entretenus et autres officiers-mariniers qui seront jugés susceptibles d'être promus au grade d'enseigne de vaisseau.

Art. 16. Le commandement d'une armée navale ou d'une escadre ne pourra être confié qu'à un officier général de la marine.

Toute division de trois vaisseaux de ligne, ou ayant une destination particulière, sera commandée par un officier général, ou au moins par un capitaine de vaisseau.

———

Les événements survenus pendant l'année précédente, tant en Europe que dans les colonies, avaient nécessité un grand développement de forces navales. On sentit bientôt le besoin d'en régulariser la répartition, et l'on songea d'abord à établir un service permanent de protection de la marine du commerce. La surveillance du cabotage, sur toutes les côtes de la France, fut confiée à des commandants particuliers qui relevaient des commandants en chef des escadres de l'Océan et de la Méditerranée.

Le contre-amiral Vanstabel commandait la division de la mer du Nord et, sous lui, le capitaine de vaisseau Meynne était chargé du service sur la côte depuis le Texel jusqu'à Calais.

Le contre-amiral Cornic Dumoulin (Pierre) avait le commandement des forces employées dans la Manche, depuis Calais jusqu'à l'Abervrac'h, à quelques milles au Nord de Brest.

Le capitaine de vaisseau Pillet avait le commandement supérieur des convoyeurs de Brest au Pertuis d'Antioche et, sous sa direction, le lieutenant de vaisseau Fayaut surveillait le cabotage de Camaret.

Les lieutenants de vaisseau Hallay et Poydras étaient chargés de diriger la navigation de Brest, le premier pour le N.-O. de la Manche, l'autre pour la partie S.-E.

Le capitaine de vaisseau Letorzec avait la direction des convois du Pertuis d'Antioche à la côte d'Espagne.

Le lieutenant de vaisseau Aluse était chargé de protéger le cabotage de la Gironde.

Ce service était fait par quelques frégates et corvettes, mais généralement par des avisos.

Une division de 5 frégates, sous le commandement du contre-amiral Ledall Tromelin, fut en outre établie en croisière dans le golfe de Gascogne, avec mission de se porter partout où sa présence serait nécessaire.

On a vu (1) qu'une division sous les ordres du contre-amiral Renaudin était partie de Brest à la fin du mois de décembre 1794, pour aller porter des munitions de guerre à Toulon, et que le vice-amiral Villaret Joyeuse qui com-

---

(1) Page 366.

mandait l'armée navale du premier de ces deux ports, était également sorti avec ses vaisseaux pour l'accompagner jusques en dehors du golfe de Gascogne. En outre des frégates et des bâtiments de moindre force, l'armée navale et la division réunies formaient un total des **35** vaisseaux que voici :

Canons.

118	*Montagne.*	capitaine	Vignot.
			Villaret Joyeuse, vice-amiral.
	Terrible.	capitaine	Bedout.
			Nielly, contre-amiral.
114	*Révolutionnaire.*	capitaine	Leguardun.
	Majestueux.	—	Lebeau.
	Neuf-Thermidor (1). . . .	—	Dorré.
86	*Scipion.*	—	Huguet.
	Indomptable.	—	Lamesle.
	Jemmapes.	—	Laffon.
			Renaudin, contre-amiral.
	Montagnard.	capitaine	Richery.
	Gasparin.	—	Lhermitte (Jean).
	Trente-et-un-Mai.	—	Ganteaume (Honoré).
	Alexandre.	—	Guillemet.
	Aquilon.	—	Laterre.
	Redoutable (2).	—	Moncousu.
	Patriote.	—	Letendre.
78	*Nestor.*	—	Monnier.
	Convention.	—	Terrasson.
	Pelletier.	—	Raillard.
	Trajan.	—	Leray.
	Entreprenant.	—	Dufay.
	Tyrannicide.	—	Dordelin (Joseph).
	Neptune.	—	Tiphaine.
	Révolution.	—	Laindet Lalonde.
	Tourville.	—	Henry (Jean-Baptiste).
	Marat.	—	Lefranck.
	Superbe.	—	Colomb.

ESCADRE LÉGÈRE.

	Tigre.	—	Matagne.
			Vanstabel, contre-amiral.
	Zélé.	capitaine	Porlodec.
	Jean Bart.	—	Pillet.
78	*Téméraire.*	—	Morel (Henry).
	Fougueux.	—	Giot Labrier.
	Eole.	—	Trinqualéon.
	Audacieux.	—	Pilastre.
	Mucius.	—	Larréguy.
	Droits-de-l'Homme. . . .	—	Cornic Dumoulin (Yves).

(1) Nouveau nom du *Jacobin.*
(2) L'ancien *Suffren.*

Frégates : *Vertu, Courageuse, Méduse, Virginie, Surveillante, Insurgente,*
   Railleuse, Précieuse, Fraternité, Embuscade, Tamise, Cha-
   rente (1), *Républicaine* (2).
Corvettes : *Berceau, Bayonnaise, Légère, Espion, Bergère, Impatiente,*
   Atalante.
Brigs : *Papillon, Bonnet Rouge.*

Le vent souffla avec violence pendant la nuit du 1er janvier; plusieurs vaisseaux firent des avaries; le *Nestor,*
entre autres, fut obligé de rentrer par suite d'un démâtage,
et le *Téméraire* signala une voie d'eau qui donnait des inquiétudes. Le vent ayant diminué le lendemain, le contre-
amiral Vanstabel reçut l'ordre de chasser dans le N.-O.
avec l'escadre légère : une brume intense qui survint
quelques heures après, le sépara de l'armée et il ne la rejoignit que le 24 avec un autre vaisseau, le *Neptune,* 3 frégates et 2 corvettes, aussi séparés, et qui l'avaient rallié.
La persistance des vents de S.-E. inspirait des craintes
sérieuses. J'ai déjà dit que plusieurs vaisseaux étaient sortis avec quinze jours de vivres; le vice-amiral Villaret dut
en retirer à ceux qui se rendaient à Toulon pour en donner aux vaisseaux et aux frégates qui n'en avaient plus.
Cette opération, assez délicate à la mer, était à peine
terminée, qu'un brouillard très-épais dispersa l'armée de la
République et, le 28, un coup de vent, qui fort heureusement se déclara au S.-O., occasionna quantité de désastres.

Le *Téméraire,* dont la voie d'eau était devenue alarmante, fit route pour Brest sous la misaine. Privé d'observations depuis plusieurs jours, le capitaine Morel atterrit
sur le cap Fréhel et entra à Saint-Malo.

Retardé dans son appareillage par la rupture de son
cabestan, le *Neptune* n'avait pu rejoindre l'armée à Camaret. Le 31, le capitaine Tiphaine rencontra le contre-
amiral Vanstabel et le suivit. La persistance du mauvais

_____

(1) L'ancienne *Capricieuse.*
(2) Autrefois la *Panthère.*

temps avait considérablement délié le *Neptune* ; les inquiétudes de son capitaine augmentaient chaque jour et il en
fit part au commandant de l'escadre légère; celui-ci, vu
l'état de la mer, ne put que lui promettre des secours im-
médiats au moment même où ils deviendraient urgents.
On a vu que ce vaisseau avait rejoint l'armée le 24 janvier.
Une nouvelle vôie d'eau, qui se déclara le lendemain pendant la nuit, obligea le capitaine Tiphaine à prendre les
amures à l'autre bord en faisant des signaux de détresse ;
mais incapable de tenir le travers, il lui fallut gouverner
vent arrière. Les pompes ne franchissaient plus et toute la
partie de l'équipage qui n'était pas occupée à pomper,
était employée à vider l'eau avec des bailles et des seaux.
Presque toute l'artillerie, les boulets et les ancres furent
jetés à la mer. Cette situation critique dura cinq jours et
pendant les trois derniers, personne ne bougea du poste
qui lui avait été assigné. Enfin, le 28, la terre fut aperçue,
et à midi 30ᵐ, le *Neptune* était échoué sur les vases de
Perros, à quelques lieues dans le Nord de Brest. L'incli-
naison du vaisseau devint telle qu'on coupa de suite la mâture et l'équipage fut envoyé à terre : cinquante hommes
furent trouvés noyés dans l'intérieur. Le *Neptune* ne put
être relevé.

Après quelques jours de navigation, la guibre du *Neuf-
Thermidor* se détacha de l'étrave. Le capitaine Dorré fit
couper le beaupré et le petit mât de hune, jeter les ancres
et les canons de la batterie haute à la mer. Le 29 janvier,
les pompes ne franchissaient plus. Le vent s'étant déclaré
au S.-O. pendant la nuit, le capitaine Dorré fit gouverner
au S.-E. Malgré cela, les roulis étaient si violents que la
grande vergue et la vergue du grand hunier tombèrent sur
le pont et brisèrent trois pompes ; l'eau gagna dès lors rapidement et le vaisseau s'immergea de plus en plus. Lorsque les canons de la première batterie furent à fleur d'eau,
le *Majestueux* et le *Marat* qui l'accompagnaient lui envoyèrent leurs embarcations : l'évacuation du *Neuf-Thermi-*

dor fut terminée le 31 à 4^h du matin. Moins de trois heures après, ce vaisseau disparaissait englouti dans les flots.

Le *Superbe* eut le même sort que le *Neuf-Thermidor*. Dès le 26 janvier, le capitaine Colomb avait prévenu le commandant en chef que son vaisseau coulait bas ; il en avait reçu des pompes dont sept furent constamment en jeu. Le 30, trois d'entre elles s'engagèrent, et quoique l'artillerie et les boulets eussent été jetés à la mer, l'eau gagna toujours. Le vice-amiral Villaret ordonna alors d'évacuer le *Superbe* ; la *Montagne*, le *Montagnard* et le *Papillon* aidèrent à activer cette opération. L'eau était arrivée à la hauteur de l'entrepont lorsque le capitaine Colomb quitta le bord : vingt minutes après, le *Superbe* disparaissait dans les flots.

Le *Scipion* était un vieux vaisseau qui, ainsi que le *Neuf-Thermidor*, avait été condamné et qui ne put supporter les mauvais temps qui assaillirent l'armée navale à sa sortie du port. Ce vaisseau faisait beaucoup d'eau et chaque jour il se délia davantage par suite de la rupture des chevilles et des courbes. Le 25, les pompes ne franchissant plus, le *Montagnard*, le *Trente-et-un-Mai* et la *Railleuse* reçurent l'ordre de le surveiller. On essaya de le cintrer avec un grelin, mais cette opération n'amena aucun résultat. Le capitaine Huguet demanda alors et obtint de relâcher ; le *Trente-et-un-Mai* l'accompagna. La route, presque vent arrière et à sec de voiles que les deux vaisseaux suivirent, fatigua beaucoup le *Scipion*. Les chevilles sortaient et les écarts s'ouvraient de tous côtés ; le vaisseau menaçait de s'entr'ouvrir. On jeta à la mer tout ce qui fatiguait les hauts. Dans l'après-midi, le grand mât de hune s'abattit et, en tombant, il cassa la grande vergue en deux. Un des morceaux de celle-ci s'étant enfoncé verticalement dans le pont, vint ajouter au désastre en faisant levier pour disjoindre le vaisseau. Des neuf pompes qui jouaient constamment, deux furent brisées par cet accident. A 4^h, le capitaine Huguet demanda des secours au

Trente-et-un-Mai. Le vent tomba fort heureusement pendant la nuit, mais la mer resta fort grosse et il fallut surmonter de grandes difficultés pour sauver l'équipage. Il était 3ʰ 15ᵐ du matin lorsque les derniers hommes quittèrent le bord.

Le vaisseau la *Convention* perdit son gouvernail et réussit à atteindre Lorient à la remorque du *Pelletier*. Le *Fougueux* mouilla à Lorient et le reste de l'armée se trouva rallié à Brest le 3 février.

Pendant cette désastreuse sortie de trente-cinq jours, l'armée de la République captura 70 navires anglais et la frégate Daphne; c'était une faible compensation aux pertes qu'elle avait faites. Le vice-amiral Villaret dut s'estimer heureux de n'en avoir pas éprouvé davantage, car si les vents de S.-O. s'étaient déclarés seulement un jour plus tard, le *Majestueux* et le *Révolutionnaire* eussent probablement aussi été rayés de la liste des vaisseaux de la République.

Tous les vaisseaux avaient assez souffert pour ne pouvoir reprendre de suite la mer; ceux destinés à Toulon ne furent prêts qu'à la fin du mois. Le 22 février, le contre-amiral Renaudin sortit avec les vaisseaux le *Jemmapes*, le *Montagnard*, le *Trente-et-un-Mai*, l'*Aquilon*, le *Tyrannicide*, la *Révolution*, les frégates la *Courageuse*, l'*Embuscade*, la *Félicité* et la corvette l'*Unité*. Cette division fut contrariée par de grands vents d'Ouest. Le *Trente-et-un-Mai* démâta de son mât de misaine et de son grand mât de hune en entrant dans la Méditerranée; le *Tyrannicide* le prit à la remorque. Le 2 avril, la division arriva à Toulon, encombrée de malades et sans avoir fait d'autre rencontre que celle d'un vaisseau espagnol qui ne put être atteint.

Une seconde division de **3** vaisseaux, commandée par le contre-amiral Vence, croisait dans le golfe de Gascogne pour protéger le commerce; ces vaisseaux étaient :

Canons.

	Nestor. . . . . capitaine Monnier.
78	Vence, contre-amiral.
	Fougueux. . . . . capitaine Giot Labrier.
	Zélé. . . . . — Aved Magnac.

Le 7 du mois de juin, cette division, accompagnant un convoi nombreux qui se rendait de Bordeaux à Lorient et à Brest sous l'escorte spéciale des frégates la *Médée*, l'*Andromaque* et de la corvette le *Brutus*, fut chassée par 5 vaisseaux anglais, 2 frégates et un brig aux ordres du vice-amiral Cornwallis. C'étaient :

Canons.

110	ROYAL SOVEREIGN. . . . . capitaine John Whitby.
	honorable William Cornwallis, vice-amiral.
	MARS. . . . . capitaine sir Charles Cotton.
82	TRIUMPH. . . . . — sir Erasmus Gower.
	BRUNSWICK. . . . . — lord Charles Fitzgerald.
	BELLEROPHON. . . . . — lord Cranstoun.

Frégates : PHAETON, PALLAS.
Brig : KINGSFISHER.

Le contre-amiral Vence signala au convoi de filer le long de terre avec son escorte, et se dirigea sur Belle-Isle avec les vaisseaux qui mouillèrent sur la rade du Palais après avoir échangé quelques boulets avec l'ennemi. Le vice-amiral anglais se porta alors sur le convoi et, à 6^h, il tirait sur les frégates. L'*Andromaque*, qui était la dernière, fut atteinte d'abord et retardée dans sa marche par quelques avaries de mâture ; le capitaine Farjenel put bientôt prévoir le sort qui lui était réservé. Afin de tromper l'attente de l'ennemi, il allait jeter sa frégate sur l'île d'Hœdic lorsque, à 8^h, alors qu'il n'était plus qu'à trois longueurs de bâtiment des roches, les Anglais levèrent la chasse. Le capitaine Farjenel eut le bonheur de réussir à éviter les récifs, et il rejoignit la *Médée* avec laquelle il alla mouiller sur la rade de l'île d'Aix ; une partie du convoi entra dans la rivière de Vannes ; quelques navires se réfugièrent dans la Loire : 7 furent capturés. Un autre convoi, escorté par les frégates la *Tribune*, la *Néréide*, la *Républicaine* et la *Vengeance*, était déjà en relâche à Belle-Isle.

Le lendemain de cette affaire, le vice-amiral Cornwallis

se porta à l'entrée de la Manche pour escorter les prises qu'il avait faites depuis son arrivée sur les côtes de France. Le contre-amiral Vence crut voir dans cet éloignement de l'escadre anglaise une ruse pour lui faire quitter son mouillage et, persuadé qu'elle était aux Penmarks, bien qu'il n'eût même pas cherché à s'en assurer, il ne bougea pas et se borna à donner connaissance de sa relâche aux représentants du peuple en mission à Brest, en les informant que les vaisseaux de sa division n'avaient plus que pour trois jours de vivres. La difficulté de leur en envoyer rendait la situation inquiétante; aussi les représentants donnèrent-ils l'ordre au vice-amiral Villaret d'aller faire lever le blocus avec toutes les forces dont il pouvait disposer immédiatement. Le représentant Topsent fut adjoint au commandant en chef. Le 11, l'escadre, forte de 9 vaisseaux, 9 frégates et 4 corvettes, mit à la voile.

Canons.
124 *Peuple* (1). . . . . capitaine. Vignot.
                          Villaret Joyeuse, vice-amiral.
                          Bruix, chef de division, chef d'état-major.

Redoutable.	capitaine	Moncousu.
		Kerguelen, contre-amiral.
Alexandre.	capitaine	Guillemet.
Droits-de-l'Homme. . . .	—	Sébire Beauchesne.
Formidable (2).	—	Durand Linois.
Jean Bart.	—	Legouardun.
Mucius.	—	Larréguy.
Wattigny.	—	Donat.
Tigre.	—	Bedout.

78 — s'applique au groupe *Redoutable* à *Tigre*.

Le contre-amiral Vence s'était enfin décidé à quitter la rade du Palais et, le 16, il rencontra l'escadre de Brest. Cette réunion mit sous les ordres du vice-amiral Villaret les 12 vaisseaux que l'on connaît déjà et les 18 frégates et corvettes ci-après :

Brave. — *Scévola* (3). — *Républicaine.* — *Vengeance.* —

---

(1) Nouveau nom du vaisseau *la Montagne*.
(2) Nouveau nom du *Marat*.
(3) Le vaisseau rasé *l'Illustre*.

Montagne. — Virginie. — Proserpine, — Insurgente. —
Dryade. — Fraternité. — Fidèle. — Cocarde nationale. —
Régénérée. — Tribune. — Atalante. — Constance. — Las
Casas. — Papillon.

Le jour même de cette jonction, 6 voiles suspectes furent
aperçues dans l'Ouest, à 9ʰ du matin; le vent soufflait de
cette partie et le temps était très-brumeux. La *Cocarde*, la
Proserpine et la *Virginie* reçurent l'ordre d'aller les reconnaître: elles signalèrent 5 vaisseaux et une frégate courant
vent arrière. Le vice-amiral Villaret rangea de suite son
escadre en bataille, les amures à tribord, sans avoir égard
aux postes, et il en prit la tête. Le *Mucius* et le *Zélé* reçurent l'ordre de chasser à droite, et le reste de l'escadre,
sur la route qu'elle tenait. Les vaisseaux en vue formaient
la division du vice-amiral Cornwallis qui revenait se mettre
en observation devant Belle-Isle; ils prirent, comme les
Français, le plus près les amures à tribord. Cette manœuvre fit penser au vice-amiral Villaret que ces vaisseaux
étaient seuls et qu'ils n'étaient pas les éclaireurs d'une escadre. Il réitéra l'ordre de chasser sans avoir égard aux
mauvais marcheurs, et il signala de poursuivre l'ennemi de
manière à le forcer de se rendre ou de faire côte. A midi,
la pointe Ouest de l'île de Groix restait à 18 milles dans
l'Est. Les Français continuèrent la chasse toute la journée
sans avantage marqué; le vent se faisait à peine sentir. La
mauvaise marche du *Peuple* retenant ce vaisseau loin de
l'arrière, le commandant en chef passa sur la frégate la
Fraternité, capitaine Florinville. Le 17 — 29 prairial — la
brise fraîchit et prit au N.-E.; l'escadre française qui avait
beaucoup gagné pendant la nuit, se trouva au vent; au
jour, le *Zélé* n'était pas à plus de trois portées de canon du
dernier vaisseau anglais et il était suivi, à petite distance,
par les *Droits-de-l'homme*, le *Formidable*, le *Wattigny*, le
Fougueux, et le *Tigre*. Signal fut fait à ces vaisseaux de

harceler l'ennemi pour retarder sa marche, et aux vaisseaux arriérés, de doubler sous le vent pour le mettre
entre deux feux. La division anglaise gouvernait alors au
N.-O. 1/4 N. dans l'ordre suivant : Brunswick, Royal
Sovereign, Bellerophon, Triumph, Mars. Le *Zélé* ouvrit
son feu sur le dernier, à 9ʰ 10ᵐ et, peu après, la frégate
la *Virginie*, capitaine Bergeret, était derrière le vaisseau
anglais auquel, au moyen de grandes embardées, elle envoyait des bordées entières ; les 5 autres vaisseaux français
suivaient sous toutes voiles dans les eaux du *Zélé*. A 10ʰ, le
capitaine Aved Magnac, peu désireux d'engager le combat
avant d'être soutenu, cargua sa grande voile, puis sa misaine
et enfin mit le perroquet de fougue sur le mât. Il n'était d'ailleurs pas sans inquiétude, dans ce moment, sur la solidité
de son mât de misaine et de son grand mât de hune, et
il lui manquait déjà 153 hommes, absents, malades ou
blessés ; le *Zélé* fut bientôt hors du feu. Moins d'une demi-
heure après, le *Tigre* le remplaça et engagea une canonnade soutenue avec le Royal Sovereign ; tous les vaisseaux
anglais et les *Droits-de-l'homme* prirent une part plus ou
moins grande à cette canonnade. Le Mars et le *Tigre* se retirèrent vers 3ʰ 30ᵐ, le premier avec de nombreuses avaries,
l'autre avec son grand mât de hune fort endommagé. Le
vaisseau les *Droits-de-l'homme* resta alors seul engagé ;
quoique placés au vent, les capitaines du *Formidable* et du
Zélé ne jugèrent pas devoir se porter à son aide, et il était
6ʰ 30ᵐ, lorsque le *Jean Bart* et le *Wattigny* purent lui prêter assistance. Le capitaine Magnac se décida alors à faire
de la voile ; mais au lieu de laisser arriver pour se rapprocher, il alla se placer en avant et hors de la portée du
canon de l'ennemi. Le *Peuple* restait à 12 milles de la
Fraternité et l'*Alexandre* à 15 milles ; les autres vaisseaux
étaient à une distance telle que leur bois paraissait à peine.
Le commandant en chef fit signal de ralliement et il re-
porta son pavillon sur le *Peuple*. Le vent souffla du N.-O.

grand frais pendant la nuit ; l'escadre mit à la cape. Le 19, le vent tomba et passa à l'Est : la route fut donnée au S.-S.-E. sans ordre (1).

Le 22 — 5 messidor — à 4ʰ du matin, un grand nombre de voiles furent signalées dans le N.-O. 1/4 O. ; la brise était faible, toujours de la même partie. C'était l'escadre de l'amiral anglais Bridport composée comme il suit :

Canons.

110	Royal George.	capitaine William Damett.
		lord Bridport, amiral.
	Queen Charlotte. . . .	capitaine sir Andrew Douglas.
108	Queen.	— William Bedford.
		sir Alan Gardner, vice-amiral.
	London	capitaine Edward Griffiths.
		John Colpoys, vice-amiral.
	Prince of Wales. . . .	capitaine John Bazely.
		Henry Harvey, contre-amiral.
	Prince.	capitaine Charles Hamilton.
	Barfleur.	— James Dacres.
	Prince George.	— William Edge.
82	Valiant.	— Christopher Parker.
	Orion.	— sir James Saumarez.
	Irresistible.	— Richard Grindall.
	Russell.	— Thomas Larcom.
	Colossus.	— John Monkton.
80	Sans Pareil.	— William Browel.
		lord Hugh Seymour, contre-amiral.

Frégates : Révolutionnaire, Thalia, Nymphe, Aquilon, Astræa, et 6 bâtiments légers.

Un nombreux convoi, conduit par le commodore sir Borlase Warren, portant des troupes destinées à une expédition sur la côte de Bretagne, était aussi en vue. La frégate du commodore, la Pomone de 40ᵉ et les vaisseaux de 82ᵉ Robust, capitaine Edward Thornborough, Thunderer, capitaine Albermale Bertie et Standard, capitaine Joseph Ellison, l'accompagnaient. Les mauvais marcheurs de l'escadre française reçurent l'ordre de forcer de voiles ; les autres, d'en diminuer. Signal fut fait aussi de serrer le vent et de se

---

(1) M. James, *The naval history* etc., dit que, séparés par un coup de vent, les vaisseaux français allèrent chercher un abri à Belle-Isle ; qu'ils quittèrent ce mouillage dès qu'ils furent tous réunis et firent route pour Brest. Le rapport officiel ne dit pas un mot de cela.

rapprocher du vaisseau amiral. Quelques capitaines seulement se conformèrent à cet ordre, et celui de l'*Alexandre* lui-même, qui devait tout craindre des mauvaises qualités de son vaisseau, mit le commandant en chef dans la nécessité de le lui répéter. A 10ʰ 30ᵐ, le vice-amiral Villaret porta son pavillon sur la frégate la *Proserpine*, capitaine Daugier, le contre-amiral Kerguelen passa sur la *Dryade*, capitaine Grammont et le contre-amiral Vence, sur la *Fraternité*, capitaine Florinville. Une demi-heure plus tard, le commandant en chef ordonna de former la ligne de bataille sur l'*Alexandre*, le plus mauvais marcheur de l'escadre. Le capitaine de ce vaisseau ne comprit probablement pas le signal qui ordonnait ce mouvement, car il le contraria en laissant arriver. Le vent qui n'avait cessé de mollir passa au S.-O. dans l'après-midi; ce changement fut profitable à l'ennemi qui le ressentit le premier. Après avoir signalé l'ordre de marche sur la ligne du plus près tribord, la route à l'E.-N.-E., et à la *Régénérée*, capitaine Héron, de prendre l'*Alexandre* à la remorque, le vent halant l'Ouest, et le commandant en chef voulant se réserver la possibilité de se ranger en bataille de l'un ou de l'autre bord selon les circonstances, signala l'ordre de front. Cet ordre de marche ne fut pas formé un seul instant, malgré les signaux particuliers et les ordres verbaux qui furent transmis par les frégates, particulièrement au *Mucius* et au *Jean Bart*, de régler leur marche sur celle des plus mauvais marcheurs. La *Virginie*, capitaine Bergeret, reçut la mission de prendre le *Redoutable* à la remorque. Pendant que le vice-amiral Villaret employait ainsi tous les moyens en son pouvoir pour se faire comprendre et obéir des capitaines de son escadre, les vaisseaux anglais approchaient toujours. Le vent tomba heureusement à la nuit, pour s'élever au Sud vers 1ʰ du matin. Au jour, l'île de Groix restait à 15 milles dans l'E.-N.-E.; 3 milles seulement séparaient les deux escadres. Le commandant en chef signala de nouveau l'ordre de marche sur la ligne du plus près tribord, la route à l'E.-N.-E., avec injonction aux meilleurs voiliers de régler leur marche sur celle des mauvais marcheurs et, de sa personne, il se porta sur l'arrière de la ligne avec la *Proserpine*. Tous ces ordres furent sans effet. L'ignorance et l'indiscipline de plusieurs capitaines, pour ne pas dire plus, rendirent nulles toutes les mesures prescrites par le commandant en chef. Ses signaux et ses ordres, même ceux donnés par lui au porte-voix, restèrent inexécutés; chacun forçait de voiles : c'était à qui atteindrait le port. 11 vaisseaux anglais étaient alors presque à portée de canon. L'*Alexandre*, isolé à l'extrême gauche, appelait l'attention particulière du commandant en chef; la *Régénérée*, qui avait largué la remorque, reçut l'ordre de la reprendre. Bientôt la frégate la *Concorde* prévint que la ligne s'engorgeait au centre vers lequel toute la gauche s'était portée; mais au lieu d'appuyer sur bâbord, ces vaisseaux persistèrent à tenir le vent, augmentant ainsi, et les difficultés de la manœuvre et la distance qui les séparait de l'*Alexandre*. Le *Zélé*, notamment, passa du centre à la droite de la ligne. Le commandant en chef signala alors à l'escadre et particulièrement à l'*Alexandre* de serrer la ligne : ce signal resta sans exécution, même de la part de ce dernier vaisseau dont la position devenait de plus en plus critique, car un groupe de vaisseaux ennemis était sur le point de l'atteindre. L'escadre de droite et celle du centre reçurent l'ordre de gouverner au N.-E. ; cette route devait les rapprocher de l'*Alexandre*; mais le *Peuple*, le *Tigre*, le *Redoutable* et le *Jean Bart* laissèrent seuls arriver, et encore furent-ils obligés de reprendre bientôt leur première route, parce que le *Wattigny*, le *Fougueux* et le *Zélé*, placés entre eux et le vaisseau menacé, s'obstinaient à appuyer de leur côté. L'*Alexandre* et le *Mucius*, premier et deuxième vaisseaux de gauche, commencèrent à tirer en retraite à 5ʰ 45ᵐ du matin. Le premier ne tarda pas à être attaqué par l'Orion et par l'Irresistible; la *Régénérée* largua la remorque et le *Mucius*, augmentant de voiles, l'abandonna. Le commandant en chef ne vit d'autre moyen de faire soutenir ce vaisseau que de se former sur lui en ligne de convoi. Mais c'était un parti pris de ne pas obéir, et les capitaines Bedout, Durand Linois et Legouardun du *Tigre*, du *Formidable* et du *Jean Bart* furent les seuls qui exécutèrent cet ordre; les autres vaisseaux continuèrent à s'éloigner. Le vice-amiral Villaret ne pouvait cependant pas se résoudre à abandonner l'*Alexandre*; il fit signal d'aller le dégager : plusieurs vaisseaux répétèrent le signal, aucun ne l'exécuta. Le *Jean Bart*, qui avait forcé de voiles pour se placer derrière le *Peuple*, ne s'y maintint même pas et, lorsque à 7ʰ 30ᵐ, le capitaine Legouardun reçut une blessure qui l'obligea à quitter le pont et à remettre le commandement au lieutenant de vaisseau Beaullon, son second, ce vaisseau était à deux câbles en avant du *Peuple*. Sur l'ordre qui lui fut donné de reprendre son poste, il cargua sa misaine et ses perroquets et mit son grand hunier sur le mât. Il y était à peine, que son chef de file diminua subitement de voiles et masqua même son grand hunier; le *Jean Bart* qui venait d'avoir sa roue de gouvernail brisée, n'ayant pu prévoir cette manœuvre, doubla de nouveau le *Peuple*. Deux fois le signal de reprendre son poste fut fait au *Mucius* : son capitaine n'en tint aucun compte. Le grément et la voilure de l'*Alexandre* étaient hachés; ses vergues étaient presque toutes coupées; une grande partie de ses canons étaient démontés; il avait près de 3 mètres d'eau dans la cale. Sa résistance avait été héroïque, mais elle ne pouvait se prolonger davantage. Le Queen Charlotte avait joint son feu à celui des autres vaisseaux : le capitaine Guillemet fit amener le pavillon. Il était 11ʰ 30ᵐ; l'*Alexandre* n'était pas à plus de 6 milles de terre. Les vaisseaux qui l'avaient plus particulièrement combattu portaient des traces nombreuses de sa vaillante défense. L'*Alexandre* prit le nom d'Alexander dans la marine anglaise.

L'attaque des vaisseaux anglais n'avait pas été exclusive à l'*Alexandre*; dès 6ʰ 15ᵐ, le *Formidable* avait eu à combattre le QUEEN CHARLOTTE et le SANS PAREIL. La roue de son gouvernail ayant été brisée, il ne put gouverner qu'avec difficulté pendant quelque temps et cette circonstance fâcheuse le fit rester de l'arrière. Le capitaine Linois, blessé, avait remis le commandement au lieutenant de vaisseau Broca. Le *Formidable* ne tarda pas à se trouver dans la situation la plus critique, séparé du reste de son escadre avec presque toutes ses voiles en lambeaux et ses manœuvres coupées, et soutenu seulement par le *Tigre* et le *Redoutable*. Cette situation se trouva encore aggravée par l'incendie : le feu prit à sa dunette et se communiqua au mât d'artimon. Obligé de porter toute son attention vers ce nouveau désastre, le lieutenant de vaisseau Broca fit cesser de tirer et amener le pavillon. Il était 11ʰ 45ᵐ; le vaisseau était à 3 milles de l'île de Groix. Le *Formidable* fut classé dans la marine anglaise sous le nom de BELLE-ISLE.

Tandis que les capitaines Guillemet et Linois se débattaient ainsi contre un résultat sur lequel ils ne pouvaient cependant concevoir aucun doute, les autres vaisseaux continuaient leur route sans aucun ordre. Les mauvais marcheurs seuls, au nombre de cinq, le *Peuple*, le *Redoutable*, les *Droits-de-l'Homme*, le *Tigre* et le *Nestor*, naviguant avec ensemble, formaient une arrière-garde capable d'arrêter un moment l'ennemi. Aussi celui-ci crut-il devoir l'attaquer en même temps par les extrémités et par l'arrière. Deux de ses vaisseaux dépassèrent même ce groupe; mais après une courte canonnade avec le *Wattigny* et le *Brave*, ils rallièrent leur escadre. Les ordres du commandant en chef n'étaient pas plus exécutés en ce moment qu'ils ne l'avaient été avant le commencement du combat. Ce fut en vain qu'il signala aux vaisseaux de tête de diminuer de voiles et même de mettre en panne; au *Zélé* enfin de donner la remorque au *Tigre* : le capitaine Magnac se borna à mettre le grand hunier sur le mât.

II. 27

Indigné de la conduite des capitaines, le vice-amiral Villaret fit carguer les basses voiles de la frégate qu'il montait, et dans l'espoir que sa manœuvre serait imitée, et qu'on n'oserait pas le laisser seul en arrière exposé au feu de tous les vaisseaux ennemis, il mit en travers pour arrêter les fuyards. Il se trompait encore; chacun ne songeait qu'à soi et cherchait son salut dans la fuite. Le vaisseau les *Droits-de-l'Homme*, qui avait fini par faire comme les autres, reçut un signal de mécontentement lorsqu'il passa auprès de la *Proserpine*; seul cependant il avait mis en panne. Cédant aux représentations de son pilote, le capitaine Sebire avait fait servir lorsque la basse Garo resta à un mille sous le vent (1).

Le *Tigre* était coupé, entouré et combattu par le London, le Queen Charlotte et le Queen, lorsque le commandant en chef ordonna de mettre en panne. Le capitaine Bedout, qui recevait sa troisième blessure, venait d'être descendu dans sa chambre. Le *Tigre* n'avait plus de voiles; la mèche de son gouvernail était coupée : il ne gouvernait plus. Il succomba, victime du dévouement et de l'obéissance de son capitaine, au moment où il atteignait le port; il n'était pas à plus de trois encâblures de l'île de Groix (2). Le Royal-George qui arrivait lui envoya, par inadvertance sans doute, une bordée après que son pavillon eut été amené. En ce moment, les autres vaisseaux étaient plus ou moins engagés. La *Proserpine* rétablit sa voilure pour ne pas être enveloppée. Le vice-amiral Villaret avait d'abord eu l'intention de mouiller devant Groix; mais reconnaissant que ses vaisseaux n'y seraient pas à l'abri de l'attaque de l'ennemi, il se décida à entrer à Lorient. L'amiral anglais

---

(1) La basse Garo, sur laquelle il n'y a que six mètres d'eau, est à 5 milles 1/2 dans le N.-O. de la pointe du Talut et à 6 milles du Port-Louis.

(2) En parlant de la défense du *Tigre*, Fox dit au parlement anglais : « Nous avons vu récemment, dans le combat de Groix, un exemple de noble mépris pour la mort. Dans une action mémorable, le capitaine Bedout, combattant pour l'honneur de la patrie, a rivalisé avec les héros de la Grèce et de Rome ; i a été pris, mais couvert de gloire et de blessures. »

abandonna alors la poursuite. Les pertes étaient insignifiantes des deux côtés. Le QUEEN CHARLOTTE, le SANS PAREIL et l'IRRESISTIBLE seuls avaient des avaries graves ; le dernier avait perdu son capitaine.

Telle fut l'issue de l'affaire qu'on désigne en France sous le nom de combat de Groix, combat dans lequel l'ignorance et l'indiscipline se montrèrent dans toute leur force. C'était le résultat des idées de l'Assemblée et de la Convention nationales sur la marine et aussi, la conséquence de l'émigration. On doit dire cependant, non comme atténuation des fautes commises par les capitaines, mais dans l'intérêt de la vérité, que tous les équipages des vaisseaux étaient incomplets, qu'il y avait un grand nombre de malades et que, par suite, le service de l'artillerie ne put être fait qu'en portant les hommes d'une pièce à une autre. Cependant le vice-amiral Villaret devint l'objet de toutes les accusations. On avait dit au chef de vaincre, sans s'inquiéter beaucoup des moyens mis à sa disposition. Des écrits malveillants furent lancés dans le public par quelques capitaines de l'escadre, et les représentants du peuple durent en défendre la publication. Le vice-amiral Villaret comprit qu'en pareille circonstance il devait, non se justifier, mais mettre sous les yeux de la nation la conduite de ses sous-ordres, afin qu'elle pût elle-même juger combien était difficile la tâche qui était imposée aux commandants des escadres de la République. Le 19 juillet 1795 il formula la plainte suivante :

« Dans la journée du 29 prairial, je ne me plains que
« du capitaine du *Zélé* qui, ayant engagé l'action à 9ʰ du
« matin, se retira du feu vingt minutes après, et manœu-
« vra le reste de la journée pour rester en arrière, quoi-
« qu'il n'eût éprouvé aucune avarie majeure et qu'il n'eût
« que cinq hommes hors de combat. Je me plains de ce
« qu'il laissa combattre le *Tigre* et les *Droits-de-l'Homme*
« seuls, restant — quoiqu'il fût le meilleur voilier de
« l'armée — tranquille spectateur du combat ; mettant son

« perroquet de fougue sur le mât dès le moment qu'il s'a-
« percevait que les boulets ennemis l'approchaient.

« Je me plains également, dans la journée du 5 messidor,
« du même capitaine qui, loin de profiter de la marche de
« son vaisseau pour voler au secours de l'*Alexandre*, se porta
« au contraire, malgré mes signaux, dans la partie de
« l'escadre qui n'était pas exposée, et ne profita des bonnes
« qualités de son vaisseau que pour ne pas prendre part à
« l'action. Je me plains encore bien amèrement de la dés-
« obéissance qu'il apporta dans le signal que je lui fis de
« donner la remorque au *Tigre*, désobéissance à laquelle
« j'attribue la perte de ce vaisseau qui n'avait tout au
« plus que quatre encâblures à parcourir pour atteindre
« le coureau de Groix.

« Je me plains du *Mucius* qui, se trouvant auprès de
« l'*Alexandre* lorsque l'action commença, força de voiles
« dès les premières volées et se porta même en avant de
« la frégate que je montais. Jamais on ne montra plus
« d'ignorance ni plus d'impéritie dans les manœuvres et
« dans les mouvements d'une armée.

« Je me plains de l'ignorance et de l'insubordination du
« capitaine du *Fougueux* qui, ayant toujours mal manœu-
« vré, n'a pris nulle part à l'action, quoique je l'aie rap-
« pelé à ses devoirs par des signaux particuliers, et que les
« bonnes qualités de son vaisseau lui permissent de se-
« courir les vaisseaux engagés, sans se compromettre.

« Le *Wattigny* tint constamment le vent, tandis que les
« efforts de l'ennemi se portaient sur les vaisseaux sous le
« vent que j'ordonnais d'appuyer. Pourquoi le capitaine
« Donat dont le vaisseau n'avait nullement souffert, et qui
« marche très-bien, n'a-t-il pas exécuté l'ordre de mettre
« en panne pour couvrir le *Tigre* ?

« Je me plains du *Jean Bart* qui, s'étant d'abord porté
« en arrière avec la meilleure contenance et qui avait en-
« gagé le combat de la manière la plus vigoureuse, força
« de voiles, passa à la tête de l'escadre, et n'exécuta ni

« l'ordre de prendre poste derrière le *Peuple*, ni celui de
« mettre en panne.

« Je reproche au capitaine des *Droits-de-l'Homme*, offi-
« cier fort instruit, de n'être pas resté en panne jusqu'à ce
« que j'eusse fait le signal d'éventer.

« Je n'ai d'ailleurs à donner que les plus grands éloges
« aux généraux Vence et Kerguelen qui me secondaient.

« Je ne saurais assez louer la manœuvre et la valeur des
« autres capitaines, et je rends avec plaisir hommage à
« l'intelligence des commandants des frégates, parmi les-
« quels il est de ma justice de faire une mention particu-
« lière de la bravoure du citoyen Bergeret, commandant
« la *Virginie*, qui n'a pas hésité à attaquer et qui a com-
« battu longtemps l'ennemi. Le courage du citoyen Héron,
« commandant la *Régénérée*, qui n'abandonna la remorque
« qu'il donnait à l'*Alexandre* que lorsque ce vaisseau fut
« enveloppé, mérite les plus grands éloges. »

La conduite de ces officiers fut examinée par un jury
composé des capitaines de vaisseau Boissauveur, Lebrun,
Maistral (Esprit), Leray et des lieutenants de vaisseau Mor-
phy, Rolland et Lhermitte (Jean).

Le capitaine de vaisseau Aved Magnac du *Zélé*, trouvé
coupable par le jury dans l'affaire du 17 juin ; coupable
aussi, mais excusable dans celle du 22, fut cassé, déclaré
incapable de servir, et condamné à six mois de prison par
conseil martial.

Le capitaine Giot Labrier, du *Fougueux*, jugé coupable,
fut déclaré incapable de servir.

Les capitaines de vaisseau Larréguy et Donat, du *Mucius*
et du *Wattigny*, convaincus du fait, mais non criminels,
furent mis hors de détention.

Les capitaines de vaisseau Legouardun et Sébire, du *Jean
Bart* et des *Droits-de-l'Homme*, ainsi que le lieutenant de
vaisseau Baullon furent déchargés de l'accusation portée
contre eux.

Ce jugement, qui porte la date du 4 fructidor an III, est

signé : Vaultier, Bouvet, François, Nielly, contre-amiraux ;
Mallès, Gourio, Puren, Deniau, Vignot, Longer, Raillard,
Legrand, capitaines de vaisseau.

L'arrêt du conseil martial ne satisfit pas complétement,
paraît-il, le Comité de salut public, car il décréta que la
conduite particulière tenue, pendant le procès, par le capitaine Aved Magnac, condamné à subir son emprisonnement au fort la Loi, à Brest, nécessitait sa translation au
château du Taureau. à l'entrée de la rivière de Morlaix et
même plus loin s'il était nécessaire ;

Que les capitaines Larréguy et Donat, déclarés par le
jury convaincus du fait, mais non criminels, étaient indignes
de continuer leurs fonctions, et il destitua ces deux officiers.

Le Comité de salut public ordonna, en outre, que les
capitaines Legouardun et Sébire seraient déclarés maintenus dans leur commandement, en présence des officiers
de l'armée et de ceux du port assemblés.

Les bâtiments qui avaient été signalés lorsque l'escadre du
vice-amiral Villaret rentrait à Lorient, étaient 50 transports
escortés par 3 vaisseaux et 6 frégates, formant la division du commodore anglais sir Borlase Warren, chargé de
protéger et d'aider l'expédition que les émigrés projetaient
depuis longtemps contre la Bretagne. Ils allèrent mouiller
sur la rade du Pouldu, au Nord de Lorient, où l'amiral
Bridport les rejoignit. La présence de cette expédition
donna de vives inquiétudes en France ; on craignit une
tentative sur Lorient, et le commandant de l'escadre française reçut l'ordre de faire contribuer les vaisseaux à la
défense de la ville. Toutes les troupes embarquées comme
garnisons furent mises à terre, ainsi que les canonniers et
les marins de bonne volonté.

Les dispositions qui furent prises dérangèrent probablement les projets de l'amiral anglais car, au lieu d'effectuer sa descente dans la baie du Pouldu, comme il paraissait en avoir l'intention, il se rendit dans celle de Quiberon,

où il mouilla le 25 juin. Ce mouvement fit changer le
système de défense qui avait été arrêté; les soldats des
vaisseaux furent remplacés dans le service qui leur avait
été assigné dans la place par des marins, et l'on en forma
une colonne qui fut mise à la disposition du général Jos-
net pour s'opposer au progrès de l'ennemi. Ce fut cette
colonne qui cerna le corps des royalistes à Carnac e
prépara ainsi les mémorables, mais tristes journées des
16 et 21 juillet qui anéantirent les projets de la Cour de
Londres contre la République ; journées dans lesquelles,
suivant l'énergique expression de Sheridan, le sang anglais
ne coula pas, mais son honneur suinta par tous les pores.

Le mauvais succès de cette expédition ne rebuta pas les
royalistes, et l'on vit pendant plusieurs mois encore une
forte escadre anglaise croiser dans les parages de Belle-Isle
et de Groix. Un nouveau débarquement, à la tête duquel
se trouvait un prince français, eut lieu à l'île d'Yeu ; après
des pourparlers sans fin, l'amiral anglais mit à la voile, le
15 novembre, abandonnant les trop confiants royalistes à
leur malheureux sort.

Pendant que ce parti éprouvait un si rude échec à Quiberon, l'Espagne signait à Bâle, le 12 juillet, un traité de
paix avec la République française.

Les réparations des vaisseaux furent poussées avec activité dans le port de Lorient et, à la fin du mois d'août, il
ne leur manquait plus que des équipages pour qu'ils pussent reprendre la mer. La pénurie des subsistances avait
nécessité leur congédiement, et les marins qui avaient été
conservés faisaient le service à terre. Ce ne fut pas chose
facile de faire rallier des matelots ; il fallut un décret pour
les rappeler sous les drapeaux. Il n'en revint néanmoins
qu'un très-petit nombre, et l'on prit le parti de faire sortir
isolément, ou du moins par divisions, les vaisseaux qui
étaient en relâche ; arrivés à Brest, leurs équipages étaient
renvoyés à Lorient pour armer de nouveaux vaisseaux. Ce
fut de cette manière que l'escadre de l'Océan quitta Lorient

en trois divisions, sous les ordres des contre-amiraux Vence et Kerguelen et du vice-amiral Villaret, les 9 décembre 1795, 10 janvier et 6 mars 1796. Celles des frégates qui n'avaient pas encore repris leur service de croisière sortirent avec ces divisions; quelques-unes furent envoyées à Rochefort, où l'on faisait des préparatifs d'armement; les vaisseaux le *Wattigny* et le *Fougueux* reçurent aussi cette direction.

La sortie de l'escadre française fut favorisée par le départ de celle des Anglais qui n'avaient laissé qu'une division de frégates dans ces parages.

Pendant cette expédition des Anglais sur la côte, le cutter de 14ᵉ Swan fut pris par la frégate la *Forte* de la division du commandant Moultson.

———

Pour faire face aux nombreux armements que nécessitaient les circonstances et mettre l'escadre de Toulon en état de reprendre la mer, il fallut compléter les équipages avec 2,400 hommes de la légion de la Corrèze, des 18ᵉ et 108ᵉ demi-brigades. Ce complément porta à 7,500 le nombre des hommes qui, sur un effectif de 12,000, n'avaient jamais été à la mer. Et en retranchant 1,300 officiers et maîtres, il restait 2,300 matelots pour armer 15 vaisseaux, 7 frégates et 15 corvettes. Voilà pour le personnel. Au matériel, le contre-amiral Martin déclara que le premier mauvais temps ne le laisserait pas sans inquiétudes sur le sort de plusieurs vaisseaux. Ses observations ne furent pas prises en considération et, le 2 mars, l'armée mit à la voile, composée comme il suit :

Canons.
120   *Sans-Culottes* (1). . . . . capitaine Lapalisse.
                              Martin (Pierre), contre-amiral.
86 { *Ca-ira* (2). . . . . capitaine Coudé.
   { *Tonnant*. . . . .   —   Cosmao Kerjulien.
                              Delmotte, contre-amiral.

———

(1) Le *Dauphin-Royal*.
(2) La *Couronne*.

Victoire (1).	capitaine	Savary.
Alcide.	—	Leblond Saint-Hylaire.
Barras.	—	Maureau.
Censeur.	—	Benoist.
Conquérant.	—	Lemancq.
Duquesne.	—	Allemand (Zacharie).
Généreux.	—	Louis.
Guerrier.	—	Infernet.
Heureux.	—	Lacaille.
Mercure.	—	Catteford.
Peuple Souverain (2). . .	—	Charbonnier.
Timoléon (3).	—	Khrom.

78

Frégates : *Artémise, Alcesie, Minerve, Vestale, Friponne, Junon, Diane*.
Corvettes : *Brune, Badine*.
Brigs : *Hasard, Scout, Alerte*.

Le représentant du peuple Letourneur (de la Manche) était embarqué sur le vaisseau amiral.

Quelle était la destination de cette armée navale? On doit supposer que le but de sa sortie était une attaque contre la Corse puisque, pour la faire appareiller, on avait attendu que l'armée anglaise s'éloignât de cette île, et que des troupes avaient été embarquées sur les vaisseaux et sur des transports qui ne quittèrent pas, il est vrai, la rade. La correspondance du représentant Letourneur indique, en effet, un débarquement en Corse et une expédition sur Livourne. M. Thiers a écrit (4) que le gouvernement avait imaginé un coup de main sur Rome pour venger l'assassinat de l'ambassadeur Basseville. Le Comité de salut public, dans son rapport à la Convention nationale, dit que l'armée n'était sortie que pour assurer la navigation des navires français dans la Méditerranée. M. Pouget (5) prétend qu'il était primitivement question d'une expédition sur les côtes d'Italie; mais que le contre-amiral Martin ayant trouvé ce projet impraticable, eu égard à la force de l'escadre anglaise, le gouvernement décida que les vaisseaux de Toulon sortiraient uniquement

---

(1) Le *Languedoc* d'abord et l'*Anti-Fédéraliste* ensuite.
(2) L'ancien *Souverain*.
(3) Le *Commerce-de-Bordeaux*.
(4) *Histoire de la Révolution française*.
(5) *Précis sur la vie et les campagnes du vice-amiral Martin*.

pour chercher et combattre l'ennemi. Quoi qu'il en soit, contrariée par les calmes et par les vents, ce fut seulement le 8 que l'armée arriva en vue de la partie Nord de la Corse. Vers 8ʰ du matin, les découvertes signalèrent un vaisseau sous la terre : c'était le vaisseau anglais de 82ᶜ BERWICK, capitaine Adam Littlejohn, qui allait rejoindre son escadre à Livourne. Le vent soufflait du S.-O. Le *Duquesne*, le *Censeur*, l'*Alceste* et la *Minerve* reçurent l'ordre de lui donner la chasse; la *Vestale* le fit aussi. La frégate de 36ᶜ l'*Alceste*, capitaine Lejoille, l'atteignit la première et l'attaqua de suite. Après une honorable résistance qui coûta la vie au capitaine Littlejohn, le BEAWICK amena son pavillon au moment où la *Vestale*, capitaine Delorme, qui venait d'arriver, lui envoyait sa seconde volée. Le *Duquesne*, qui approchait également, et qui ne s'était pas aperçu que le vaisseau anglais eût amené son pavillon, lui tira aussi une bordée. Le BERWICK, vaisseau de 82ᶜ, n'en portait que 64 et, démâté à la suite d'un coup de vent sur la rade de Saint-Florent, il avait la mâture d'une frégate; il fut de suite envoyé à Toulon. L'*Alceste* avait perdu son mât d'artimon, et le capitaine Lejoille avait reçu une bles-sure grave.

Dès que le vice-amiral Hotham apprit la sortie de l'armée française; il appareilla de Livourne avec les vaisseaux.

Canons.		
110	BRITANNIA.	capitaine John Halloway.
		William Hotham, vice-amiral.
	PRINCESS ROYAL.	capitaine John Child Purvis.
		Cranston Goodall, vice-amiral.
108	SAINT GEORGE.	capitaine Thomas Foley.
		sir Hyde Parker, vice-amiral.
	WINDSOR CASTLE.	capitaine John Gore.
		Robert Linzee, vice-amiral.
	CAPTAIN.	capitaine Samuel Reeve.
	FORTITUDE.	— William Young.
	ILLUSTRIOUS.	— Thomas Frederick Lennox.
82	TERRIBLE.	— George Campbell.
	COURAGEUX.	— Augustin Montgomery.
	EGMONT	— John Sutton.
	BEDFORD.	— Davidge Gould.
	TANCREDI (napolitain). . .	— Carracioli.

72 | AGAMEMNON. . . . . — Horatio Nelson.
   | DIADEM. . . . . — Charles Tyler.

Frégates : INCONSTANT, LOWESTOFFE, MELEAGER, ROMULUS, PYLADE, MINERVA. Les deux dernières étaient napolitaines.

2 corvettes et 2 cutters.

Le 11 au matin, les découvertes françaises signalèrent l'escadre anglaise sous le vent, mais une brume épaisse la fit bientôt perdre de vue avant qu'on eût pu reconnaître sa force, et les deux escadres manœuvrèrent pendant deux jours, tantôt en vue l'une de l'autre, tantôt ne se voyant pas. Le 13, l'ennemi fut distinctement aperçu sous le vent et, pour la première fois, on put compter ses 14 vaisseaux (1). Quatre d'entre eux se trouvant fort en avant des autres, le commandant en chef de l'armée française eut l'idée de les couper et dans ce but, il fit signal de laisser arriver quatre quarts largue par un mouvement successif. Il courut ainsi pendant quatre heures ; le vent étant alors presque entièrement tombé et la ligne s'allongeant beaucoup, il donna l'ordre de virer lof pour lof par la contre-marche. La faiblesse de la brise tint les escadres en présence pendant le reste de la journée, mais elles ne se rapprochèrent pas.

Un arrêté du 12 juin 1794 ordonnait à tous les officiers généraux commandant une armée, aux officiers généraux commandant les escadres qui la composaient et à tous les commandants d'escadre de 12 vaisseaux, d'arborer leur pavillon sur une frégate pendant le combat (2). En exécution de cet arrêté, le contre-amiral Martin mit son pavillon sur la *Minerve*, capitaine Perrée, et le contre-amiral Delmotte passa sur la *Friponne*, capitaine Trullet

---

(1) Ce chiffre est donné par les relations anglaises. M. Pouget, à l'ouvrage duquel j'ai volontiers recours pour ce qui concerne les campagnes du vice-amiral Martin auquel des liens d'étroite parenté le rattachent, M. Pouget dit qu'il y avait 17 vaisseaux.

(2) Cet arrêté fut rapporté le 6 juin 1795 et remplacé par un autre qui statuait que les amiraux feraient arborer leur pavillon sur un vaisseau de premier rang, mais qu'ils pourraient, dès qu'ils le jugeraient nécessaire, le faire arborer sur une frégate, à la charge de rendre compte des motifs qui les y auraient déterminés.

(Léonce). Vers 7ʰ du matin, le 14, l'escadre ennemie fut aperçue sous le vent, à environ 3 milles ; la brume avait empêché de la voir plus tôt. Le vent soufflait du S.-O. Alors aussi, on s'aperçut que le *Mercure* manquait. Ce vaisseau avait démâté de son grand mât de hune entre 6 et 7ʰ du soir, et s'était bientôt séparé de l'armée que la brume lui fit perdre de vue. Craignant de tomber dans l'escadre ennemie, et bien que le commandant en chef qui connaissait ses avaries lui eût promis de lui envoyer une frégate, le capitaine Catteford avait fait route pour le golfe Juan, rendez-vous assigné en cas de séparation, au risque de trouver sur son passage l'ennemi qu'il craignait de rencontrer. Cette séparation n'était pas le seul événement de cette nuit sombre et venteuse : le *Ça-ira* et la *Victoire* s'étaient abordés et, démâté de ses deux mâts de hune, le premier de ces deux vaisseaux était tombé sous le vent ; lorsque la brume se dissipa, il occupait une position intermédiaire entre les deux escadres. Bientôt on vit la frégate anglaise INCONSTANT, capitaine Francis Freemantle, l'approcher et le canonner. Le capitaine Coudé, qui faisait travailler à sauver son grément et les débris de sa mâture, se décida à couper tout ce qui pendait encore le long du bord pour dégager ses batteries ; il put alors riposter et força la frégate à se retirer. Deux vaisseaux, l'AGAMEMNON et le CAPTAIN, la remplacèrent et le *Ça-ira* eût fini par succomber, si à 10ʰ 30ᵐ, la *Vestale*, capitaine Delorme, ne fût venue le prendre à la remorque. En même temps que le commandant en chef donnait cet ordre au capitaine de la *Vestale*, il signalait à l'armée de former une prompte ligne de bataille, de forcer de voiles et de gouverner au N.-E. pour aller secourir le vaisseau engagé. Les capitaines se conformèrent rigoureusement à cet ordre et ne crurent pas devoir suivre une route autre que celle signalée. Le commandant en chef ne s'aperçut malheureusement pas assez tôt que l'armée ne passerait pas, ainsi qu'il le désirait et qu'il l'avait supposé, entre le *Ça-ira* et l'ennemi, et ce vaisseau se trouva encore sous le vent de la ligne. L'approche des Français décida cependant l'AGAMEMNON et le CAPTAIN à rejoindre leur escadre et l'affaire en resta là pour la journée. Il était alors 1ʰ 25ᵐ (1). Le *Censeur* prit le *Ça-ira* à la remorque.

La brise fut faible pendant la nuit; l'armée navigua à peu près sans ordre, mais assez bien ralliée. Au jour, on put constater une nouvelle séparation : le *Sans-Culottes* avait quitté l'armée. Persuadé qu'un nouveau combat aurait lieu le lendemain, le contre-amiral Martin était resté sur la *Minerve*, mais, à l'entrée de la nuit, il s'était approché du *Sans-Culottes* et lui avait fait connaître ses intentions. Le capitaine Lapalisse avait alors informé le commandant en chef que son vaisseau gouvernait fort mal. On vit bientôt, en effet, le trois-ponts tomber sous le vent l'on ne tarda pas à le perdre de vue. Vers 3ʰ du matin, par une fausse interprétation des ordres qu'il avait reçus, le capitaine Lapalisse vira de bord et s'éloigna par suite davantage; il chercha vainement l'armée pendant toute la journée. Chassé par 2 vaisseaux ennemis, le 16 au matin, il entra à Gênes.

Le vent était entièrement tombé et l'armée française se trouvait en calme, à 24 milles dans le S.-O. de Gênes ; le *Ça-ira* et le *Censeur*, qui avait largué la remorque, étaient à grande distance dans l'Ouest ; et l'escadre anglaise, alors à moins de 3 milles dans le Nord, gouvernait avec une brise très-faible de N.-O sur les deux vaisseaux isolés qui, eux, cherchaient tardivement à se rapprocher des leurs. Mais, quoi qu'ils fissent, ils ne purent réussir à parcourir la distance qui les séparait de leur armée, avant d'être joints par le CAPTAIN et par le BEDFORD; il était 6ʰ 40ᵐ. Après un engagement d'une heure, le CAPTAIN, qui était arrivé le premier, fut entièrement désemparé et mis hors d'état de continuer son feu. L'autre vaisseau, aussi peu heureux dans

---

(1) M. William James, *The naval history*, etc., dit 2 heures 15 minutes.

son attaque, se retira également. Ils furent remplacés par
l'Illustrious et le Courageux. Il était 7ʰ 45ᵐ lorsque l'armée française reçut la brise; mais quelques vaisseaux
abattirent sur un bord, les autres sur l'autre, et le désordre
devint aussi grand que possible au moment où leur appui
était le plus nécessaire à ceux qui étaient attaqués. Le
Duquesne, chef de file de la ligne, prit les amures à tribord, ainsi que le *Tonnant*, la *Victoire* et le *Timoléon*. Le
commandant en chef signala de se former en bataille sur
ces vaisseaux : son intention était de passer entre le *Ça-ira*,
le *Censeur* et l'escadre anglaise. Mais la brise devint tellement faible, que les vaisseaux gouvernaient à peine; et,
malgré les signaux répétés de serrer l'ennemi au feu, les
4 vaisseaux mentionnés plus haut furent les seuls qui arrivèrent en aide aux deux qui étaient engagés. Tous
avaient cependant leurs embarcations à la mer pour faciliter l'évolution. Dans ce pêle-mêle, le *Duquesne* fut abordé
par la frégate anglaise Lowestoffe qui parvint à se dégager, grâce à l'intervention de la Minerva. Les Français
avaient le cap au O.-S.-O. et portaient par conséquent sur
les vaisseaux anglais avancés avec lesquels le *Ça-ira* et le
Censeur étaient engagés. Cette route permit même au capitaine Allemand de passer au vent à eux et de les séparer
de leur escadre. A 8ʰ, le *Duquesne*, la *Victoire*, le *Tonnant*
et le *Timoléon* engagèrent successivement l'Illustrious,
le Courageux et plusieurs autres vaisseaux anglais. Une
heure après, les deux premiers vaisseaux ennemis n'avaient
plus que leur mât de misaine; et, si la faiblesse de la brise
empêcha les autres vaisseaux de leur escadre de les soutenir, elle les préserva d'une capture à peu près certaine.
Après avoir doublé les vaisseaux anglais, au lieu de laisser arriver pour les combattre en faisant la même route, le
Duquesne continua à serrer le vent; sa manœuvre fut imitée par les vaisseaux qui le suivaient. Le *Censeur* n'avait
plus que son mât d'artimon. Accablé par le nombre, il
amena son pavillon à 10ʰ : il était si maltraité, que les Anglais

le livrèrent aux flammes. Rasé comme un ponton, le *Ça-ira* cessa de tirer presque en même temps que lui. Il avait plus de 3 mètres d'eau dans la cale et avait perdu 600 hommes (1). L'armée française continua sa route vers l'Ouest et les Anglais gouvernèrent au N.-E. Le feu avait complétement cessé à 1ʰ 30ᵐ. Ce combat prit le nom du cap Nolis. Satisfait du résultat inespéré qu'il avait obtenu, le vice-amiral Hotham ne jugea pas devoir engager le combat d'une manière plus sérieuse ; le soir, son escadre était hors de vue. Le lendemain, la *Victoire*, le *Timoléon*, la *Minerve* et l'*Alceste*, qui avaient des avaries assez graves, furent renvoyés à Toulon. Le capitaine du *Timoléon* avait reçu une blessure.

Assaillie par un coup de vent, l'armée française alla mouiller sur la rade d'Hyères, près de Toulon, où elle fut ralliée par le *Mercure*, et quelques jours après, par le *Sans-Culottes*, à la recherche duquel le *Hasard* avait été envoyé. L'armée rentra à Toulon le 24 mars.

L'escadre anglaise se rendit à la Spezzia, dans le golfe de Gênes ; le Courageux y arriva à la remorque d'une frégate. L'Illustrious, remorqué aussi par une frégate, fut séparé de son escadre pendant le coup de vent ; la frégate fut obligée de larguer la remorque pour ne pas être entraînée à la côte. Le 18 au matin, le vaisseau mouilla dans la baie de Valence, entre la Spezzia et Livourne ; mais les câbles cassèrent et il fut jeté au plain. Les secours envoyés pour le relever ayant été impuissants, il fut incendié.

Un jury fut chargé d'examiner la conduite des capitaines du *Sans-Culottes*, du *Mercure* et du *Duquesne* auxquels le commandant en chef reprochait la non-exécution de plusieurs ordres. Ce jury déclara qu'il n'y avait pas lieu à accusation et donna les plus grands éloges aux capitaines Coudé et Benoist.

---

(1) L'élévation des pertes de ce vaisseau m'a déterminé à en donner le chiffre que j'ai pris dans le rapport officiel.

L'armée navale de la Méditerranée était à peine rentrée à Toulon, que déjà les prétendus patriotes prenaient leurs dispositions pour l'empêcher d'en sortir, sous prétexte qu'on voulait la livrer à l'ennemi. A leur instigation, et pour arriver à ces fins, les ouvriers de l'arsenal s'insurgèrent, enlevèrent les armes des magasins, et soutenus par les paysans des environs, ils s'emparèrent du fort Lamalgue ; de cette position ils dominaient l'entrée de la rade et la rade elle-même. Malheureusement ils ne s'en tinrent pas là, et bientôt leurs funestes doctrines vinrent infester les équipages et les désorganisèrent. D'un autre côté, les maladies faisaient d'affreux ravages à bord des bâtiments dont les marins, aussi peu vêtus que les soldats des armées de terre, étaient en grande partie attaqués du scorbut. Au mois d'avril, il manquait 6,764 hommes à l'effectif général, en malades ou en déserteurs. On comprend combien il était difficile de reprendre la mer dans de pareilles conditions. 19 vaisseaux et 7 frégates, tous assez mal armés, purent cependant sortir le 7 juin, mais chacun avec une centaine d'hommes en moins. Ces vaisseaux et ces frégates étaient :

Canons.
120 *Orient* (1). . . . . capitaine Lapalisse.
                               Martin (Pierre), contre-amiral.
80   *Tonnant.* . . . . capitaine Cosmao Kerjulien.
                               Delmotte, contre-amiral.
     Victoire (2). . . . . capitaine Savary.
     Jemmapes. . . . .   —   Laffon.
                               Renaudin, contre-amiral.
     Duquesne. . . . . capitaine Allemand (Zacharie).
     Généreux. . . . .   —   Louis.
     Peuple Souverain. . . . . . —   Lindet Lalonde.
     Heureux . . . . —   Lacaille.
78   *Mercure.* . . . .   —   Catteford.
     Jupiter. . . . .   —   Richery.
     Guerrier. . . . . —   Infernet.
     Alcide. . . . . —   Leblond Saint-Hilaire.
     Barras. . . . . —   Maffreau.
     Aquilon. . . . .   —   Laterre.
     Révolution. . . . . —   Fay.

(1) Ancien *Sans-Culottes.*
(2) Nouveau nom de l'*Anti-Fédéraliste.*

78	*Républicain* (1).	—	Ganteaume (Honoré).
	Tyrannicide.	—	Dordelin (Joseph).
	Timoléon.	—	Charbonnier.
	Berwick.	—	Dumanoir Lepelley.

Frégates : *Junon, Minerve, Alceste, Justice, Friponne, Artémise, Sérieuse.*
Corvettes : *Badine, Brune.*
Brig : *Alerte.*

Cette sortie n'avait d'autre but que d'arrêter la désertion, en attendant des nouvelles positives de la force de l'ennemi que l'on savait avoir reçu un renfort; le contre-amiral Maan venait en effet d'arriver à Saint-Florent de l'île de Corse et le vice-amiral Hotham se trouva dès lors avoir sous ses ordres les 23 vaisseaux ci-après :

Canons.

110	BRITANNIA.	capitaine John Halloway.
		William Hotham, vice-amiral.
	VICTORY.	capitaine John Knight.
		Robert Maan, contre-amiral.
108	BARFLEUR.	capitaine John Bazeley.
100	WINDSOR CASTLE.	— John Gore.
		Robert Linzee, contre-amiral.
	SAINT GEORGE.	capitaine Thomas Foley.
		sir Hyde Parker, vice-amiral.
	PRINCESS ROYAL.	capitaine John Child Purvis.
		Cranston Goodall, contre-amiral.
82	CAPTAIN.	capitaine Samuel Reeve.
	EGMONT.	— John Sutton.
	COURAGEUX.	— Benjamin Hallowell.
	TERRIBLE.	— George Campbell.
	BEDFORD.	— Davidge Gould.
	FORTITUDE.	— William Young.
	GIBRALTAR.	— John Pakenham.
	BOMBAY CASTLE.	— Charles Chambrelayne.
	SATURN.	— James Douglas.
	CUMBERLAND.	— Samuel Rowley.
	DEFENCE.	— Thomas Wells.
	CULLODEN.	— Thomas Trowbridge.
	AUDACIOUS.	— William Shield.
72	AGAMEMNON.	— Horatio Nelson.
	DIADEM.	— Charles Tyler.
74	GUISCARDO. / vaisseaux \	— Spanocchi.
	SAMNITO. . \ napolitains. /	— Guiellichini.

Frégates : MELEAGER, CYCLOPS.
Corvettes : ARIADNE, COMET, ECLAIR, FLÈCHE.
Cutter : RESOLUTION.

Le contre-amiral Martin s'établit en croisière devant

_____

(1) Ancien *Trente-et-un-Mai*.

11   28

Toulon et envoya les frégates la *Minerve* de 42ᵉ, capitaine Delorme, et l'*Artémise* de 40ᵉ, capitaine Decasse, en observation sous l'île de Minorque. On comprit bientôt que la présence de l'armée navale serait plus utile sur les côtes d'Italie qu'à l'entrée de Toulon. Toutes les puissances italiennes désiraient alors la paix, celles du moins qu'une imprudence pouvait compromettre. Depuis que les Français étaient aux portes de Gênes, la Toscane était impatiente de revenir à son rôle, et quoique pressé par l'amiral anglais dont les vaisseaux se tenaient constamment dans ces parages, le Grand-duc venait de conclure un traité avec la France. Il ne restait que la Cour de Naples qui, égarée par les passions de la reine et les intrigues de l'Angleterre, était loin de songer à négocier et faisait de ridicules promesses de secours à la coalition. Conformément aux instructions reçues par le commandant en chef, l'armée navale se dirigea sur Gênes le 8 juillet. Mais avant de lever sa croisière, le contre-amiral Martin renvoya les vaisseaux le *Guerrier* et le *Mercure* à Toulon; le premier était en trop mauvais état pour tenir la mer; l'autre avait reçu de graves avaries dans un abordage. Le 7 dans la soirée, l'armée navale s'approcha assez de la Corse pour reconnaître celle des Anglais au mouillage de Saint-Florent. Son apparition détermina l'appareillage de celle-ci, mais six jours s'écoulèrent sans qu'elles se rencontrassent; ce fut seulement le 13, pendant la nuit, qu'elles eurent connaissance l'une de l'autre; les Anglais étaient au vent, et par suite d'une grande brise de N.-O. qui avait régné jusqu'à ce moment, les vaisseaux français étaient sans ordre. Le jour, en se faisant, permit de compter 23 vaisseaux anglais et 6 frégates ou corvettes. Le contre-amiral Martin ordonna la formation d'une prompte ligne de bataille; mais ne voulant pas risquer un combat dans les conditions où se trouvaient ses vaisseaux, il fit route pour le golfe Juan, suivi par l'armée anglaise. Les vaisseaux français ne tardèrent pas à ressentir l'influence de la terre et ils furent gagnés par les Anglais qui ne subirent cette influence que vers 11ᵇ ; les deux armées gouvernaient à peine à cette heure. Une petite fraîcheur de S.-E. s'étant élevée vers midi, le commandant en chef renouvela l'ordre de se former en bataille sans avoir égard aux postes, et comme le vent hâlait l'Est, il se dirigea sur Fréjus, et fit ensuite le signal de commencer le feu aussitôt que cela serait possible. Les vaisseaux ennemis les plus avancés étaient alors à portée de canon ; mais, soit que les uns et les autres se jugeassent encore à une trop grande distance, soit que les positions relatives ne permissent pas d'exécuter cet ordre, la canonnade ne commença qu'à midi 15ᵐ. Quelques-uns des vaisseaux français de l'arrière-garde furent attaqués vigoureusement par les vaisseaux de tête de l'armée ennemie, et l'*Alcide*, comme serre-file, eut à combattre le Victory, le Culloden et le Cumberland. Les frégates la *Justice*, capitaine Dalbarade (Jacques), et l'*Alceste*, capitaine Hubert, reçurent l'ordre de prendre ce vaisseau à la remorque ; et comme l'*Alcide* était écrasé sous le feu de l'ennemi, signal fut fait aux vaisseaux les plus rapprochés de favoriser la manœuvre des frégates. L'*Aquilon* mit en panne ; mais s'apercevant que le feu était à bord de l'*Alcide*, il orienta promptement. Un incendie s'était en effet déclaré à bord de ce vaisseau et il se propageait avec une rapidité telle, que les Anglais eux-mêmes durent s'éloigner pour ne pas être incendiés. A 3ᵇ 30ᵐ, l'*Alcide* sauta ayant encore à bord près de la moitié de son équipage ; le reste avait été recueilli par des embarcations anglaises. Le capitaine Leblond fut une des victimes de cette catastrophe (1). L'*Aquilon*, le *Généreux*, le *Berwick* et le *Tyrannicide* prirent seuls

---

(1) M. James, *The naval history*, etc., dit que l'*Alcide* avait amené son pavillon à 2ᵇ et que l'incendie n'eut lieu qu'un quart d'heure après. J'ai relaté l'événement d'après le rapport du commandant en chef (a) ; on peut, dès lors, supposer la version anglaise erronée.

(a) *A 3ᵇ 1/2 l'Alcide, ayant encore son pavillon et sa flamme, fit explosion.* (Journal du contre-amiral Martin.)

part à cet engagement qui cessa après l'explosion de l'*Al-cide*. L'amiral anglais leva la chasse à 12 milles de terre et prit le large. L'armée française mouilla à Fréjus, et quelques jours après, elle rentra à Toulon.

Le gouvernement ayant formé le projet de détruire les établissements des Anglais dans l'Amérique du Nord, le capitaine de vaisseau Richery, auquel cette mission fut confiée, sortit de Toulon, le 14 septembre, avec les vaisseaux :

Canons.

86	*Victoire.*	capitaine	Lemancq.
	Jupiter..	—	Richery.
	Barras..	—	Maureau.
78	*Berwick.*	—	Dumanoir Lepelley.
	Révolution.	—	Faye.
	Duquesne.	—	Allemand (Zacharie).

et les frégates l'*Embuscade*, la *Félicité* et la *Friponne*.

Le commandant Richery avait ordre de se rendre d'abord à Saint-Domingue pour y prendre les vaisseaux le *Fougueux* et le *Wattigny*, ainsi que les frégates la *Décade* et la *Néréide* que le chef de division Thévenard (Alexandre) devait y conduire. Le capitaine de vaisseau Thomas le rallierait aussi, dans cette colonie, avec les frégates la *Méduse*, l'*Insurgente*, la *Renommée*, les corvettes la *Doucereuse*, l'*Atalante* et 5 flûtes chargées de troupes, et le capitaine Siméon, avec la frégate la *Vengeance*, la corvette le *Berceau* et 4 transports qui avaient également des troupes. Le commandant Richery devait se porter avec toutes ces forces réunies devant le Môle-Saint-Nicolas et le Port-au-Prince, alors occupés par les Anglais, et surprendre les bâtiments qui se trouveraient sur ces rades. Mais c'était là la partie la moins importante de sa mission. Le Directoire pensait avec raison que les Anglais ne se maintiendraient pas longtemps à Saint-Domingue, et la position qu'ils avaient prise dans cette île ne l'inquiétait pas beaucoup. La division navale devait dévaster l'île anglaise de la Jamaïque, ruiner les établissements de la Nouvelle-Angleterre et ceux de Terre-Neuve; et, dans le cas où ses vivres le lui permettraient, terminer sa campagne par une croisière aux Açores.

Le 7 octobre, à 150 milles dans l'Ouest du cap Saint-Vincent d'Espagne, la division française chassa un convoi anglais de 32 voiles qui allait de Smyrne en Angleterre sous l'escorte des vaisseaux de 82e FORTITUDE, BEDFORD, CENSEUR; de l'ARGO de 54^c; des frégates JUNON, LUTINE de 40^c, et du brig de 12^c TISIPHONE, aux ordres du contre-amiral Linzee. A 2^h 30^m de l'après-midi, et après une assez courte canonnade, le CENSEUR, capitaine Gore, démâté de ses mâts de hune, amena son pavillon. Les deux autres vaisseaux et les frégates parvinrent à se sauver. Les na-vires du commerce furent moins heureux; poursuivis par les frégates et bientôt par la division entière, deux seuls échappèrent. Le commandant Richery fit route pour Cadix avec ses prises; mais, par suite d'une convention avec l'Espagne, trois vaisseaux seulement entrèrent en rade; les autres jetèrent l'ancre devant Rota. Quelques jours après, l'entrée du port fut accordée à tous les vaisseaux. Le com-mandement du *Censeur* fut donné au lieutenant de vaisseau Lecourt, de la *Félicité,* et celui de cette frégate passa au lieutenant Oré du *Jupiter.*

Les difficultés que le commandant Richery éprouva pour la vente de ses prises, l'obligèrent à faire sur la rade de Cadix un séjour plus long qu'il n'en avait d'abord eu l'in-tention. Le 17 décembre, il reçut un violent coup de vent pendant lequel la *Victoire,* le *Duquesne* et la *Révolution* cassèrent leurs câbles et furent jetés à la côte entre Santa Maria et Puerto Real; tous les autres vaisseaux cassèrent aussi des amarres. Le *Duquesne* et la *Révolution* étaient échoués sur un fond de vase d'où il fut facile de les rele-ver; le troisième vaisseau, la *Victoire,* qui était sur un fond dur, fut aussi remis à flot, mais avec de nombreuses et graves avaries qui nécessitèrent son entrée immédiate au bassin. Quelques bâtiments espagnols avaient également été portés à la côte. Les réparations nécessitées par l'échouage des trois vaisseaux prolongèrent encore le séjour de la division française sur la rade de Cadix ; le commandant Richery y apprit sa nomination au grade de contre-amiral. Le 13 mars 1796, il arbora son pavillon à bord du *Jupiter* dont il donna le commandement au lieutenant de vaisseau Rochet.

Quelques jours avant l'échouage des vaisseaux, le 12 décembre, la corvette le *Scout*, capitaine Duming, s'était perdue sur les Cochinos, à l'entrée de la rade de Cadix.

Quelque sévère que fût la surveillance exercée par les Anglais sur le port de Toulon, le capitaine de vaisseau Ganteaume (Honoré) parvint à tromper la vigilance des croiseurs, et le 10 octobre, il fit route pour le Levant avec le vaisseau de

78ᵉ	*Républicain*, dont il avait pris le commandement.		
les frégates de 44ᵉ	*Justice.* . . .	capitaine	Dalbarade (Jacques).
	Junon. . . .	—	Leduc.
de 42	*Artémise*	—	Standelet.
les corvettes de 30ᵉ	*Badine.* .		Racord.
et de 16	*Hasard.* . .	—	Bassière.

Les instructions du commandant Ganteaume lui enjoignaient d'aller s'établir en croisière dans l'Archipel et de faire le plus de mal possible au commerce des ennemis de la République. L'amiral anglais ne tarda pas à être informé de la sortie de la division française et il se mit à sa poursuite ; mais le commandant Ganteaume fut assez heureux pour dérober sa marche à l'ennemi. A quelque jours de là, la division française fut cependant aperçue sur la côte de Sardaigne et, pour la seconde fois, son commandant parvint à dérouter l'amiral anglais sur ses intentions ultérieures. Après avoir fait une apparition devant Tunis où il laissa la *Sérieuse* qui était sortie de Toulon en même temps que lui, le commandant Ganteaume fit route à l'Est.

La division fut dispersée, à l'entrée du golfe de Smyrne, par un coup de vent qui démâta la *Justice* de ses mâts de misaine et d'artimon. La *Junon* la remorqua aux Dardanelles ; le *Républicain*, l'*Artémise* et le *Hasard* entrèrent à Porto Sigri de l'île Mételin ; la *Badine* avait été laissée en observation à l'entrée de l'Archipel. La frégate et les deux corvettes que la France entretenait dans le Levant étaient presque constamment retenues sur la rade de Smyrne par la présence d'une division anglaise. Il n'eût pas été impossible de surprendre cette division si le mauvais temps n'était venu déjouer les projets du commandant Ganteaume. La surprise étant impossible désormais, car son arrivée dans ces parages était connue, il prit la détermination d'aller aux Dardanelles.

Cependant les réparations de la *Justice* ne se faisaient qu'avec une extrême lenteur ; le commandant Ganteaume ne pouvant prolonger davantage son séjour dans le Levant, se décida à y laisser cette frégate. Le 2 janvier 1796, il quitta les Dardanelles et il mouilla à Toulon, le 5 du mois suivant. Six prises avaient été le résultat de cette croisière.

Le nouveau commandant en chef de l'escadre anglaise de la Méditerranée, amiral sir John Jervis, finit par connaître la destination de cette division qui, deux fois, avait échappé à son prédécesseur. Il envoya 2 vaisseaux et 4 frégates dans l'Archipel ; ces bâtiment furent aperçus, le 27 décembre, par la *Badine* qui se réfugia à Coron, en Morée. La LOWESTOFFE l'y suivit ; mais le capitaine de cette frégate respecta la neutralité de ce territoire et ne molesta pas la corvette française.

La frégate la *Justice* rentra en France au mois de juillet 1796.

Lorsque la Convention nationale apprit les succès de l'expédition partie l'année précédente pour les Antilles, elle ordonna d'y envoyer de nouvelles troupes, des armes et des munitions. Prévenu du départ de ce convoi, le com-

missaire du gouvernement à la Guadeloupe expédia à sa
rencontre la frégate de 36ᵉ la *Pique* (1) dont le commandement avait été donné au capitaine Conseil. L'appareillage du
bâtiment français détermina celui de la frégate anglaise de
40ᵉ la Blanche, capitaine Robert Faulknor, qui était mouillée à l'ouvert de la baie de la Pointe-à-Pître. La *Pique*
la chassa; mais ce fut seulement le lendemain, 5 janvier,
à minuit 30ᵐ, que passant à contre-bord et au vent, elle
put lui tirer les premiers coups de canon. La frégate anglaise vira peu de temps après et gouverna droit dans les
eaux de la *Pique* qui l'attendait; lorsqu'elle ne fut plus
qu'à petite distance, le capitaine Conseil fit une arrivée pour
l'aborder par le beaupré. La Blanche l'évita en arrivant
aussi, et le combat s'engagea bord à bord. Vers 2ʰ 30ᵐ, la
frégate anglaise qui était un peu de l'avant loffa subitement, et envoyant à son adversaire une bordée d'écharpe,
elle engagea le beaupré de la *Pique* entre ses deux mâts
de devant; le grand mât et le mât d'artimon de la frégate
française s'abattirent. Le capitaine Conseil voulut en profiter pour sauter à l'abordage; ses détachements furent
constamment repoussés. La *Pique* ne tarda pas à éviter et
élongea la Blanche à tribord; les deux frégates continuèrent à tirer avec ceux de leurs canons dont on pouvait se
servir, mais la mousqueterie joua dès lors le rôle principal. A 3ʰ, le dernier mât de la *Pique* s'abattit : deux heures
après, elle amena son pavillon. Le vaisseau anglais de 72ᵉ
Veteran, qui arrivait sous toutes voiles, était alors à portée
de donner assistance à la Blanche. Le capitaine Robert
Faulknor avait été tué peu après l'abordage des deux
frégates.

La *Pique* portait   26 canons de 12
                   6   —   de 6
      et 4 caronades de 36.

(1) L'ancienne *Fleur-de-Lys*.

La Blanche   —   26 canons de 12
                  6   —   de 6
              et 8 caronades de 18.

Le 8 janvier, le capitaine Saint-Laurent, parti de Rochefort avec la corvette de 22ᵉ l'*Espérance*, prise faite depuis quelques mois sur les Espagnols, fut chassé, à l'entrée de la Chesapeak, par le vaisseau anglais Argonauta et la frégate l'Oiseau, et se vit dans la nécessité d'amener son pavillon.

Le brig de 12ᵉ le *Requin*, capitaine Morel (Dominique), séparé pendant un coup de vent d'une division sous les ordres du capitaine de vaisseau Lhermite (Pierre), faisait route pour Dunkerque, lorsque le 20 février au point du jour, il se trouva à portée de canon d'une frégate; le vent soufflait encore bon frais du S.-E. Le *Requin* prit chasse et engagea avec la frégate une canonnade de retraite pendant laquelle le capitaine Morel fit jeter à la mer ancres, canots, en un mot, tout ce qui, en allégeant le brig, pouvait contribuer à lui donner une augmentation de marche. Lorsque le jour fut fait, on aperçut des bâtiments dans toutes les directions. A 10ʰ 30ᵐ, la frégate qui chassait le *Requin* étant à portée de voix, le capitaine Morel fit une grande arrivée sur tribord et lui envoya une volée entière. Lançant aussitôt sur l'autre bord, il lui tira celle de bâbord, presque à bout portant. La frégate y répondit et mit le brig dans l'impossibilité de lui échapper. La résistance n'étant pas possible, le pavillon fut amené. Cette frégate était anglaise; c'était la Thalia de 44ᵉ, capitaine Grindec. Elle faisait partie de l'armée navale de l'amiral Howe.

Le 2 mars, le capitaine Magendie, de la corvette de 18ᵉ l'*Espion*, chargé par le commandant en chef de l'armée navale de Brest d'observer les mouvements des Anglais, faisant route pour rentrer au port avec une grande brise du Nord, aperçut 3 frégates anglaises sous le vent. A 8ʰ 30ᵐ du soir, le capitaine Magendie, qui ne s'estimait pas à plus de 36 milles dans le N.-O. de l'île d'Ouessant, vit un nouveau bâtiment devant lui : il mit alors le cap au S.-O. Ce dernier bâtiment le chassa, et ses signaux ne purent laisser de doutes sur sa nationalité : c'était encore un ennemi. Les dispositions du combat furent faites à bord de l'*Espion* ; mais lorsqu'on voulut ouvrir les sabords, l'eau entra avec une telle abondance qu'il fallut les refermer de suite. Il n'y avait donc d'autre espoir que dans la fuite, et cet espoir ne fut pas de longue durée. A 9ʰ 15ᵐ, le chasseur envoya ses premiers boulets ; la canonnade dura cependant jusqu'à 1ʰ du matin. Ce bâtiment, à la poupe duquel on pouvait alors distinguer le pavillon anglais, était la frégate de 48ᵉ Lively. Le capitaine George Burlton hêla à l'*Espion* d'amener : un quart d'heure après, la corvette était amarinée. L'*Espion* prit le nom de Spy dans la marine anglaise.

Le capitaine Magendie fut acquitté par le conseil martial qui eut mission d'examiner sa conduite.

———

La goëlette de 18ᵉ la *Coureuse*, commandée par l'enseigne de vaisseau Landais, escortant un petit convoi de la baie de Benodet à Lorient, fut chassée, le 25 mars, par 3 frégates anglaises de la division du commodore Warren et amarinée sans résistance. Les navires du commerce furent capturés également.

———

La corvette de 18ᵉ le *Jean Bart*, capitaine Néel, qui se rendait en France avec les archives de Saint-Domingue, reçut un violent coup de vent pendant lequel le capitaine fit jeter 14 canons à la mer. Le 25 mars, il aperçut les frégates anglaises Santa Margaretta de 44ᵉ et Cerberus de

40 qui l'atteignirent après trois jours de chasse et le firent amener aux premiers coups de canon. Le *Jean Bart* prit le nom d'ARAB dans la marine anglaise.

Le conseil martial qui jugea le capitaine Néel l'acquitta à l'unanimité.

Après avoir escorté au port du Passage, situé sur la frontière septentrionale d'Espagne, un convoi de vivres pour l'armée des Pyrénées, les frégates de 36° la *Médée* et l'*Andromaque*, capitaines Papin et Bergeret, retournaient à Bordeaux avec les mêmes navires lorsque, le 6 avril, à 12 ou 15 milles du port qu'elles venaient de quitter, elles aperçurent 4 frégates anglaises qui les chassèrent. Le convoi reçut l'ordre de rentrer ; mais la nécessité de couvrir les plus mauvais marcheurs obligea les 2 frégates françaises à une canonnade assez vive avec les bâtiments ennemis. Elle fut toutefois sans conséquences, et la *Médée* et l'*Andromaque* purent rentrer au Passage.

La frégate de 36° la *Gentille*, capitaine Canon, en croisière à l'entrée de la Manche avec 2 autres frégates de même force, la *Gloire* et la *Fraternité*, capitaines Beens et Florinville, chassa, dans la matinée du 10 avril, un navire aperçu dans le S.-O. ; le vent soufflait de l'Est, bon frais. Ce navire était danois. A 8ʰ, lorsque le canot qui l'avait visité revenait à bord, 8 autres voiles furent signalées. La *Gloire* et la *Fraternité* étaient alors à 6 milles dans l'E.-N.-E. de la *Gentille*, et faisaient route au O.-N.-O. ; sur le signal que lui fit le commandant de la division, le capitaine Canon mit le cap au N.-O. Les voiles aperçues, qui faisaient partie d'une division sous les ordres du contre-amiral anglais John Colpoys, chassèrent les frégates françaises sur des routes différentes, de l'Ouest au N.-O. ; elles étaient encore à grande distance, lorsqu'à midi, le commandant de la division française rendit libre la manœuvre de chaque capitaine. La *Fraternité* et la *Gloire* continuèrent leur route au N.-O. pendant quelque temps; puis la dernière serra le vent; elle fut suivie par un vaisseau et 3 frégates. A 6ʰ du soir, elle commença à échanger des boulets avec la frégate de 40ᵉ Astroea, capitaine lord Henry Powlet, mais il était 10ʰ lorsqu'elle put engager le combat avec quelque efficacité; il fut acharné. Après une heure, la *Gloire* amena son pavillon (1).

La *Gloire* portait   26 canons de 12,
           6 — de 6
     et 4 caronades de 36.
L'Astroea   —   26 canons de 12,
           6 — de 9
     et 8 caronades de 32.

La *Gentille* qui gouverna d'un quart plus sur bâbord fut aussi gagnée, et la nuit était trop belle pour que le capitaine Canon pût espérer échapper par une fausse route; le vent avait beaucoup molli. Après dix heures de poursuite, les vaisseaux de 82ᵉ Hannibal et Robust étaient à portée de pistolet. Quelques coups de canon furent tirés et le pavillon de la frégate française fut amené.

Traduit devant un conseil martial, le capitaine Canon fut déclaré non coupable et acquitté.

La *Fraternité* continua sa route largue, chassée par un vaisseau et une frégate qui la canonnèrent à 6ʰ 30ᵐ du soir. Cette canonnade fut sans conséquence et cessa à la nuit. Les premiers rayons du jour montrèrent au capitaine Florinville l'Hannibal occupé à amariner la *Gentille*. Ce vaisseau se joignit à celui qui le chassait déjà, et ce fut lui qui, à 6ʰ du soir, lui envoya les premiers boulets; il cessa son feu à la nuit. Le second vaisseau laissa alors arriver pour passer derrière la frégate française qui

---

(1) Je n'ai pu me procurer le rapport du capitaine Beens: je donne le combat de la *Gloire* d'après M. William James.

vira aussitôt de bord vent devant. L'Hannibal voulut en faire autant; mais il manqua son évolution et la fit vent arrière ; la brise était alors très-faible. Le capitaine Florinville se fit remorquer par ses canots, et le vent ayant fraîchi pendant la nuit, les chasseurs furent perdus de vue. La *Fraternité* entra à Lorient.

Le capitaine Jamet, de la corvette de 18ᵉ l'*Hirondelle* appareillé de Saint-Malo dans la journé du 15 mai pour aller porter des ordres au commandant du fort de la Latte, dans la baie de la Fresnaye, à 18 milles environ dans l'Ouest, fut chassé par 2 frégates anglaises qui ne purent l'atteindre. Il était arrivé à sa destination, lorsqu'il aperçut plusieurs autres bâtiments qui se dirigeaient également de ce côté. Embossant aussitôt sa corvette sous le fort, le capitaine Jamet se disposa à repousser une attaque qui ne se fit pas attendre. Il y avait à peine une heure que l'*Hirondelle* était au mouillage, que 10 bâtiments de guerre se formèrent en demi-cercle autour d'elle et l'attaquèrent. La canonnade continua presque sans interruption jusqu'à 4ʰ du soir, entre la corvette et le fort d'une part et les bâtiments anglais de l'autre. La nuit approchant, ceux-ci jugèrent prudent de se retirer. Le capitaine Jamet en profita pour remettre sous voiles, et le soir même il rentra à Saint-Malo.

Le capitaine Montalan, de la corvette de 30ᵉ la *Tourterelle*, croisant au large de la pointe S.-O. de l'Angleterre, avec une faible brise de Nord, aperçut de l'arrière, le 15 mai à 6ʰ du matin, un bâtiment qui, comme lui, courait tribord amures. Il vira de bord pour le reconnaître, et le prenant pour une corvette, il l'attendit sous les huniers. Vers 10ʰ, il envoya quelques boulets à ce bâtiment qui n'était plus alors qu'à deux portées de fusil. Lorsque cet inconnu, qui jusqu'à ce moment avait présenté l'avant, laissa arriver, le capitaine Montalan étonné reconnût une frégate de 40° : c'était la Lively, capitaine George Burlton. La *Tourterelle* vira de bord immédiatement; mais il faisait presque calme et l'évolution eut lieu lentement. Avec une brise semblable, il n'était d'ailleurs pas possible de se mettre hors de l'atteinte des boulets de ce redoutable adversaire. Dans l'impossibilité où il se trouvait de s'éloigner, le capitaine Montalan voulut neutraliser autant que possible l'artillerie de la frégate en la mettant dans ses eaux. Mais le capitaine Burlton, qui devina cette manœuvre, arriva en même temps que lui et il tint la *Tourterelle* par son travers. Le combat qui s'ensuivit fut désastreux pour la corvette. Son grément fut haché et sa grande vergue coupée. A 1ʰ 20ᵐ de l'après-midi, il ne restait que huit pièces en état de faire feu et seulement cinq hommes pour servir chacune d'elles. L'eau entrait alors dans la cale par cinq ouvertures différentes. La *Tourterelle* amena son pavillon : elle fut remorquée à Plymouth.

Traduit devant le conseil martial, le capitaine Montalan fut acquitté.

La *Tourterelle* portait 24   canons   de   8,
                        2   —   de   4
                    et 4 caronades de 36.
La Lively   —   26   canons   de 18,
                        6   —   de   9
                    et 8 caronades de 32.

La France eut à cette époque un ennemi de moins à combattre. La conquête de la Hollande par les armées de la République, pendant le rigoureux hiver de 1794, amena le traité de paix qui fut signé le 16 mai 1795 entre cette Puissance et la France.

Par ce traité, les Provinces-Unies s'engageaient à fournir 12 vaisseaux et 18 frégates à la France. Mais l'article le plus avantageux était celui qui stipulait que le port de Flessingue de l'île Walcheren, à l'entrée de l'Escaut, serait commun aux deux Républiques qui devaient y avoir chacune leur arsenal, leurs chantiers, etc. Bien qu'il fût constant qu'à la cessation des hostilités, la Hollande pouvait disposer de 2 vaisseaux de 74°, de 6 de 64 et de 4 de 54 ; de 3 frégates de 44, de 4 de 36, et de 14 corvettes ou avisos, le secours qu'elle avait promis se fit longtemps attendre, et la marine de la France ne trouva que difficultés dans ses ports.

Le capitaine Pourquier, commandant la frégate de 40° la *Courageuse* et la flottille destinée à soutenir les opérations de l'armée des Pyrénées Orientales, fut attaqué, le 26 mai, au mouillage de Roses, dans le golfe de ce nom sur la côte de Catalogne, où se trouvait aussi la canonnière la *Terreur*, par 16 canonnières et bombardes que soutenaient 3 frégates et 2 vaisseaux espagnols. Le feu bien nourri de la *Courageuse*, auquel se joignit celui de la citadelle et du Bouton de Roses sous lesquels elle était embossée, rendit vaine la tentative des Espagnols.

Deux jours après, le 28, la corvette la *Prompte* tombait au pouvoir des Anglais.

La corvette de 16° la *Liberté*, capitaine Landolphe, en croisière au vent de Saint-Domingue, fut chassée, le 30 mai, par la frégate anglaise de 40° ALARM, capitaine Mils, qui avait été aperçue au vent. A 2ʰ de l'après-midi, la corvette française reçut quelques boulets, et peu de temps après, à portée de pistolet, une bordée entière à laquelle elle répondit par la sienne. Une entreprise audacieuse pouvait seule sauver la *Liberté*; aussi son capitaine avait-il tout d'abord résolu d'aborder la frégate anglaise, et lorsqu'il eut riposté, il fit gouverner sur elle. Une seconde bordée, à mitraille, bien que désastreuse, ne changea pas sa détermination. Le capitaine de l'ALARM évita l'abordage et héla à la corvette d'amener son pavillon. Quoique la *Liberté* eût reçu plusieurs boulets à la flottaison et qu'elle s'immergeât avec rapidité, le capitaine Landolphe répondit qu'il n'amènerait pas, mais qu'il ne repousserait pas les embarcations qui seraient envoyées pour sauver l'équipage. Le capitaine Mils comprit la mission d'humanité à laquelle il était appelé. Le transbordement des Français était à peine terminé que la corvette disparaissait dans les flots.

L'enseigne de vaisseau Landolphe comparut devant un conseil martial qui l'acquitta à l'unanimité.

Lorsque l'armée navale était sortie de Toulon, au mois de juin, le contre-amiral Martin avait envoyé les frégates la *Minerve* de 40ᵉ, capitaine Delorme, et l'*Artémise* de 40, capitaine Decasse, en observation à la hauteur de l'île de Minorque. Le 23, elles aperçurent, se dirigeant sur elles, 2 bâtiments qu'on reconnut plus tard être 2 frégates anglaises. C'étaient la DIDO de 34ᵉ, capitaine Henry Towry, et la LOWESTOFFE de 40, capitaine Robert Gambier Middleton. Le capitaine Delorme, auquel son ancienneté donnait le commandement, fit signal de se préparer au combat; à 8ʰ 30ᵐ, il cargua ses basses voiles et mit en panne; l'*Artémise* était alors sous le vent de sa compagne. La *Minerve* ouvrit son feu sur la DIDO lorsqu'elle fut à portée de fusil; celle-ci n'en continua pas moins sa route vent arrière, et elle aborda en grand la frégate française, en engageant son beaupré dans ses haubans d'artimon de tribord. La secousse fut violente; le beaupré, le mât de misaine, le grand mât de hune et le mât d'artimon de la *Minerve* en furent abattus, tandis que, par un hasard extraordinaire, la frégate anglaise ne perdit que son mât d'artimon; cependant ses deux huniers furent déchirés. La LOWESTOFFE passa derrière la *Minerve*, lui envoya sa volée, se dirigea sur l'*Artémise* qui avait orienté et se plaça par son travers au vent. Il y avait une heure que le combat durait dans les positions qui viennent d'être indiquées, lorsque la *Minerve* et la Dido se séparèrent. L'encombrement de leurs ponts et de leurs batteries les obligea à une espèce de trêve, et elles travaillèrent à se débarrasser des débris de mâture dont elles étaient couvertes et entourées. Elles n'en eurent pas le temps, car mus par la même pensée, le capitaine Decasse et le capitaine Middleton virèrent pour aller assister chacun leur compatriote. Le dernier seul réussit : la *Minerve* avait amené son pavillon avant l'arrivée de sa conserve. Le capitaine Decasse ne crut pas devoir continuer la lutte : il fit route pour Toulon (1).

La *Minerve* avait 28 canons de 18,
12 — de 8
et 2 caronades de 36.
L'*Artémise* - - 26 canons de 12,
10 — de 6
. et 4 caronades de 36.
La Dido portait 24 canons de 9,
4 — de 6
et 6 caronades de 18.
La Lowestoffe 26 canons de 12,
6 — de 6
et 8 caronades de 18.

Le 6 juillet, un des bâtiments de la division des mers du Nord, la corvette de 14° la *Fraternité*, capitaine Allemes, eut un engagement avec une frégate anglaise

---

(1) M. Pouget, *Précis historique sur la vie et les campagnes du vice-amiral Martin*, dit que le capitaine Decasse fut démonté de son commandement et traduit devant un jury qui le renvoya de la plainte. Il ajoute que cet acquittement fut le motif qui fit changer la législation maritime et remplacer les jurys par les conseils de guerre. M. Brun, *Hist. de la marine, Port de Toulon*, prétend que le capitaine de l'*Artémise* fut déclaré incapable de servir.

qui escortait un convoi. Après une canonnade qui dura de 6 à 10ʰ du matin, la corvette française parvint à s'éloigner assez pour se mettre hors de la portée des boulets de son redoutable adversaire.

Dans la matinée du 13 juillet, on vit sortir de la rivière de Morlaix une flottille dont les bâtiments, affectés à des services spéciaux, ne se trouvaient réunis que par suite de la nécessité de renouveler leurs vivres. Le capitaine Bolloche était chargé, avec la corvette de 12ᶜ le *Furet*, de la surveillance des convois de l'Abervrack à Cherbourg ; la corvette de 20ᶜ la *Levrette* stationnait à l'île Brehat ; la canonnière le *Vésuve*, à Paimpol ; le lougre le *Granville*, à Perros ; le côtre l'*Espiègle*, à Morlaix. Tous retournaient à leurs stations respectives. Pris de calme de très-bonne heure et drossés par le courant, ces bâtiments mouillèrent à 9 milles du cap Fréhel. Vers 9ʰ 30ᵐ, ils aperçurent 3 frégates, un lougre et un cutter anglais gouvernant sur la terre avec des vents du large. Les capitaines de la petite escadrille n'attendirent pas que la brise arrivât jusqu'à eux pour lever leur ancre ; ils se servirent de leurs canots et de leurs avirons pour rentrer en rivière. Le *Furet*, la *Levrette* et le *Granville* entrèrent dans le port de la Conchée. Le *Vésuve* mouilla à l'entrée ; une frégate anglaise vint l'y enlever, mais non sans avoir éprouvé une vive résistance. L'*Espiègle* fut joint avant d'avoir atteint la terre et se rendit.

Une attaque du même genre avait lieu ce jour-là dans la Manche. Le capitaine Guillemin, de la corvette de 20ᶜ la *Vigilante*, mouillé sur la rade de la Hougue, dans la partie orientale du département de la Manche, se disposait à mettre sous voiles avec un convoi qu'il devait escorter à Cherbourg, lorsque vers 8ʰ du matin, 2 frégates anglaises, 2 bombardes, 2 canonnières et 2 brigs furent signalés, louvoyant pour venir l'attaquer. Il fit mettre de suite son convoi en sûreté et embossa sa corvette sous le fort. Cette opération n'était pas terminée, qu'il était attaqué par une frégate et une canonnière. Ces bâtiments se retirèrent après trois quarts d'heure ; le premier avait sa vergue de petit hunier coupée, et mouilla pour changer ses mâts de hune.

Le mauvais succès de l'entreprise du mois de mai ne rebuta pas les Espagnols ; ils tenaient à s'emparer des bâtiments français qui croisaient sur les côtes de la Catalogne, ou au moins à les détruire. Le 8 août dans la soirée, 18 canonnières, une frégate et un vaisseau espagnols mouillèrent dans la baie de Roses ; la frégate de 40° la *Courageuse*, capitaine Pourquier, la *Boudeuse* de 36° et 2 brigs de 18 s'y trouvaient alors ; tous quatre s'embossèrent sous la citadelle. Les canonnières commencèrent l'attaque le lendemain à 6ʰ du matin. Le feu des bâtiments français, vigoureusement secondés d'ailleurs par les batteries de la place, y mit promptement un terme. Les Espagnols simulèrent ensuite un débarquement sur un des points de la rade, et ils se retirèrent sans rien entreprendre.

Le capitaine Arnaud, de la corvette l'*Hydra*, chargé avec l'aviso la *République Française* et deux felouques de seconder les opérations du général Masséna sur la côte de Gênes, aperçut, le 26 août, une division anglaise qui se dirigeait sur le mouillage d'Alassio où il se trouvait. Cette division, placée sous les ordres du **capitaine Nelson**, agissait sur le littoral, de concert avec les Autrichiens, pour expulser les Français d'Italie. Malgré la neutralité du pays dans lequel il se trouvait, le capitaine Arnaud jugea prudent de se rapprocher de la terre. A 9ʰ, la division ennemie laissa tomber l'ancre ; un vaisseau et une frégate s'embossèrent par le travers de l'*Hydra* et ouvrirent leur feu sur cette corvette. Abandonné immédiatement par une partie de son équipage qui se jeta à la nage, le capitaine Arnaud reçut du représentant du peuple près de l'armée d'Italie l'ordre de débarquer les armes et tout ce qui pourrait être enlevé, et d'évacuer l'*Hydra* qui ne pouvait opposer qu'une bien faible résistance à de si formidables adversaires. Cet ordre fut exécuté, et avant de quitter le bord, le capitaine Arnaud fit pratiquer plusieurs ouvertures dans la cale. Malheureusement il ne put réussir à couler la corvette, et les embarcations qui accostèrent l'*Hydra* l'emmenèrent au large.

Lorsque la division anglaise entra dans la baie, les felouques la *Vigilante* et la *Constitution*, capitaines Gastaud et Durand, qui allaient à l'île d'Albinga, mouillèrent à la pointe Est d'Alassio. Une frégate se dirigea sur elles et après les avoir canonnées pendant quelque temps, elle expédia ses embarcations pour s'en emparer. Les deux capitaines les firent évacuer; mais, quelque bien nourri que fût le feu de mousqueterie dirigé de la plage sur les embarcations anglaises, ils ne purent les empêcher d'enlever les deux felouques.

Après la prise de l'*Hydra*, 2 frégates firent route pour la rade de l'Aiguille où était mouillé l'aviso la *République Française*, capitaine Revez; leurs embarcations l'enlevèrent.

Le 29, la division du capitaine Nelson échoua dans une attaque contre la canonnière le *Nivôse*, capitaine Martin (Jean); 2 frégates et un brig la canonnèrent pendant quatre heures, dans la petite anse de San-Lorenzo, près d'Oneille, sans pouvoir la faire amener.

---

2 brigs et 2 côtres sous les ordres du lieutenant de vaisseau Correwinder, du brig de 14° le *Pandour*, furent canonnés le 31 août, à leur sortie de Dunkerque, par une corvette anglaise, un brig, 4 cutters et un lougre. Après avoir

échangé quelques bordées, les bâtiments français rentrèrent dans le port, à l'exception du *Pandour* qui fut pris.

Les corvettes de 14ᶜ la *Suffisante* et la *Victorieuse*, capitaines Nosten et Salaun, en croisière dans la Manche, furent chassées le 31 août par deux frégates ; la brise était faible du S.-O. La vue d'un grand nombre de voiles détermina la séparation des deux corvettes ; la *Suffisante* tint le vent bâbord amures ; la *Victorieuse* se dirigea sur l'autre bord. Cette dernière ne tarda pas à être jointe par les vaisseaux anglais de 82ᶜ VENERABLE, MINOTAUR et une frégate, et elle amena son pavillon après avoir échangé quelques boulets avec l'ennemi. Une demi-heure plus tard, le lougre de 20ᶜ SPEEDY engageait la canonnade avec la *Suffisante*. L'arrivée de la frégate VENUS et du vaisseau MARS rendit la résistance inutile : le capitaine Nosten fit amener le pavillon.

Le jury déclara qu'il n'y avait pas lieu à accusation contre les lieutenants de vaisseau Salaun et Nosten.

La corvette de 14ᶜ l'*Assemblée Nationale*, capitaine Courouge, se rendant de Brest à Saint-Malo avec une faible brise d'E.-S.-E., fut chassée, le 2 septembre avant le jour, par une frégate qui hissa à 6ʰ le pavillon anglais et l'appuya d'une bordée entière. Cette frégate était la DIAMOND de 48ᶜ, capitaine sir Sidney Smith. Remorquée par ses canots, l'*Assemblée Nationale* chercha un refuge dans la rivière de Tréguier, mais elle y trouva la brise contraire et fut jetée sur les roches dites la basse Crublent, dans le N.-N.-O. de l'île d'Er, située à l'ouvert de la rivière et dans sa partie occidentale. L'eau entra de suite en abondance dans la corvette, et le grand mât et le mât d'artimon s'étant abattus, l'équipage fut mis à terre, à l'exception de huit hommes, le capitaine compris, que les canots

ne purent contenir. Les embarcations étaient à peine débordées, qu'une forte lame couvrit l'*Assemblée Nationale* et
enleva le capitaine Courouge de la dunette d'où il donnait
ses derniers ordres ; il ne fut pas possible de le sauver.

La position désespérée de l'*Assemblée Nationale* ne satisfit pas le capitaine Sidney Smith : il fit tirer sur la corvette
pendant qu'on l'évacuait ; il expédia ensuite ses embarcations qui ne trouvèrent à bord que les sept hommes mentionnés plus haut ; le reste de l'équipage, moins quatorze
hommes qui se noyèrent, avait pu atteindre le rivage.

Cette affaire souleva des récriminations de part et d'autre. Les Français se plaignirent d'avoir été mitraillés par
la frégate pendant qu'ils se rendaient à terre. De leur côté,
les Anglais prétendirent que la batterie de l'île d'Er avait
tiré sur un canot parlementaire expédié par le capitaine
Smith. Quoi qu'il en soit de ces griefs réciproques dont
aucune des parties ne semble avoir cherché à se disculper,
on peut ajouter à la charge des Anglais, qu'ils débar-
quèrent sur l'île et enlevèrent tout ce qui se trouva sous
leur main.

———

Les capitaines Lamy et Carry, des canonnières la *Brutale*
et la *Surprise*, partis de Calais avec 3 navires qu'ils con-
duisaient au Havre, aperçurent une frégate anglaise, un lougre et 3 cutters sous le cap Gris Nez. Les canonnières se
dirigèrent sur Boulogne où elles firent entrer leur convoi,
et après une canonnade de trois heures avec l'ennemi,
elles mouillèrent elles-mêmes devant le port. Dans la soirée, les Anglais prirent le large. Cette affaire eut lieu le
16 septembre.

———

Le capitaine Foucaud, de la frégate de 40° la *Vestale*,
chargé avec la corvette de 24° la *Brune*, les brigs de 14
l'*Alceste* et le *Scout*, de la conduite d'un convoi sorti de
Gênes le 29 septembre, fut chassé par la frégate anglaise

de 40ᶜ Southampton, capitaine James M'nemara, et la corvette de 26ᵉ Moselle, capitaine Charles Brisbane. Le convoi se replia sous la terre avec les deux brigs, tandis que la *Brune* retournait à Gênes. La *Vestale* qui protégeait la retraite des navires du commerce fut attaquée, à 9ʰ 30ᵐ du soir, par la frégate anglaise; trois quarts d'heure après, celle-ci se retira et démâta de son mât d'artimon. Le convoi entra le lendemain à Villefranche. Ce port ne pouvant fournir à la frégate les objets dont elle avait besoin à la suite ·de l'engagement de la veille, le capitaine Foucaud fit route pour Toulon où il mouilla quelques jours après.

La corvette de 24ᶜ le *Superbe*, capitaine Doudoux, en croisière au vent de l'île de la Barbade, l'une des Antilles, fut chassée, pendant la nuit du 1ᵉʳ octobre, par un gros bâtiment qui fut aperçu trop tard pour être évité; c'était le vaisseau anglais de 82ᵉ Vanguard. Le vaisseau envoya quelques boulets à la corvette et lui héla d'amener son pavillon, ce qui fut fait un peu avant minuit.

Jugé pour ce fait, le lieutenant de vaisseau Doudoux fut acquitté.

La corvette de 18ᶜ la *Républicaine*, capitaine Boucher, et le brig le *Brutus*, partis dans la matinée du 10 octobre de l'île de la Grenade, l'une des Antilles du Sud, ayant eu connaissance de la frégate anglaise de 40ᵉ Mermaid, capitaine Warre, gouvernèrent pour retourner au mouillage qu'ils venaient de quitter; gagnés par la frégate, ils laissèrent tomber l'ancre dans la baie du Requin. Le capitaine du brig fit immédiatement évacuer son bâtiment et le livra aux flammes. Les Anglais en prirent possession et s'étant rendus maîtres de l'incendie, ils l'emmenèrent.

Le 13, la *Républicaine* fut rencontrée et chassée par la

même frégate. Joint à 3ʰ 15ᵐ, le capitaine Boucher résista pendant dix minutes et amena son pavillon (1).

Les frégates de 42ᵉ la *Tartu*, capitaine Robin, la *Néréide* de 40 et la corvette de 16 l'*Éveillé* rentrant à Rochefort après une croisière de soixante jours, furent chassées, le 17 octobre, sous l'île de Groix, par un vaisseau anglais et 3 frégates. Quelques coups de canon furent échangés entre l'une des frégates françaises et la plus avancée des frégates ennemies, mais le voisinage de la côte fit lever la chasse.

La corvette n'eut pourtant pas le bonheur d'échapper à l'ennemi. Un peu éloignée de ses compagnes, elle fut jointe et attaquée par le vaisseau de 82ᵉ Thunderer et la frégate Pomone. Le capitaine Honoré amena son pavillon, mais non sans avoir fait connaître la valeur de son artillerie (2).

J'ai dit que l'apparition du commandant Ganteaume dans le Levant avait déterminé les Anglais à s'éloigner du golfe de Smyrne, dans lequel ils tenaient bloqués les quelques bâtiments qui composaient la division stationnée dans ces parages. Le commandant Rondeau profita de l'éloignement des frégates anglaises pour mettre sous voiles, avec l'intention de se porter à la rencontre du commandant Ganteaume. Mais, assailli par le coup de vent qui avait dispersé la division de Toulon, il mouilla à l'entrée de la baie de Smyrne. Il y était encore lorsque, le 9 décembre dans l'après-midi, un bâtiment fut signalé au large. La frégate la *Sensible* et la corvette la *Sardine* allèrent le reconnaître. Le lendemain, à 1ʰ du matin, elles étaient au-

---

(1) Je donne ces deux affaires d'après la relation anglaise de M. James.
(2) Relation anglaise.

près de ce bâtiment qui avait laissé tomber l'ancre. C'était la Nemesis, petite frégate anglaise de 28ᵉ qui, croyant trouver sa division, se dirigeait sur le golfe de Smyrne. La *Sensible* et la *Sardine* mouillèrent, l'une à tribord, l'autre à bâbord de la frégate anglaise et assez près pour l'empêcher de faire aucun mouvement. Dès qu'il fit jour, le commandant Rondeau somma le capitaine de la Nemesis d'amener; mais auparavant, afin qu'on ne pût invoquer, plus tard, la violation du droit de neutralité, un officier anglais fut invité à se rendre à bord de la *Sensible*. Il y fut constaté que la frégate était en dehors des limites protectrices. Le capitaine de la Nemesis déclara qu'il amènerait son pavillon au premier coup de canon qui lui serait tiré. La Nemesis fut expédiée à Tunis sous le commandement de l'enseigne de vaisseau Chautard. La *Sensible* et la *Sardine* firent également route pour ce port, au milieu du mois de décembre, la première commandée par le capitaine Escoffier, l'autre par l'enseigne de vaisseau Icard.

BATIMENTS PRIS, DÉTRUITS OU NAUFRAGÉS
pendant l'année 1795.

ANGLAIS.

Canons.		
108	Boyne.	Brûlé par accident.
82	Censeur *.	Pris par une division.
	Berwick.	— par deux frégates.
	Illustrious.	Naufragé dans la Méditerranée.
54	Diomedes..	— dans l'Inde.
48	Amethyst.	Naufragée à Alderney.
28	Nemesis*.	Prise par une frégate et une corvette.
20	Daphne.	— par un vaisseau.
14	Flèche *.	Naufragé au Canada.
	Flingfish.	Pris par un corsaire.
	Swan.	— par une frégate.
4	Shark.	— à la Hougue.

FRANÇAIS.

86	Çà-Ira..	Pris au combat du cap Nolis.
	Scipion.	Sombrés à la mer.
	Neuf-Thermidor.	

	Superbe.	Sombré à la mer.
	Neptune.	Naufragé à Perros.
	Censeur.	Pris au combat du cap Nohs.
78	*Formidable.*	
	Alexandre.	Pris au combat de Groix.
	Tigre.	
	Alcide.	Brûlé en combattant.
44	*Galathée.*	Naufragée sur les côtes de France.
	Prévoyante, en flûte.	Prises par deux frégates.
42	*Minerve.*	
56	*Gloire.*	Prise par une frégate.
	Gentille.	— par un vaisseau.
	Pique.	Prises par une frégate.
	Tourterelle.	
24	*Raison.*	Prise par deux frégates.
	Perdrix.	
	Superbe.	Prises par un vaisseau.
22	*Espérance*.*	
20	*Dumas.*	Prise par deux frégates.
	Espion.	— par une frégate.
	Jean Bart.	— par deux frégates.
18	*Courrier National.*	Prises par une frégate.
	Républicaine.	
	Sans-Culottes.	Détruit par les Anglais.
	Éveillé.	Prises par une division.
	Expédition.	
16	*Liberté.*	Coulée à la suite d'un combat.
	Scout.	Naufragé à Cadix.
	Speedy.*	Prise par une frégate.
	Suffisante.	— par une division.
14	*Pandour.*	Pris par une frégate.
	Téméraire.	
	Assemblée Nationale.	Naufragée sur les côtes de France.
	Coureuse.	Prises par une frégate.
12	*Requin..*	
	Victorieuse.	Prise par une division.
	Rude.	Détruit par les Anglais.
10	*Carmagnole.*	Naufragée à la Barbade.
Corvettes :	*Prompte.*	Prise.
	Hydra.	— par une division.
Brig :	*Brutus.*	Pris par une frégate.

* L'astérisque indique un bâtiment pris à l'ennemi.

RÉCAPITULATION.

	Pris.	Détruits ou naufragés.	Incendiés.	TOTAL.
ANGLAIS. . . Vaisseaux.	2	2	1	5
Frégates.	1	1	»	2
Bâtiments de rangs inférieurs.	4	1	»	5
FRANÇAIS. . Vaisseaux.	5	4	1	10
Frégates.	5	1	»	6
Bâtiments de rangs inférieurs.	22	6	»	28

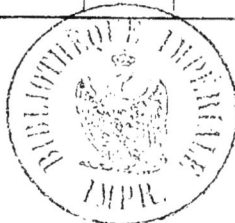

FIN DU DEUXIÈME VOLUME.

TABLE DES MATIERES.

ANNÉE 1778.

FIN DE LA TABLE DES MATIÈRES.

ERRATA.

Au lieu de Lamotte-Picquet *ou* Lamotte-Piquet, *lisez :* Lamotte Picquet.

Page   7, ligne 39 *au lieu de* Beaussel, *lisez :* Beausset.

— 39, — 27 *au lieu de* 47. Annibal, *lisez :* 74. Annibal.

— 148 et 159, *au lieu de* Saint-Césaire, *lisez :* Sainte-Césaire.

— 160, ligne 21, *au lieu de* Paul, *lisez :* Laub.

— 207, — 23, *au lieu de* arriver la première, *lisez :* arriver à la première.

— 213, note, *au lieu de* dans le N.N.E., *lisez :* dans le N.N.O.

— 300, ligne 13, *au lieu de* Maselet, *lisez :* Masclet.

— 328, — 27, *au lieu de* Leroy, *lisez :* Leray.

— 404, — 12, *au lieu de* Leguardun, *lisez :* Legouardun.

— 404, — 38, *au lieu de* Matagne, *lisez :* Martagne.

— 404 et 421, *au lieu de* Lhermitte, *lisez :* L'hermitte.

— 414, ligne 20, *au lieu de* et le commandant en chef, *lisez :* le commandant en chef.

— 422, — 1, *au lieu de* Bouvet, François, *lisez :* Bouvet (François).

— 432, — 31, *au lieu de* Lindet Lalonde, *lisez :* Laindet Lalonde.

— 452, — 39, *au lieu de* Fay, *lisez :* Faye.

Paris. — Imprimé par E. THUNOT et Cᵉ, rue Racine, 26.

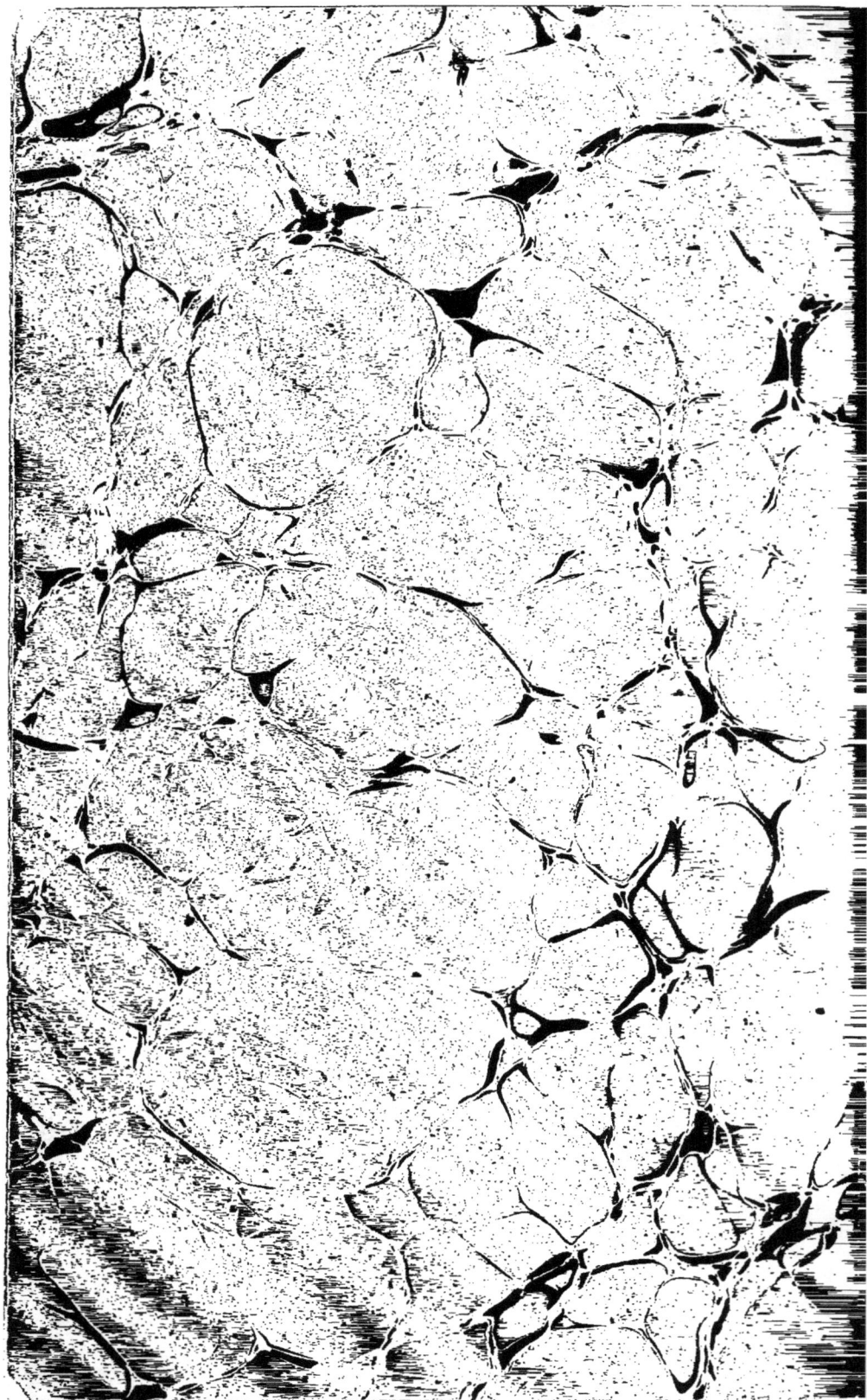

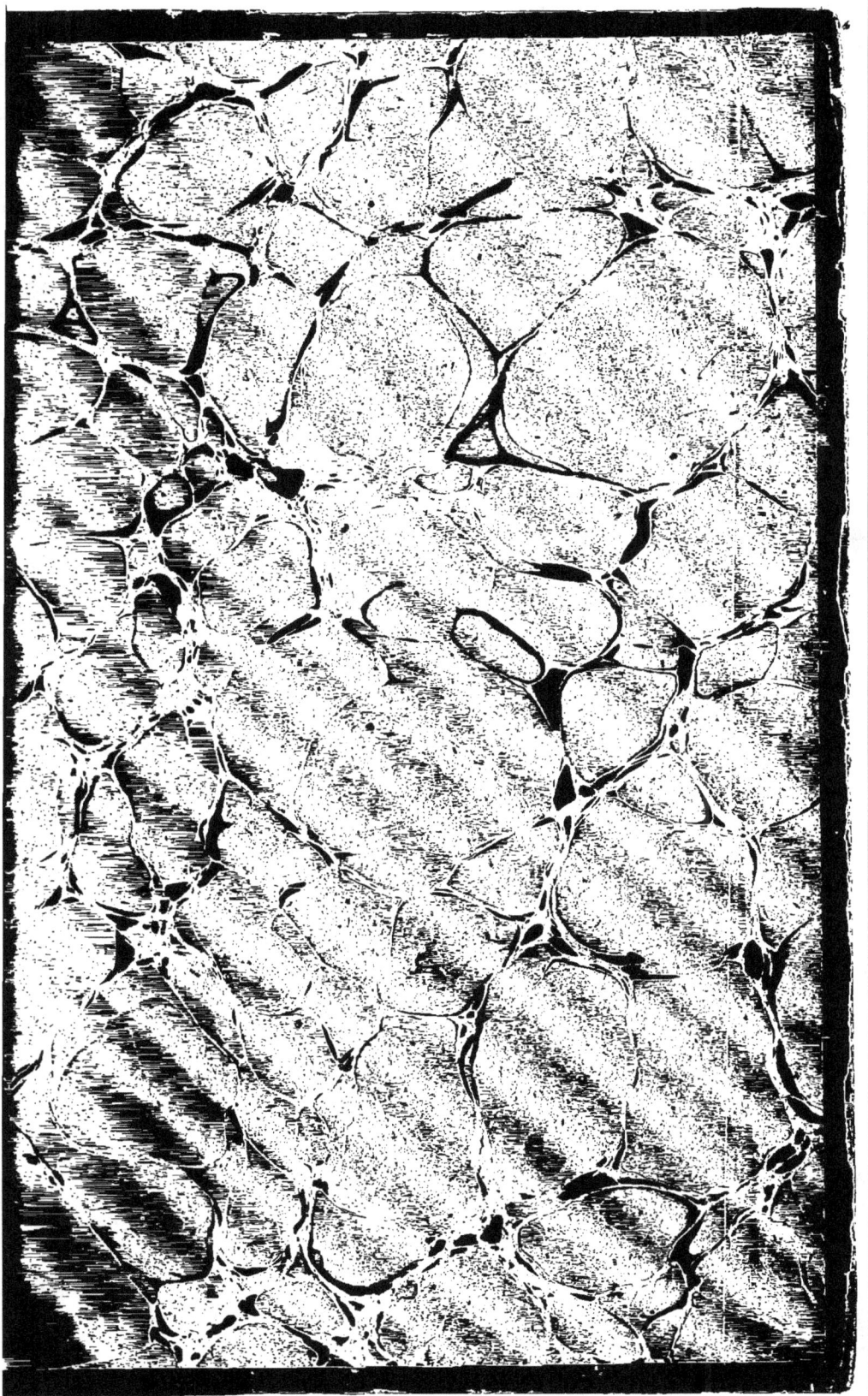